Kohlhammer

IRSEER DIALOGE
Kultur und Wissenschaft interdisziplinär

Herausgegeben von

Markwart Herzog und Sylvia Heudecker
Schwabenakademie Irsee

Band 23

Markwart Herzog/Claudia Maria Pecher (Hrsg.)

Fußball in der deutschen Kinder- und Jugendliteratur

Verlag W. Kohlhammer

Umschlagabbildung: © Carlsen Verlag GmbH, Hamburg
Illustration von Jörg Mühle zu Pixi 1871: Ballfieber

1. Auflage 2024

Alle Rechte vorbehalten
© W. Kohlhammer GmbH, Stuttgart
Gesamtherstellung: W. Kohlhammer GmbH, Stuttgart

Print:
ISBN 978-3-17-044716-5

E-Book-Format:
pdf: 978-3-17-044717-2

Für den Inhalt abgedruckter oder verlinkter Websites ist ausschließlich der jeweilige Betreiber verantwortlich. Die W. Kohlhammer GmbH hat keinen Einfluss auf die verknüpften Seiten und übernimmt hierfür keinerlei Haftung.
  Dieses Werk einschließlich aller seiner Teile ist urheberrechtlich geschützt. Jede Verwendung außerhalb der engen Grenzen des Urheberrechts ist ohne Zustimmung des Verlags unzulässig und strafbar. Das gilt insbesondere für Vervielfältigungen, Übersetzungen, Mikroverfilmungen und für die Einspeicherung und Verarbeitung in elektronischen Systemen.

Inhalt

Einleitung

Markwart Herzog

Vom Freizeitvergnügen englischer Gentlemen zum Thema des deutschen Kinder- und Jugendbuchs 13

1 Kulturtransfer von England auf den Kontinent und rund um die Welt 13
2 Rezeption in Medien, Künsten und Populärkultur 14
3 Von der Tagung zum Buch 16

Claudia M. Pecher

Das Runde im Eckigen: Wie die Geschichte des Fußballs mit der Kinder- und Jugendliteratur zusammenspielt 23

1 Stimmenkönig Fußball 23
2 Wunderkind Fußball 24
3 Fußball – best friend? 26
4 Fußball – Kind der Geschichte 26
5 Fazit 52

Uwe-Michael Gutzschhahn

Wie bringt der Dichter den Ball ins Netz? Lyrik und Fußball 61

1 Lyrik für Erwachsene – ein Rückblick 61
2 Lyrik für Kinder 69

I. Klassiker

Anke Christensen

Sammy Drechsels Elf Freunde müsst ihr sein: Der „Klassiker"
unter den Fußballromanen 79

1 Fußball in der Kinder- und Jugendliteratur 80
2 Der „Klassiker" 81
3 Ein typisches Kinderbuch der 1950er Jahre 87

Hans-Heino Ewers

Von Karl Bruckners Spatzenelf *(1949) zur* Großen Elf *(1951):*
Zur Geschichte der Fußballromane im 20. Jahrhundert 95

1 Starke Helden im Team 96
2 Fußballsport – eine ernste Angelegenheit 98
3 Hilfestellung Erwachsener 100
4 Erwachsene Figuren als Sprachrohr des Autors 101
5 Teamgeist in Gefahr 102
6 Kästners und Bruckners Fortsetzungsromane 102
7 Ausbruch einzelner Stars aus dem Team 104
8 Fazit: Moralisch verwerflicher gesellschaftlicher Wandel 105

Florian Wittmann

„*Es ist ein typisches Fuhry-Produkt*" – Fußball-Jugend:
Die Jugendzeitschrift des DFB (1951 bis 1981) 107

1 Einleitung: Fragestellung – Quellen 107
2 Protagonisten und Konzeption 109
3 Die Berichterstattung der *Fußball-Jugend* und deren Wandel 112
4 Der Umgang mit Politik und Geschichte 116
5 Resümee 124

Inger Lison

Fußballfieber in Rocky Beach: Medienpräsentes Matchfixing in der erfolgreichen Detektivserie Die drei ??? *und* Die drei ??? Kids.......... 129

1 Pandemiebedingte Fokusverschiebung in der Fußballberichterstattung... 129
2 Matchfixing & Co. in der erfolgreichen *Die drei???*-Serie 131
3 Fußballflair in *Die drei ??? Kids*.. 139
4 Fazit 143

II. Erstleseliteratur

Nadine J. Schmidt und Jana Mikota

Literarisches Lernen mit aktueller Erstleseliteratur zum Thema Fußball 149

1 Theoretische Grundlegung I: Erstleseliteratur 151
2 Theoretische Grundlegung II: „Literarisches Lernen".............................. 152
3 „Literarisches Lernen" über die narrative Vermittlung von Gefühlen
   und Gedanken der Hauptfiguren.. 155
4 Teamgeist, Respekt, Toleranz und der Kampf für das Gute 161
5 Fazit 166

Sandra Siewert

Fußball als Thema der Erstleseliteratur: Ihre Sonderstellung in der deutschen Kinder- und Jugendliteratur 169

1 Fußball als Thema in Erstlesebüchern: Verarbeitungsformen 171
2 Fußball in der KJL und in Erstlesebüchern: Übereinstimmungen und
   Abweichungen 172
3 Fazit und Ausblick... 182

III. Visuelle Medien

Ines Heiser

"Wenn du dich lieber ganz auf den Sport konzentrierst, lies weiter auf Seite 54!" Fußball-Settings im interaktiven Gamebook 189

1 Gamebooks als Genre – Grundlagen 190
2 Fußball im Gamebook – Die Anfänge: Packards *Soccer Star* 193
3 Fabian Lenks *1000 Gefahren*-Fußballbücher 194
4 Die *Fußballstar*-Serie 198
5 Fußball im Gamebook – ein kurzes Fazit 201

Jan Tilman Schwab

Fußball als Thema im zeitgenössischen deutschen Kinder- und Jugendfilm 203

1 Definitorischer Ansatz 204
2 Medienverbund 208
3 Kinofilme 208
4 Fernsehformate 214
5 Dokumentarfilmformate 219
6 Resümee 221

IV. Freiräume schaffen

Sabine Planka

Vom Hinterhof zum Stadion: Der Fußballplatz in Kinderromanen des 20. und 21. Jahrhunderts 225

1 Kein Platz zum Spielen: Lisa Tetzners *Erwin und Paul: Die Geschichte einer Freundschaft* (1933) 228
2 Aneignung urbaner Räume: Erich Kästners *Emil und die Detektive* (1929) und Hans G. Franciskowskys *Ein Fußballplatz muss her!* (1998) 231
3 Freiräume schaffen: Joachim Masanneks *Leon der Slalomdribbler* (2003) 234

4 Ein Fußballplatz im Wald: Winkler & Winkler: *1:0 für Coole Kicker* (2004) 235
5 Spielen im Stadion: Ulli Schuberts *Pokalfieber* (1997) und Sammy Drechsels *Elf Freunde müsst ihr sein* (1955) 237
6 Fazit 239

Helge Faller

Von Fußballelfen und Träumerinnen: Bücher für fußballbegeisterte Mädchen 243

1 Irene Margil: *Die Fußball-Elfen* 244
2 Elke Bannach und Klaus W. Hoffmann: *1:0 für Greta* 247
3 Patricia Schröder: *Beste Freundin, blöde Kuh* 248
4 Martin Klein: *Jungsspaß und Mädchenpanik* 250
5 Martina Wildner: *Der Himmel über dem Platz* 252
6 Fazit: Schreiben für die Nische 254

Iris Schäfer

Auf dem Platz sind alle gleich? Inklusionsversuche auf einem exklusiven Feld 259

1 Zur Funktion erzählter Differenzkategorien 260
2 Zur Topologie des Fußballplatzes als sozialer Mikrokosmos 262
3 Illustrationen des Defizitären: Corina Christens Bilderbuch *Hipp, Hopp & Hoppla* 264
4 Geistige Beeinträchtigung und Weiblichkeit als defizitäre Kategorien 265
5 Der exklusive Raum im Raum: das Fußballtor 267
6 Fazit 271

V. Selbsttranszendenz und Religion

Andreas Seidler

Fußball und Coming-of-Age im Jugendroman 279

1 Geschichten vom Erwachsenwerden 280
2 Narinder Dhami: *Kick it like Beckham* 281
3 Mal Peet: *Keeper* 282
4 Lienneke Dijkzeul: *Ein Traum vom Fußball* 283
5 Michael Horeni: *Asphaltfieber* 284
6 Julien Wolff: *Traumtreffer* 285
7 Martina Wildner: *Der Himmel über dem Platz* 286
8 Resümee 287

Michael Stierstorfer

Fußball als Ersatzreligion? Entstehungsmythen rund um den Fußball in der aktuellen Kinder- und Jugendliteratur und im Film 289

1 Fußball als Ersatzreligion 290
2 Fußballgötter auf dem Spielfeld 290
3 Der „Monomythos" in Fußballbüchern und dessen leseförderndes Potenzial 292
4 Mythos und Fußball: Zum Begriff der Fußballmythen 293
5 Ursprung des (deutschen) Fußballspiels in Sachbüchern 294
6 Kosmogonie 297
7 Schamanenkult 299
8 Bibelgleichnis 302
9 Fußball als preußischer Priesterschreck 303
10 Fazit 304

Klaus Wolf

Lauf, Ludwig, lauf! *Zum Fußballroman von Rafael Seligmann* 309

1 Ichenhausen – das „schwäbische Jerusalem" 310
2 Geschichte einer jüdischen Kaufmannsfamilie in Schwaben 311
3 Der Ichenhausener Sportclub: Juden und Katholiken spielen zusammen 313
4 „Buddenbrooks" von Ichenhausen 315

Einleitung

Markwart Herzog*

Vom Freizeitvergnügen englischer Gentlemen zum Thema des deutschen Kinder- und Jugendbuchs

Abstract. **From a pastime of English gentlemen to a subject of German children's and young adult books** – This introductory article summarises the rise of the game of football from its origins as a pastime of English gentlemen to its status as both a global mass phenomenon and a subject of arts and media in Germany. The author outlines the cultural-historical context in which the depiction of football in German children's and youth fictional literature unfolded. Since the turn of the millennium, football as a topic in children's and youth literature has also received increased attention in literary, social and cultural-historical research.

Keywords. Football (Soccer); History of Sport; Cultural History; Media History; Children's and Youth Literature.

1 Kulturtransfer von England auf den Kontinent und rund um die Welt

Das Spiel mit dem runden Leder hat bereits im späten 19. Jahrhundert einen Siegeszug von globaler Reichweite angetreten.[1] Sozialhistorisch gesehen, war Fußball zunächst kein „Proletensport", der erst hätte gezähmt werden müssen, um gesellschaftsfähig werden zu können, sondern ein Freizeitvergnügen englischer Gentlemen, die über das nötige Budget an Zeit und Geld verfügten.

Aus beruflichen Gründen von den Inseln Großbritanniens kommende Ingenieure und Lehrer, See- und Kaufleute, Angestellte und Unternehmer brachten das Fußballspiel mit und praktizierten es ebenso wie andere „sports and pastimes" fern von ihrer Heimat,[2] um „den Zusammenhalt unter den Landsleuten zu stärken".[3] Sogenannte Engländerkolonien[4] in zahlreichen kontinentaleuropäischen und außereuropäischen Ländern wurden ebenso zu Orten eines Kulturtransfers wie Kurorte, die sich auf die Bedürfnisse britischer Gäste einstellten, etwa mit der Anlage von Tennis- und Golfplätzen.[5]

---

*   Schwabenakademie Irsee, Germany – markwart.herzog@gmail.com / markwart.herzog@schwabenakademie.de.
[1]   Eisenberg, „Einführung;" Eisenberg, Lanfranchi, Mason und Wahl, *FIFA*, 37–55.
[2]   Zu diesem Kulturtransfer Eisenberg, *„English Sports"*.
[3]   Eisenberg, „Deutschland," 96.
[4]   Hock, *Dresden Football Club*.
[5]   Gillmeister, „Kurorte."

Hier begeisterten sich deutsche Bürger schon im Wilhelminischen Kaiserreich unter anderem für Rugby und Fußball, Tennis und Golf. Und schließlich lernten nicht wenige deutsche Männer das Fußballspiel während des Ersten Weltkriegs kennen, unter anderem in der Etappe oder in britischer Gefangenschaft, und brachten es gleichsam im Tornister in ihre Heimat mit.[6] Auch für andere Sportarten, etwa den Skisport,[7] erwies sich der Erste Weltkrieg als ein Katalysator der Popularisierung. Ähnlich verhielt es sich mit dem Schwimmsport,[8] der nach Kriegsende von dem um sich greifenden Sportboom profitierte, wenn auch nicht in demselben Maß wie der Fußball.

In der Weimarer Republik verbreitete sich die soziale Basis des Fußballsports in Deutschland enorm, die Mitgliederzahlen in den Vereinen stiegen rasant, alle Gesellschaftsschichten und Milieus wurden angezogen. Professionalisierung, Kommerzialisierung und Medialisierung[9] waren die dafür Ausschlag gebenden Gründe. Mit Fußball war Geld zu verdienen; er entwickelte sich zu einem Wachstumsmarkt, der für die unterschiedlichsten Wirtschaftsbranchen zunehmend wichtig wurde.[10]

2 Rezeption in Medien, Künsten und Populärkultur

Damit etablierte sich der in England „the beautiful game" genannte Sport als fester Bestandteil auch der deutschen Populärkultur. Seine Kraft, als Leistungs- und Wettkampfsport die Massen zu faszinieren und in seinen Bann zu schlagen, war schließlich so groß geworden, dass die Tagespresse spezielle Rubriken für die Sportberichterstattung vorsah und hierfür eigene Reporter abstellte.[11] Eine Vielzahl von Fachzeitschriften wurde ins Leben gerufen, die über die Liga- und Pokalwettbewerbe, über Länderspiele, Rekorde und Stars, Skandale und Sensationen berichteten, um den Hunger nach derartigen Informationen und Neuigkeiten zu stillen.

Begabte Reporter wie Walther Bensemann, Heinz Cavalier oder Ernst Werner, wie Herbert Zimmermann, Heribert Meisel oder Rudi Michel begründeten eigene Stilrichtungen des Schreibens und Sprechens über Fußballspiele in Presse, Rundfunk und Fernsehen.[12] Unterschiedliche Medien und bildende Künste spielten von Anfang an eine wichtige Rolle bei der dokumentarischen Visualisierung des

---

[6] Tauber, *Schützengraben*; Eggers, *Weimarer Republik*, 16–19.
[7] Peiffer, „Soldatensport," 77–89.
[8] Tauber, „ ,Badehosenzwang'," 261–62.
[9] Havemann, „Geld;" Eggers, *Weimarer Republik*, 120–38.
[10] Die wirtschaftliche Bedeutung des Sports hatte bereits der Trainer des FC Bayern München der Saison 1936/37 erkannt, der über die Thematik 1936 seine Doktorarbeit publizierte: Michalke, *Leibesübungen*.
[11] Scharenberg, *Konstruktion*; Eggers, *Weimarer Republik*, 123–26.
[12] Eggers, *Stimme*; Eggers, „Scheinblüte;" zur illustrierten Fachzeitschrift *Der Kicker* Kaiser, „Berichterstattung;" Peiffer und Wahlig, *Einig*.

Spiels, vor allem in Wochenschau und Pressefotografie.[13] Fließend waren die Übergänge zu künstlerischen Ausdrucksformen wie etwa Zeichnung, Karikatur und Plakat.[14] Schließlich konnte es nicht ausbleiben, dass Fußball zu einem Thema fiktionaler Formate wurde – Roman,[15] Lyrik[16] oder Kinofilm.[17] Auch Kinder- und Jugendbuchautoren befassten sich mit dem Spiel.[18]

Die Rezeption des Fußballsports in den Künsten und Medien in Deutschland wurde auf breiterer Quellenbasis erstmals im Rahmen von zwei Konferenzen und aus ihnen hervorgehenden Sammelbänden der Schwabenakademie Irsee dargestellt.[19]

Wie die bibliografische Forschung gezeigt hat, setzte – nach „einem ersten quantitativen Schwerpunkt [...] sportbezogene[r] Jugenderzählungen in den 1930er Jahren" mit erheblicher Sportartenbreite – von 1945 an „ein wahrer Boom an Sporterzählungen ein, in dessen Rahmen die Fußballgeschichten bald quantitativ vorherrschen", wobei „die literarische Qualität vieler dieser Produkte der Nachkriegsjahrzehnte" jedoch – vor allem bei Fußballbuchserien – „sicher als sehr bescheiden anzusetzen" gewesen sei.[20]

Sind Fußball und Literatur nicht überhaupt „feindliche Brüder"?[21] „Wem Sport ‚am Herzen liegt', der sucht ihn auf Plätzen und Wassern, nicht auf dem Papier, der sucht ihn in der Wirklichkeit, nicht in der ‚Dichtung'. Denn er ist Gegensatz zur Dichtung, Feind des Papiers."[22] Generell gelte „Sport unter Verlegern als ‚Feind des Papiers', Sportbücher als ‚Kassengift'."[23] Die Athleten der Wettbewerbe des Sports schreiben ihre Geschichten selbst – mit einem Drehbuch, dessen Schlusspunkt, etwa in einem Fußballmatch, erst nach dem Abpfiff gesetzt ist. In diesem Sinn ist das Sportgeschehen – ästhetisch betrachtet – „ein Drama ohne

---

[13] Fuhrmann, „Nebenkriegsschauplatz;" Teichler und Ticheloven, *Filme und Rundfunkreportagen*; zur Fußballsportfotografie in der Zeit der Weimarer Republik und des „Dritten Reiches" Sachsse, „Marginalien;" zu Sammelbildern Bausinger, „Bildersport."

[14] Rase, „Sinnbild;" zur Plakatkunst und anderen bildgebenden Künsten und deren Beitrag zur Popularisierung des Skisports Rase, „Vom Vergnügen zur Athletik."

[15] Beispielsweise Horler, *Mittelstürmer*; über Sport in der schöngeistigen Literatur umfassend Leis, *Sport*.

[16] Hierzu Beitrag Gutzschhahn in diesem Band.

[17] Zu Robert Adolf Stemmles *Das große Spiel* (1942), den ersten deutschen Tonfilm zum Thema Fußball, Herzog, „Fußball als politisch neutrale Unterhaltung." – Umfassend zum Genre Fußballfilm Schwab, *Lexikon*.

[18] Umfassend Geßmann und Reuter, *Bibliografie*; Geßmann, *Bibliografie* (Folgeband).

[19] Herzog, *Fußball als Kulturphänomen*, 121–250; Herzog, *Fußball zur Zeit des Nationalsozialismus*, 215–312.

[20] Die vorherigen Zitate Geßmann und Richter, *Bibliografie*, 29–30.

[21] Leis, „Fußball in der schöngeistigen Literatur," 139–42.

[22] Matzke, *Jugend bekennt*, 146–47, zit. in Leis, „Fußball in der schöngeistigen Literatur," 140.

[23] Herzog, *Fußball als Kulturphänomen*, 39; Siemes, „Sieg ohne Tor" – ein Werturteil, das auch von Kinofilmproduzenten zu hören sei, so jedenfalls Ulrich von Berg, „Kino-Kicks," 198.

Textvorlage",²⁴ ein Spiel ohne Partitur – gleichsam ein „Text", dessen „Sätze" durch die sportlichen Einzelaktionen geschrieben werden.²⁵

Was die fußballbezogene fiktionale Kinder- und Jugenderzählliteratur in Deutschland betrifft, scheint sich – wie mehrere Autoren des vorliegenden Bandes betonen – seit den 1990er Jahren, vor allem aber nach der Jahrtausendwende, hier insbesondere im zeitlichen Vorfeld des „Sommermärchens" der Fußballweltmeisterschaft 2006, ein signifikanter Anstieg der Produktionen abgezeichnet zu haben, nachdem bereits das „Wunder von Bern", der unerwartete Gewinn der WM 1954, die Veröffentlichung einer ganzen Menge an Fußballbüchern für Jugendliche und Erwachsene nach sich gezogen hat. Im Segment fiktionaler Sporterzählliteratur sticht hier der Klassiker *Elf Freunde müsst ihr sein* von Sammy Drechsel (1955) heraus.

Generell gilt, dass sich das Spiel mit dem runden Leder „zum quantitativ alles dominierenden Bezugspunkt" sportbezogener Kinder- und Jugendliteratur entwickelt und seit der Jahrtausendwende auch „die wissenschaftlichen und bibliografischen Bemühungen" um diese Literatursparte „enorm zugenommen"²⁶ hat.²⁷ Anlassbezogen setzen Verleger seitdem verstärkt auf diesen Sport, der bei internationalen Wettbewerben Menschen aus allen Altersgruppen und gesellschaftlichen Milieus in seinen Bann schlägt.

3 Von der Tagung zum Buch

Der vorliegende Band geht aus der sehr gut besuchten 14. Irseer sporthistorischen Konferenz „ ‚Das Runde muss ins Eckige': Fußball in der deutschen Kinder- und Jugendliteratur" hervor, die in Kloster Irsee die Schwabenakademie und die Deutsche Akademie für Kinder- und Jugendliteratur, Volkach, vom 31. Januar bis 2. Februar 2020 veranstalteten²⁸ – wenige Wochen vor dem in der Covid-Pandemie begründeten Lockdown. Mit den Sportredakteuren Julien Wolff (*Die Welt*) und Michael Horeni (*Frankfurter Allgemeine Zeitung*) luden damals Schulen Kaufbeurens zwei Referenten der Tagung zu Lesungen und Diskussionsveranstaltungen ein und profitierten damit von der nach Irsee eingeladenen Fachkompetenz.²⁹

Die Tagung hatte sich eine Standortbestimmung vorgenommen. Sie richtete das Hauptaugenmerk auf den Kinder- und Jugendbuchmarkt seit der Weimarer Republik, mit Schwerpunktsetzung auf der zweiten Hälfte des 20. Jahrhunderts bis in

---

[24] Güldenpfennig, *Lernort Peking*, 26.
[25] Güldenpfennig, *Lernort Peking*, 29; vgl. Güldenpfennig, *Autonomie und Krise*, 17–179.
[26] Geßmann, *Bibliografie* (Folgeband), 8 und 7; vgl. Gessmann und Reuter, *Bibliografie*, 30.
[27] Exemplarisch Bode, „Fußballspiel;" umfassend Geßmann und Reuter, *Bibliografie*, 320–30; Geßmann, *Bibliografie* (Folgeband), 387–405.
[28] Tagungsprogramm „Fußball in der deutschen Kinder- und Jugendliteratur."
[29] Zur reichhaltigen Berichterstattung über Tagung und Schullesungen Frei, „Bilderbuch-Fußball;" Frei, „Fußball zwischen Buchdeckeln;" Anonym, „ ‚Traumtreffer';" Frei, „Traum;" Ritmeester, „Fußball;" Herzog, „Tagungsbericht."

die Gegenwart. Genreübergreifend sollte der Frage nachgegangen werden, wie die fiktionale fußballbezogene Erzählliteratur im deutschen Kinder- und Jugendbuch die Kulturgeschichte dieses Sports aufgreift, reflektiert und verarbeitet.

Bedingt durch die Pandemie kamen sowohl die Arbeiten am Text als auch die Produktion des Bandes in einen Stau, der die späte Publikation der für die Drucklegung allerdings noch einmal aktualisierten Tagungsergebnisse erklärt. Nicht alle Vorträge konnten berücksichtigt werden; andere Beiträge wurden zusätzlich eingeworben.

Gewiss deckt der Band bei Weitem nicht alle Aspekte, Autoren und Werke ab, die es wert gewesen wären, ausführlich beleuchtet und diskutiert zu werden. Dennoch bietet er die derzeit umfassendste Darstellung der Rezeption des Fußballsports im fiktionalen deutschen Kinder- und Jugendbuch. Der Bogen wird weit geschlagen: von einigen Klassikern bis zu der in der Forschung bisher wenig beachteten Erstleseliteratur, von deren Rezeption des Fußballspiels zwei Aufsätze handeln. Die Zeitschrift des Deutschen Fußball-Bundes *Fußball-Jugend*, der ein eigener Beitrag gewidmet ist, gehört zu jenen „Zeitschriften für die Jugendlichen der Sportverbände", die ab Anfang der 1980er Jahre „ihr Erscheinen fast gänzlich eingestellt haben."[30] Texte über Gameboy, Kino-, Fernseh- und Dokumentarfilm erörtern unter anderem auch die Bezüge dieser visuellen Medien zur traditionellen Kinder- und Jugendliteratur, die heute häufig in Medienverbünden vermarktet wird.

Die drei Aufsätze der Sektion „Freiräume schaffen" zeigen anhand exemplarischer fiktiver Erzählliteratur schmerzhafte Erfahrungen des Ausschlusses, die zur faktischen Geschichte des Fußballspiels gehören. Sie ist durchzogen von Generationen- und Geschlechterkonflikten. Denn immer wieder wurde Kindern und Jugendlichen die Praxis des Spiels durch Verbote verwehrt[31] oder durch fehlende Spielplätze verunmöglicht.

So wollte etwa die Stadtschulbehörde Kaiserslauterns Mitte 1921 das Fußballspiel weniger empfehlen, „da es nur selten vorkommt, dass das Spiel ohne eine gewisse Beimischung von Rohheit gespielt wird und da die Schüler durch das Fussballspiel dazu kommen, dass sie jeden Stein, der auf der Strasse liegt, als Fussball benützen, sodass man nicht mehr ungefährdet über die Strasse gehen kann."[32]

Ebenso wurden Mädchen und Frauen mit Argumenten, die nicht im Sport selbst begründet waren, am Spielen gehindert und mussten – nicht nur in Deutschland[33] – ihre Freiräume erst gegen gesellschaftliche Widerstände und die ablehnende

---

[30] Geßmann, *Bibliografie* (Folgeband), 17.
[31] Exemplarisch für das seit 1912 in Bayern geltende Verbot des Fußballspiels für Schüler unter 17 Jahren Krombholz, *Entwicklung*, 167–70, 331–32, 347–48, 358.
[32] Stadtarchiv Kaiserslautern, Akten 03, Nr. 1430: Dr. Baumann, Stadtschulbehörde Kaiserslautern, an die Regierung der Pfalz, 5. Juli 1921; vgl. Krombholz, *Entwicklung*, 332.
[33] Williams, *A History of Women's Football in Britain*; Williams, *International Perspectives on Women's Football*; Hüser, *Frauen am Ball*.

Haltung der Sportbehörden erkämpfen.[34] Die europäischen Fußballverbände hoben die von ihnen verhängten Verbote erst in den 1970er Jahren auf und „legalisierten" damit den Mädchen- und Frauenfußball, der nicht zuletzt in Joseph „Sepp" Blatter, 1981 bis 1998 Generalsekretär und 1998 bis 2016 Präsident des Weltfußballverbandes FIFA, einen entschiedenen Förderer fand.

Auch in der mit „Selbsttranszendenz und Religion" überschriebenen letzten Sektion geht es um das Verschieben und Überwinden von Grenzen – um Fußball als Motor des Erwachsenwerdens, als Sprungbrett für einen gesellschaftlichen und wirtschaftlichen Aufstieg, der einzelne begabte Spieler zu Stars und Helden und zu Objekten der Verehrung durch ihre Anhängerschaften in Fanclubs oder sozialen Netzwerken werden lässt. Fiktive Kinder- und Jugendliteratur ist damit ebenso ein Spiegel der Träume junger Frauen und Männer[35] wie die Traumkarrieren realer Spieler, die sich mit ihrer Begabung und hartem Training aus dem Milieu eines Arbeiterviertels in den internationalen Jetset des Sportkapitalismus, der Vergnügungsindustrie und des Starrummels hocharbeiten, als Fußballbotschafter ihres Landes Sommermärchen schreiben, als Weltbürger und Weltmeister schließlich alle Grenzen hinter sich zu lassen vermögen.

Die letzten beiden Aufsätze handeln dezidiert von Sport und Religion und greifen damit in der Kultur- und Sozialgeschichte des Fußballsports derzeit intensiv diskutierte Aspekte des Themas auf.[36] Ist Fußball Religion, Religionsersatz oder Ersatzreligion? Antworten auf diese Fragen sucht die internationale Forschung schon seit dem letzten Viertel des 20. Jahrhunderts.[37] Zahlreiche neuere fachwissenschaftliche Beiträge bestätigen die Bedeutung der Thematik.[38] Der letzte Beitrag über den Publizisten und Schriftsteller Rafael Seligmann erinnert exemplarisch an eine Zeit, in der Fußballer jüdischer Herkunft – zumindest im Sport – weitgehend in die christlich geprägte Mehrheitsgesellschaft integriert waren, ab 1933 jedoch bei Weitem nicht nur ihre Heimat im Sportverein durch Ausschluss, Verfolgung und Vertreibung verloren.[39]

Dank

Die 14. Irseer sporthistorischen Konferenz und der aus ihr hervorgehende Sammelband sind dem Engagement der Referenten und Autoren zu verdanken, der finanziellen Unterstützung der Schwabenakademie Irsee, des Bezirks Schwaben

---

[34] Dazu Herzog, *Geschichte des Frauenfußballs in Deutschland*.
[35] Dazu Beitrag Christensen, in diesem Band S. 83–84.
[36] Siehe dazu auch die Beiträge Lison, Heiser und Faller, in diesem Band S. 140–42, 196–97, 253.
[37] Vgl. dazu die reichhaltige in Armstrong und Hognestad, „Congregations and the Nomads" zitierte Literatur.
[38] Krüger, „Gymnastics;" Probst, *Fußball als Religion?*; Tagsold, „Football and Faith;" Herzog, „Weltreligion."
[39] Dazu Herzog, *„Gleichschaltung";* Herzog und Fassl, *Sportler jüdischer Herkunft*.

und der Deutschen Akademie für Kinder und Jugendliteratur, Volkach, der kollegialen Betreuung durch Dr. Mirko Roth vom Verlag W. Kohlhammer (Lektorat Theologie – Religionswissenschaft – Kulturwissenschaft), dem Illustrator und Kinderbuchautor Jörg Mühle und dem Carlsen-Verlag für die Bereitstellung des Bildmotivs auf dem Umschlag – und nicht zuletzt für die Reproduktionsvorlage der Textwerkstatt Werner Veith & Ines Mergenhagen, München, sowie Jennifer Edwards für die kritische Durchsicht der englischsprachigen Abstracts.

Literatur

Anonym. „‚Traumtreffer' für Schulen: Sportjournalist Julien Wolff stellt sein Buch vor." *Kreisbote Kaufbeuren und Ostallgäu* (Kultur), 19. Februar 2020.

Armstrong, Gary, und Hans Kristian Hognestad. „Congregations and the Nomads: An Exploration of the Words, Deeds and Journeys of Football Fandom." *Stadion: Internationale Zeitschrift für Geschichte des Sports* 47 (2023): 90–120.

Bausinger, Hermann. „Bildersport: Olympische Spiele im Kleinformat." *Sportwissenschaft: The German Journal of Sports Science* 37 (2007): 429–39.

Berg, Ulrich von. „Kino-Kicks: Ein Streifzug durch die Welt des Fußballfilms." In *Fußball als Kulturphänomen: Kunst – Kult – Kommerz*, hrsg. von Markwart Herzog, 197–231. Stuttgart: W. Kohlhammer, 2008.

Bode, Andreas. „‚Habt ihr ein Mädel im Arm, zerbricht der Wille.' Das Fußballspiel in Büchern für Kinder und Jugendliche 1933–1945." In *Fußball zur Zeit des Nationalsozialismus: Alltag – Medien – Künste – Stars*, hrsg. von Markwart Herzog, 231–47. Stuttgart: Kohlhammer, 2008.

Eggers, Erik. *Die Stimme von Bern: Das Leben von Herbert Zimmermann, Reporterlegende bei der WM 1954*. Augsburg: Wißner, 2004.

Eggers, Erik. „‚Deutsch wie der Sport, so auch das Wort!' Zur Scheinblüte der Fußballpublizistik im Dritten Reich. In *Fußball zur Zeit des Nationalsozialismus: Alltag – Medien – Künste – Stars*, hrsg. von Markwart Herzog, 161–81. Stuttgart: W. Kohlhammer, 2008.

Eggers, Erik. *Fußball in der Weimarer Republik*. Kellinghusen: Eriks Buchregal, 2018.

Eisenberg, Christiane, Hrsg. *Fußball, soccer, calcio: Ein englischer Sport auf seinem Weg um die Welt*. München: dtv, 1997.

Eisenberg, Christiane. „Einführung." In *Fußball, soccer, calcio: Ein englischer Sport auf seinem Weg um die Welt*, hrsg. von Christiane Eisenberg, 7–21. München: dtv, 1997.

Eisenberg, Christiane. „Deutschland." In *Fußball, soccer, calcio: Ein englischer Sport auf seinem Weg um die Welt*, hrsg. von Christiane Eisenberg, 94–129. München: dtv, 1997.

Eisenberg, Christiane. *„English Sports" und deutsche Bürger: Eine Gesellschaftsgeschichte 1800–1939*. Paderborn, München, Wien und Zürich: Ferdinand Schöningh, 1999.

Eisenberg, Christiane, Pierre Lanfranchi, Tony Mason und Alfred Wahl. *FIFA 1904–2004: 100 Jahre Weltfußball*. Göttingen: Die Werkstatt, 2004.

Frei, Martin. „Bilderbuch-Fußball: Kicken ist ein klassisches Thema in Kinder- und Jugendbüchern. Mit der Entwicklung des Sports zum ‚Medienwunder' hat sich diese Gattung gewandelt – nicht durchweg zum Schlechteren, wie eine Tagung in Irsee zeigt." *Augsburger Allgemeine* (Feuilleton), 2. April 2020. https://www.pressreader.com/germany/augsburger-allgemeine-ausgabe-stadt/20200204/281904480165153.

Frei, Martin. „Fußball zwischen Buchdeckeln: Die Journalisten Michael Horeni und Julien Wolff machen Kicken zu Literatur und berichten an der Josef-Landes- und der Beethovenschule auch aus der Welt der Rasenstars." *Allgäuer Zeitung* (Kultur am Ort,

Kaufbeuren), 13. Februar 2020. https://www.allgaeuer-zeitung.de/allgaeu/kaufbeuren/fussball-zwischen-buchdeckeln_arid-194348.
Frei, Martin. „Vom Traum, ein Profi zu werden." *Allgäuer Zeitung* (Kaufbeuren-Ostallgäu), 14. Februar 2020.
Fuhrmann, Hans-Peter. „Ein Nebenkriegsschauplatz in der Deutschen Wochenschau: Die Fußballberichterstattung der Kinowochenschau 1939–1945." In *Fußball zur Zeit des Nationalsozialismus: Alltag – Medien – Künste – Stars*, hrsg. von Markwart Herzog, 297–312. Stuttgart: W. Kohlhammer, 2008
Geßmann, Rolf (unter Mitarbeit von Barbara Reuter). *Kinder- und Jugendliteratur zu Sport und Spiel: Eine kommentierte Bibliographie*. Sankt Augustin: Academia, 1995.
Geßmann, Rolf. *Bibliografie zu Sport und Spiel in der Kinder- und Jugendliteratur*. Folgeband. Köln: Sportverlag Strauß, 2016.
Gillmeister, Heiner. „Deutsche Kurorte als Schaubühnen für die ‚English sports' Tennis und Golf." *Stadion: Internationale Zeitschrift für Geschichte des Sports* 44 (2020): 5–33.
Güldenpfennig, Sven. *Sport: Autonomie und Krise. Soziologie der Texte und Kontexte des Sports*. Sankt Augustin: Academia, 1996.
Güldenpfennig, Sven. *Wohlbegründete olympische Politik? Lernort Peking 2008*. Sankt Augustin: Academia, 2009.
Havemann, Nils. „Geld und Ideologie im Fußballsport der Weimarer Republik." *Sportwissenschaft: The German Journal of Sports Science* 36 (2006): 75–84.
Herzog, Markwart, Hrsg. *Fußball als Kulturphänomen: Kunst – Kult – Kommerz*. Stuttgart: W. Kohlhammer, 2002.
Herzog, Markwart, Hrsg. *Skilauf – Volkssport – Medienzirkus: Skisport als Kulturphänomen*. Stuttgart: W. Kohlhammer, 2005.
Herzog, Markwart, Hrsg. *Fußball zur Zeit des Nationalsozialismus: Alltag – Medien – Künste – Stars*. Stuttgart: W. Kohlhammer, 2008.
Herzog, Markwart, Hrsg. *Frauenfußball in Deutschland: Anfänge – Verbote – Widerstände – Durchbruch*. Stuttgart: W. Kohlhammer, 2013.
Herzog, Markwart. „Fußball als politisch neutrale Unterhaltung im Kino der Kriegsjahre des Nationalsozialismus: Inhalt und Funktion von Robert Adolf Stemmles Fußball-Liebesfilm ‚Das große Spiel'." In *Europäischer Fußball im Zweiten Weltkrieg*, hrsg. von Markwart Herzog und Fabian Brändle, 337–70. Stuttgart: W. Kohlhammer, 2015.
Herzog, Markwart, Hrsg. *Die „Gleichschaltung" des Fußballsports im nationalsozialistischen Deutschland*. Stuttgart: W. Kohlhammer, 2016.
Herzog, Markwart, und Peter Fassl, Hrsg. *Sportler jüdischer Herkunft in Süddeutschland*. Stuttgart: W. Kohlhammer, 2021.
Herzog, Markwart. „Tagungsbericht: Fußball in der deutschen Kinder- und Jugendliteratur. 14. Irseer Sporthistorische Konferenz." *H-Soz-Kult*, 22. Juni 2020. www.hsozkult.de/conferencereport/id/fdkn-127358.
Herzog, Markwart. „Fußball – eine Weltreligion im 21. Jahrhundert." *FuG – Zeitschrift für Fußball und Gesellschaft* 4, Nr. 2 (2022): 77–92.
Hock, Hans-Peter. *Der Dresden Football Club und die Anfänge des Fußballs in Europa*. Hildesheim: Arete, 2016.
Horler, Sidney. *Der Mittelstürmer aus Hollywood: Ein Fußball-Roman*. Braunschweig: Westermann, 1925.
Hüser, Dietmar, Hrsg. *Frauen am Ball / Femmes au ballon. Geschichte(n) des Frauenfußballs in Deutschland, Frankreich und Europa / Histoire(s) du football féminin en Allemagne, en France et en Europe*. Bielefeld: transcript, 2022.
Kaiser, Claudia. „‚Lustig im Winde flatterten die Hakenkreuzfähnchen …': Die Berichterstattung über die Länderspiele der deutschen Fußballnationalmannschaft am Beispiel ‚Der

Kicker'." In *Fußball zur Zeit des Nationalsozialismus: Alltag – Medien – Künste – Stars*, hrsg. von Markwart Herzog, 183–94. Stuttgart: W. Kohlhammer, 2008.

Krombholz, Gertrude. *Die Entwicklung des Schulsports und der Sportlehrerausbildung in Bayern von den Anfängen bis zum Ende des Zweiten Weltkrieges*. München: Universitäts-Druckerei, 1982.

Krüger, Michael. „Gymnastics, Physical Education, Sport, and Christianity in Germany." *The International Journal of the History of Sport* 35 (2018): 9–26.

Leis, Mario. *Sport in der Literatur: Einblicke in das 20. Jahrhundert*. Frankfurt am Main: Peter Lang, 2000.

Leis, Mario. „,Fußball gegen Literatur – Halbzeitstand 0:0 – Tip: X' Fußball in der schöngeistigen Literatur." In *Fußball als Kulturphänomen: Kunst – Kult – Kommerz*, hrsg. von Markwart Herzog, 139–55. Stuttgart: W. Kohlhammer, 2002.

Matzke, Frank. *Jugend bekennt: So sind wir!* Leipzig: Reclam, 1930.

Sachsse, Rolf. „Bilder ohne Ball: Marginalien zur Fotografie vom Fußball des Nationalsozialismus." In *Fußball zur Zeit des Nationalsozialismus: Alltag – Medien – Künste – Stars*, hrsg. von Markwart Herzog, 275–82. Stuttgart: W. Kohlhammer, 2008.

Michalke, Richard. *Die wirtschaftliche Bedeutung der Leibesübungen*. Berlin: Buchdruckerei Brückner, 1936.

Peiffer, Lorenz. „Vom Soldatensport zum Volkssport: Das Militär als Katalysator der Popularisierung des Skilaufs." In *Skilauf – Volkssport – Medienzirkus: Skisport als Kulturphänomen*, hrsg. von Markwart Herzog, 69–94. Stuttgart: W. Kohlhammer, 2005.

Peiffer, Lorenz, und Henry Wahlig, Hrsg. *„Einig. Furchtlos. Treu." Der Kicker im Nationalsozialismus – eine Aufarbeitung*. Bielefeld: Die Werkstatt, 2022.

Probst, Hans-Ulrich. *Fußball als Religion? Eine lebensweltanalytische Ethnographie*. Bielefeld: transcript, 2022.

Rase, Karin. „Sinnbild einer heilen Welt? Die Fußball-Karikatur 1930–1945." In *Fußball zur Zeit des Nationalsozialismus: Alltag – Medien – Künste – Stars*, hrsg. von Markwart Herzog, 249–74. Stuttgart: W. Kohlhammer, 2008.

Rase, Karin. „Vom Vergnügen zur Athletik: Der Skisport in der bildenden Kunst." In *Skilauf – Volkssport – Medienzirkus: Skisport als Kulturphänomen*, hrsg. von Markwart Herzog, 187–206. Stuttgart: W. Kohlhammer, 2005.

Ritmeester, Frank. „Fußball in der deutschen Kinder- und Jugendliteratur. ,Das Runde muss ins Eckige'." *Der tödliche Pass: Magazin zur näheren Betrachtung des Fußballspiels*, Nr. 96, April 2020, 25–26.

Stadtarchiv Kaiserslautern, Akten 03, Nr. 1430.

Swantje Scharenberg: *Die Konstruktion des öffentlichen Sports und seiner Helden in der Tagespresse der Weimarer Republik*. Paderborn, München, Wien und Zürich: Ferdinand Schöningh, 2012.

Schwab, Jan Tilman. *Fußball im Film: Lexikon des Fußballfilms*. München: belleville, 2006.

Siemes, Christoph. „Sieg ohne Tor: Warum versagt die Kunst vor dem Fußball? Einige notwendige Anmerkungen kurz vor dem Anpfiff der Europameisterschaft." *Die Zeit*, Nr. 24, 8. Juni 2000, 41.

Tagsold, Christian. „Football and Faith: A Critical Perspective on Interpreting Sport as Religion." *Stadion: Internationale Zeitschrift für Geschichte des Sports* 47 (2023): 239–54.

Tagungsprogramm „Fußball in der deutschen Kinder- und Jugendliteratur: 14. Irseer Sporthistorische Konferenz, *H-Soz-Kult*, 3. November 2019. www.hsozkult.de/event/id/event-91414.

Tauber, Peter. *Vom Schützengraben auf den grünen Rasen: Der Erste Weltkrieg und die Entwicklung des Sports in Deutschland*. Münster, Hamburg, Berlin und London: Lit, 2008.

Tauber, Peter. „ ‚Badehosenzwang war meistens abgeschafft.' Schwimmen, Baden und Sport im Ersten Weltkrieg." *Stadion: Internationale Zeitschrift für Geschichte des Sports* 45 (2021): 229–65.

Teichler, Hans Joachim, und Wolfgang Meyer-Ticheloven. *Filme und Rundfunkreportagen als Dokumente der deutschen Sportgeschichte von 1907–1945*. Schorndorf: Hofmann, 1981.

Williams, Jean. *A Game for Rough Girls? A History of Women's Football in Britain*. London und New York: Routledge, 2003.

Williams, Jean. *A Beautiful Game: International Perspectives on Women's Football*. Oxford und New York: Berg, 2007.Norbert Fischer/Markwart Herzog

*Claudia Maria Pecher**

Das Runde im Eckigen: Wie die Geschichte des Fußballs mit der Kinder- und Jugendliteratur zusammenspielt

Abstract: **The Round in the Square: How the History of Football Interacts with Children's and Young Adult Literature** – This article provides an overview of the representation and reception of the history of football in German children's and youth literature from the 19th century to the present day. It begins with the sparse works from the imperial era, which were strongly influenced by pedagogical interests. When football became a mass sport after the First World War, there was also an increased interest in books for children and young people. While only a few works of fiction were published during the Nazi era, the situation changed in the post-war period. In particular, Germany winning the football World Cup in 1954 stimulated the market for books about football, both fiction and nonfiction, which had a noticeable impact on the production of books for children and young people. However, it was not until the late 20th century that a veritable flood of football books for young readers could be seen, something which reflected the enormous medialisation and commercialisation of football. This development has also made itself felt in research; since the turn of the millennium, the interplay between football history and children's and youth books has developed into its own small field of methodologically, culturally-historically and pedagogically orientated book studies. Rolf Geßmann of the German Sport University Cologne laid the foundations for research in this area with his book-historical and bibliographical handbooks and research contributions.

Keywords: Children's and Youth Literature; Football (Soccer); Pedagogy; Media History; Sports History.

1 Stimmenkönig Fußball

Fußball zählt zu den beliebtesten Sportarten in Deutschland. Über die Hälfte aller Deutschen sind laut Statistik Fußball-Fans,[1] deren vorwiegend passives Interesse vor allem den Vereinen der Bundesliga gehört. Aktiv betreiben diese Sportart sehr viel weniger. Fußball, passiv konsumiert, steht in enger Wechselwirkung mit der „Unterhaltungs- und Medienpopularität". Den sogenannten „aktiv-populären" und

---

* Deutsche Akademie für Kinder- und Jugendliteratur, Volkach am Main, Germany – praesidium@akademie-kjl.de.
[1] Vgl. Lohmeier, „Umfrage."

„passiv-medienpopulären" Sport jedoch verbindet ein besonderes Verhältnis zur „aristokratisch-bürgerlichen Bildungskultur".[2]

In der Populärkulturforschung wird der Fußball analog zu dessen historischer Entwicklung in Deutschland betrachtet. Diese untergliedert Henning Eichberg in drei Phasen:[3]

Die erste Phase beginnt mit der Einführung des modernen Fußballs im 19. Jahrhundert nach dem Modell des in englischen Schulen und Vereinen betriebenen Spiels und geleitet von einem ausgeprägt pädagogischen Interesse.

Die zweite Phase umfasst die Ausbildung des organisierten Fußballs zum Massenphänomen im Vorfeld des Ersten Weltkriegs und vor allem in der Weimarer Republik.

An diese schließt sich seit der Nachkriegszeit eine dritte Phase an, die mit dem Spitzen-Fußball als gewinnbringendem Medienwunder bis heute besteht.

Parallelen hierzu lassen sich auch auf dem kinder- und jugendliterarischen Markt beobachten, wenngleich bei Sichtung von Rolf Geßmanns Bibliographien *Kinder- und Jugendliteratur zu Sport und Spiel* (1995 und 2016)[4] auffällt, dass der Großteil der hier verzeichneten Titel zum Themenfeld Fußball erst in der zweiten Hälfte des 20. Jahrhunderts publiziert wurde.

2 Wunderkind Fußball

Als ein begünstigendes Ereignis für die mediale Logik und Produktion ist sicherlich das „Wunder von Bern" zu nennen, das bis in die Gegenwart als exemplarische Bezugsgröße fortwirkt – eine Nachricht, Neuigkeit, Botschaft also, die es lohnt weiterzuerzählen.

Kennzeichnend für den Fußball „als kulturelles Ritual" ist sein Zusammenspiel mit „mythischen Bildern, mit Phantasien, die nicht die Praxis selbst, sondern deren Überbauten sind."[5] Mario Leis spricht weiter von den Möglichkeiten des Fußballs als Erfahrungsraum von „Weltausgrenzung auf Zeit" oder als Zustand der „Verdichtung".[6] Friedrich Christian Delius autobiografische Kindheitserzählung *Der Sonntag, an dem ich Weltmeister wurde* (1996) ist ihm beispielgebend dafür, was es bedeutet, Sport in seiner unmittelbaren „Entweltlichung" zu erfahren: Da erlebt ein elfjähriger, schüchterner Junge, Sohn eines Pastors, beheimatet in einem kleinen hessischen Dorf, an jenem Sonntagnachmittag des 4. Juli 1954 mit Herbert Zimmermanns Radioreportage sein persönliches „Damaskus-Erlebnis": „Toni, du bist ein Fußballgott", brüllt der Radioreporter ins Mikrophon, als Toni Turek den Angriff des ungarischen Gegenspielers in der neunundachtzigsten Spielminute erfolgreich mit beiden Fäusten abwehrt und den 3:2-Sieg sichert, der Deutschland zum Weltmeistertitel führt. Der religiöse Vergleich irritiert den Jungen; dennoch

---

[2] Eichberg, „Sport," 430.
[3] Ebd., 432–37.
[4] Geßmann, *Bibliographie*; Geßmann, *Folgeband*.
[5] Ebd., 431.
[6] Leis, „Fußball," 142–43.

spürt er einen Moment der Befreiung aus der elterlichen Strenge und provinziellen Enge seines Dorfes.

> „[...] ich fühlte deutlich, dass es mir für fast zwei Stunden gelungen war, dem sonntäglichen Alarmzustand, dem Vaterkäfig, den unsichtbaren Gottesfallen entronnen zu sein, und wusste, dass diese Ausnahmezeit, in der ich meine Makel vergessen konnte, irgendwann zu Ende ging, ich wollte den paradiesischen Zustand möglichst erhalten, [...] es war längst kein Spiel mehr, denn ich war, was ich schamhaft und heimlich gewünscht hatte, ich war zum Weltmeister geworden, und das wollte ich mir nicht nehmen lassen". Denn er war „der Glücklichste von allen, glücklicher vielleicht als Werner Liebrich oder Fritz Walter".[7]

Delius gelingt in verdichteter Form die unmittelbare Erfahrbarmachung eines Ereignisses, mithin eine „Produktion von Präsenz", wie sie in ihrer Unmittelbarkeit nur im Stadion oder in medialer Live-Übertragung möglich ist. Vorfeld, Spiel und Momente der Entscheidung sind unvorhersehbar, einmalig, unwiederbringlich – geradezu magisch. Auf andere Weise als etwa der Theaterbesucher durchlebt und reagiert der Sportzuschauer in Form „emotionaler Zustände", Entladungen gesteigerter Spannung: Faszination, Begeisterung, Resignation, Trauer oder Wut.[8] Markwart Herzogs Überlegungen sind hierfür wegweisend. „Neue *ästhetische* Qualitäten mediengerechter Inszenierung", wie etwa „die Einführung von Flutlichtspielen in den 1950er Jahren", der Bau von „hermetisch geschlossenen Fußballarenen" in den 1990er Jahren oder auch neue Formen der Live-Inszenierung wie das Public Viewing seit der WM 2006 in Deutschland, erweitern kontinuierlich das sinnliche Erleben „Fußball".[9]

Jede künstlerische Umsetzung rund um das „Wunderwerk Fußball", die über eine sportereignisbezogene Berichterstattung hinausgeht, muss sich daher zwangsläufig als äußerst schwierig erweisen.

Welchen ungleich höheren Erwartungen sind demnach Verfasser von Kinder- und Jugendbüchern ausgesetzt, wird ihnen doch immer wieder auch eine Nähe zu „populären" Inhalten, „einfacher" Sprache und Form unterstellt.

Hans Ulrich Gumbrecht versucht jenes Phänomen des Kulturerlebens als „Ästhetik der Präsenz", als Erfahrung von Epiphanie, zu fassen, die sich „aus gesteigerter Spannung angesichts einer nicht antizipierbaren Folge diskontinuierlicher Ereignisse sowie aus einer ,konzentrierten Intensität' (Pablo Morales)" aufbaut, „die Sportler und Zuschauer aktuell miteinander verbindet."[10] Auch wenn diese ästhetische Erfahrung als höchst komplex erscheint und eine Überhöhung dem Fußball immanent ist, bringt die Faszination des „Fußballspiels" auch für seine literarische Umsetzung – gerade in der Kinder- und Jugendliteratur – Potential mit sich.

---

[7] Delius, *Sonntag*, 118–19, 125.
[8] Herzog, „Karriere," 35.
[9] Ebd., 36.
[10] Ebd., 39, im Anschluss an Gumbrecht.

3 Fußball – best friend?

Jedenfalls hat die Produktion von fiktionalen Kinder- und Jugendbüchern rund um das Fußballspiel im Lauf der Jahre deutlich zugenommen, abgesehen von den ohnehin auflagenstarken Sachbüchern, die über die Welt dieses Sports informieren – insbesondere im Kontext der Weltmeisterschaften als international zelebrierten Sportveranstaltungen. So verzeichnete das Warensegment Kinder- und Jugendbuch pünktlich zur WM 2014 über 120 Neuerscheinungen, die den Fußball im Gefolge des „Sommermärchens" 2006 weitgehend positiv aufgegriffen haben.

„Anachronistisch wirken heute" dagegen „sportkritische Thesen aus dem Kontext der Frankfurter Schule wie etwa Theodor W. Adornos Diktum vom Fußball als ‚Element des Schwindels', das dazu diene, ‚die Menschen zur Bedienung der Maschine [unerbittlich] einzuschulen', also dem kapitalistischen Produktionsapparat gefügig zu machen".[11] Der Sozialpsychologe Gerhard Vinnai bringt dies in *Fußballsport als Ideologie* (1970) ebenfalls zum Ausdruck, wenn er im Untertitel *Die Tore auf dem Fußballfeld als die Eigentore der Beherrschten* bezeichnet.[12] „Unerträglich" empfindet Matías Martínez die entlarvende Redeweise heute, die „Fußball als Instrument der verruchten Unterhaltungsindustrie zur Produktion von falschem Bewusstsein und zur Affirmation gesellschaftlicher Verhältnisse"[13] herabsetzt. Dabei gehe es dieser Kritik doch weniger um den Fußball als Spiel und Sport, als um aufgedeckte Missstände, die keinesfalls zu beschönigen sind.

Fußball ist nicht nur im Kinder- und Jugendbuch prominent vertreten, sondern auch Gegenstand intellektueller Diskurse. Er wird als „kulturkonstituierend" eingestuft oder als „Realitätsmodell" und „Lernmodell". „Als Gegenstand öffentlichen Interesses überschreitet der Fußball nicht nur die Grenzen von sozialer Schicht, sondern auch diejenigen von Lebensalter und (mit zunehmender Tendenz) Geschlecht." Ausschlaggebend sei, dass er in „sprachlich-medialen, nicht zuletzt ästhetischen Zusammenhängen" eine wichtige Rolle spiele.[14]

Die Beschäftigung mit Fußball belebt nicht allein die Suche nach seiner Faszinationskraft, sondern erbringt auch ein heterogenes Meinungsbild über ihn zwischen Akzeptanz und Ablehnung, Potentialen und Missständen.

4 Fußball – Kind der Geschichte

In diesen Spannungsverhältnissen bewegt sich die Aufnahme des Fußballs in der Kinder- und Jugendliteratur.

---

[11] Kammler und Kämper-van den Boogaart, „Fußball," 7, mit Zitat aus Adorno, „Veblens Angriff," 80.
[12] Vinnai, *Ideologie*.
[13] Martínez, „Einführung," 8–9.
[14] Die vorhergehenden Zitate Kammler und Kämper-van den Boogaart, „Fußball," 7; vgl. Adelmann, Parr und Schwarz, *Querpässe*; Theweleit, *Tor zur Welt*.

4.1 Erste Phase: 19. Jahrhundert – pädagogische Interessen und Schulunterricht

Historisch verortet Geßmann den Beginn der Darstellung des Fußballspiels in der Kinderliteratur in dem Sachbuch *Das Turnen im Spiel oder Lustige Bewegungsspiele für muntere Knaben* (1861) des deutschen Pädagogen Moritz Kloß und damit in der ersten der oben genannten Phasen.[15] Kloß war Direktor der Turnlehrerbildungsanstalt in Dresden. Insbesondere das Schulturnen für Jungen und Mädchen war ihm ein wichtiges Anliegen. In seinen Schriften plädierte er für eine naturgemäße Erziehung des Kindes und setzte das ungezwungene Bewegungsspiel dem strengen Reglement des Turnens entgegen. Seine Ausführungen erinnern an den Pädagogen Johann Christoph GutsMuths, der 1796 das Standardwerk *Spiele zur Übung und Erholung des Körpers und Geistes, für die Jugend, ihre Erzieher und alle Freunde unschuldiger Jugendfreuden* veröffentlicht hatte.[16] Kloß beschrieb in „Kapitel V Wurf- und Schlagspiele" ein Spiel namens „Fußball":

„[…] alle Spieler, wohl 12 bis 24 an der Zahl, bilden hierbei mit Händefassen einen Kreis. Der Balltreiber, welcher durch Loos oder durch Zuruf erwählt wird, stellt sich mit dem Fußballe in den Kreis und hat die Arme auf dem Rücken zu verschränken […] Es fällt ihm nun die Aufgabe zu, mit einem Bein den Ball fortzutreiben, so daß er durch einen Zwischenraum im Kreise der Gespielen hindurch fliegt und nun außerhalb zu liegen kommt. Das müssen die Mitspieler zu verhindern suchen, indem sie gleichfalls mit dem Fuße den Ball treiben".[17]

Es handelt sich also um eine Art „Kreisfußballspiel", das laut Geßmanns bibliographischen Recherchen bis in die 1920er Jahre praktiziert wurde.

1863 wurden in England erste Regeln des modernen Fußballspiels durch die Football-Association aufgestellt, die zunächst noch das Rugby-Spiel umfassten, bis sich 1871 die Rugby Union gründete und in der Folge Rugby Football und Association Football getrennte Wege gingen.[18] Der Wunsch nach einem Spiel mit festen Regeln kam vor allem aus den Public Schools und Schulinternaten – Orten der aristokratisch-bürgerlichen Bildung.[19]

„Die Förderung von Ballspielen wie Fußball (und Cricket) durch die Schulleitungen erfolgte zum einen in der Absicht, die Jungen zu disziplinieren, zum anderen, um die Beziehungen zwischen Lehrern und Schülern zu verbessern; darüber hinaus sollten Loyalität und Selbstaufopferung des einzelnen gegenüber der Institution als moralische Werte vermittelt werden."[20]

---

[15] Geßmann, „Fußball."
[16] GutMuths, *Spiele*.
[17] Kloß, *Turnen*, 98.
[18] Mason, „Großbritannien," 26.
[19] Ebd., 24; Eggers, „Anfänge." 68.
[20] Mason, „Großbritannien," 24.

Fußball fand Aufnahme in den Lehrplan und gewann Kultstatus. Er war demgemäß ein „unverzichtbarer Beitrag zur Persönlichkeitsentwicklung und zur Herausbildung von Führungsqualitäten".[21]

In Deutschland hingegen war das Turnen als Träger deutscher Leibeserziehung in Schule und Militär dominierend. Die Vertreter der Deutschen Turnerschaft verstanden sich als „*die* Hüter wilhelminischer Kultur" und schrieben dem Turnen paramilitärischen Funktionen ein. Nach und nach entstanden erste Sportvereine, Spiele nach englischem Muster wurden übernommen, so auch das Fußballspiel als eine Form der Leibeserziehung im Freien. Pionier der Spielbewegung und Schulspiele in Deutschland war der Braunschweiger Gymnasiallehrer Dr. Konrad Koch,[22] dem Regisseur Sebastian Grobler mit dem Kinofilm *Der ganz große Traum* 2011 ein cineastisches Denkmal gesetzt hat. Koch war über vierzig Jahre am Braunschweiger Gymnasium Martino-Katharineum tätig. Gemeinsam mit seinem Kollegen August Herrmann förderte er das Fußballspiel unter Schülern, die Gründung eines Schüler-Fußballvereins und veröffentlichte ein Regelwerk in deutscher Sprache. Gleichwohl war es zunächst das Rugby-Spiel, dessen Propagierung sich Koch verschrieben hatte, was auch für die von ihm 1875 verfassten Regeln gilt. Seine Vorliebe für englischen Sport entdeckte er bereits während des Studiums, in dem er sich mit den Erziehungsgrundsätzen Thomas Arnolds, des Direktors der Public School in Rugby, intensiv auseinandergesetzt hatte. Insbesondere das Ziel der „Selbstbestimmung" (*self-government*) hatte Koch nachhaltig beeindruckt, „die er mit seinen Schülern zu verwirklichen suchte".[23] Als Lektüre für Lehrer empfahl er Thomas Hughes' Roman *Tom Brown's School Days* (1857),[24] der inzwischen bereits fünf Mal verfilmt wurde. „Dieser Roman um die Internatserziehung in Rugby führte erstmals das Spielgeschehen in den Mannschaftsspielen als wichtigen Teil der englischen Jugendbildung vor Augen (dt. Übersetzung 1859 u. 1892)."[25] Geßmann nennt zwei weitere einflussgebende Romanimporte nach Deutschland: Franz Finns *Harry Archer oder Ein Fußballspiel und seine Folgen* (1904)[26] und Richard Garrolds *Echte Jungen. Eine Schülergeschichte* (1912).[27]

Kochs Einsatz für das Fußballspiel war primär pädagogisch motiviert. Über die Anfänge berichtet er im *Monatsblatt für Öffentliche Gesundheitspflege im Herzogtum Braunschweig* (1882):

„Der große Eifer, der alle zunächst Herangezogenen beseelte, machte es gleich im ersten Winter trotz der rauheren Jahreszeit möglich, ja nöthig, zweimal in der Wo-

---

[21] Ebd.
[22] Dazu Oberschelp, *Fußball-Lehrer*; Hoffmeister, *Wegbereiter*; zu ausgewählten Primärtexten Oberschelp, *Fußballpionier*.
[23] Hoffmeister, *Wegbereiter*, 31.
[24] Hughes, *School Days*.
[25] Geßmann, „Fußball," 4.
[26] Finn, *Harry Archer*.
[27] Garrold, *Echte Jungen*.

che, am Mittwoch- und am Sonnabend Nachmittag zu spielen; dabei war die Betheiligung der Einzelnen am Spiel durchweg eine außerordentlich rege und unablässig. Und das Alles ward in keiner Weise etwa durch Anwendung irgendwelcher äußerlichen Mittel erreicht; weder wurden die Eltern der Schüler zum Zuschauen eingeladen, noch sonst irgend Aufhebens von der Sache gemacht, noch weniger wurden besondere Anzüge nach der Art der englischen Flanellanzüge gefordert; es war einfach ein guter Fußball aus England verschrieben und dann auf den Spielplatz geworfen, einige der nöthigsten Regeln angegeben und kurz erläutert, und bald spielten die deutschen Knaben das englische Spiel, wenn auch nicht mit allen Feinheiten, doch eifrig und geschickt und zu ihrem großen Vergnügen. Schnell genug fühlten sie sich heimisch in dem Spiele, zumal die notwendigsten Kunstausdrücke von vornherein mit ziemlich glücklich gefundenen, echt deutschen Wörtern wiedergegeben wurden, so dass der fremdländische Ursprung des Spieles, oder richtiger gesagt, die fremdländische Bezugsquelle, – denn Fußball ist auch an der deutschen Küste der Nordsee heimisch oder wenigstens heimisch gewesen – von einem unbefangenen Beobachter nicht im geringsten erkannt werden konnte."[28]

Koch verfasste zahlreiche Beiträge, die zur Etablierung des Fußballspiels in Deutschland beitrugen, unter anderem 1877 den Artikel „Fußball, das englische Winterspiel" im *Pädagogischen Archiv*[29] bzw. 1894 seine Schrift *Die Geschichte des Fußballs im Altertum und in der Neuzeit*.[30] Er gehörte zu den Pionieren der Spielbewegung, die Johann Friedrich Herbarts Auffassung, Erziehung habe im Klassenzimmer zu geschehen, durch „freiwillige Spiele" im Sinne Jean Jaques Rousseaus ergänzte.[31] In seinem Bericht „Der erziehliche Wert der Schulspiele" von 1878 führte Koch aus: „in der Jugend muss es [der Mensch] lernen, sich einem Ganzen einzuordnen, sich mit seinem Einzelwillen den Bestrebungen der Gesamtheit zu fügen und an seiner Stelle seinen Kräften entsprechend zu diesen Bestrebungen mitzuwirken".[32] Insbesondere das Spiel ermögliche dem Schüler, seine Fähigkeiten zu entfalten. Koch begrüßte Emil Hartwichs Schrift *Woran wir leiden* (1881),[33] die der Pflege des Geistes die des Körpers und Gemütes an die Seite stellte und sich für Leibesübungen im Freien sowie Bewegungsspiele aussprach. Am Beispiel Englands veranschaulichte Koch den pädagogischen Mehrwert des Fußballspiels:

„Mit Recht wird aber in England auf die Erlangung körperlicher Tüchtigkeit durch das Spiel ein viel geringerer Werth gelegt, als auf seine den Charakter bildenden Eigenschaften. Von diesen scheint namentlich eine beachtenswerth. Nur nebenbei soll darauf aufmerksam gemacht werden, daß Fußball zu den Spielen gehört, die gelegentlich einen nicht unbedeutenden Grad von Muth erfordern, und daß es im

---

[28] Koch, „Englische Schulspiele." 7.
[29] Koch, „Winterspiel."
[30] Koch, „Geschichte des Fußballs."
[31] Hoffmeister, *Wegbereiter*, 71.
[32] Koch, „Der erziehliche Werth," 20.
[33] Hartwich, *Freie Betrachtungen*.

raschen, entschlossenen Handeln übt, wie kaum ein anderes. Was aber das wichtigste ist, und worauf man in England mit gutem Rechte den größten Werth legt: Es lehrt den Einzelnen sich der Gesammtheit willig einzupassen und unterzuordnen."[34]

Mit dem „Spielerlaß" des Preußischen Unterrichtsministeriums 1882 zur „Beschaffung von Turnplätzen, Betreibung von Turnübungen und Turnspielen im Freien, Einrichtung von Turnfahrten" wurde die Einführung von Bewegungsspielen in Preußen angeordnet.[35]

Ungeachtet der Vorzüge des Fußballspiels wurde dessen angebliche Grobheit, Schädigung der Gesundheit und Herkunft aus England kritisiert. Als einprägsames Beispiel dient Karl Plancks Schrift *Fusslümmelei: Über Stauchballspiel und englische Krankheit* aus dem Jahr 1898, die schon die beim Schuss ausgeübte Bewegung als „häßlich" erachtete: „Das Einsinken des Standbeins ins Knie, die Wölbung des Schnitzbuckels, das tierische Vorstrecken des Kinns erniedrigt den Menschen zum Affen, selbst wenn die Haltung nicht den Grad abstoßender Häßlichkeit erreicht, den uns unser Titelbild versinnlicht."[36] Bissig vermerkte der Stuttgarter Turnlehrer:

> „Unsereiner erlaubt sich also nicht nur die Errungenschaften englischen Aftersports, sondern auch das Fußballspiel selbst nicht nur gemein, sondern auch lächerlich, häßlich und widernatürlich zu finden. Am allerunnatürlichsten ist das ob seiner angeblichen geringeren Gefährlichkeit vielgepriesene und bei uns fast allein geübte Fußballspiel ohne Aufheben des Balls, deutsch: ‚association'".[37]

Beide Formen des Fußballspiels – mit und ohne Aufnehmen des Balls – finden sich, so weist Geßmann nach, auch in der Kinder- und Jugendliteratur. Beispielhaft führt er Hermann Wagners *Illustriertes Spielbuch für Knaben* (1864) an,[38] das bis zum Ersten Weltkrieg noch das Kreisfußballspiel präferierte. Dies änderte sich später, etwa „in der 26. Auflage von 1922"; hier „erscheint unter ‚Einfacher Fußball ohne Aufnehmen des Balles' erstmals in der Spielesammlung auch das neue Fußballspiel".[39] Dort werden alle Bedenken relativiert und das Fußballspiel ausdrücklich empfohlen. Ebenso nimmt Jan Daniel Georgens' *Großes Illustriertes Spielbuch für Knaben* (1887)[40] in den Auflagen ab 1900 neben dem Kreisfußballspiel auch den neuen „Fußball"[41] auf und bildet das Spiel sogar vierfarbig ab.

Für das Fußballspiel aufgeschlossen sind Geßmann zufolge Vertreter der Turnerschaft wie Friedrich Ernst Clasen mit *Bewegungsspiele im Freien zur Gesundung des Körpers und Erfrischung des Geistes für das heranwachsende*

---

[34] Koch, „Winterspiel," 173.
[35] Dazu Eiben, *Subjekt*, 76–77.
[36] Planck, *Fußlümmelei*, 5–6.
[37] Ebd., 10.
[38] Wagner, *Spielbuch*.
[39] Geßmann, „Fußball," 3.
[40] Georgens, *Spielbuch*.
[41] Geßmann, „Fußball," 3.

Geschlecht (1882),[42] das spätere DFB-Gründungsmitglied Philipp Heineken mit der Abhandlung *Die beliebtesten Rasenspiele: Eine Zusammenstellung der hauptsächlichsten englischen Out Door Games zum Zwecke ihrer Einführung in Deutschland* (1893)[43] oder Hans Otto Simon mit dem Standardwerk *Der Deutschen Jugend Sportbuch* (1913).[44]

Resümierend lässt sich für die erste Phase des Fußballspiels im Kinder- und Jugendbuch festhalten, dass sie vorwiegend deskriptive Darlegungen in Spielesammlungen, Handreichungen im Sachbuchstil oder Schul- bzw. Internatserzählungen hervorgebracht hat. Das ist wenig verwunderlich, wurde das Fußballspiel in Deutschland doch im Wesentlichen „auch über den Schulfußball"[45] eingeführt.

4.2 Zweite Phase: Kaiserreich und Weimarer Republik – Fußball als Massenphänomen

Die zweite Phase umfasst die Ausbildung des Fußballs zum in Vereinen und Verbänden organisierten Massenphänomen und „zu einem Bestandteil der Alltags- und Freizeitkultur von Millionen von Menschen".[46] Impulsgebend für seine Popularisierung waren *neben* den Schulspielen, Gründungen von Sportvereinen und Regionalverbänden *vor allem* staatspolitische Fördermaßnahmen wie die Bildung von Ausschüssen, darunter etwa der 1891 gegründete Zentralausschuss zur Förderung von Volks- und Jugendspielen (ZA) mit Vertretern aus allen Organisationen von Turnen und Sport. Und nicht zuletzt erschloss die im Jahr 1891 neu gefasste Gewerbeordnung mit dem Verbot von Sonntagsarbeit insbesondere den Angestellten neue Perspektiven der Freizeitgestaltung.

Auf diese Weise eroberte das Fußballspiel neue Teile der Bevölkerung und etablierte sich als Gesellschaftsspiel. Katalysatorische Treiber der Sportentwicklung in Deutschland waren die rasant wachsende Sportartikelindustrie, Gewerbe- und Hygieneausstellungen und der zunehmende Bau von Sportanlagen und Stadien.[47] Zwar wurden im Jahr 1900 der Deutsche Fußball-Bund gegründet und seit 1903 Deutsche Meisterschaften ausgetragen, doch galt es immer wieder, heterogene staats- und sportpolitische Interessen zu harmonisieren, so etwa mit der „Integration der allmählich aus der Arbeiterklasse zuströmenden Jugendlichen",[48] die den Mitgliederbestand erweitern halfen. Auch die „Militarisierung der wilhelminischen Gesellschaft"[49] wirkte sich aus. Neben sprachlichen Anleihen bei „Positions- und Spielbeschreibungen (Verteidiger, Flanke, Sturm etc.), die im

---

[42] Clasen, *Bewegungsspiele*.
[43] Heineken, *Rasenspiele*.
[44] Simon, *Sportbuch*.
[45] Geßmann, „Fußball," 5.
[46] Luh, „Massenphänomen," 119; zum Begriff „Masse" im Verhältnis zu „Klasse" Eisenberg, „Massensport."
[47] Vgl. Eichberg, „Sport," 433.
[48] Eggers, „Anfänge," 75.
[49] Ebd., 75–76.

Wesentlichen bereits vor 1900" nachgewiesen werden können, wurde das Spiel in die „Militärverwaltung" (1903), in die „Ausbildung in Offiziersvorbereitungsanstalten" (1905) sowie im Zuge des Militär-Turnerlasses (1910) in den Ausbildungsplan der kaiserlichen Armee integriert. Dazu schrieb die Satzung des DFB von 1908: „Der Zweck des Bundes ist die Einwirkung auf die öffentliche Meinung, um das Verständnis für den Wert körperlicher Übungen bei Schulbehörden und Militärkreisen zu wecken und zu heben."[50]

Die „symbiotische Beziehung von Sport und Militär" entfaltete sich während der Kriegsjahre und setzte sich nach der Kapitulation des Kaiserreichs 1918 fort. Den DFB-Jahresberichten zufolge rückten Sport- und Preußisches Kriegsministerium noch enger zusammen: „In allen Garnisonen, in denen Truppeninformationen liegen, wird empfohlen sofort mit Fußballspielen zu beginnen."[51]

Der Zulauf war enorm: „In nur vier Jahren vervielfachte sich die Zahl der organisierten Fußballspieler von etwa 150.000 Ende des Krieges auf etwa eine Million im Jahr 1922."[52] Nicht nur die Zahl der aktiven Spieler stieg, sondern vor allem auch die der Zuschauer. Um die wachsende Nachfrage zu befriedigen, entstanden bis 1925 über „850 öffentliche und 400 vereinseigene kleinere und größere Sportstadien".[53]

Dieses große Interesse beförderte die Produktion von Fanartikeln: „Briefmarken, Sammelbildern, Nadeln und Abzeichen, Plakaten und anderen Druckerzeugnissen".[54] Brauereien und Zigarettenindustrie warben um den Fußballspieler als „neuen Volkshelden".[55] Sportverbände erkannten lukrative Einnahmequellen. 1925 schuf der DFB sogar eine „Werbezentrale, die in erster Linie das Gebiet der Presse, des Films, des Rundfunks und der Druckerzeugnisse erschloß".[56] Die regelmäßige Berichterstattung beförderten eigene Sportteile in den Tageszeitungen. Für das Jahr 1928 wurden über 300 Sportfachzeitschriften gezählt.[57]

Ende 1925 ging die Live-Berichterstattung im Radio an den Start, womit der „andauernde Poker um Rundfunk-Übertragungsrechte und Übertragungszeiten"[58] begann. Zwar gelten die ersten Übertragungen als „Markstein[e] der Sportmediengeschichte", doch wurden bis 1928 lediglich „eine Handvoll vom DFB zugelassenen Spitzenspiele" übertragen, „die die große Mehrheit der Haushalte gar nicht erreichen konnte, weil sie keine Rundfunkgeräte besaßen."[59]

Dennoch wurde der Fußballsport in der Weimarer Zeit „zu einem Faszinosum besonderer Art, das verschiedene kulturelle, soziale und politische Milieus erfasste

---

[50] Ebd., 76.
[51] Ebd., 80.
[52] Luh, „Massenphänomen," 120.
[53] Ebd., 123.
[54] Eggers, „Anfänge," 84.
[55] Ebd., 84.
[56] Ebd., 85.
[57] Luh, „Massenphänomen," 138.
[58] Ebd., 125.
[59] Ebd., 138.

und zum Teil trotz ihrer bewussten Gegnerschaft sie indirekt wiederum miteinander verband."[60] Der Wunsch nach einer „besseren Zukunft" beförderte eine „erlebnisorientierte Gemeinschaftsbildung". Fußball als „betriebliche[r] Sozialpolitik" unterstützte die „Werksgemeinschaft", schien darüber hinaus zu einer Art Bindemittel für eine „alle Schichten umfassende[n] Volksgemeinschaft" geworden zu sein, „die von den Stadien und Fußballplätzen aus Wirklichkeit annehmen sollte."[61]

Die Kinder- und Jugendliteratur nahm den Fußball zunächst schrittweise auf. Das Bilderbuch für die Kleinsten rezipierte das Spiel erst ab 1900, und das auch nur vereinzelt.[62] Geßmann nennt Beispiele wie Paul Otto Engelhards *Allerlei lustige Kinderspiele* (1920)[63] oder Lausbuben-Streiche in Adolph Jentschs *Die Rutschbahn: Ein fröhliches Sportbuch* (1927),[64] das schon einmal Kücheninventar zu Bruch gehen lässt. Neben kindlichen Protagonisten rückten Tiere als Akteure in den Vordergrund, so etwa in *Sport der Tiere* (1920) von Alfred Weczerzick und Josefa Metz[65] oder in *Teddybär und seine Freunde auf dem Platz* (ca. 1930) von Arthur Thiele und Reinhold Hansche.[66] Avantgardistisch wirkt demgegenüber Käthe Kruses Foto-Puppenbuch *Bei Spiel und Sport* (1929).[67] Hier werden mit Puppen Szenen im Alltag nachgestellt, so auch auf dem Spielfeld. Im Hintergrund sieht man Fabrikschlote, die das Spiel sozialhistorisch verorten. Auch Fritz Baumgarten findet sich mit *Max und Männe: die Sportsfreunde* (ca. 1930)[68] in Geßmanns Zusammenschau als ein Bilderbuchkünstler, der das Fußballspiel aufgreift und es 1930 für eine Spielebeilage in *Auerbachs Deutschem Kinderkalender* künstlerisch gestaltet.[69]

Ebenso entstehen erste Handbücher für Lehrer, Sammelwerke zu Bewegungsspielen, Periodika, wie die *Deutsche Jugend-Turn-Zeitung* bzw. spätere *Turnerjugend* (1919/1927) oder *Der heitere Fridolin: Halbmonatsschrift für Sport, Spiel, Spaß und Abenteuer* (1921–1928).[70] Dass für junge Leser der Fußballsport als Lektürestoff in der Weimarer Zeit erst nach und nach entdeckt wurde, lag nach Geßmann möglicherweise daran, dass erst damals Kinder- und Jugendabteilungen in den Vereinen eingeführt wurden und darum etwa die Berichterstattung in Zeitschriften erst in deren Gefolge entsprechende Beachtung erfuhr.[71] Einer „starken Fußballzentrierung" war die ab 1932 vom DFB zusammen mit der Deutschen Sportbehörde für Leichtathletik herausgegebene Jugendzeitschrift *Die*

---

[60] Ebd., 139.
[61] Ebd., 140.
[62] Vgl. Geßmann, „Fußball," 4.
[63] Engelhard, *Kinderspiele*.
[64] Jentsch, *Rutschbahn*.
[65] Weczerzick, *Sport der Tiere*.
[66] Thiele, *Teddybär*.
[67] Kruse, *Bilderbuch*.
[68] Baumgarten, *Sportfreunde*.
[69] Baumgarten, „Fußball-Wettspiel."
[70] Dazu Geßmann, „Sport," 396–99.
[71] Ebd., 386.

Deutsche Sportjugend verschrieben, die „neben sportbezogenen Sachinformationen und Erlebnisberichten vor allem die Vereinnahmung der Jungen unter Signalen wie Kampf und Sieg, Ehre, Volk, Führerprinzip, Heldentum"[72] zum Gegenstand hatte. Als Beispiel für ein Jugendsachbuch führt Geßmann Edmund Neuendorffs *Jugend-Turn- und Sportbuch* aus dem Jahr 1926[73] an. Hier werden nach allgemeinen Einführungen zu Leibesübungen und Verbandsvielfalt verschiedene Sportarten aufgeführt, so auch „Technik, Regelkunde, Methodik und Organisation des Fußballsports". Das Fußballspiel selbst wird vor allem aufgrund seines Kampfcharakters, seines Gemeinschaftssinns und seiner Nähe zum Heldenhaften hervorgehoben.[74]

Ein Grund für die noch zögerliche Aufnahme des Fußballs in Kinder- und Jugendbüchern war sicherlich auch die „sendungsbewusste Schundbekämpfung", die auch den populär gewordenen Fußball kritisch in den Blick genommen haben dürfte.[75] Einerseits wurden Leseempfehlungslisten erstellt, etwa in *Das Jugend-Sportbuch*, sollte doch die „Verbreitung von Sportliteratur in den Schülerbibliotheken dazu beitragen, die geistige Bedeutung dieses Faches auch allgemein sichtbar zu machen".[76] Andererseits fielen die Überlegungen der Vereinigten deutschen Prüfungsausschüsse für Jugendschriften im Sinne ihres Mitbegründers, des Reformpädagogen und Schriftstellers Heinrich Wolgast, aus. Als exemplarisch können Emil Puschs Ausführungen zur *Bereicherung der Schulbüchereien durch Literatur aus dem Gebiete der Leibesübungen* (1926) gelten:

„Welche Anforderungen müssen wir als Lehrer und Erzieher an die Turn- und Sportliteratur stellen? In erster Linie entscheidet der *künstlerische Gesichtspunkt*. Das Buch muss nach edler Sprache, nach Aufbau und Inhalt ein reifes Kunstwerk sein. Es darf ferner nicht tendenziös sein, nicht irgendeine Richtung der Leibesübungen zugunsten einer anderen herabsetzen. Geradezu unheilvoll wäre es z. B., wenn die Schüler in den Streit der Meinungen zwischen Turnen und Sport hineingerissen und verwirrt würden. Die Sportromane haben in der Frage der Erotik alles zu vermeiden, was aufreizend wirken könnte."[77]

Ein besonderes Augenmerk muss daher der Aufnahme des Fußballs in fiktionalen Erzähltexten gelten, die – wenn auch im bescheidenen Maße – existierten. Neben den genannten Schulromanen führt Geßmann sozialkritische Erzähltexte ins Feld, wie Herrmann Brandstädters *Um einer Mutter Willen* (1922),[78] in dem sich ein Junge des Geldes wegen für seine erkrankte Mutter zu Spielmanipulation hinreißen lässt. Vorurteile hinter sich zu lassen, heißt es auch für einen Jungen der Unterschicht in Béla Szenes Schulgeschichte *Der Schandfleck einer Klasse* (1931)[79]

---

[72] Geßmann, „Fußball," 7.
[73] Neuendorff, *Jugend-Turn- und Sportbuch*.
[74] Vgl. ebd., 6.
[75] Geßmann, „Sport," 403.
[76] Ebd., 405.
[77] Pusch, „Schulbüchereien," 67–68, zit. in ebd., 407.
[78] Brandstädter, *Um einer Mutter willen*.
[79] Szenes, *Schandfleck*.

oder – wesentlich bekannter noch – in Lisa Tetzners *Der Fußball: Eine Kindergeschichte aus Großstadt und Gegenwart* (1932).[80] Hier müssen Kinder einfacher Leute Arbeiten auf der Straße verrichten, um an einen eigenen Fußball zu kommen, obwohl es eigentlich gar keinen Platz gibt, an dem ihr Spiel erwünscht wäre. Die Kinder verfassen einen Brief dazu und als dann eines Tages in der Zeitung steht, dass es Spielstraßen geben wird, ist für die Kinder klar, dass letztlich sie mit ihrem Brief dazu beigetragen haben. Dagegen ist Kurt Berkners *Elf Fußballjungen: Eine Kameradschaft in Sport und Abenteuer* (1930)[81] eine jener unterhaltenden Abenteuergeschichten, wie sie in der Folge vermehrt erscheinen.[82]

Wollte man demnach die zweite Phase für die Kinder- und Jugendliteratur zusammenfassen, könnte sie als eine Erprobung der Möglichkeiten bezeichnet werden, die zwischen Alltagsnähe, „körperbezogene[n] Leistungsmuster[n], Aufstiegskonzept[en] und nationale[n] Tönen", Kindern und Jugendlichen positiven Entwicklungsspielraum anbietet und dabei „neben einer neuen sachlichen Vielfalt von Sport" auch eine „Ambivalenz zwischen konformem Verhalten und neuen Lebensentwürfen" aufzeigt; denn „das moderne und mächtige Phänomen Sport schafft auch moderne Problemlagen".[83]

4.3 Exkurs: Politische Instrumentalisierung in der NS-Zeit

Entsprechend der historischen Entwicklung zeigt sich in der Kinder- und Jugendliteratur ab 1933 eine politische Vereinnahmung sportlicher Aktivitäten. „Leibeserziehung" stand der „Volksgesundheit", „Wehrhaftigkeit" und „körperlichen Ertüchtigung" nahe,[84] kann jedoch nicht als spezifisch nationalsozialistisch ausgewiesen werden. Es handelt sich vielmehr um eine instrumentelle Deutung des Sports aus früheren Jahrzehnten, an den die NS-Sportpädagogik anknüpfte und sie in ihrem Sinn akzentuierte. Darauf galt es die Jugend nun politisch hinzuführen. Die Hitler-Jugend entzog die 10- bis 14-Jährigen den Jugendabteilungen der Turn- und Sportvereine, „die nur noch in den Fähnleinmannschaften des Jungvolks Fußball spielen durften". Dennoch wurde Fußball, etwa im Handbuch *Pimpf im Dienst* (1934),[85] nicht als verpflichtende Leibesübung vorgeschrieben, sondern als freiwillige Pflichtübung wie in Walter Schützes und Erwin Jägers *Fritz Knullepuff, der Fußballspieler* (ca. 1935).[86] Hier wird der Lebenslauf eines begeisterten Fußballjungen und später ebenso begeisterten Fußballvaters beschrieben:

„Talent allein führt nie zum Ziel, und auch der Eifer gilt nicht viel; doch wenn sich Können zugesellt, dann überwindest Du die Welt! Das Können aber ist hierbei, wie

---

[80] Tetzner, *Fußball*.
[81] Berkner, *Elf Fußballjungens*.
[82] Geßmann, „Sport," 404.
[83] Ebd., 407–408.
[84] Bode, „Fußballspiel," 231.
[85] Reichsjugendführung, *Pimpf*.
[86] Schütze, *Knullepuff*.

stets bedingt durch zweierlei: Du mußt um Wissen Dich bemühen sowie um eigne Disziplin. So wirst Du Meister sicherlich, und die Nation ist stolz auf Dich!"

Das Buch schließt mit zehn Fußballregeln, denen folgender Satz vorangestellt ist: „Fußballregel: Das viele Überkombinieren wird Euch wohl nie zum Siege führen! Drum merkt als goldne Regel vor: Nur durch den Angriff fällt das Tor!"

Auch in Jahrbüchern wird Fußball als Interessensfeld von Jungen aufgegriffen. So etwa lässt sich im Jahrbuch *Der Gute Kamerad* von 1935 ein „Leitfaden für den Sportplatz: Was jeder vom Sport wissen sollte. I. Fußball"[87] finden. Andreas Bode macht auf einen weiteren Artikel in diesem Jahrbuch mit Blick auf männerbündische Fantasien aufmerksam. Der Aufsatz trägt den Titel „Die Spartaner: Eine deutsche Fußball-Ländermannschaft wächst heran."[88] Hier schreibt ein anonymer Verfasser:

> „Der Name sagt alles. Sie wollen, altem heldischen Vorbild gemäß, das seine emporreißende Kraft durch die Jahrtausende behalten hat, ein gleiches Vorbild dem deutschen Jugendleben bieten. Sie haben den ersten und entschlossenen Willen, durch immer neues und unermüdliches Üben in ihrer fußballerischen Leistungsfähigkeit ständig zu wachsen und zu reifen. Sie hoffen, wie eigentlich wohl alle Fußballjungen, dereinst Meister zu werden […] Noch ist die Schar der ‚Spartaner' klein im großen Berlin, und sie suchen gleichgesinnte Kameraden, die mit ihnen bereit sind, durch dick und dünn um dieses hohe Ziel zu ringen. […] Ihr Ziel ist also nicht nur die Erringung einer großen Fußballmeisterschaft, sondern in gleicher Weise der systematische Aufbau eines menschlichen großen Lebens voll Mut, Schwung und Begeisterung für innere Haltung, den Idealen getreu, die da heißen: Treue, Redlichkeit, Reinheit, Opfermut, Kameradschaft, Wille zu größter Leistung."[89]

Angespielt wird auf das bündische Gedankengut des Sportpädagogen, Fußballtrainers und Schriftleiters der DFB-Zeitschrift *Deutsche Sportjugend* Ernst Fuhry, der in seinem Team der „Spartaner" eine Art Gesinnungsgemeinschaft mit exklusiven Idealen für Körper und Geist sah. Fuhrys „sektiererische Aktivitäten" führten dazu, dass er „seine Spartaner einem anerkannten Verein"[90] eingliedern musste. Für den DFB veröffentlichte Fuhry auch eine *Fußball-Fibel* (ca. 1934),[91] die noch bis in die 1950er Jahre im Umlauf war. Mit *Kampf und Sieg, Junge! Das Sportbuch des deutschen Jungen*,[92] das er ebenfalls im Auftrag des DFB 1937 herausgegeben hat, zeigte er, wie die Jugend politisch anzuleiten sei.

Als weitere zeittypische Romane stellt Bode Sepp Bauers Schulgeschichte *Schuß – Tor* (1936)[93] und Erich Wildbergers Roman *Die große Mannschaft*

---

[87] Anonym, „Leitfaden," 7.
[88] Anonym, „Spartaner."
[89] Bode, „Fußballspiel," 236.
[90] Ebd., 237.
[91] Fuhry, *Fußball-Fibel*.
[92] Fuhry, *Kampf und Sieg*.
[93] Bauer, *Schuß – Tor!*

(1937)[94] vor. Während Bauers Geschichte von der Rivalität zwischen Schülerklassen eher an Wilhelm Speyers Roman *Der Kampf der Tertia* (1927)[95] erinnert und „nicht im Einklang mit der Sportideologie des Nationalsozialismus" steht, kann Wildbergers Roman *Die Große Mannschaft: Ein Roman, in dem alle Träume ihre Erfüllung finden* als eine „Apotheose der Zucht"[96] gelten. Über die Mannschaft sowie ihren Anführer und Vorturner Karl Hartmann schreibt Wildberger:

> „Sie waren hart. – Diese Sechzehnjährigen waren hart wie Berufsspieler. Auch das war Karl Hartmanns Werk. Wie er ihnen den Gemeinschaftsgeist zur Selbstverständlichkeit gemacht hatte, so daß sie ihn auch bei jedem Gegner voraussetzen – hier irrten sie –, so war wie ihr Kameradschaftsgeist ihre Härte ohne Vergleich. Karls ungewöhnliches Sportsideal, das sich aus unzähligen Vorbildern zusammensetzte, hatte sie zur Widerstandskraft erzogen, die alle spartanischen Erziehungserfolge in den Schatten stellte. Alle Vierzehn wiesen eine Gesamtmuskulatur auf, die – lang und federnd – sowohl die Kunstästheten wie den athletischen Sachkenner begeistert hätte, eine Gesamtmuskulatur, die jedem Druck widerstand. Die Jungen waren aus Stahl und Eisen."[97]

Ihr 19:0-Sieg „wirkte grausam gegen den wankenden Gegner, aber auf dem Felde kannten sie kein Erbarmen".[98] Hartmann wendet sich sodann vom Fußball ab und verkündet enttäuscht:

> „Wir haben immer sportliche Spiele zur Körperschulung getrieben, aber nie aus Sport mit dem Körper gespielt. Wir, Bohnerwachs [Mannschaftsname], haben geschworen. Wir sind sauber und darum stark. Das ist nämlich unser ganzes Geheimnis. Es ist für einen gesunden und in Körper wie Reinheit gestählten Jungen kein Kunststück, zu sein wie wir, aber Kraft zur Sauberkeit muss er haben. Und diese, eure beste Kraft, die euch über die anderen stellt, verliert ihr jetzt. Dann ist es aus mit Bohnerwachs, und ich mache nicht mehr mit. Habt ihr ein Mädel im Arm, zerbricht der Wille, der euch auszeichnet."[99]

Im Fußball werden sie – einer „Offenbarung"[100] gleich – deutscher Meister und nehmen an den Olympischen Spielen in Leichtathletik teil, von „denen sie elf Gold- und vierzehn Silbermedaillen" und „fünf neue Weltbestleistungen"[101] mit nach Hause bringen.

Zu ergänzen bleibt die Darstellung im Bilderbuch, für das Fritz Baumgartens Bestseller *Sportfest im Walde* (ca. 1936)[102] exemplarisch „den Erzähltyp des

---

[94] Wildberger, *Mannschaft*.
[95] Speyer, *Tertia*.
[96] Bode, „Fußballspiel," 242.
[97] Wildberger, *Mannschaft*, 64–65.
[98] Ebd., 71.
[99] Ebd., 84–85.
[100] Ebd., 168.
[101] Ebd., 171.
[102] Baumgarten, *Sportfest*.

„Sportfestbilderbuches' aus der Taufe hebt";[103] es wurde bis in die Gegenwart aufgelegt, wobei die Fußballszene auf dem Cover noch bei dem Neudruck von 2003 „werbewirksam zum neuen Titelbild erhoben" wurde.[104]

4.4 Dritte Phase: Nachkriegszeit – Spitzenfußball als gewinnbringendes Medienwunder

Wenden wir uns abschließend der dritten Phase zu, in der das Fußballspiel seit den 1950er Jahren – der Zeit des Wiederaufbaus nach dem Zweiten Weltkrieg – sukzessive auch in die Kinder- und Jugendliteratur aufgenommen wurde und spätestens mit den 1990er Jahren in eine nahezu unüberschaubare Vielfalt mündete, wie sie für die Postmoderne geradezu sinnbildlich ist.

Die Fußball-WM 1954 lockte die deutsche Bevölkerung und die Fans an die Rundfunkgeräte, insbesondere an den seit 1933 verbreiteten Volksempfänger, und vor die damals noch seltenen Fernsehgeräte.

Mit dem „Wunder von Bern" wurde nicht nur das Selbstwertgefühl einer ganzen Nation gehoben, vielmehr wuchs auch der Bedarf nach Fußballerzählungen und Sachbüchern, die sowohl das neue „Wir-Gefühl" für Kinder und Jugendliche erfahrbar machten als auch aktuelle Informationen über Spieler, Mannschaft und deren Umfeld bereithielten. Folgt man den wertvollen bibliographischen Ausführungen von Geßmann, sind es vorwiegend Texte, die den Zusammenhalt einer Mannschaft betonen, die gemeinsam durch Dick und Dünn geht. Zu nennen wären hier exemplarisch Karl Bruckners *Die Spatzenelf* (1949)[105] oder Sammy Drechsels Longseller *Elf Freunde müsst ihr sein* (1955),[106] der 2024 in 30. Auflage erschienen ist. In den Vordergrund rückte ein positives Gemeinschaftserleben als ein ideales „Gegenmodell zu den negativen Erfahrungen von Krieg und Militarismus".[107] Die kindlichen Protagonisten leben zumeist in einfachen Verhältnissen, wenn ihr Umfeld überhaupt thematisiert wird. Ihr Lebensraum ist die Großstadt. Solidarität, Zusammenhalt und Wettbewerb verbinden die alltäglichen Erfordernisse mit der sportlichen Erfahrungswelt und sind Teil eines gelingenden sozialen Miteinanders. Vieles erinnert an die Arbeiterkultur und Großstadtkinderromane der Weimarer Zeit. Dabei begreifen die Kinder Fußball jedoch, wie Ewers es für Bruckners *Spatzenelf* formuliert, nicht mehr nur als Kinderspiel, sondern sehen darin vielmehr „eine Gelegenheit, es den Großen gleichzutun oder doch den Großen wenigstens nahezukommen".[108]

Nach dem „Wunder von Bern" setzte eine Art „memoirenhafte Fußballliteratur auf dem Jugend- und Erwachsenenbuchmarkt"[109] ein, zumeist unter dem Namen der jeweiligen Akteure selbst veröffentlicht. Dazu gehören neben Fritz Walters

---

[103] Geßmann, „Bilderbuchgeschichten," 4.
[104] Geßmann, „Fußball," 7.
[105] Bruckner, *Spatzenelf*.
[106] Drechsel, *Elf Freunde*.
[107] Wexberg, *Verschriftlichte Heimat?*, 85.
[108] Ewers, „Fußballromane," 174.
[109] Kammler und Kämper-van den Boogaart, „Fußball," 11.

Büchern – dessen *3:2 – Die Spiele der Weltmeisterschaft* (1954)[110] den Fans persönliche Eindrücke und private Einblicke in die Fußballwelt vermitteln sollte –, auch Helmut Rahns *Mein Hobby: Tore schießen* (1959)[111] ebenso wie Sammy Drechsels Medienkosmos als Beispiel für den Sportjournalismus. Drechsel, der eigentlich Karl-Heinz Kamke hieß, war bei verschiedenen Rundfunksendern als Sportreporter tätig, so etwa für Radio Berlin, RIAS und – von 1950 bis zu seinem Tod – beim Bayerischen Rundfunk. Bekannt war er unter anderem für die Moderation von *Sport – Spiel – Spannung*, einer monatlichen Nachmittagssendung des Bayerischen Fernsehens für Kinder. In seinem Roman *Elf Freunde müsst ihr sein* wird von einer Berliner Volksschulklasse aus Wilmersdorf erzählt, die bis zur Fußballmeisterschaft der Berliner Volksschulen aufsteigt. Im Mittelpunkt steht der namensverwandte Mannschaftskapitän Heini Kamke, dem es gegen alle Niederlagen und Widerstände immer wieder gelingt, den Sportsgeist und Gemeinschaftssinn der Jungen zu wecken. Das Buch greift auch soziale Probleme der Weimarer Republik und der NS-Zeit auf, wie etwa die Arbeitslosigkeit der Väter. Vor allem über die Herkunft des Titels wurde viel spekuliert. Möglich ist, dass Johannes Leschinskis Lied „Elf Freunde waren wir, die sich verstanden / Die in schweren Zeiten zusammenfanden" von Bedeutung war. Als einflussgebend genannt werden Richard Girulatis' Buch *Fußball: Theorie, Technik, Taktik* (1919)[112] und der Wanderpokal „Viktoria", Vorgänger der heutigen DFB-Meisterschale, auf dessen Sockel man lesen konnte: „Elf Freunde müsst ihr sein, wenn ihr Siege wollt erringen". Weniger bekannt ist die Nähe von Drechsels Roman zu Hanns Vogts *Elf Jungens und ein Fußball* aus dem Jahr 1947. Auch er handelt von einem Mannschaftsführer namens Heini Biedermann und nimmt Drechsels Buchtitel als Zitat vorweg.[113] Für Drechsel kennzeichnend sind Beschreibungen des Spielgeschehens, die seine Leidenschaft als Sportreporter für den Fußball erlebbar machen.[114] Damit hat er eine Art Vorbildfunktion für seine Kollegenzunft übernommen. Auf dem Kinderbuchmarkt finden wir seither immer wieder Titel, die von Sportreportern wie Tom Bartels, Christian Eichler, Ulrich „Ulli" Potofski oder Ulli Schubert geschrieben werden und deutlich machen, wie stark Kinderliteratur von der medialen Sportwelt und deren Berichterstattung geprägt ist. Überdies erschien im Jahr 2000 erstmals *11 FREUNDE: Magazin für Fußballkultur*, das auf Girulatis und Drechsel Bezug nimmt. Das bei jungen Lesern beliebte Magazin greift Themen rund um den Fußball abseits der Spielergebnisse auf; sie konnte „im vierten Quartal 2023 eine verkaufte Auflage von rund 662.300 Exemplaren erzielen".[115]

Auffällig für die Entwicklung des Kinder- und Jugendbuchmarkts der Nachkriegszeit ist ebenso das Bemühen um Verstetigung durch Folgebände in Reihen.

---

[110] Walter, *3:2*.
[111] Rahn, *Hobby*.
[112] Girulatis, *Fußball*.
[113] Vgl. Bode, „Fußballspiel," 246.
[114] Vgl. Geßmann, „Fußball," 10.
[115] Statista Research Department, „Fußballzeitschrift."

Exemplarisch sei verwiesen auf die drei Bände um *Torwart Spinne* von Carl Toepfer (1951–1953),[116] die den „längeren Werdegang eines einzelnen Spielers" und die Verknüpfung von Schul- und Vereinsfußball zum Gegenstand haben. Dabei werden die fiktiven Geschichten immer mehr mit „realen Ergebnissen aus dem Bundesliga-Alltag, mit berühmten Siegen und Niederlagen"[117] und Sachteilen, wie etwa Kurzbiografien von Spielern, verbunden. Als Beispiele nennt Geßmann darüber hinaus Gerd Lobins *Mittelstürmer Thomas Bruckner* (1965),[118] Hans-Jürgen Winklers *Flitzi: Ein Fußballknirps wird Nationalspieler* (1966)[119] und Robert Batemans *Nur Tore entscheiden* (1974).[120] Letzteres Buch endet mit einem ausführlichen Fototeil, lexikalischen Informationen und Trainingseinblicken. Neben Fußballgrößen werden nun auch bedeutende Fußballspiele etwa von Weltmeisterschaften eingebunden, so beispielsweise in den *Göttinger Jugend-Büchern* mit Titeln wie *Das Spiel ihres Lebens: Deutsche Fußballer erkämpfen die Weltmeisterschaft* (ca. 1954)[121] und Folgetiteln wie Wilhelm Fischers *König Fußball regiert: Von Bern bis Chile. Sepp Herberger und die Spiele der deutschen Nationalmannschaft von 1954 bis heute* (ca. 1962).[122] Darüber hinaus finden sich Erzählungen, die Fiktives mit realen Ereignissen verbinden, so etwa Ernst Heydas *Peter fährt zum Endspiel* (ca. 1962)[123] oder August Heinrich und Wolfram Essers *Mittelstürmer Mucki Moor: Sein Weg in die Schüler-Nationalmannschaft* (ca. 1976).[124]

Dieses Interesse an einzelnen Spielern und Großereignissen kommt nicht von ungefähr: Seit 1953 werden Oberligaspiele im Fernsehen live übertragen, die allerdings noch „der größte Teil der Bevölkerung live am Radio oder als Zusammenfassung in der Kinowochenschau"[125] miterlebte.

Mit dem Aufkommen der öffentlich-rechtlichen Fernsehsender werden von 1961 bis 1963 neue Sendeformate etabliert wie etwa *Die Sportschau*, *Der Sportspiegel*, die *Sportinformation* oder *Das Aktuelle Sportstudio*.

> „Während *Der Sportspiegel* sich vor allem durch Hintergrundberichte und *Die Sportinformation* sich durch eine Vorstellung der Bundesligavereine auszeichneten, verstanden es die Verantwortlichen des *Aktuellen Sportstudios* hervorragend, dem Fernsehzuschauer eine Mischung aus Information und Unterhaltung zu prä-

---

[116] Toepfer, *Halbzeit*; Toepfer, *Spinne der Torwart*; Toepfer, *Spinne am Ziel*.
[117] Geßmann, „Fußball," 11.
[118] Lobin, *Mittelstürmer*.
[119] Winkler, *Fußballknirps*.
[120] Bateman, *Tore*.
[121] Anonym, *Spiel*.
[122] Fischer, *König Fußball*.
[123] Heyda, *Endspiel*.
[124] Esser und Esser, *Mittelstürmer*.
[125] Burk, „TV-Programmsparte," 234.

sentieren. Erstmals war nicht mehr die Dramaturgie des Sports entscheidend, sondern vielmehr eine künstlich geschaffene Dramaturgie, hervorgerufen durch ein spezifisches Sendekonzept".[126]

Mit dem Abtreten der Bundesliga-Senderechte an die öffentlich-rechtlichen Sender berichteten ab 1965/66 „*Die Sportschau* um 18 Uhr, *Das Aktuelle Sportstudio* um 22 Uhr und ab 1966 die *ZDF-Sport-Reportage*" über die aktuellen Ereignisse der Fußballbundesliga und der Regionalligen. Weitere Hinweise auf die Kommerzialisierung und Professionalisierung des Fußballs geben die enorm ansteigenden „Kosten für die Übertragungsrechte an der Fußballbundesliga und den internationalen Fußballereignissen"[127] sowie die Zunahme von Werbung:

> „Werbebanden von *Kaufhof* und *Jägermeister* wurden den deutschen Fernsehzuschauern ebenso präsentiert wie der von adidas gestellte offizielle WM-Spielball. Im Jahr 1974 wurden schließlich die Spielertrikots als Werbefläche freigegeben."[128]

Was sich hier abzeichnet ist „nicht nur der Wandel vom Amateurstatus zum Vollprofitum – begleitet u. a. durch den Anstieg von Spielergehältern und Ablösesummen –, sondern der Fußball wurde auch für alle anderen Akteure zu einem lukrativen Geschäft." Die Fernsehanstalten waren bestrebt, „eine perfekte Inszenierung und Dramaturgie bei der Übertragung des Fußballereignisses"[129] zu ermöglichen. „Die Trias von Fußball, Fernsehen und werbetreibender Kraft" war „nicht mehr aufzuhalten".[130] Mit dem Einzug der ersten kommerziellen Privatsender in den 1980er Jahren fällt das Monopol der öffentlich-rechtlichen Anstalten und steigen die Programmstunden für Fußball entschieden an. Der „Ereigniswert" an sich, die Möglichkeiten zeitgleicher und zeitversetzter Berichterstattung, das international bekannte Regelwerk, die Dynamik der Wettkämpfe und das „positive Image" des Fußballs motivieren einerseits „Wirtschaftsunternehmen[,] hohe Preise für Werbezeiten bei Fußballreihensendungen oder Fußball-Live-Übertragungen" aufzubringen, und animieren andererseits „Fernsehsender[,] ungeheure Summen für Fußballsenderechte"[131] zu investieren.

Parallel dazu ist in der Kinderliteratur der 1970er Jahre ein vermehrtes Interesse an der Fortentwicklung der Sachbuchproduktion festzustellen.[132] Publikumslieblinge wie Uwe Seeler erläutern in *Das große Fußballbuch der Jugend* (1974)[133] taktische Tricks mit Blick auf die eigene Laufbahn. Reihen für junge Leser, wie *Junior Sport* oder „programmatische" Titel wie *Erklär mir den Fußball* von

---

[126] Ebd., 235.
[127] Ebd., 235.
[128] Ebd., 236.
[129] Ebd., 236.
[130] Ebd., 237.
[131] Ebd., 238–40.
[132] Vgl. Geßmann, „Fußball," 12.
[133] Seeler, *Fußballbuch*.

Gerhard Seitz (1978),[134] öffnen das Sachbuch von der Handreichung für Erwachsene zum Info- und Erlebnisbuch für Kinder. Auch im Bilderbuch sind vereinzelt Fußballerzählungen zu entdecken. Exemplarisch nennt Geßmann[135] *Die Fußballzauberstiefel* von Karl Heintz (1956),[136] Clemens Parma alias Roderich Menzels *Thomas, der große Fußballheld* (1968)[137] oder Ursula Kirchbergs *Max und sein Fußball* (1974).[138]

Für die erzählende Kinderliteratur typisch, werden in den 1970er und 1980er Jahren auch die Probleme des Fußballs bzw. des Fußballgeschäfts aufgegriffen und sichtbar gemacht: Der Profisport wird als ein knallhartes Geschäft vermittelt, etwa in Klas Ewert Everwyns frühem Text *Fußball ist unser Leben: Geschichte eines jungen Mannes, der den Aufstieg von der Dorfmannschaft in die Bundesliga versucht* (1978).[139] Die Ambivalenz der Fanszenen ist exemplarisch in Michael Klaus' *Nordkurve* (1982)[140] sowie Klaus W. Hoffmanns und Bernd Roggenwallners *Südkurve* (1985)[141] zu erleben. Integrations- und Projektionswünsche findet Geßmann in Erzählungen wie Herbert Bergers *Der fremde Linksaußen* (1982),[142] Renate Welshs *Julie auf dem Fußballplatz* (1984),[143] Jackie Niebischs *Rudi Woppers kleine Schwester* (1987)[144] oder Alexander Potykas Bilderbuch *Willi, das Sonntagskind* (1985).[145]

Beginnend in den 1970er und 1980er Jahren, in denen sich das Erzählen über den Fußball in Inhalt und Erscheinungsform weiter ausgestaltet, ist vor allem ab den 1990er Jahren ein sprunghafter Anstieg der Kinder- und Jugendbuchproduktion zu verzeichnen.

Fußball wird Gegenstand einzelner Erzählungen ebenso in „vielbändigen Serienwerke[n]", in Sachbilderbüchern für die Kleinsten, in Erstlesebüchern, in „Fußballkrimis, Internatsgeschichten" und „großformatige[n] Sachbüchern". Hinzutreten „Rätsel-, Sprüche-, Witz- und Malbücher",[146] Merchandiseartikel wie z. B. Sticker, Sammelalben, Zeitschriften oder Comic- und Manga-Taschenbücher.

Seit 1970 begleiten die beliebten *Panini*-Sticker-Alben die Weltmeisterschaften und bilden die Mannschaftsaufstellungen ab. Es folgten *Panini*-Sammelalben zur Fußball-Bundesliga und -Europameisterschaft. „Zur WM 2006 soll Panini in Deutschland 800 Millionen Sticker verkauft haben, Stückpreis damals:

---

[134] Seitz, *Fußball*.
[135] Geßmann, „Fußball," 13.
[136] Heintz, *Fußballzauberstiefel*.
[137] Parma, *Fußballheld*.
[138] Kirchberg, *Fußball*.
[139] Everwyn, *Fußball ist unser Leben*.
[140] Klaus, *Nordkurve*.
[141] Hoffmann und Roggenwallner, *Südkurve*.
[142] Berger, *Linksaußen*.
[143] Welsh, *Fußballplatz*.
[144] Niebisch, *Schwester*.
[145] Potyka, *Sonntagskind*.
[146] Geßmann, „Fußball," 15–16.

10 Cent."[147] Auch über Ferrero-Süßigkeiten finden die Sticker in Kinderhände und damit ihren Weg in Sammelalben. Neben dem monatlichen Magazin *Just – kick It!* (seit 2005) für Fußballfans ab 8 Jahren gibt Panini seit 2014 in Zusammenarbeit mit dem DFB ein offizielles *DFB-Magazin für Kids: Fußballspaß mit Paule*, dem Maskottchen des Fußballverbands, für Jungen und Mädchen zwischen 4 und 8 heraus. Damit sind Fußball, Profisport und DFB vom Kleinkindalter an im Kinderzimmer verfügbar.

Als Einstiegslektüre wird insbesondere seit den 1970er Jahren bildungspolitisch das Erstlesebuch entdeckt: „Alle Heranwachsenden sollten an Kultur teilhaben und befähigt werden, sich Kulturtechniken anzueignen. In diesem Zuge öffnete sich die Kinderliteratur für populäre Stoffe, Medien und Themen ebenso wie sie den Zugang zu Inhalt und Sprache erleichtert." Wesentlich beim Erstlesebuch ist die Einbindung kindlichen Alltags in Abenteuergeschichten, die „in Layout, Umfang, Syntax und Semantik auf die Fähigkeiten der Kinder während des Lesenlernens Rücksicht nehmen."[148] Insbesondere in den 1990er Jahren treten hier vermehrt Fußballerzählungen in Erscheinung. Titel wie *Fußballgeschichten* (1993)[149] in der Reihe *Leselöwen* und *Wir werden Meister* (1994)[150] von Manfred Mai in der Reihe *Lesekönig*, oder *Lena hat nur Fußball im Kopf* (1993)[151] von Kirsten Boie in der Reihe *Sonne, Mond und Sterne*, ferner *Nashorn vor, noch ein Tor* (1996)[152] von Sarah Bosse, *Lasse und der Superfußball* (1999)[153] von Sibylle Gassner und Peter Nieländer in der Reihe *Bücherbär* oder *Wir haben einen Freund, der ist Fußballspieler* (1998)[154] von Jan Birck in der Reihe *Lesemaus* bieten Erzählungen für Mädchen und Jungen im Kindergarten- oder Grundschulalter an – einem Alter, in dem Mädchen und Jungen noch gemeinsam im Verein Fußball spielen dürfen.[155] Die Bücher erleben teils mehrfache Auflagen, auch unter neuen Buchtiteln, wie etwa Sarah Bosses Buch, das 2014 unter dem Titel *Die Kicker vom FC Kokosnuss*[156] mit Bildern von Martina Theisen neu aufgelegt wurde. *Fußballgeschichten*[157] sind Dauergast in Erstlese-Reihen. Sie ermöglichen Lesenlernen mit einer bei Mädchen und Jungen beliebten Sportart, und das bei niederschwelligen Preisen. Generell sind Text-Bild-Erzählungen für junges Lesepublikum leicht zugänglich.

Darum verwundert es kaum, dass auch in Comic-Magazinen wie *Fix und Foxi* bereits in den 1970er Jahren der Fußball als *Aktion F: Das Wichtigste zur Fußball-*

---

[147] Dambeck und Dettmer, „Da fehlen doch welche."
[148] Die vorhergehenden Zitate Stenzel, „Erstlesebücher," 1.
[149] Mai, *Fußballgeschichten*.
[150] Mai, *Meister*.
[151] Boie, *Lena*.
[152] Bosse, *Nashorn*.
[153] Gassner, *Superfußball*.
[154] Vgl. Birck, *Fußballspieler*.
[155] Geßmann, „Fußball," 17.
[156] Bosse, *FC Kokosnuss*.
[157] Vgl. Hanauer, *Fußballgeschichten*; Rudel und Wiese, *Fußball-Silbengeschichten*; Lenz, *Fußballcamp*.

WM 1974[158] für Kinder aufs Titelcover gehoben wird. Selbst Disneys Dagobert Duck ist 1974 in *Paperino ai mondiali di calcio*[159] (dt. *Das erste Fußballspiel der Welt*) bemüht, bei FIFA-Mitglied Sepp Heuberger mit einem Film über die Anfänge des Fußballs die Übertragungsrechte für die WM einzuholen. Diese und andere Comic-Erzählungen erscheinen u. a. 1982 als *LTB 82* unter dem Titel *Donald vor! Noch ein Tor* im Verlag Egmont Ehapa Media[160] auch in deutscher Sprache. Seit 2006 wird dort ebenso als *LTB Extra* eine Nebenreihe zum Fußball für junge und junggebliebene Fußballfans veröffentlicht, von der bisher sechs Taschenbuchausgaben jeweils zu großen Fußballereignissen vorgelegt wurden.

Bei den *Peanuts* wird bereits 1996 mit *Spiel den Ball, Marcie*[161] eine Spielerin gezeigt. In Japan ist Fußball schon seit den 1980er Jahren mit *Captain Tsubasa* im Manga und als Fernsehserie ein Thema. In Deutschland wird die Anime-Serie 1995 im Privatfernsehen ausgestrahlt. In Buchform als *Captain Tsubasa – Die tollen Fußballstars*[162] ist sie seit 2002 im Carlsen Verlag in deutscher Sprache verfügbar. Dem reihen sich weitere erfolgreiche Manga-Reihen an. Exemplarisch genannt sei *Blue Lock*[163] von Muneyuki Kaneshiro und Yusuke Nomura (seit 2021 in deutscher Sprache bei Kazé Manga / Crunchyroll) über Fußball in Japan.

Schon im Erstlesebuch und in Comics deutet sich an, wie seit Ende der 1980er Jahre die Stärkung des Mädchen- und Frauenfußballs intensiviert wird: Junge, fußballbegeisterte Mädchen werden ausdrücklich als Lesepublikum mitgedacht. Der Reigen reicht von Martin Kleins *Lene und die Pappelplatztiger* (1990) bis zu Christine Nöstlingers *Fußballgeschichten vom Franz* (2002). Ein Longseller ist Liane Schneiders *Conni spielt Fußball* (1996), der bis heute in verschiedenen Pixi-Serien, als Hörbuch oder Zeichentrickserie verfügbar ist.[164]

Die Entwicklung im Kinderbuch ist auch hier parallel zur Geschichte des Frauenfußballs zu sehen: 1984 erste Fußball-Europameisterschaft der UEFA für Frauen, die seit 1997 alle vier Jahre stattfindet; 1991 erste Frauen-Fußball-WM in China, die von nun an alle vier Jahre ausgetragen wird; seit 1996 ist Frauenfußball Teil des olympischen Programms.

Ist den Fußballerzählungen für Mädchen vor allem in den Anfängen und teils bis heute ein Spiel „mit alten Rollenklischees" immanent, so geht es doch grundsätzlich darum, mit der „Vorstellung auf[zu]räumen, fußballbegeisterte Mädchen seien etwas Besonderes. Darum ist das gestalterische Bemühen um ein gelingendes gemeinsames Spielen und Sich-Verstehen von Jungen und Mädchen in den meisten Texten leitend."[165] Dieses Anliegen teilen Serien wie zum Beispiel Marliese Arolds siebenbändige Reihe *Die fantastischen Elf* (2005–2007),[166]

---

[158] Kauka, *Fix und Foxi*.
[159] Vgl. *Paperino ai mondiali di calcio*.
[160] *Donald vor, noch ein Tor*.
[161] Schulz, *Peanuts Gang*.
[162] Takahashi, *Captain Tsubasa*.
[163] Kaneshiro, *Blue Lock*.
[164] Vgl. Geßmann, *Folgeband*, 108.
[165] Geßmann, „Fußball," 18.
[166] Arold, *Trainersuche*.

Frauke Nahrgangs sechzehnbändige Reihe *Die Teufelskicker* (2005–2014)[167] oder Andreas Schlüters und Irene Margils elfbändige Reihe *Fußballhaie* (2014–2018).[168]

Demnach wird in Titeln wie etwa *Die Fußball-Elfen – Kick mit, wenn du ein Mädchen bist* (2011),[169] *Trau dich, wenn du ein Mädchen bist* (2011),[170] *Halte durch, wenn du ein Mädchen bist* (2011)[171] oder *Steh auf, wenn Du ein Mädchen bist* (2011)[172] – ebenso wie im *1. FC ohne Jungs* (2011)[173] – überzeichnet, was es eigentlich konterkarierend aufzulösen gilt.

Passend zur Frauen-Fußball-WM 2011 in Deutschland erscheint eine Pixi-Serie, die mit *Mädchen am Ball*[174] den Frauenfußball im Buchformat to go schon für die Kleinsten zum Vorlesen verfügbar macht.

Auch auf die Sachbuchsparte wirken Ereignisse der Fußballwelt ein, so z. B. in Simone Königs und Lynn Höltges *Das einzig wahre, unvergleichliche Fußballbuch für Mädchen* (2011)[175] oder Inka Grings *Fußball: Tricks und Tipps für coole Mädchen* (2011).[176]

Der Umstand, dass insbesondere beim Fußball Stereotypisierung Teil der Vermarktungsstrategie sein kann, wird in Reihen und Medienwelten wie Joachim Massaneks *Die wilden Fußballkerle* (2002–2005)[177] oder Sor Inoues Manga-Reihe *Mai Ball – Fußball ist sexy!* (2015–2020)[178] über Frauenfußball vorgeführt. Dargeboten werden hier Coolness, Action sowie Männlichkeits- und Weiblichkeitsmodelle, die in ihren Überzeichnungen freilich zu hinterfragen sind.

4.5 Bis in die Gegenwart – Entertainment, Medienverbünde, Kommerz

Deutlich andere Akzente setzen Texte wie etwa Narinder Dhamis *Kick it like Beckham* (2006),[179] aus dem Englischen *Bend it like Beckham* (2002), Corinna Behrens *Imke*-Serie (2007–2009)[180] und Hermann Schulz' *Mandela & Nelson* (2010)[181] oder in jüngerer Zeit Rose Lagercrantz' und Karen Krings *Wozu hat man eine Freundin?* (2018),[182] Veronika Wiggerts und Marie Geisslers *Fußballsommer*

---

[167] Nahrgang, *Teufelskicker*.
[168] Schlüter und Margil, *Fußballhaie*.
[169] Margil, *Fußballelfen I*.
[170] Margil, *Fußballelfen II*.
[171] Margil, *Fußballelfen III*.
[172] Margil, *Fußballelfen IV*.
[173] Ondracek, *Freißstoß für Paula*.
[174] Anonym, *Mädchen am Ball*.
[175] König und Höltge, *Fußballbuch*.
[176] Grings, *Fußball*.
[177] Massanek, *Fußballkerle*.
[178] Inoue, *Mai Ball*.
[179] Dhami, *Kick it like Beckham*.
[180] Behrens, *Trikots*; Behrens, *Träume*; Behrens, *Abseitsfalle*.
[181] Schulz, *Mandela*.
[182] Lagercrantz und Krings, *Freundin*.

(2021),[183] Martina Wildners *Der Himmel über dem Platz* (2021)[184] oder Benjamin Leberts und Tina Vlachys Kinderbuch *Julian und Anisa und das Wunder vom Wacholderpark* (2023).[185] Mussten sich zunächst Mädchen gegen kulturelle Gepflogenheiten und Traditionen durchsetzen, in internationalen Vergleichen behaupten oder im männerdominierten Fußballgeschehen mit Problemen lesbischer Liebe und sexueller Übergriffe auseinandersetzen, so werden in Kinder- und Jugendbüchern jüngerer Zeit sowohl fußballspielende Mädchen als auch Trainerinnen ganz selbstverständlich in den Alltag integriert. Außer Frage steht, dass auch Frauen sehr gute Fußballspielerinnen sein können. Diskutiert wird, was es bedeutet, wenn ein Mädchen sehr gut Fußball spielt, seine Leistung steigern möchte, dann aber in eine Jungenmannschaft wechseln muss. Gezielt wird auf weibliche Lebensleistungen im Fußball hingewiesen, wie z. B. María Isabel Sánchez Vegara mit ihrem Buch über *Megan Rapinoe*[186] in der Insel-Reihe *Little People, BIG DREAMS*. Rapinoes Fußballkarriere ist beispielhaft, sie gewinnt nicht nur mehrfach den Weltcup, sondern holt u. a. auch Gold bei den Olympischen Spielen.

Bei den Entwicklungen auf dem Kinder- und Jugendbuchmarkt zeitgleich mitzudenken ist die Stärkung von bildungsfördernden Anliegen und Projekten, die über die Liaison Fußball und Literatur z. B. leseunlustige Jungen für das Lesen und sportaffine Mädchen für den Fußballsport begeistern möchten. Neben der Begeisterung für Wissen, Sprache und Kultur werden dabei zugleich Bewegung und positives Sozialverhalten vermittelt. Zu nennen wären beispielsweise integrative Bildungsprogramme wie „Fußball trifft Kultur" (seit 2007) oder themengeleitete Auszeichnungen wie der „Lese-Kicker" (seit 2014), ganzheitliche Projekte wie „Kicken und Lesen" (seit 2007), der „Lese-Kick in Bayern" (seit 2014) mit seinen Buchempfehlungen oder aktuell der „Eurokik".

Möchte man die dritte Phase zusammenfassen, die mit den 1950er und 1960er Jahren beginnt und seit den 1980ern und 1990ern vermehrt bis heute ihren Weg in eine inzwischen sehr heterogene Kinder- und Jugendbuchlandschaft fortsetzt, so sind insbesondere die Beziehungen des Fußballs in Kinder- und Jugendbüchern zu der sich immer schneller entwickelnden Präsenz in Printmedien, Rundfunk und Fernsehen hervorzuheben. Dabei treten bereits mit Beginn der 1980er Jahre Hörfunk und Printmedien als Informationsquellen gegenüber dem Fernsehen zurück.[187] Während die Bedeutung des Hörfunks für den Fußballsport eher abnimmt, zeichnet sich in den Printmedien eine „Versachlichung und Verwissenschaftlichung"[188] und im Fernsehen eine „Entertainisierung der Sportberichterstattung"[189] ab.

---

[183] Wiggert und Geissler, *Fußballsommer*.
[184] Wildner, *Himmel*.
[185] Lebert und Vlachy, *Wacholderpark*.
[186] Vegara, *Megan Rapinoe*.
[187] Vgl. Burk, „TV-Programmsparte," 233.
[188] Theweleit, *Tor zur Welt*, 190; vgl. Kammler und Kämper-van den Boogaart, „Fußball," 8.
[189] Schlobinski, „Sportberichterstattung," 51; dazu Kammler und Kämper-van den Boogaart, „Fußball," 8.

Das Kinderbuch und das Jugendbuch greifen in Folge der historischen Entwicklung beide Phänomene auf und verstehen sich dabei als ergänzende Medien, die vorwiegend begleitend zu Großereignissen wie EM und WM publiziert werden.

Strategien der Berichterstattung, Dokumentation, Visualisierung und Inszenierung von Fußball werden in die Literatur für Kinder und Jugendliche und deren Medienwelt adaptiert, in faktualen Sachmedien informierend aufbereitet und in fiktionalen Formaten analog und digital auserzählt sowie teils in weiterführenden bzw. sich ergänzenden Produktwelten angelegt. Dazu gehören etwa wunderbare Erfindungen wie die Fußball-Sieger-Maschine (The Soccamatic) von Wallace und Gromit (2002),[190] Geschichten über die Erfindung des Fußballs,[191] Maskottchen, die Fußball spielen (2005),[192] kickende Stars aus Sachwelten wie *Frag doch mal die Maus ... Fußball* (2008),[193] *Willi wills wissen – Fußball* (2008)[194] oder aus Erzählwelten wie z. B. den *Geschichten vom kleinen Nick, der Fußball spielt* (2008),[195] Zeichentrickstars wie Homer Simpson, die Deutschland zum Weltmeister pfeifen (2014),[196] oder bärige Fußballbilderbuchstars wie Dr. Brumm (2020),[197] mit denen man allerhand Spaß erleben kann.

Insbesondere in Sachbuchreihen werden Kinderfragen beantwortet und in Spiel- und Lernprodukten, wie Sticker- und Malbüchern, Quizspielen und interaktiven Lernsystemen, vertieft, so etwa in Buchreihen wie *Wieso, weshalb, warum?*[198] oder *WAS IST WAS*.[199] Hier finden in immer wieder aktualisierten Ausgaben historische Fußballmomente ebenso Platz wie aktuelle Entwicklungen und Mannschaftsaufstellungen.[200]

Eine beliebte Darstellungsform ist insbesondere seit dem Erfolg von Gregs-Tagebuch der Comic-Roman. Das Spektrum reicht von Kindererzählungen zum Lesenlernen wie Heiko Wolz' *Mein bestes Fußballspiel! Also fast ...* (2016)[201] über Kinderbücher wie Ulli Potofskis *Der beste Kicker des Universums* (2014),[202] Manfred Theisens *Nerd forever* (2014),[203] zu Comic-Romanen wie Dave Cousins *CHARLIE MERRICK: Lieber peinlich als gar kein Tor* (2015),[204] Ocke Bandixens

---

[190] Vgl. „The Soccamatic."
[191] Janisch, *Götter*; Heine, *Fußball*; Birck, *Erfindung*; Birck, *Fußballgötter*; Birck, *Fußballsturm*.
[192] Anonym, *Mainzelmännchen*.
[193] Neumayer und Gebhard, *Maus: Fußball*.
[194] Anonym, *Willi will's wissen*.
[195] Goscinny und Sempé, *Nick*.
[196] „You Don't Have to Live Like a Referee."
[197] Napp, *Anpfiff*.
[198] Nieländer, „Fußball;" Schwendemann, „Fußball."
[199] Kozinowski, „Fußball;" weiterführend Tessloff-Verlag, *WAS IST WAS. Fußball*.
[200] Siehe auch Ausgaben wie Littek, *Arena Fußball-Buch*; Krüger, *Alles Fußball!*; Brauburger, Bux und Müller, *Fußballbuch*.
[201] Wolz, *Fußballspiel*.
[202] Potofski, *Kicker*.
[203] Theisen, *Nerd forever*.
[204] Cousins, *Charlie Merrick*.

Tims geheimes Fußball-Tagebuch (2021)[205] oder Christian Hectors und Björn Springorums erfolgreiche Comic-Ausgabe *Die drei ??? Kids: Fußball, Ferien, Freunde!* (2021),[206] aber auch Kinderbuchreihen wie Andreas Schlüters und Irene Margils *Fußball Academy* (2022).[207]

Vor allem für die Jahre nach der gewonnenen WM 1990 in Italien und im Vorfeld der WM 1998 in Frankreich sowie im Umfeld der Weltmeisterschaften 2006 in Deutschland, 2010 in Südafrika und 2014 in Brasilien kann man in Deutschland eine vermehrte Produktion von Bilder- und Sachbüchern zum Thema Fußball für Kinder und Jugendliche ausmachen, nicht zuletzt, weil ihnen verlässliche Plätze in Verlagsprogrammen bereitgestellt werden. 2018 und 2022 bleibt es mit Blick auf die Austragungsorte Russland und Katar sowie die weltweiten Krisen dagegen vergleichsweise ruhig.

Kundenansprache und Fußball im Buch für Kinder verlaufen vom Mini-Bilderbuch über das Bilder- und Erstlesebuch zum Sach-, Kinder- und Jugendbuch. Dabei wird vorwiegend positiv, anschaulich, allgemein verständlich berichtet oder erzählt, wie es einer breiten Leserschaft mit Blick auf das eigene, zu meisternde Leben entgegenkommt. Begünstigt wird dies durch den Gegenstand selbst, da Ablauf und Reglement im Fußball neben einem stabilen, ritualisierten Rahmen übergreifend gültige Werte in einer Zeit wachsender Diversifizierung mit sich bringen. Ähnlich wie der Kinderbuchmarkt spricht sich dabei der organisierte Fußball für gesellschaftliche und soziale Verantwortung aus. Damit einher gehen Schlagworte wie „Integration", „Inklusion", „Vielfalt" oder „Fair-Play", die auch im Kinder- und Jugendbuch eine wichtige Rolle spielen. Doch auch wenn immer wieder von „Schlüsselwerten" – wie etwa Michel Platini 2009 auf dem UEFA-Kongress in Kopenhagen – gesprochen wird, um gegen die Risiken von internationalen Transfers, gegen Bestechung und Manipulation, Rassismus und Gewalt vorzugehen, so wurde man nach vielerlei Skandalen immer wieder eines Besseren dahingehend belehrt, dass diese Werte nicht von allen gelebt werden und sich eher als ideelle Botschaften an den sogenannten zwölften „Mann" im Zuschauerblock oder an die Vereine vor Ort richten. Solche Botschaften sind gerade auch im eher „konservierenden" Bilderbuch für die Kleinen zu finden – über die Darbietung und Vermittlung von wünschenswerten Eigenschaften oder Verhaltensweisen bis zur Auflösung von Rollen und Konventionen. Um das gesteckte Ziel zu erreichen, sind Ausdauer, Übung und Teamgeist erforderlich, so etwa in John Richardsons *Opa vor – noch ein Tor* (1996),[208] Colin McNaughtons *Berni am Ball* (2006)[209] und Pablo Albos *71 Schafe spielen Fußball* (2018).[210] Zum sportlichen Erfolgserlebnis gehören die Anerkennung von Regeln und die Fähigkeit, Empathie zu

---

[205] Bandixen, *Tagebuch*.
[206] Hector und Springorum, *Die drei ??? Kids*.
[207] Schlüter und Margil, *Fußball Academy I*.
[208] Richardson, *Opa vor*.
[209] McNaughton, *Bernie am Ball*.
[210] Albo, *Schafe*.

zeigen, Niederlagen zu relativieren und Probleme gemeinsam zu meistern.[211] Paradebeispiele sind Rotraut Susanne Berners *Karlchen vor, noch ein Tor!* (2006)[212] oder Regi Widmers *Die Savannenkicker* (2020).[213]

Zum Fußballspiel gehört ebenfalls,[214] Ängste zu bezwingen wie z. B. Anthony Brownes Schimpanse *Willi Wirbelwind* (1995),[215] Geschlechterrollen zu überwinden wie Sue Stops' und Debi Glioris *Dulcie Dando* (1991),[216] Realität und Traum zu unterscheiden wie in Philipp Waechters *Heimspiel* (1998),[217] unterschiedlichste Festschreibungen und Erwartungshaltungen aufzulösen wie in Georg Bydlinskis *Krok bleibt am Ball* (1996),[218] Martin Baltscheits *Kurz der Kicker* (1997),[219] Patricia Thomas *Mulgheta: Ein Tag im Leben eines blinden Fußballspielers* (2017)[220] oder in Barbara Korthues' *Mein Wimmel-Fussball* (2008).[221] Dabei gilt es stets, einen Blick über den eigenen Tellerrand zu wagen, wie in Baptiste Pauls *Das Spiel* (2018)[222] oder Eymard Toledos *Bené, schneller als das schnellste Huhn* (2013).[223]

Über die erwartete Erfolgsgeschichte hinaus geht es auch in Kinder- und Jugendromanen wie Mat Peels sehr erfolgreichem Jugendroman *Keeper* (2006).[224] Im Rahmen eines sportjournalistischen Interviews erfahren wir von dem WM-Helden und Torwart El Gato über dessen schlimme Erfahrungen in seinem Heimatdorf in Südamerika, warum er lieber durch den Dschungel streifte und dort auf einen Mann traf, der ihn lehrte, sein Umfeld und sein Gegenüber lesen zu lernen. Auch Lieneke Dijkzeuls Jugendroman *Ein Traum vom Fußball* (2006)[225] schildert, was Leben und Fußball in einem Dorf in Afrika bedeuten und welchen Gegensatz dazu ein Trainingsaufenthalt in den Niederlanden darstellt. Was einem Fußballspieler durch den Kopf geht, wenn das Stadion bebt und er eingewechselt wird, davon erzählt Manfred Theisens *Einer von Elf* (2018):[226] Ein hoher Erwartungsdruck lastet auf einem Spieler, der es als Sohn eines Nigerianers und einer Deutschen nicht immer leicht hatte. Der Macht der Fans und wie diese den Spielern positiv beizustehen vermögen, nimmt sich Will Gmehling in seinem Kinderbuch *Die 95. Minute* (2022)[227] an. Welche Magie Fußball freizusetzen

---

[211] Geßmann, „Bilderbuchgeschichten," 6–9.
[212] Berner, „Karlchen."
[213] Widmer, *Savannenkicker*.
[214] Dazu Geßmann, „Bilderbuchgeschichten," 9–15.
[215] Browne, *Willi Wirbelwind*.
[216] Stops, *Dulcie Dando*.
[217] Waechter, *Heimspiel*.
[218] Bydlinksi, *Krok bleibt am Ball*.
[219] Baltscheit, *Kurz der Kicker* (1997); Baltscheit, *Kurz der Kicker* (2006).
[220] Thoma, *Mulgheta*.
[221] Korthues, *Wimmel-Fussball*.
[222] Paul, *Spiel*.
[223] Toledo, *Bené*.
[224] Peet, *Keeper*.
[225] Dijkzeul, *Traum*.
[226] Theisen, *Einer von 11*.
[227] Gmehling, *Die 95. Minute*.

vermag, erfahren wir in Hellen Rutters *Neun Wünsche für Archie* (2022),[228] wo der Protagonist nach einem Fahrradunfall plötzlich vor seinem großen Fußballidol steht und von diesem neun Wünsche erhält, mit denen er seine alltäglichen Probleme in Familie und Schule lösen könnte. Wie Fußball auch zu einer besonderen Vater-Sohn-Beziehung beitragen kann, ist Gegenstand von Mirco von Juterczenkas *Wir Wochenendrebellen* (2017),[229] das über die Suche eines autistischen Jungen nach einem Lieblingsverein und über die Reisen mit seinem Vater durch die Stadien Europas erzählt. Über die soziale Bindekraft des Fußballs und den Berliner Käfig-Cup erfährt man in Michael Horenis *Asphaltfieber* (2016).[230]

Selbst wenn die Erzählungen ganz selbstverständlich und in unterschiedlichsten Facetten Probleme aufgreifen, so spielt doch auch der Humor eine wichtige Rolle, der ähnlich wie der Fußball dazu beiträgt, die Leichtigkeit im Leben nicht zu vernachlässigen. Sei es mit viel Liebe zum Spiel in dem *Tollen Heft* von Stephan Krass *Poetischer Doppelpass* (2008)[231] mit Zeichnungen von Kitty Kahane oder in eher lyrischem Gewand in Georg Bydlinskis *Das Gnu im linken Fußballschuh* (2014).[232] Ein mit viel Leichtigkeit erzählter Roman ist David Williams' *Kicker im Kleid* (2017)[233] über Verluste, Verkleidungslust und Crossdressing. Voller Humor ist auch Philipp Waechters Comic *Toni und alles nur wegen Renato Flash* (2018)[234] über blinkende Fußballschuhe, die Tonis Leben verändern sollen, wovon aber seine Mutter nicht wirklich überzeugt ist. Auch Reisen in die Vergangenheit sind mit dem Fußball möglich. Etwa wenn beim Aufräumen im Geräteraum plötzlich ein Zeitreisender aus dem Jahr 1922 auftaucht wie in Angela Bernhardts *Locke, Logo und der Zeitreise-Fußball* (2022)[235] mit wunderbar schrägen Bildern von Karsten Teich.

Aktuelle Fußballgeschichten sind häufig Aufsteigergeschichten mit magisch-realem Anstrich – anknüpfend an die eingangs erwähnte „Ästhetik der Präsenz", die den Fußball ausmacht. Dabei kann man zum Fußball in der Medienwelt auch für die Kinder- und Jugendliteratur bestätigen: Sie verfügt über eine Neigung zur „Bildung von Mythen", von Erinnerungsorten, von „Stereotypen" gleichwie von einschlägigen Typen wie „Helden" und „Gewinnerinnen", „Titanen" und „Rebellinnen"[236] – was im Einzelnen noch sehr viel mehr Anlässe zur Betrachtung böte. Als Formen der Legenden-, Mythen- oder Erinnerungsbildung in Kinder- und Jugendmedien seien hier exemplarisch genannt Sönke Wortmanns *Das Wunder*

---

[228] Rutter, *Wünsche*.
[229] Juterczenka, *Wochenendrebellen*.
[230] Horeni, *Asphaltfieber*.
[231] Krass, *Doppelpass*.
[232] Bydlinski, *Fußballschuh*.
[233] Williams, *Kicker*.
[234] Waechter, *Renato Flash*.
[235] Bernhardt, *Zeitreise-Fußball*.
[236] Kammler und Kämper-van den Boogaart, „Fußball," 8.

von Bern (2003),²³⁷ Sebastian Groblers *Der ganz große Traum* (2011),²³⁸ Fabrizio Sileis und Maurizio A. C. Quarellos *Abseits: 1938 Ein Fußballer sagt nein* (2014)²³⁹ zum Leben des österreichischen Nationalspielers Matthias Sindelar, dessen Lebensgeschichte Sascha Dreier in der Graphic Novel *Der Papierene* (2009)²⁴⁰ mit politischen Ereignissen der Zwischenkriegszeit (1903–1933) in Verbindung bringt, oder Julian Volojs und Marcin Podolecs *Ein Leben für den Fußball: Die Geschichte von Oskar Rohr* (2020).²⁴¹ Die Werke müssen allerdings auch insofern unter der Rubrik fußballhistorischer Mythenbildung²⁴² betrachtet werden, als sie die Protagonisten Sindelar und Rohr als Opfer der NS-Sportpolitik stilisieren, die sie nicht gewesen sind. Sindelar war vielmehr ein Profiteur der Politik der „Arisierung" jüdischen Eigentums in Wien,²⁴³ während Rohr in Deutschland keineswegs als Fahnenflüchtiger oder Vaterlandsverräter galt noch zur Unperson erklärt worden war, weil er in Frankreich als Profi für Geld spielte. Vielmehr sieht die sporthistorische Forschung eine „ungebrochene Popularität des Fußball-Stars" auch in der NS-Zeit gegeben.²⁴⁴ In diesen beiden Fällen hat die jugendliterarische Darstellung den Boden der Sportgeschichte definitiv verlassen.

Aber auch die Weihnachtsgeschichte *Ein Ball für den Frieden: Eine wahre Geschichte* (2014)²⁴⁵ von Géraldine Elschner und Fabien Doulut zählt zu jenen Geschichten, die das – in diesem Fall militär- und sporthistorisch nachgewiesen – Wunderbare auf sehr eigene Weise in den Mittelpunkt rücken und exemplarisch beschließen sollen, wie Geschichten um den Fußball mit Literatur für Kinder zusammenspielen können. 2014 wurde weltweit des Beginns des Ersten Weltkrieges gedacht. In Deutschland hat Michael Jürgs bereits 2003 mit seinem Buch *Der kleine Frieden im großen Krieg*²⁴⁶ den Weihnachtsfrieden einem breiteren Publikum bekannt gemacht. Demzufolge spielten deutsche, britische und französische Soldaten in Flandern zwischen den Schützengräben Fußball, wenn auch nur in der ersten und zweiten Kriegsweihnacht 1914 und 1915.²⁴⁷ Eine gesamteuropäische Ebene der Popularisierung des Weihnachtsfriedens betritt nicht nur das *In Flanders Fields Museum* in Ypern, sondern auch die für History-Channel produzierte Fernsehdokumentation *Christmas Truce*. Einen Höhepunkt stellt dabei sicher auch die deutsch-englisch-französisch-rumänische Koproduktion des Kinofilms *Joyeux Noël* (2005)²⁴⁸ dar, der zeitgleich in deutschen,

---

[237] Wortmann, *Wunder*.
[238] Grobler, *Traum*.
[239] Silei, *Fußballer sagt Nein*.
[240] Dreier, *Der Papierene*.
[241] Voloj und Podolec, *Oskar Rohr*.
[242] Zu den politischen „Opfermythen" des Sports, insbesondere des Fußballs in der NS-Zeit, Herzog, „Mythenmaschine," 21–23, 29–31.
[243] Dazu Forster, „Café Sindelar;" Beitrag Gutzschhahn, in diesem Band S. 64–65.
[244] Dazu Hofmann, *Mitspieler*, 79–85, Zitat 82.
[245] Elschner, *Frieden*.
[246] Jürgs, *Frieden*.
[247] Riley, „Christmas Truce."
[248] Carion, *Joyeux Noël*.

englischen und französischen Kinos anlief. Und schon seit den achtziger Jahren war der Weihnachtsfrieden zunächst in Großbritannien und Belgien durch die BBC-Dokumentation *Peace in No Man's Land* (1981) und Buchpublikationen bekannt geworden. Paul McCartney verarbeitete die Geschichte in *Pipes of Peace* (1983). Im englischsprachigen Raum wurde der Weihnachtsfrieden bereits in den 1990er Jahren in Kinderbüchern aufgegriffen, etwa in Michael Foremanns *War game* (1993).[249] Es folgten unter anderem Michael Morpurgos *The best Christmas present in the world* (2004)[250] und Aaron Shepards *Christmas Truce* (2014).[251] Von der Deutschen Akademie für Fußballkultur ausgezeichnet zum Fußball-Comic des Jahres wurde Ralf Marczincziks *Niemandsland* (2013).[252] Und 2014 wurde Elschners Bilderbuch in deutscher Sprache im Tintentrinker-Verlag publiziert, ein Buch, das unter anderem von der UEFA sowie dem Comité de l'héritage unterstützt und für museumspädagogische Zwecke im Museum *In Flanders Fields* aufbereitet wurde.

5 Fazit

Fußball, Geschichte und Geschichten sowie Formen der medialen Darbietung für junge Menschen sind in ihrem Zusammenspiel spätestens seit den 1990er Jahren in einer nie dagewesenen Vielfalt vorhanden, die Fußball für alle Leserschichten verfügbar macht und damit an dessen gewinnbringenden Medienwunder erfolgreich partizipiert. Ob Kinder- und Jugendliteratur diese Chance immer mit ihren ästhetisch reizvollsten Möglichkeiten und Mitteln für sich ergreift, bleibt zu hinterfragen, wäre aber mit Blick auf das Interesse am Gegenstand auf jeden Fall wünschenswert auf dem Weg vom Runden ins Eckige. Denn Vielfalt bedeutet ja nicht unbedingt, dass damit die Komplexität des eingangs beschriebenen Phänomens schon erreicht sei.

Literatur

Adelmann, Ralf, Rolf Parr und Thomas Schwarz, Hrsg. *Querpässe: Beiträge zur Literatur-, Kultur- und Mediengeschichte des Fußballs.* Heidelberg: Synchron Wiss.-Verl., 2003.

Adorno, Theodor W. „Veblens Angriff auf die Kultur." In *Gesammelte Schriften X/1. Kulturkritik und Gesellschaft I. Prismen*, hrsg. von Rolf Tiedemann, 72–96. Frankfurt am Main: Suhrkamp, 1977.

Albo, Pablo. *71 Schafe spielen Fußball.* Mit Illustrationen von Raúl Nieto Guridi. Aus dem Spanischen von Mónica Hahn. Hamburg: Carlsen, 2018.

Anonym. „Leitfaden für den Sportplatz: Was jeder vom Sport wissen sollte: I. Fußball." *Der gute Kamerad* 49 (1935): 7.

---

[249] Foremann, *War game.*
[250] Morpurgo, *Christmas Present.*
[251] Shepard, *Christmas truce*; zuerst 2001 publiziert im australischen *School Magazine*: Shepard, „Christmas truce."
[252] Vgl. Marczinczik, „Niemandsland."

Anonym. „Die Spartaner: Eine deutsche Fußball-Ländermannschaft wächst heran." *Der gute Kamerad* (1935): 504–505.
Anonym. *Das Spiel ihres Lebens: Deutsche Fußballer erkämpfen die Weltmeisterschaft*. Göttingen: W. Fischer, [1954].
Anonym. *Die Mainzelmännchen spielen Fußball*. Fränkisch-Crumbach: Edition XXL, 2005.
Anonym. *Willi will's wissen. Fußball. Quizspiel*. Stuttgart: Franckh-Kosmos, 2008.
Anonym. *Mädchen am Ball*. Pixie-Serie 201. Hamburg: Carlsen, 2011.
Arold, Marliese. *Die fantastischen Elf I: Auf Trainersuche*. Hamburg: Erika Klopp, 2005.
Baltscheit, Martin. *Kurz der Kicker*. Frankfurt am Main: Alibaba, 1997.
Baltscheit, Martin. *Kurz der Kicker*. Illustrationen von Ulf Keyenburg. Leipzig und München: Altberliner, 2006.
Bandixen, Ocke. *Tims geheimes Tagebuch I: Elf Freunde und ich*. Mit Illustrationen von Dominik Rupp. Bindlach: Loewe, 2021.
Bateman, Robert. *Nur Tore entscheiden*. Rosenheim: Rosenheimer Verlagshaus, 1974.
Bauer, Sepp. *Schuß – Tor!* Stuttgart: Union Deutsche Verlagsgesellschaft, 1936.
Baumgarten, Fritz. „Fußball-Wettspiel." *Auerbachs Deutscher Kinder-Kalender auf das Jahr 1930*. Leipzig: Verlag von Auerbachs Deutscher Kinder-Kalender, o. J.
Baumgarten, Fritz. *Max und Männe die Sportfreunde: Ein buntes Bilderbuch*. O. O., V. und J.
Baumgarten, Fritz. *Sportfest im Walde*. Leipzig: Anton, o. J.
Behrens, Corinna. *Imke und die gestohlenen Trikots*. Goch: Peters, 2007.
Behrens, Corinna. *Imke: Träume – Tränen – Meistercup*. Goch: Book-Print, 2008.
Behrens, Corinna. *Imke: Abseitsfalle*. Rheine: Heimdall, 2009.
Berger, Herbert. *Der fremde Linksaußen*. Illustrationen von Ulrike Heyne. München: Schneider, 1982.
Berkner, Kurt: *Elf Fußballjungens: Eine Kameradschaft in Sport und Abenteuer*. Leipzig: Schneider, 1930.
Berner, Rotraut Susanne. *Karlchen vor, noch ein Tor!* München und Wien: Hanser, 2006.
Bernhardt, Angela. *Locke, Logo und der Zeitreise-Fußball*. Mit Illustrationen von Karsten Teich. München: Tulipan, 2022.
Birck, Jan. *Wir haben einen Freund, der ist Fußballspieler*. Illustrationen von Andreas Hoffmann. Hamburg: Carlsen, 1998.
Birck, Jan. *Storm I oder Die Erfindung des Fußballs*. Hamburg: Carlsen, 2018.
Birck, Jan. *Storm II und die Fußballgötter*. Hamburg: Carlsen, 2018.
Birck, Jan. *Storm III und der große Fußballsturm*. Hamburg: Carlsen, 2020.
Bode, Andreas. „,Habt ihr ein Mädel im Arm, zerbricht der Wille.' Das Fußballspiel in Büchern für Kinder und Jugendliche 1933–1945." In *Fußball zur Zeit des Nationalsozialismus: Alltag – Medien – Künste – Stars*, hrsg. von Markwart Herzog, 231–47. Stuttgart: W. Kohlhammer, 2008.
Boie, Kirsten. *Lena hat nur Fußball im Kopf*. Zeichnungen von Hilke Brix-Henker. Hamburg: Oetinger, 1993.
Bosse, Sarah. *Nashorn vor noch ein Tor!* Illustrationen von Carola Holland. Arena: Würzburg, 1996.
Bosse, Sarah. *Die Kicker vom FC Kokosnuss*. Illustrationen von Martina Theisen. Würzburg: Arena, 2014.
Brandstädter, Herrmann: *Um einer Mutter willen: Eine Geschichte aus der Schule*. Barmen: Müller, 1922.
Brauburger, Birgit, Johannes Bux und Frank Müller. *TOOOR: Das große Fußballbuch für Kinder*. München: Circon, 2015.
Browne, Anthony. *Willi Wirbelwind*. Aus dem Englischen von Peter Baumann. Oldenburg: Lappan, 1995.
Bruckner, Karl. *Die Spatzenelf: Ein Jungenroman*. Wien: Globus, 1949.

Burk, Verena. „Dynamik und Ästhetik der beliebtesten TV-Programmsparte: Fußball als Fernsehereignis." In *Fußball als Kulturphänomen: Kunst – Kult – Kommerz*, hrsg. von Markwart Herzog, 233–50. Stuttgart: W. Kohlhammer, 2002.

Bydlinksi, Georg. *Krok bleibt am Ball*. Mit Illustrationen von Piotr Stolarczyk. Wien: Jugend und Volk, 1994.

Bydlinski, Georg. *Das Gnu im linken Fußballschuh*. Mit Illustrationen von Susanne Straßer. Köln: Boje, 2014.

Clasen, Friedrich Ernst. *Bewegungsspiele im Freien zur Gesundung des Körpers und Erfrischung des Geistes: Für das heranwachsende Geschlecht*. Stuttgart: Gundert, 1882.

Cousins, Dave. *Charlie Merrick: Lieber peinlich als gar kein Tor*. Aus dem Englischen von Knut Krüger. München: dtv junior, 2015.

Dambeck, Holger, und Markus Dettmer. „Da fehlen doch welche." *Der Spiegel*, Nr. 25, 15. Juni 2014, 78.

Delius, Friedrich Christian. *Der Sonntag, an dem ich Weltmeister wurde: Erzählung*. Hamburg: Rowohlt Taschenbuch Verlag, Neuausgabe, 2. Auflage, 2013.

Dhami, Narinder. *Kick it like Beckham*. Ravensburg: Ravensburger Verlag, 2005.

Dijkzeul, Lieneke. *Ein Traum vom Fußball*. Aus dem Niederländischen von Verena Kiefer. Würzburg: Arena, 2016.

Donald vor, noch ein Tor: *Walt Disneys Lustige Taschenbücher*, Nr. 82. Stuttgart: Egmont Ehapa Media, 1982.

Drechsel, Sammy. *Elf Freunde müsst ihr sein: Ein Fußballroman für die Jugend*. Stuttgart: Thienemann, 1955.

Dreier, Sascha. *Der Papierene: Das Leben des Fußballstars Matthias Sindelar I: 1903–1933*. Wien: Carl Ueberreuter, 2009.

Eggers, Erik. „Die Anfänge des Fußballsports in Deutschland: Zur Genese eines Massenphänomens." In *Fußball als Kulturphänomen: Kunst – Kult – Kommerz*, hrsg. von Markwart Herzog, 67–91. Stuttgart: W. Kohlhammer, 2002.

Eiben, Jörn. *Das Subjekt des Fußballs: Eine Geschichte bewegter Körper im Kaiserreich*. Bielefeld: transcript, 2016.

Eichberg, Henning. „Sport." In *Handbuch Populäre Kultur: Begriff, Theorien und Diskussionen*, hrsg. von Hans-Otto Hügel, 430–37. Stuttgart und Weimar: J. B. Metzler 2003.

Eisenberg, Christiane. „Massensport in der Weimarer Republik: Ein statistischer Überblick." *Archiv für Sozialgeschichte* 33 (1993): 137–77.

Elschner, Géraldine. *Ein Ball für den Frieden: Eine wahre Geschichte*. Mit Illustrationen von Fabien Doulut. Aus dem Französischen von Olivia Jeske. Köln: Tintentrinker, 2014.

Engelhard, Paul Otto: *Allerlei lustige Kinderspiele*. Bilder und Verse von Paul Otto Engelhard. Nürnberg: Jaser, o. J.

Esser, August Heinrich und Wolfram. *Mittelstürmer Mucki Moor: Sein Weg in die Schüler-Nationalmannschaft*. Möglingen: Global, [1976].

Everwyn, Klas Ewert. *Fußball ist unser Leben: Geschichte eines jungen Mannes, der den Aufstieg von der Dorfmannschaft in die Bundesliga versucht*. Würzburg: Arena, 1978.

Ewers, Hans-Heino. „Von der ‚Spatzenelf' zur ‚Großen Elf': Karl Bruckners frühe Fußballromane im Kontext des Großstadtkinderbanden-Romans des frühen 20. Jahrhunderts. In *Der vergessene Klassiker: Leben und Werk Karl Bruckners*, hrsg. von Sabine Fuchs und Peter Schneck, 171–84. Wien: Edition Praesens, 2002.

Finn, Franz. *Harry Archer oder: Ein Fußballspiel und seine Folgen*. Mainz: Kirchheim & Co, 1904.

Fischer, Wilhelm. *König Fußball regiert: Von Bern bis Chile. Sepp Herberger und die Spiele der deutschen Nationalmannschaft von 1954 bis heute*. Göttingen: Fischer, [1962].

Foremann, Michael. *War game*. London: Pavilion, 1993.

Forster, David. „Café Sindelar revisited: Verlauf und Folgen der Sindelar-Debatte." In *Fußball unterm Hakenkreuz in der ‚Ostmark'*, hrsg. von David Forster, Jakob Rosenberg und Georg Spitaler, 314–30. Göttingen: Die Werkstatt, 2014.

Fuhry, Ernst. *Fußball-Fibel*. Berlin: Fachamt Fußball im DRL, o. J.

Fuhry, Ernst. *Kampf und Sieg, Junge! Das Sportbuch des deutschen Jungen*. Berlin: Verlag Deutscher Fußball-Bund, o. J.

Garrold, Richard Ph. *Echte Jungen: Eine Schülergeschichte*. Freiburg im Breisgau: Hersche Verlagshandlung, 1912.

Gassner, Sibylle. *Lasse und der Superfußball*. Illustrationen von Peter Nieländer. Würzburg: Arena, 1999.

Georgens, Jan Daniel. *Großes illustriertes Spielbuch für Knaben: Eine Auswahl der schönsten Spiele, anregender und unterhaltender Beschäftigungen und Belustigungen im Freien und im Zimmer*. Neue durchgesehene Auflage. Berlin, Leipzig und Stuttgart: W. Herlet, 1900.

Geßmann, Rolf. *Kinder- und Jugendliteratur zu Sport und Spiel: Eine kommentierte Bibliographie*. Unter Mitarbeit von Barbara Reuter. Sankt Augustin: Academia, 1995.

Geßmann, Rolf. „Fußball." In *Kinder- und Jugendliteratur: Ein Lexikon*, 43. Erg.-Lfg., Teil 6 (2011): 1–28.

Geßmann, Rolf. „Sport in der Kinder- und Jugendliteratur." In *Die Kinder- und Jugendliteratur in der Zeit der Weimarer Republik I*, hrsg. von Norbert Hopster, 385–421. Frankfurt am Main, Berlin, Bern und Wien: Peter Lang, 2012.

Geßmann, Rolf. „Auf die Plätze … Erzählen von Sport in fiktionalen Bilderbuchgeschichten." *kids + media* 1 (2014): 2–21.

Geßmann, Rolf. *Kinder- und Jugendliteratur zu Sport und Spiel in der Kinder- und Jugendliteratur: Folgeband*. Köln: Sportverlag Strauß 2016.

Girulatis, Richard. *Fußball: Theorie, Technik, Taktik*. Berlin: Ill. Sport, [1919].

Gmehling, Will. *Die 95. Minute*. Mit Illustrationen von Volker Fredrich. Weinheim: Gulliver von Beltz & Gelberg, 2022.

Goscinny, René, und Jean-Jacques Sempé. *Der kleine Nick spielt Fußball: Vier prima Geschichten vom kleinen Nick und seinen Freunden*. Zürich: Diogenes, 2008.

Grings, Inka. *Fußball: Tricks und Tipps für coole Mädchen*. Kempen: BVK Buch, 2011.

GutMuths, Johann Christoph Friedrich. *Spiele zur Übung und Erholung des Körpers und Geistes: Für die Jugend, ihre Erzieher und alle Freunde unschuldiger Jugendfreuden*. Schnepfenthal: Verlag der Erziehungsanstalt, 1796.

Hanauer, Michaela. *Fußballgeschichten*. Illustrationen von Marc Rueda. Bindlach: Loewe, 2016.

Hartwich, E. *Woran wir leiden: Freie Betrachtungen und praktische Vorschläge über unsere moderne Geistes- und Körperpflege in Volk und Schule*. Düsseldorf: Kommissionsverlag von L. Voss & Co, 1881.

Hector, Christian, und Björn Springorum. *Die drei ??? Kids, Fußball, Ferien, Freunde!* Stuttgart: Franckh-Kosmos, 2021.

Heine, Helme. *Wie der Fußball in die Welt kam*. Frankfurt am Main: edition chrismon, 2018.

Heineken, Philipp. *Die Beliebtesten Rasenspiele: Eine Zusammenstellung der hauptsächlichsten englischen Outdoor Games zum Zwecke der Einführung in Deutschland*. Stuttgart: Weise, 1893.

Heintz, Karl. *Die Fußballzauberstiefel*. Ravensburg: Otto Maier, 1956.

Herzog, Markwart. „Von der ‚Fußlümmelei' zur ‚Kunst am Ball.' Über die kulturgeschichtliche Karriere des Fußballsports." In *Fußball als Kulturphänomen: Kunst – Kult – Kommerz*, hrsg. von Markwart Herzog, 11–43. Stuttgart: W. Kohlhammer, 2002.

Herzog, Markwart. „Fußball als Mythenmaschine: Zweiter Weltkrieg – Nationalsozialismus – Antifaschismus." In *Europäischer Fußball im Zweiten Weltkrieg*, hrsg. von Markwart Herzog und Fabian Brändle, 15–43. Stuttgart: W. Kohlhammer, 2015.

Heyda, Ernst. *Peter fährt zum Endspiel*. Lengerich: Kleins Druck- und Verlagsanstalt, [1962].

Hoffmann, Klaus W., und Bernd Roggenwallner. *Südkurve: Erzählung*. Dortmund: Weltkreis, 1985.

Hoffmeister, Kurt. *Der Wegbereiter des Fußballspiels in Deutschland: Prof. Dr. Konrad Koch (1846–1911). Eine Biografie*. Braunschweig: Books on Demand, 2. Auflage, 2011.

Hofmann, Gregor. *Mitspieler der „Volksgemeinschaft": Der FC Bayern und der Nationalsozialismus*. Göttingen: Wallstein 2022.

Horeni, Michael. *Asphaltfieber*. Baumhaus: Köln, 2016.

Hughes, Thomas. *Tom Brown's School Days*. Cambridge: MacMillan & Co, 1857.

Inoue, Sor. *Mai Ball: Fußball ist sexy!* Stuttgart: Panini Manga, 2015.

Janisch, Heinz. *Auch die Götter lieben Fußball*. Illustrationen von Artem. Zürich: Bajazzo, 2008.

Jentsch, Adolph. *Die Rutschbahn: Ein fröhliches Sportbuch*. Bilder von Adolph Jentsch, Verse von Robert Kurt. Dresden: Kaden, 1927.

Jürgs, Michael. *Der kleine Frieden im Großen Krieg. Westfront 1914: Als Deutsche, Franzosen und Briten gemeinsam Weihnachten feierten*. München: C. Bertelsmann, 2003.

Juterczenka, Mirco von. *Wir Wochenendrebellen: Ein ganz besonderer Junge und sein Vater auf Stadiontour durch Europa*. Elsbethen: Benevento, 2017.

Kammler, Clemens, und Michael Kämper-van den Boogaart. „Fußball." *Praxis Deutsch* 196 (2006): 6–14.

Kaneshiro, Muneyuki. *Blue Lock I*. Illustrationen von Yusuke Nomura. Berlin: Crunchyroll Manga, 2021.

Kauka, Rudolf „Rolf". *Fix und Foxi. Aktion F: Das Wichtigste zur Fußball WM*. Zug: Gevacur, 1974 (22. Jg., Bd. 16).

Kirchberg, Ursula. *Max und sein Fußball*. München: Ellermann, 1974.

Klaus, Michael. *Nordkurve: Erzählung*. Würzburg: Arena, 1982.

Kloß, Moritz. *Das Turnen im Spiel, oder, Lustige Bewegungsspiele für muntere Knaben: eine Auswahl der einfacheren Jugend- und Turnspiele zur geistigen und körperlichen Erholung des jüngern Alters als Festgeschenk und als Beitrag zu einer naturgemäßen Jugenderziehung*. Dresden: G. Schönfeld, 1861.

Koch, Konrad. „Fußball, das englische Winterspiel." *Pädagogisches Archiv* 19, Nr. 3 (1877): 161–76.

Koch, Konrad. „Der erziehliche Werth der Schulspiele: Ein Bericht im Auftrag des Herrn Schulrath Gravenhorst." *Programm des Gymnasiums Martino-Catharineum zu Braunschweig*, Nr. 567, 15–29. Braunschweig: Joh. Heinr. Meyer, 1878.

Koch, Konrad. „Englische Schulspiele auf deutschen Spielplätzen." *Monatsblatt für Öffentliche Gesundheitspflege* 5, Nr. 1 (1882): 1–10.

Koch, Konrad. *Die Geschichte des Fußballs im Altertum und in der Neuzeit* (Monatsschrift für das Turnwesen XIII). Berlin: R. Gärtners Verlagsbuchhandlung, 1894.

König, Simone, und Lynn Höltge. *Das einzig wahre, unvergleichliche Fußballbuch für Mädchen*, hrsg. von Hans-Jürgen van der Gieth. Würzburg: Arena, 2011.

Korthues, Barbara. *Mein Wimmel-Fußball*. Stuttgart: Thienemann-Esslinger, 2020.

Kozinowski, Jonas. „Fußball." *WAS IST WAS*. Nürnberg: Tessloff, 2016.

Krass, Stephan. *Poetischer Doppelpass: Ein Spiel mit Buchstaben und Bällen*. Zeichnungen von Kitty Kahane. *Die Tollen Hefte*, Nr. 30. Frankfurt am Main, Wien und Zürich: Büchergilde Gutenberg, 2008.

Krüger, Knut. *Alles Fußball! Das aktuelle Buch zur WM 2014*. München: cbj, 2014.

Kruse, Käthe. *Bei Sport und Spiel: Ein neues Bilderbuch von Käthe Kruse*. München: Dietrich, 1929.
Lagercrantz, Rose, und Karin Krings. *Wozu hat man eine Freundin?* Aus dem Schwedischen von Angelika Kutsch. Frankfurt am Main: Moritz, 2018.
Lebert, Benjamin, und Tina Vlachy. *Julian und Anisa und das Wunder vom Wacholderpark*. Weinheim: Beltz & Gelberg, 2023.
Leis, Mario. „‚Fußball gegen Literatur – Halbzeitstand 0:0 – Tip: X.' Fußball in der schöngeistigen Literatur." In *Fußball als Kulturphänomen: Kunst – Kult – Kommerz*, hrsg. von Markwart Herzog, 139–55. Stuttgart: W. Kohlhammer, 2002.
Lenz, Martin. *Abenteuer im Fußballcamp*. Illustrationen von Kaja Reiniki. Bindlach: Loewe, 2023.
Littek, Frank. *Das große Arena Fußball-Buch*. Mit Illustrationen von Klaus Puth und einem Vorwort von Arne Friedrich. Würzburg, Arena, 2010.
Lobin, Gerd. *Mittelstürmer Thomas Bruckner*. München: Schneider, 1965.
Lohmeier, L. „Umfrage in Deutschland zum Interesse an der Sportart Fußball bis 2023." *Statista*, 2. Januar 2024. https://de.statista.com/statistik/daten/studie/171037/umfrage/interesse-an-der-sportart-fussball/.
Luh, Andreas. „Fußball als Massenphänomen und Faszinosum der Weimarer Republik." *Stadion: Internationale Zeitschrift für Geschichte des Sports* 32 (2006): 119–45.
Mai, Manfred. *Fußballgeschichten*. Illustrationen von Erhard Dietl. Bindlach: Loewe, 1993.
Mai, Manfred. *Wir werden Meister*. Illustrationen von Hilke Brix-Henker. Bindlach: Loewe, 1994.
Marczinczik, Ralf. „Niemandsland. Weihnachten 1914. Die Westfront bei Freilinghien-Houplines." *Deutsche Akademie für Fußball-Kultur*, Nürnberg. https://www.fussball-kultur.org/fileadmin/bilder/1_Fussballkultur/news/2016/RalfMarczinczik_Niemandsland1.jpg (Zugriff am 3. März 2024).
Margil, Irene. *Fußballelfen I: Kick mit, wenn du ein Mädchen bist*. Carlsen: Hamburg, 2011.
Margil, Irene. *Fußballelfen II: Trau dich, wenn du ein Mädchen bist*. Carlsen: Hamburg, 2011.
Margil, Irene. *Fußballelfen III: Halte durch, wenn du ein Mädchen bist*. Carlsen: Hamburg, 2011.
Margil, Irene. *Fußballelfen IV: Steh auf, wenn Du ein Mädchen bist*. Carlsen: Hamburg, 2011.
Martínez, Matías. „Warum Fußball? Zur Einführung." In *Warum Fußball? Kulturwissenschaftliche Beschreibungen*, hrsg. von Matías Martínez, 7–35. Bielefeld: Aisthesis, 2002.
Mason, Tony. „Großbritannien." In *Fußball, soccer, calcio: Ein englischer Sport auf seinem Weg um die Welt*, hrsg. von Christiane Eisenberg, 22–40. München: Deutscher Taschenbuch Verlag, 1997.
Massanek, Joachim. *Die wilden Fußballkerle*. Leipzig und Frankfurt am Main: Baumhaus, 2005.
McNaughton, Colin: *Bernie am Ball*. Aus dem Englischen von Uli Blume. Köln: Pestalozzi, 2006.
Morpurgo, Michael. *The Best Christmas Present in World*. Illustrated by Michael Foreman. London: Egmont Books, 2004.
Nahrgang, Frauke. *Die Teufelskicker*. München: cbj/Random House, 2005.
Napp, Daniel. *Anpfiff für Dr. Brumm*. Stuttgart: Thienemann-Esslinger, 2020.
Neumayer, Gaby, und Wilfried Gebhard. *Frag doch mal ... die Maus: Fußball*. München: cbj, 2008.
Niebisch, Jackie. *Rudi Woppers kleine Schwester!* Reinbek bei Hamburg: Rowohlt, 1987.
Nieländer, Peter: „Rund um den Fußball." *Wieso? Weshalb? Warum? XXXV*. Ravensburg: Ravensburger Verlag, 2014.
Oberschelp, Malte. *Der Fußball-Lehrer: Wie Konrad Koch im Kaiserreich den Ball ins Spiel brachte*. Göttingen: Die Werkstatt, 2010.

Oberschelp, Malte. *Konrad Koch – der Fußballpionier: eine kommentierte Ausgabe von ausgewählten Originaltexten*. Göttingen: Arete, 2015.
Ondracek, Claudia. *1. FC ohne Jungs I: Freißstoß für Paula*. Stuttgart: Franck-Kosmos, 2011.
Parma, Clemens. *Thomas, der große Fußballheld*. Illustrationen von Felix Gora. München: Parabel, 1968.
Paul, Baptist. *Das Spiel*. Mit Illustrationen von Jacqueline Alcántara. Aus dem Englischen von Thomas Bodmer. Zürich: NordSüd, 2018.
Peet, Mat. *Keeper*. Aus dem Englischen von Eike Schönfeld. Hamburg: Carlsen, 2006.
Planck, Karl. *Fußlümmelei: Über Stauchballspiel und englische Krankheit*. Stuttgart: W. Kohlhammer, 1898; Reprint: Münster: Lit, 2004.
Potofski, Ulli. *Der beste Kicker des Universums: Auf sechs Beinen ins Finale*. Mit Illustrationen von Kai Pannen. Würzburg: Arena, 2014.
Potyka, Alexander. *Willi, das Sonntagskind*. Illustrationen von Herbert Ossberger. Wien: Picus 1985.
Pusch, E. „Bereicherung der Schulbüchereien durch Literatur aus dem Gebiete der Leibesübungen." *Die Leibesübungen* 2, Nr. 3 (1926): 67–68.
Rahn, Helmut. *Mein Hobby: Tore schießen*. München: Copress, 1959.
Reichsjugendführung. *Pimpf im Dienst*. Potsdam: Ludwig Roggenrieter, 1934.
Richardson, John: *Opa vor – noch ein Tor*. Aus dem Englischen von Miriam Thielemann. Münster: Coppenrath, 1996.
Riley, Jonathon. „,Everyman's Land.' The Second Christmas Truce, 1915." *The Welsh History Review* 28, Nr. 4 (Dezember 2017): 711–22; online: *Generalship*, 2024. https://www.generalship.org/royal-welch-fusiliers-articles/2nd-christmas-truce-1915.html.
Rudel, Imke, und Petra Wiese. *Die besten Fußball-Silbengeschichten zum Lesenlernen*. Illustrationen von Jan Birck und Dorothea Tust. Hamburg: Carlsen, 2020.
Rutter, Hellen. *Neun Wünsche für Archie*. Zürich: Atrium, 2022.
Schlobinski, Peter. „Sportberichterstattung: Zur Inszenierung von Sportereignissen in den Massenmedien." *Der Deutschunterricht* 2 (2002): 51–61.
Schlüter, Andreas, und Irene Margil. *Fußballhaie I: Spieler gesucht!* Frankfurt am Main: Fischer, 2014.
Schlüter, Andreas, und Irene Margil. *Fußball Academy I: Eine wichtige Entscheidung*. Hamburg: Carlsen, 2022.
Schulz, Charles M. *Peanuts Gang, Spiel den Ball, Marcie!* Berlin: Junge Welt, 1996.
Schulz, Hermann. *Mandela & Nelson*. Hamburg: Carlsen, 2010.
Schütze, Walter. *Fritz Knullepuff, der Fußballspieler*. Mit Versen von Erwin Jäger. Dresden: D. Schreiter, o. J.
Schwendemann, Andrea. „Fußball." *Wieso? Weshalb? Warum? Profiwissen XV*. Ravensburg: Ravensburger Verlag, 2016.
Seeler, Uwe. *Das große Fußballbuch der Jugend: Tipps, Tricks, Technik, Taktik für die Könner von morgen*. Würzburg: Arena, 1974.
Seitz, Gerhard. *Erklär mir den Fußball*. München: Piper, 1978.
Shepard, Aaron. „Christmas truce." *School Magazine*, April 2001. http://www.aaronshep.com/stories/061.html.
Shepard, Aaron. *Christmas truce*. Illustrated by Wandy Edelson. Washington: Skyhook Press, 2014.
Silei, Fabrizio. *Ein Fußballer sagt Nein*. Mit Illustrationen von Maurizio A. C. Quarello. Aus dem Italienischen von Edmund Jacoby. Berlin: Jacoby & Stuart, 2014.
Simon, Hans O. *Der Deutschen Jugend Sportbuch*. Leipzig und Berlin: Teubner 1913.
Speyer, Wilhelm. *Der Kampf der Tertia*. Berlin: Rowohlt, 1927.
Statista Research Department. „Verkaufte Auflage der Fußballzeitschrift 11 Freunde vom 4. Quartal 2015 bis zum 4. Quartal 2023." *Statista*, 29. Januar 2024. https://de.statista.

com/statistik/daten/studie/375631/umfrage/verkaufte-auflage-der-fussballzeitschrift-11-freunde/.
Stenzel, Gudrun. „Erstlesebücher." *Kinder- und Jugendliteratur: Ein Lexikon*. 35. Erg.-Lfg., Teil 5 (2009): 1–35.
Stops, Sue. *Dulcie Dando*. Mit Illustrationen von Debi Gliori. Aus dem Englischen von Abraham Teuter. Frankfurt am Main: Alibaba, 1991.
Szenes, Béla. *Der Schandfleck der Klasse: Ein Roman für Kinder*. Illustriert von Karl Holz. Berlin-Grunewald: Williams, 1931.
Takahashi, Yoichi. *Captain Tsubasa: Die tollen Fußballstars 1*. Hamburg: Carlsen Comics, 2002.
Tessloff-Verlag. *WAS IST WAS. Fußball*. https://www.tessloff.com/was-ist-was/sport-kultur/fussball.html (Zugriff am 25. Februar 2024).
Tetzner, Lisa. *Der Fußball: Eine Kindergeschichte aus Großstadt und Gegenwart*. Mit Bildern von Bruno Fuck. Potsdam: Müller, Kiepenheuer, 1932.
Theisen, Manfred. *Nerd forever*. Mit Illustrationen von Fabrice Boursier. München: cbj, 2014.
Theisen, Manfred. *Einer von 11*. Bindlach: Loewe, 2018.
Theweleit, Klaus. *Tor zur Welt: Fußball als Realitätsmodell*. Köln: Kiepenheuer und Witsch, 2004.
Thiele, Arthur. *Theddybär und seine Freunde auf dem Sportplatz*. Bilder von Arthur Thiele, Verse von Reinhold Hansche. [Leipzig: Anton & Co], o. J.
Thoma, Patricia. *Mulgheta: Ein Tag im Leben eines blinden Fußballspielers*. Berlin: Jacoby & Stuart, 2017.
Toepfer, Carl. *Halbzeit unentschieden*. Stuttgart: Union Deutsche Verlagsanstalt, 1951.
Toepfer, Carl. *Spinne der Torwart: Eine Fußballgeschichte*. Stuttgart: Union Deutsche Verlagsanstalt, 1952.
Toepfer, Carl. *Spinne am Ziel: Eine Fußballgeschichte*. Stuttgart: Union Deutsche Verlagsanstalt, 1953.
Toledo, Eymard. *Bené, schneller als das schnellste Huhn*. Baobab Books: Basel, 2013.
Vegara, María Isabel Sánchez. *Megan Rapinoe*. Aus dem Englischen von Silke Kleemann. Illustriert von Paulina Morgan. Berlin: Insel, 2023.
Vinnai, Gerhard. *Fußballsport als Ideologie*. Frankfurt am Main: Europäische Verlagsanstalt 1970. Online-Veröffentlichung 2006: https://doi.org/10.23668/psycharchives.10360.
Voloj, Julian, und Marcin Podolec. *Ein Leben für den Fußball: Die Geschichte von Oskar Rohr*. Hamburg: Carlsen, 2020.
Waechter, Philipp. *Heimspiel*. München: Ellermann, 1998.
Waechter, Philipp. *Toni und alles nur wegen Renato Flash*. Weinheim: Beltz & Gelberg, 2018.
Wagner, Hermann. *Illustrirtes Spielbuch für Knaben: 1001 unterhaltende und anregende Belustigungen, Spiele und Beschäftigungen für Körper und Geist, im Freien sowie im Zimmer*. Leipzig: Otto Spamer, 1864.
Walter, Fritz. *3:2 – Die Spiele zur Weltmeisterschaft*. München: Copress, 1954.
Weczerzick, Alfred. *Sport der Tiere*. Bilder von Alfred Weczerzick, Verse von Josefa Metz. Hannover: Molling, o. J.
Welsh, Renate. *Julie auf dem Fußballplatz*. Wien und München: Jugend und Volk, 1984.
Wexberg, Kathrin. *Verschriftlichte Heimat? Karl Bruckner – ein österreichischer Kinder- und Jugendbuchautor im Spannungsfeld zwischen Literatur und Gesellschaft*. Wien: Edition Präsens, 2007.
Widmer, Regi. *Die Savannenkicker*. Zürich: orell füssli, 2020.
Wiggert, Veronika, und Marie Geissler. *Fußballsommer*. München: Tulipan, 2021.
Wildberger, Erich. *Die große Mannschaft: Ein Roman, in dem alle Träume ihre Erfüllung finden*. Stuttgart: Franckh, 1937.
Wildner, Martina. *Der Himmel über dem Platz*. Weinheim: Beltz & Gelberg, 2021.

Williams, David. *Kicker im Kleid*. Mit Illustrationen von Quentin Blake. Aus dem Englischen von Dorothee Haentjes-Holländer. Reinbeck: Rowohlt, 2017.
Winkler, Hans-Jürgen. *Flitzi: Ein Fußballknirps wird Nationalspieler*. München: Südwest, 1966.
Wolz, Heiko. *Mein bestes Fußballspiel! Also fast ...* Mit Illustrationen von Zapf. Hamburg: Carlsen, 2016.

Filme

Das Wunder von Bern. Regie: Sönke Wortmann, Deutschland 2003.
Der ganze große Traum. Regie: Sebastian Grobler, Deutschland 2011.
Joyeux Noël. Regie: Christian Carion, Frankreich 2005.
Paperino ai mondiali di calcio. https://disney-comics.fandom.com/it/wiki/Paperino_ai_mondiali_di_calcio (Zugriff am 17. Februar 2024).
„The Soccamatic." *Wallace and Gromit Wiki: Cracking Contraptions*. https://wallaceandgromit.fandom.com/wiki/The_Soccamatic (Zugriff am 25. Februar 2024).
„You Don't Have to Live Like a Referee." *Die Simpsons*. Staffel 25, Folge 16, Nr. 546 (2014). https://www.fernsehserien.de/die-simpsons/folgen/25x16-homer-die-pfeife-598058 (Zugriff am 25. Februar 2024).

Uwe-Michael Gutzschhahn*

Wie bringt der Dichter den Ball ins Netz? Lyrik und Fußball

Abstract. **How Does the Poet Put the Ball in the Net? Lyrics and Football** – In two sections, this article provides an overview of the reception of football in German-language lyrical poetry of the 20th and 21st centuries. While only a few poems dealing with this popular sport can be found in the first half of the 20th century, for example by Joachim Ringelnatz or Friedrich Torberg, a change occurred in the 1970s: Poets from whom one would not have expected it published football poems for adults, for example Dagmar Leupold, Uwe Kolbe or Uwe Tellkamp. Although enthusiasm for the game of football is usually sparked in childhood, in 2006, Jan Koneffke was the first German poet to examine football as the subject of memories of childhood, in this case in the post-war period. The second section of the article analyses some exemplary poems for children in terms of their thought, sound and word games, the fantastic worlds they spell out and how they reflect and process the reality of football. On the whole, however, football is a stepchild of German poetry, both for adults and children.

Keywords. Poetry; Football (Soccer); Football Poems; Lyrics for Children; Literary Reception.

1 Lyrik für Erwachsene – ein Rückblick

Es ist sicher, dass sich Goethe und Schiller nicht in Gedichtform über Fußball ausgetauscht haben. Genauso wenig gibt es von Shakespeare Fußballsonette.[1] Und auch wenn man es Heinrich Heine vielleicht von seinem literarischen Naturell her zutrauen würde, so gibt es doch nichts dergleichen zu finden. Der Grund ist einfach: Sie alle hätten das Spiel selbst erfinden müssen, um es in Gedichtform ausspielen zu können. Die ersten Regeln, wie wir sie heute noch kennen (Abseits, Eckball, Freistoß) wurden Mitte der 1860er Jahre von der kurz zuvor in England gegründeten Football Association festgelegt. Auf elf Spieler einigte man sich dort um 1870 und auch das Spiel mit der Hand wurde ab dieser Zeit als Foul gewertet. Zu spät für William Shakespeare. Und in Deutschland führte der Braunschweiger Gymnasiallehrer Konrad Koch die englischen Regeln erst Mitte der 1870er Jahre

---

* Writer and translator, Munich, Germany – gutzschhahn@t-online.de.
[1] Als Begriffe waren Fußball und Fußballspieler Shakespeare durchaus bekannt. Er verwendete sie aber pejorativ; dazu Brewster, „Games and Sports," 10.

ein, allerdings bezogen sie sich auf Rugby Football.[2] Da war Heine schon fast zwanzig Jahre tot, von Goethe und Schiller ganz zu schweigen.

Fälschlicherweise Bert Brecht zugewiesen, in Wahrheit wohl aber als Parodie auf Brecht von Constantin Seibt verfasst, ist dagegen ein kluges Zitat zum Fußball überliefert, wobei zu Brechts Zeiten natürlich das Fußballspiel in Deutschland längst etabliert war und allerorten gespielt und kommentiert wurde, wie die hübsche und wohl noch heute gültige Aussage belegt: „Fußball ist wie alle große Kunst einfach. Jeder Zuschauer ist nach spätestens drei Spielen Kenner. Das Publikum ist also ausschließlich aus Kennern zusammengesetzt."

Aber Gedichte zum Thema Fußball sind von Brecht nicht überliefert. Auch fast alle anderen Dichter der Zeit schweigen in lyrischer Form zu dem Spiel. Und die wenigen Belege, die man findet, sind eher abschätzig in ihrem Urteil. Am bekanntesten wurde das folgende Gedicht des durchaus sport-faszinierten Joachim Ringelnatz (1883–1934), der die Besessenheit für das noch neue Ballspiel spielerisch immer weiter ins Absurde steigert:

> *„Fußball (nebst Abart und Ausartung)*
>
> Der Fußballwahn ist eine Krank-
> heit, aber selten, Gott sei Dank.
> Ich kenne wen, der litt akut
> An Fußballwahn und Fußballwut.
> Sowie er einen Gegenstand
> In Kugelform und ähnlich fand,
> So trat er zu und stieß mit Kraft
> Ihn in die bunte Nachbarschaft.
> Ob es ein Schwalbennest, ein Tiegel,
> Ein Käse, Globus oder Igel,
> Ein Krug, ein Schmuckwerk am Altar,
> Ein Kegelball, ein Kissen war,
> Und wem der Gegenstand gehörte,
> Das war etwas, das ihn nicht störte.
> Bald trieb er eine Schweineblase,
> Bald steife Hüte durch die Straße.
> Dann wieder mit geübtem Schwung
> Stieß er den Fuß in Pferdedung.
> Mit Schwamm und Seife trieb er Sport.
> Die Lampenkuppel brach sofort.
> Das Nachtgeschirr flog zielbewusst
> Der Tante Berta an die Brust.
> Kein Abwehrmittel wollte nützen,
> Nicht Stacheldraht in Stiefelspitzen,
> Noch Puffer außen angebracht.
> Er siegte immer, 0 zu 8.

---

[2] Dazu Krüger, Herzog und Reinhart, „German *fußball*," 195–96.

Und übte weiter frisch, fromm, frei
Mit Totenkopf und Straußenei.
Erschreckt durch seine wilden Stöße,
Gab man ihm nie Kartoffelklöße.
Selbst vor dem Podex und den Brüsten
Der Frau ergriff ihn ein Gelüsten,
Was er jedoch als Mann von Stand
Aus Höflichkeit meist überwand.
Dagegen gab ein Schwartenmagen
Dem Fleischer Anlaß zum Verklagen.
Was beim Gemüsemarkt geschah,
Kommt einer Schlacht bei Leipzig nah.
Da schwirrten Äpfel, Apfelsinen
Durchs Publikum wie wilde Bienen.
Da sah man Blutorangen, Zwetschen
An blassen Wangen sich zerquetschen.
Das Eigelb überzog die Leiber,
Ein Fischkorb platzte zwischen Weiber.
Kartoffeln spritzten und Zitronen.
Man duckte sich vor den Melonen.
Dem Krautkopf folgten Kürbisschüsse.
Dann donnerten die Kokosnüsse.
Genug! Als alles dies getan,
Griff unser Held zum Größenwahn.
Schon schäkernd mit der U-Bootsmine
Besann er sich auf die Lawine.
Doch als pompöser Fußballstößer
Fand er die Erde noch viel größer.
Er rang mit mancherlei Problemen.
Zunächst: Wie soll man Anlauf nehmen?
Dann schiffte er von dem Balkon
Sich ein in einem Luftballon.
Und blieb von da an in der Luft.
Verschollen. Hat sich selbst verpufft. –
Ich warne euch, ihr Brüder Jahns,
vor dem Gebrauch des Fußballwahns!"[3]

Wahn und Selbstüberschätzung, in diesem Punkt sind sich das vermeintliche Brecht-Zitat und das Ringelnatz-Gedicht in puncto Fußballanhänger offenbar einig, wobei Ringelnatz seinen „pompösen Fußballstößer" mit viel literarischem Spielwitz ausgestaltet und immer neue, immer verrücktere Bilder des Absurden setzt. Während er aber die Personen des Spiels auf oder neben dem Platz ins Visier nimmt, lästert der etwas jüngere Poet Heinz Erhardt (1909–1979) über das „hirnlose" Spiel selbst:

---

[3] Zit. nach Ringelnatz, *Sämtliche Gedichte*, 98–100.

„Fußball

Vierundvierzig Beine rasen
durch die Gegend ohne Ziel,
und weil sie so rasen müssen,
nennt man das ein Rasenspiel.
Rechts und links stehn zwei Gestelle,
je ein Spieler steht davor.
Hält den Ball er, ist ein Held er,
hält er nicht, schreit man: „Du Toooor!"
Fußball spielt man meistens immer
mit der unteren Figur.
Mit dem Kopf, obwohl's erlaubt ist,
spielt man ihn ganz selten nur."[4]

Das ist nun allerdings fast schon die ganze Ausbeute aus den ersten knapp siebzig Jahren des 20. Jahrhunderts. Fußball ist in Deutschland literarisch lange eine etwas despektierlich angesehene Sportart, über die man als Dichter die Nase rümpft und kein Gedicht schreibt – und wenn doch, dann herablassend oder eben ins Absurde schwenkend. Eine Ausnahme muss hier aber noch erwähnt werden, die völlig gegenläufig ist. Friedrich Torberg (1908–1979), der fast gleich alt wie Erhardt war, hat einen völlig anderen Hintergrund. Der deutsch-jüdische Schriftsteller ist selbst begeisterter Sportler und tritt nur deshalb der Wasserball-Sektion des jüdischen Sportvereins in Wien bei, weil die Fußballer so erfolgreich sind, dass sie keine Spieler mehr aufnehmen. Später in Prag gewinnt er die tschechische Wasserball-Meisterschaft, indem er die beiden Siegtreffer wirft.

Torberg schreibt 1945 ein berühmt gewordenes Gedicht über einen der großen österreichischen Fußballhelden, Matthias Sindelar, der aus dem Wiener Armenbezirk Favoriten stammte und sich 1939 mit seiner jüdischen Freundin angeblich wegen der Nazis das Leben nahm. Ich zitiere das Gedicht in gekürzter Form:

„Auf den Tod eines Fußballspielers

Er war ein Kind aus Favoriten
und hieß Matthias Sindelar.
Er stand auf grünem Platz inmitten,
weil er ein Mittelstürmer war.

Er spielte Fußball, und er wusste
vom Leben außerdem nicht viel.
Er lebte, weil er eben leben musste
vom Fußballspiel fürs Fußballspiel.

Er spielte Fußball wie kein Zweiter,
er stak voll Witz und Phantasie.
Er spielte lässig, leicht und heiter,
er spielte stets, er kämpfte nie.

---

[4] Zit. nach *Das große Heinz Erhardt Buch*, 204–205.

> [...]
>
> Bis eines Tags ein andrer Gegner
> ihm jählings in die Quere trat,
> ein fremd und furchtbar überlegner,
> vor dem's nicht Regel gab noch Rat.
>
> Von einem einzgen harten Tritte
> Fand sich der Spieler Sindelar
> verstoßen von des Platzes Mitte,
> weil das die neue Ordnung war.
>
> Ein Weilchen stand er noch daneben,
> bevor er abging und nach Haus.
> Im Fußballspiel, ganz wie im Leben,
> war's mit der Wiener Schule aus.
>
> Er war gewohnt zu kombinieren,
> und kombinierte manchen Tag.
> Sein Überblick ließ ihn erspüren,
> dass seine Chance im Gashahn lag.
>
> [...]"[5]

Torberg verehrt den großen österreichischen Fußballhelden, der bis heute sehr bekannt ist, aber diese Verehrung ist vor allem ein politisches Statement gegen den „fremd und furchtbar überlegnen" Gegner, „vor dem's nicht Regel gab noch Rat." Sindelar wird bei Torberg Opfer des Nazi-Regimes, nicht weil ihm die Nazis den Ruhm streitig machen (so war das nicht, de facto war Sindelar auch überhaupt nicht gegen die Nazis), sondern weil Sindelar angeblich Angst um sich und seine jüdische Freundin hatte und lieber den Freitod wählte, als die Freundin den SS-Schergen zu opfern. Gerade das macht Sindelar für den jüdischen Dichter Torberg, der selbst Familienmitglieder und Freunde in den Gaskammern verlor, zu einem besonderen und honorigen Menschen, der sein Gedicht verdient hat. Diese Honorigkeit von Sindelar ist aber inzwischen widerlegt, auch der Freitod stimmt wohl nicht, eher war es ein Unfall und Sindelar ein Profiteur der nationalsozialistischen Politik der „Arisierung".[6] Doch für den Dichter Torberg war Sindelar noch das große Nazi-Opfer.

Ansonsten aber ist nicht viel mit Fußball und Kunst – in diesem Fall Lyrik – bis in die Sechzigerjahre des 20. Jahrhunderts, obwohl die Brecht-Persiflage des Autors Constantin Seibt doch gerade das Prinzip der Einfachheit in beiden Feldern gleichsetzt. Oder vielleicht gerade deshalb? Wäre ein Gedicht über Fußball von Rilke denkbar?

Das ändert sich radikal erst in den 1970er Jahren. Ror Wolf (1932–2020) veröffentlicht seine *Rammer & Brecher Sonette* (1973) und gilt wohl überhaupt als

---

[5] Friedrich Torberg, „Auf den Tod eines Fußballspielers," zit. nach Stephan, *Geschichten und Gedichte*, 98–100.
[6] Zum (sport-)historischen Hintergrund Forster, „Café Sindelar revisited."

der erste deutsche Schriftsteller, der sich wieder und wieder literarisch mit Fußball beschäftigt. Allein die Tatsache, dass von ihm nicht einfach ein Gedicht geschrieben wird, sondern ein ganzer klassischer Sonettzyklus, zeigt, dass hier erstmals jemand das Thema ernst nimmt, oder wie Wolf selbst sagt: „Die RAMMER & BRECHER SONETTE sind Verkupplungsversuche von strenger Kunstform und rabiatem Inhalt, von abgeschrittenem Versmaß und krachendem Jargon."[7] Ich zitiere das siebte und neunte der zwölf Sonette:

„7

Nun bricht der Brecher durch, er explodierte
Im Mittelfeld, der Rammer steht ganz frei.
Von den Tribünen hört man das Geschrei.
Und wieder schreit es, als der blutverschmierte

Genähte Rammer jetzt vorbeispazierte,
Ganz elegant am letzten Mann vorbei.
Im Sprung erwischt er mit dem Kopf das Ei,
Das ihm der Brecher seidenweich servierte.

Das war ein Pfund, das war ein kalter Schlag.
Der Meister wankt. So ändern sich die Zeiten.
Die Prämie steigt, das steht in dem Vertrag.

Der Vorstand sagt: das sind doch Kleinigkeiten.
Das war's. Und einen schönen guten Tag.
Noch mehr vom Fußball auf den nächsten Seiten.

9

Der Nebel pfeift. Es ist etwas geschehen.
Es klatscht ganz naß. In diesem Dämmerlicht
Beginnen wir mit unsrem Schlußbericht.
Wir sehen nichts. Wir können nichts verstehen.

Nur die Gesänge, die vorüberwehen.
Das ist nicht viel bei dieser schlechten Sicht.
Wenn es nicht läuft, dann läuft es eben nicht.
Borussia Dortmund wird nicht untergehen.

Der Rammer tankt sich durch, ihr lieben Leute.
Der Stopper: ja so sieht es aus von hier,
Er senst ihn um, wenn ich das richtig deute.

Die Neun läuft an. Das war das Vierzuvier.
Ins Netz gefetzt. So wunderschön wie heute.
Ein volles Pfund. Und diesmal singen *wir*."[8]

---

[7] Zit. nach Wolf, *Das nächste Spiel*, 295.
[8] Zit. nach ebd., 258–59.

Wolf ehrt den Fußball durch die hehre Form des Sonetts und die Fans und Akteure durch die Übernahme ihres Originaltons in diese traditionelle lyrische Gestalt. Ror Wolf hat sich 35 Jahre lang auf verschiedenste Weise kritisch und zugleich leidenschaftlich mit dem Fußball literarisch-künstlerisch auseinandergesetzt. Er hat die Emotionen zwischen Sieg und Niederlage sprachlich eingefangen und sagt:

> „Glaubt man den Experten, dann ist das Fußballspiel nicht die Fortsetzung des Lebens, sondern das Leben ist die Fortsetzung des Fußballspiels; dann ist *das*, was im Spiel passiert, also nicht so wie im Leben auch, sondern: *das*, was im Leben passiert, ist so wie am Samstag beim Spiel. – Wer annimmt, hier wolle sich einer lustig machen über das Verhalten der Fans, über ihre Worte und Gesänge, ihre Betrunkenheiten und Verzweiflungen, ihr Glück und ihre Trauer, der täuscht sich."[9]

Das klingt ganz anders als früher zu Ringelnatz' Zeiten.

Die Sonettform wurde jetzt übrigens auch von etlichen anderen Dichtern für das Thema Fußball gewählt. Robert Gernhardt (1937–2006) benutzte sie und schrieb für die NDR-Rundfunkreihe *Dichter am Ball: 50 neue Fußballgedichte*[10] 2005 das Akrostichon-Sonett *König Fußball*, das den Titel in den Anfangsbuchstaben der 14 Sonettzeilen wiederholt. Heinz Czechowski (geb. 1935 in Dresden, gest. 2009 in Frankfurt am Main) ist am selben Ort mit einem Fußballsonett (einem Erinnerungsgedicht an den Fußballplatz seiner Jugend in der DDR) vertreten, ebenso F.W. Bernstein. Aber Gernhardt war im Ganzen sehr fußballaffin, ähnlich wie Ror Wolf, und schrieb auch flinke EM-Kommentare im Zehnminuten-Rhythmus als Vers:

„00:00

Holland singt laut
Deutschland singt leis
Rasen bleibt stumm
Rotwein bleibt aus.

30:00
Frings macht das Tor
Deutschland macht Druck
Holland macht Foul
Rotwein macht Spaß"[11]

Bei solchen Live-Gedichtreportagen in zehnmal vier Zeilen ist eine durchgängige Reimform natürlich nicht zu leisten, zumal mit Rotwein, aber es geht dem Autor um absolute sprachliche Verdichtung – und die gilt ja auch in der Sonettform.

An dieser Stelle verdient es noch ein weiterer Dichter genannt zu werden, der das Fußballspiel immer wieder in Sonette gefasst hat und alle diese Texte 2006 in

---

[9] Zit. nach ebd., 295.
[10] *Dichter am Ball*.
[11] Robert Gernhardt, zit. nach *Frankfurter Allgemeine Zeitung*, Nr. 138, 17. Juni 2004, 44.

dem achtzigseitigen Gedichtband *Die Wahrheit ist auf dem Platz*[12] zusammenfasste: Ludwig Harig (1927–2018). „Nach Erklärungen suchen die Rationalisten", schrieb er, „nach Rechtfertigungen die Moralisten. Am Ende wird der Spieler, der sich selbst einen Nichtsnutz nennt, die Welt und ihre paradoxen Zusammenhänge am genauesten erklärt und den Menschen und seine absurde Beschaffenheit am glaubhaftesten gerechtfertigt haben."[13] Harig hat sich wie Wolf und Gernhardt jahrzehntelang literarisch mit Fußball beschäftigt und schrieb nicht nur in Gedichten zu diesem Thema. Auch von ihm sei hier ein typisches Sonett zitiert:

> *„Deutscher Fußball*
>
> Der Deutsche Fußballbund, bei jedem Amtsgericht
> als Körperschaft bekannt, vereinigt treu und bieder
> im strengen Wortverstand Gehirne, Rümpfe, Glieder.
> Sein frommes Credo heißt: Erfolg und Zuversicht.
>
> Zwar nimmt er jedermann gehörig in die Pflicht,
> doch schillern Sein und Schein. Er brüstet sich solider,
> als er es wirklich ist in seinem Auf und Nieder.
> Die Form des DFB ist das Barockgedicht.
>
> Der Vorstand herrscht autark, kokett und kategorisch,
> die Taskforce, ein Behelf, ist letztlich illusorisch,
> und auch die Bundeself zersprengt nicht ihr Korsett.
>
> Ein jeder Fußversuch vollzieht sich metaphorisch,
> und was geredet wird, erledigt sich rhetorisch:
> Es tönt der Niedergang am schönsten im Sonett."[14]

Das Inhaltliche kommt einem nur allzu bekannt vor. Literarisch spielt Harig in seiner Kritik nicht nur mit der Sonettform, er setzt sie zudem metaphorisch ein als Bild für die arrogante Selbstzerstörung des Deutschen Fußball-Bundes.

Auch Harig ist übrigens in der schönen NDR-Folge *Dichter am Ball*, die später als CD erschien, vertreten. Wenn man anthologisch zu einem Gedichtthema auffordert, schreiben plötzlich viele Autoren Texte, von denen man es nie erwartet hätte, in diesem Fall zum Beispiel Lutz Seiler, Ulla Hahn, Ursula Krechel, Kurt Drawert, Dagmar Leupold, Uwe Kolbe, Silke Scheuermann oder Uwe Tellkamp. Für mich eines der schönsten Gedichte (und zugleich ein idealer Übergang zum eigentlichen Thema dieses Beitrags) hat Jan Koneffke (geb. 1960 in Darmstadt) beigetragen, denn es ist, anders als alle bisher zitierten Texte eine Kindheitserinnerung. Dieses Thema gab es bisher noch nicht, was seltsam ist, fängt doch Fußballbegeisterung gerade im Kindesalter so richtig an. Wer sich als Kind nicht für Fußball interessiert, wird kein Matthias Sindelar, kein Pelé, kein Ronaldo oder

---

[12] Harig, *Die Wahrheit ist auf dem Platz*.
[13] Dotzauer, „Zum Tod des Schriftstellers Ludwig Harig."
[14] Zit. nach Harig, *Die Wahrheit ist auf dem Platz*, 39.

Schweinsteiger werden. Koneffke, der übrigens auch wunderschöne Gedichte für Kinder schreibt, erzählt die Erinnerung so:

„Sonntage in der Schlafschachtelsiedlung
(zu Zeiten Uwe Seelers)

Diese um den Betonkirchturm bimmelnden Sonntage
Sonntage aus Langeweile und Mehlschwitze
diese Bienenstichsonntage Sonntage mit
Witwe Kinderschreck Hausmeister Kriegsinvalide
diese Isetta- und Volkswagensonntage
in der Schlafschachtelsiedlung im Kiefernwald wo wir
beim Spielen vergessene Bomben entdeckten
mit im Radio schmetternden Fußballreportern
als melden sie deutsche Erfolge im Osten
Schuss um Schuss sich verringernde Schande
diese Weltmeistersonntage Brennesselsonntage
diese Sonntage wenn wir zum Sportplatz am Bach flohen
wo wir kickten und dribbelten um unser Leben
Tor um Tor kleiner werdendes Grauen
mit begehrten Verletzungen heimhumpelnd zu
Witwe Kinderschreck Hausmeister Kriegsinvalide
an diesen Gespenster- und Fledermaussonntagen
in der Schlafschachtelsiedlung im Kiefernwald
mit seinen im Sandboden schlummernden Bomben".[15]

2 Lyrik für Kinder

An diesem Gedicht zeigt sich wieder einmal deutlich: Ein Kindheitsgedicht ist noch lange kein Kindergedicht, was weder in die eine, noch in die andere Richtung abwertend gemeint ist. Es gilt nur einfach: Nicht jedes Gedicht, das von Kindheit erzählt, muss ein Gedicht für Kinder sein. Kinder verstehen all die Anspielungen aus den frühen 1960er Jahren nicht. Wer weiß denn noch, was eine Isetta war, dass schmetternde Radio-Sportreporter damals nicht viel anders klangen als die Nazi-Reporter, die bis zuletzt ihre propagandistischen Ostfront-Berichte ins Mikro brüllten?[16] Und was bedeutet überhaupt das Wort Ostfront? Gegen Koneffkes Kindheitserinnerung ist Ringelnatz' Fußballwahn-Gedicht ein weitgehend unkomplizierter, verständlicher und Spaß machender Text für Kinder, wenn man von der Anspielung auf Turnvater Jahn in den Schlusszeilen absieht. Die ins Abstruse überhöhte, immer weiter getriebene Absurdität des Wahns ist für Kinder ein lustiges Gedanken- und Wortspiel, das ihre Vorstellungskraft provoziert.

Koneffkes bislang einziges Fußballgedicht für Kinder sieht denn auch völlig anders aus als der Erinnerungstext. Eine ganz gewöhnliche Fußballsituation wird

---

[15] Zit. nach *Dichter am Ball*, 13.
[16] Dazu ausführlich Eggers, *Die Stimme von Bern*.

in etwas Absurdes und Irreales verdreht, wobei genau dieses Verdrehen den kindlichen Phantasievorstellungen sehr nahe ist:

„Das Fußballtor

Wer könnte das endlos ertragen
diesen ewigen Schuss in den Magen

Und wenn man mir einen Ball in den Bauch kleistert
trillert und johlt es am Platzrand begeistert

Das ist hundsgemein
bald knicke ich ein

und werde den Dussel von Torwart erschlagen!"[17]

Das gibt es natürlich oft im Kindergedicht, dass Dinge in Personen verwandelt werden und denken, fühlen, sprechen. Das geschieht auf der gleichen Ebene, auf der Kinder mit ihrem Teddy oder ihrer Puppe sprechen. Kinder sprechen auch ohne Not mit Bäumen und hören deren vermeintliche Antwort.

Bei Koneffke beklagt sich das Tor wegen ungehaltener Bälle beim Torwart. Bei Michael Augustin ist es andersrum. Da beklagt sich ein Ball über die Feldspieler und dankt dem Torwart, der ihn hält:

„Was der Ball sagt

Alle treten mich.
Bloß der Torwart
ist mein Freund:
Er nimmt mich
in den Arm".[18]

Und wenn es nicht Tor oder Ball sind, dann sind es typischerweise Tiere, die die Sache mit dem Fußball nicht in Ordnung finden. Bei Christian Futscher (geb. 1960 in Feldkirch/Vorarlberg) beschwert sich eine Spinne, weil ihr Netz, das sie oben am Kreuzeck im Tor gespannt hat, von einem Ballschuss zerfetzt wird. Bei Renate Buddensiek (geb. 1939 in Essen) freundet sich ein Fußball mit einem Wegerich vor dem Tor an, der aber beim nächsten Rasenschnitt das Zeitliche segnet – „wie hat der Fußball da gelitten." Bei Wolfgang Oppler (geb. 1956 in Rosenheim) sitzen zwei Wespen auf der Torlatte und genießen gerade die Sonne, als mit voller Wucht ein Ball die Latte trifft, was eine der Wespen empört, während die andere glaubt, den Ball geistesgegenwärtig totgestochen zu haben. Manfred Schlüter (geb. 1953 in Kellinghusen an der Nordsee) lässt einen Tausendfüßler im Fußballspiel 999:0 gewinnen, was ihn jedoch nicht wirklich freut, denn „einer ging daneben."

---

[17] Zit. nach Koneffke, *Trippeltrappeltreppe*, 49.
[18] Zit. nach Michael Augustin, Manuskriptfassung.

Diese Gedichte wurden für eine Textsammlung zur Fußball-WM 2018 geschrieben, die ich im Juni und Juli des Jahres im Blog der Zeitschrift *DAS GEDICHT*[19] vorgestellt habe. Ähnlich wie bei dem NDR-Projekt wurden Autoren aufgefordert, Fußballgedichte, in diesem Fall Kindergedichte, zu schreiben. Und wie beim NDR sprudelten die Quellen, während es sonst in der Kinderliteratur von Fußballgedichten keineswegs wimmelt, was eigentlich seltsam ist.

Doch kommen wir noch mal zu den vermenschlichten Dingen und Tieren zurück, die im Kindergedicht ja ohnehin überall aufkreuzen. Außergewöhnlich war unter den Einsendungen für den Blog ein Gedicht von Barbara Maria Kloos (geb. 1958 in Darmstadt), die eigentlich gar nicht für Kinder schreibt, mir aber dieses Gedicht überließ:

„nehmen wir mal an

im fußball wohnt ein kleiner mann
mit tisch und bett mit stuhl und klo
(natürlich alles festgenagelt!)
und dem hündchen namens floh

ist das leben nicht zu doof
ohne fenster blick zum hof?
und vor allem ohne tür – wenn
floh mal muss dann schießen wir".[20]

Kloos erzeugt eine völlig eigenständige, unvorhergesehene Phantasiewelt. Ihre Bilder regen die kindliche Vorstellungskraft an, die völlig frei von den Zwängen der Realität ist, und nutzt diese aus, bevor sie in der letzten Zeile mit einem harten Stoß den Ball in die Wirklichkeit zurückholt – „dann schießen wir." In diesem Schuss gerät alles durcheinander, nicht nur die Endreimfolge, denn Kloos bildet zwar „wir" auf „tür", doch die Tür ist nicht das Schlusswort der vorletzten Zeile, die mit dem „wenn" des letzten Satzes endet: „[…] – wenn / floh mal muss dann schießen wir". Und auch das Schießen selbst kommt völlig unerwartet. Es zerbolzt das ganze Bild. Fußball eben.

Dieses Gedicht ist ein kleines literarisches Meisterstück, das zum einen Kinder wirklich mitnimmt, am Schluss aber das Bild willentlich durcheinanderwirbelt.

Arne Rautenberg (geb. 1967 in Kiel) ist in seinem zweiten Kindergedichtband „montag ist mützenfalschrumtag" auch ein kleines Phantasiespiel geglückt, das schräger und absurder nicht sein könnte:

---

[19] Zit. nach *dasgedichtblog.de*.
[20] Ebd.

„der fußballfloh

und einer der flöhe spielt auf deinem kopf
fußball mit einer rundlichen laus
drippelt los schießt

die laus volley
voll rein in
dein ohr

tor!"[21]

Da ist es wieder, das „Rundliche", das für den Ringelnatzschen Fußballfan zum Zwang wird, dagegenzutreten. Auch der Floh bei Rautenberg tut es. Was aber hier für Kinder so faszinierend ist: Floh und Laus sind gemeinhin ekliges Ungeziefer. Wenn man sie hat, muss man zu Hause bleiben, Haare, Körper und Kleidung werden zur Desinfektion mit ekligen Mitteln eingerieben. Schon das Wort – Desinfektion! Doch bei Rautenberg kippt die Realität ins Gegenteil. Die Laus bleibt zwar das Opfer, aber sie wird nicht durch Desinfektion vernichtet, sondern fliegt als Fußball des Flohs in „dein ohr – tor!"

Verkehrte Welt, absurd und unangepasst, aber wunderbar bildhaft. Ein gelungenes Spiel für die kindliche Phantasie.

Doch es gibt noch andere immer wiederkehrende Sujets im Fußballgedicht für Kinder. Dort geht es vor allem um Laut- und Sprachspiel. Das beginnt mit Spieleraufstellungen einer Mannschaft, etwa bei Michael Augustin:

„Die B-Mannschaft

Bumm
Bamm
Batz
Baff
Bing
Bong
Bimm
Bäh
Buh
Blah
Und der Trainer: Blöd".[22]

Manfred Schlüter schafft eine Gemüse-Mannschaft, die ein überzeugendes Spiel liefert:

---

[21] Zit. nach Rautenberg, *mützenfalschrumtag*, 36.
[22] Zit. nach Michael Augustin, Manuskriptfassung.

„*Liveübertragung*

Rübe auf Karotte
 Karotte zu Rosenkohl
  Rosenkohl, Traumpass zu Gurke
   Gurke, immer noch Gurke
    Vorbei an Sellerie
    Vorbei an Möhrchen
     Lässt Kohlrabi links stehen
      Passt auf Kürbis
       Kürbis nimmt an, dreht sich
       Gibt ab auf Radieschen
        Radieschen allein im Sechzehner
        Radieschen, immer noch Radieschen
         Radieschen schießt
          und
           Tooooooor!"[23]

Und Nils Mohl (geb. 1971 in Hamburg) spielt kreuz und quer mit Fußballbegriffen und Lautassoziationen:

„*fußballtriple*

triple double
  -megajubel
packung klatsche
  -riesenpatsche
beingeknacke
  -superkacke"[24]

Das Spiel mit den Worten und Lauten lässt sich von Kindern beliebig verändern und weiterentwickeln. Darin liegt der Reiz solcher Texte. Als Gegenpart zur B-Mannschaft kann man schnell eine A-Mannschaft kreieren – mit dem Trainer Armleuchter, Alter oder auch (sehr beliebt!) Arsch am Schluss. Entscheidend ist bei den Lautgedichten, dass sie nah am Fußballjargon bleiben, so wie bei Schlüter die typischen Reporterphrasen bei einer Liveübertragung. Denn das genau entzieht ein solches Gedicht der Beliebigkeit.

Schließlich gibt es noch einen dritten Gedichttyp, der allerdings ganz in der kindlichen Fußballrealität spielt. Man möchte glauben, dass hier die Ausbeute am größten sei, aber im Gegenteil. Warum auch immer, es ist unter allen Kindergedichten zum Thema Fußball die mit Abstand kleinste Gruppe. Was seltsam ist, weil doch die meisten Kinder selber spielen. Aber womöglich ist die Gefahr, ins Banale abzugleiten und eben nicht wirklich zu dichten, ein gewisser Hemmschuh.

---

[23] Zit. nach Manfred Schlüter, Manuskriptfassung.
[24] Zit. nach Nils Mohl, Manuskriptfassung.

Ich will die Beispiele für diese Gedichtart nicht kommentieren, da sie sich von allein erschließen. Aber auch solche Texte brauchen eine eindeutige literarische und sprachliche Gestalt, wenn sie Bestand haben wollen. Es muss kein Sonett sein wie in der Erwachsenenliteratur. Ich beginne mit einem Gedicht von Susan Kreller (geb. 1977 in Plauen) und schließe ein eigenes Gedicht an. Beide Texte mögen als Belege dafür dienen, dass auch das realistische Gedicht literarisch sorgfältig mit Sprache umgeht und spielt:

„*Spieler, hinten links*

Am meisten mag ich
den Spieler
hinten links
den niemand sieht
den am Feldrand keiner kennt
dem der rechte Strumpf
immer
knieabwärts rutscht
knöcheltief
weißgrauweiß
der den Fleck auf dem Trikot
schon vor dem Spiel hatte
und das Bäuchlein darunter
und die Angst
Den Spieler
der den Kopf
gebeugt hält
als suchte er Pilze
auf dem aalglatten Fußballfeld
vorsichtshalber
man weiß ja nie
Den Spieler
der keinen Namen hat
der keinen Namen braucht
(ihn ruft ja keiner)
der um Vergebung fleht
mit den Augen
den roten Ohren
bei jedem verpatzten Schuss
Den Spieler
hinten links
der am Ende
wenn schon alles fast vergebens war
wenn schon alles fast wie immer war
der am Ende
den Kopf hebt
und losrennt

nach vorne rechts
und dann
das beste Tor von allen
schießt".[25]

Wie Kreller hier mit der gleichen Wendung „Den Spieler, der […]" immer wieder Neues ergänzt, um den vermeintlichen Loser zu charakterisieren, wirkt wie ein Zoom, der den Spieler immer dichter heranholt, bis man am Schluss erkennt, wie man sich täuschen kann, wie das Erscheinungsbild Fassade ist, Täuschung. Und Täuschen ist ja ein wichtiger Spielertrick. Das Überraschungsmoment am Schluss des Textes gelingt perfekt. – Und im zweiten Gedicht heißt es:

„*Elferschüsse*

Mats tritt vor
volles Rohr –
TOR!

Ann geht hin
leichter Spin –
DRIN!

Rico jetzt
hart gesetzt –
NETZ!

Jan zielt keck
hoch ins Eck –
SCHRECK!

Teufelsdreck
Ball dreht weg –
AUS!"[26]

Dass Elferschüsse nicht immer gelingen, wissen wir nur zu gut. Selbst bei Bayern München rutschen schon mal zwei Spieler nacheinander aus, landen auf dem Hintern und verspielen den Ball, das Spiel, die Meisterschaft.

Wenn Rico das Netz trifft, spürt man im nicht ganz präzisen Reimwort „Netz" auf „jetzt" und „gesetzt", dass der Schuss ziemlich knapp war. Jan, sein Nachfolger, zielt keck, also mutig, und anfangs scheint alles gut. Doch das so haarscharf reimende „Schreck" löst ein plötzliches Entsetzen aus. Der Ball fliegt kunstvoll, aber eben nicht dorthin, wohin er soll, sondern ins Aus. Und damit ist nicht nur das Spiel verloren, sondern auch das Gedicht aus.

Ungeklärt bleibt die Frage, warum in der Lyrik so wenige Fußballtexte vorkommen. Kein James Krüss, kein Josef Guggenmos, hat über Fußball gedichtet. Warum nicht? Nils Mohl schickte mir auf meine Frage eine mögliche Antwort:

---

[25] Zit. nach *dasgedichtblog.de*, Juli 2018.
[26] Zit. nach Gutzschhahn, *Die Muße der Mäuse*, 58.

„Ich weiß es nicht, aber das ist vielleicht nicht unwichtig: Der Sport ist ja selbst eine Geschichtenmaschine."[27] Darüber ließe sich diskutieren. Genau das haben wir ja bei den Fußballsonetten für Erwachsene deutlich erlebt.

Mit einem Gedichtgedicht von Nils Mohl soll der Beitrag enden – ein ideales Schlusswort für diesen Anlass:

„fußballgedicht

knallhart schieße ich den ball
mit effet und drall
links aus dem gedicht

und die pille …
lang lang außer sicht
fliegt mit einem reim
von rechts sauber wieder rein".[28]

Literatur

[Erhard, Heinz]. *Das große Heinz Erhardt Buch*. München: Goldmann, 1984.
Brewster, Paul G. „Games and Sports in Shakespeare." *Folklore Fellows' Communications* 72, Nr. 177 (1959): 3–26.
dasgedichtblog.de. Fußballgedichte, Juni/Juli 2018, www.das gedichtblog.de/category/lyrik/gedichte-fuer-kinder/.
Dichter am Ball. 50 neue Fußballgedichte. NDR Kultur, 2002–2006. CD-Booklet Hörbuch, Frankfurt am Main: Eichborn Lido, 2006.
Dotzauer, Gregor. „Niemand erklärt die Welt besser als der Spieler: Zum Tod des Schriftstellers Ludwig Harig." *Tagesspiegel*, 8. Mai 2018, https://www.tagesspiegel.de/kultur/niemand-erklart-die-welt-besser-als-der-spieler-3950020.html.
Eggers, Erik. *Die Stimme von Bern: Das Leben von Herbert Zimmermann, Reporterlegende bei der WM 1954*. Augsburg: Wissner, 2004.
Forster, David. „Café Sindelar revisited: Verlauf und Folgen der Sindelar-Debatte." In *Fußball unterm Hakenkreuz in der ‚Ostmark'*, hrsg. von David Forster, Jakob Rosenberg und Georg Spitaler, 314–30. Göttingen: Die Werkstatt, 2014.
Frankfurter Allgemeine Zeitung, Nr. 138, 17. Juni 2004.
Gutzschhahn, Uwe-Michael. *Die Muße der Mäuse*. Nettetal: Elif, 2018.
Harig, Ludwig. *Die Wahrheit ist auf dem Platz: Fußballsonette*. München: Hanser, 2006.
Koneffke, Jan. *Trippeltrappeltreppe*. Köln: Boje, 2009.
Krüger, Michael, Markwart Herzog und Kai Reinhart. „German *fußball* – recent developments and origins." *German Journal of Exercise and Sport Research* 48 (2018): 192–200.
Stephan, Winfried, Hrsg. *Nicht schon wieder keine Tore: Geschichten und Gedichte rund um den Fußball*. Zürich: detebe, 2016.
Rautenberg, Arne. *Mützenfalschrumtag*. Wuppertal: Peter Hammer, 2014.
Ringelnatz, Joachim. *Sämtliche Gedichte*. Zürich: detebe, 1994, 1997.
Wolf, Ror. *Das nächste Spiel ist immer das schwerste*. Frankfurt am Main: Fischer TB, 2010.

---

[27] Nils Mohl, E-Mail an den Verfasser, 6. Januar 2020.
[28] Zit. nach Nils Mohl, Manuskriptfassung.

I.
Klassiker

*Anke Christensen**

Sammy Drechsels *Elf Freunde müsst ihr sein*: Der „Klassiker" unter den Fußballromanen

Abstract. **Sammy Drechsel's *Elf Freunde müsst ihr sein*: The "Classic" Among Football Novels** – This paper delves into the status of *Elf Freunde müsst ihr sein* by Sammy Drechsel as a classic piece of children's literature. Firstly, it is emphasized that football literature for children only became popular in the 1950s. Sammy Drechsel's novel can be considered formative in the history of German football literature for children and youth. Values such as comradeship and fairness lead to the team's decisive victory, which is achieved by making up leeway and taking the lead. The team's success is accompanied by a development of the main character. The book's style is also characterized by references to real-life well-known football players or tactics, and tension, specifically through the genre of suspense. These style-forming elements are also adopted in later football novels, such as the well-known series *Die Wilden Fußballkerle*.

However, the novel is also a testament to its time of creation. In *Elf Freunde müsst ihr sein*, Drechsel portrays a childhood marked by poverty, but also freedom. Such an upbringing would likely seems alien to today's youth. Although the story takes place in the National Socialist era, it does not address the related historical context. Such a story design proves to be customary for children's books of the 1950s. In summary, the novel is presented as a testament to its time, which sets the stylistic tone for later children's and youth literature focused on the game of football.

Keywords. Classic; Sports Literature; Adventure Novel; Boys' Book; Big City Novel; National Socialism.

Sammy Drechsels *Elf Freunde müsst ihr sein* als Klassiker zu bezeichnen, ist weder neu noch besonders innovativ. Die hier verwendete Ausgabe aus dem Jahr 2012 untertitelt den Klappentext mit „Der Fußball-Klassiker".[1] Auch in der Sekundärliteratur findet sich bei dem Hinweis auf Drechsels Roman der Zusatz „Klassiker".[2] Zudem bezeichnet Lukas Bärwald Drechsels Roman als „zeitlos", weil er seit Jahrzehnten Teil des Literaturkanons sei und keine „konkrete geschichtliche Anbindung"[3] enthalte. Rolf Geßmann hingegen sieht den Roman als

---

[*] Christian-Albrechts-Universität zu Kiel, Germany – achristensen@ndl-medien.uni-kiel.de.
[1] Drechsel, *Elf Freunde*.
[2] Bode, „Fußballspiel," 246; Bräunlein, „Fußballbücher," 17; Erhardt, „Fußball," 45; Kammler, „Mythen," 18–25; Kammler und Kämper-van den Boogart, „Fußball," 6.
[3] Bärwald, „Klassiker," 43.

„absoluten Longseller innerhalb der sportbezogenen KJL" an.[4] Somit sollen die obigen Zuschreibungen lediglich zum Anlass genommen werden, einen neuen Blick auf den Roman zu werfen. Betrachtet man seinen Status als Klassiker, muss auch der Stellenwert von *Elf Freunde müsst ihr sein* in der Kinderliteratur des 20. und 21. Jahrhunderts berücksichtigt werden, da der Roman auf Vorläufer verweist, als „klassisch" zu bezeichnende Strukturen anderer Romane übernimmt und gleichzeitig Kinderbüchern der Gegenwart als Vorlage dient. Darüber hinaus soll das Werk im Kontext seiner Zeit betrachtet werden. Dabei soll es auch um den „Mythos" der elf Freunde gehen.

1 Fußball in der Kinder- und Jugendliteratur

Fußballliteratur erweist sich als Seltenheit in der Kinder- und Jugendliteratur des beginnenden 20. Jahrhunderts.[5] Bis zur Weimarer Republik ist Fußball zwar in Sachbüchern präsent, in der Kinder- und Jugendprosa hat er aber keine Bedeutung.[6] Geßmann hat eine kommentierte Bibliographie zu Sport in der Kinder- und Jugendliteratur herausgegeben und versucht, sämtliche Sportliteratur für Kinder- und Jugendliche bis zum Jahr 2015 zu erfassen.[7] Es zeigt sich, dass bis in die 1980er Jahre des letzten Jahrhunderts Fußball in der Kinder- und Jugendliteratur noch randständig war, während Ende der 1990er Jahre eine Fülle an Fußballbüchern erschien. Sportliteratur wird seitdem als didaktische Literatur erkannt, indem beispielsweise Erstlesebücher entstehen, die in der Schule gelesen werden. Darüber hinaus sind sie Teil der Marketingstrategie der Verlage, wie die vierbändige Mädchenbuchreihe *Freistoß für Paula* (von Claudia Ondracek und Martina Schrey), die passgenau zur Fußball-Weltmeisterschaft der Frauen 2011 erschien. Im 21. Jahrhundert ist das Thema Fußball auf dem Kinder- und Jugendbuchmarkt ein wichtiger Wirtschaftsfaktor geworden. Häufig werden Fußballbücher als „Jungenbücher" deklariert, entsprechend vermarktet und mitunter auch problematisiert, weil sie so wenig junge Leserinnen berücksichtigen.[8] Explizit an Mädchen gerichtete Fußballliteratur, wie die oben genannte, konnte sich weder auf dem Buchmarkt noch in der Schule durchsetzen; viele Veröffentlichungen werden mittlerweile nicht mehr aufgelegt.

Betrachtet man Drechsels Roman innerhalb der Entwicklung deutschsprachiger Fußballliteratur für Kinder, lassen sich die folgenden Beobachtungen machen: Insgesamt zeigt die Auswertung von Geßmanns Bibliographie, dass in den 1950er Jahren die Zahl an Fußballbüchern in der Kinder- und Jugendliteratur anstieg, und

---

[4] Geßmann, „Fußball," 10.
[5] Vgl. ebd., 2–7.
[6] Ebd., 5.
[7] Vgl. Geßmann, *Eine kommentierte Bibliographie*; Geßmann, *Bibliografie, Folgeband*.
[8] Zur Rolle von *Die Wilden Fußballkerle* in der Jungenliteratur und zum didaktischen Potenzial der Kinderbuchserie Boelmann, „Jungenliteratur." Zur Problematisierung der „Jungenliteratur" Böhm, „Medienverbund;" Niklas, „Fußballserien;" Wexberg, „Mannschaftsbild."

das in besonderer Weise nach dem Erscheinen von Drechsels Roman. Dies wiederum setzte während der früheren Jahrzehnte einen Wandel in der Einstellung zum Fußball voraus. Denn der aus England stammende Sport hatte es in der Zeit des Deutschen Kaiserreichs zunächst schwer, sich gegen das „Deutsche Turnen" zu behaupten.[9] Fußball galt vor allem im Vergleich zum Turnen als ein unästhetischer Sport und somit nicht als pädagogisch wertvoll.[10] Die von der Turnbewegung geäußerte Kritik[11] spiegelt sich noch in *Elf Freunde müsst ihr sein* wider: So müssen sich die Jungen erst als gute Turner beweisen, bevor sie Fußball spielen dürfen.[12]

Fußball nahm in der Weimarer Republik durch Kommerzialisierung einen enormen Aufschwung,[13] wurde zu einem wichtigen Faktor in der Freizeitindustrie, Populärkultur und in den Medien,[14] und im nationalsozialistischen Deutschland entdeckten ihn vor allem Lokal- und Regionalpolitiker als Bühne der Selbstinszenierung.[15] Die in Deutschland mit dem WM-Finale von 1954 weiter gestiegene Popularität des Fußballs und seine Anerkennung als Kulturgut mag zu einem Anstieg der Publikationen im kinder- und jugendliterarischen Bereich beigetragen haben. Doch es mag auch an dem Erfolg von Drechsels Roman gelegen haben, dass Fußball zunehmend zu einem häufigen Thema der Kinder- und Jugendliteratur wurde, denn das Buch erwies sich bereits in den 1950er Jahren als Verkaufsschlager. Ein vergleichbarer Anstieg an Fußballliteratur lässt sich nach dem Titelgewinn bei der WM 1974 nicht nachweisen. Die Vermutung eines Zusammenhangs zwischen dem Erscheinen von Drechsels *Elf Freunde müsst ihr sein* und der immer populärer werdenden Fußballbücher liegt also nahe, müsste jedoch noch genauer untersucht werden.

2 Der „Klassiker"

Drechsels *Elf Freunde müsst ihr sein* kann als ein Beispiel gelten, an dem sich auch heutige Kinderbuchautorinnen und -autoren orientieren. Das zeigt eine literaturwissenschaftliche Analyse des „Klassikers". Für Bettina Hurrelmann sind „klassische Kinder- und Jugendbücher […] keine literarischen Autoritäten, sondern Lieblingsbücher […]. Bücher, die ihren Gebrauchswert für Kinder unter Beweis gestellt haben."[16] Dass dies bei Drechsel der Fall ist, sollte allein die Neuausgabe aus dem Jahr 2012 belegen: Das Buch findet seit mehr als 60 Jahren begeisterte Leser – und auch Leserinnen. Auf Bewertungsportalen, wie sie auf den Seiten bekannter Internetkaufhäuser zu finden sind, wird das Kinderbuch auch im

---

[9] Krüger, Herzog und Reinhart, „German *fußball*."
[10] Vgl. Eggers und Müller, „Anmerkungen," 159–60; Geßmann, „Sport," 402.
[11] Vgl. Eggers und Müller, „Anmerkungen," 159.
[12] Drechsel, *Elf Freunde*, 96.
[13] Tauber, *Schützengraben*.
[14] Eggers, *Fußball*, 112–149.
[15] Herzog, „Bilder, Symbole und Rituale," 88–91.
[16] Hurrelmann, „Was heißt hier ‚klassisch?'," 12.

Jahr 2021 überwiegend sehr gut bewertet (fünf von fünf Sternen). Doch auch in Bezug auf seine formal-ästhetischen Qualitäten zeigt sich der Stellenwert als Klassiker.[17]

Elf Freunde müsst ihr sein erzählt die Geschichte einer Wilmersdorfer Schulmannschaft, die sich selbst „das Team" nennt, rund um die Hauptfigur Heinz Kamke, genannt „Heini". Ziel der Schüler ist es, Berliner Meister der Schulen zu werden, und dafür müssen sie viel leisten. In einem spannenden Endspiel gelingt ihnen schließlich der Sieg über die Favoriten aus der Charlottenburger Schule. Drechsel gestaltet seinen Roman, der im Berlin der 1930er Jahre spielt,[18] als Abenteuergeschichte, aber auch als Entwicklungsroman.

In Bezug auf seine Ästhetik behält der Roman eine einfache Struktur, der spätere Fußballliteratur folgt, wie das Beispiel der auflagenstarken Fußball-Reihe *Die Wilden Fußballkerle* zeigt. Um die Meisterschaft zu erringen, müssen die Kinder Hindernisse überwinden, die für Abenteuerliteratur stilbildend sind. Dass sie zunächst Turnen lernen müssen, wurde schon erwähnt. Als Heinis Fußballschuhe zu abgenutzt sind, um damit spielen zu können, verdient sich der Junge Geld als Balljunge auf dem Tennisplatz. Seine Freunde folgen dem Beispiel, sodass die Mannschaft am Ende über genug Geld verfügt, um sich eigene Trikots zu leisten.[19] Als größtes Hindernis erweist sich aber Schulleiter Schulz, der keinerlei Verständnis für die Sportleidenschaft der Jungen aufbringen kann. Als er Heini und zwei seiner Freunde nachsitzen lässt, scheint die Teilnahme an einem wichtigen Spiel der Meisterschaft nicht mehr möglich, der Gewinn der Stadtmeisterschaft aussichtslos zu sein.[20] Doch gemäß den Regeln der Aventiure gelingt es den Jungen, auch die schwierigsten Hindernisse zu überwinden. Die Mannschaft ist dann erfolgreich, wenn sie zum einen zusammenhält und fair agiert und zum anderen sich ihr Ziel selbständig erarbeitet, beispielsweise in einem extra Turntraining.[21] Verhalten sich die Jugendlichen dagegen egoistisch und rücksichtslos, verlieren sie ein Spiel.[22] Dieses didaktische Prinzip, dass Gemeinschaft, Kameradschaft und Einsatz zum Ziel führen, lässt sich im ganzen Roman nachweisen. Erwachsene agieren dabei entweder als Gegenspieler, bei *Elf Freunde müsst ihr sein* ist es vor allem Rektor Schulz, oder als Helfer, als solcher kann der Lehrer Peters gelten. Haben die Jungen, angeführt von Heini Kamke, am Ende ihr Ziel erreicht, so sind sie nicht nur ein Stück selbstständiger und reifer geworden, sondern haben sich auch die Anerkennung der Erwachsenen erarbeitet. „Oben, in der zweiten Tribünenreihe, stand Rektor Schulz mit hochrotem Kopf auf der Bank und schwenkte seinen Hut. ‚Meine Jungen haben es geschafft!', rief er ein übers andere Mal."[23]

---

[17] Zu den formal-ästhetischen Kriterien Kümmerling-Meibauer, „Kinderklassiker."
[18] Aufgrund der Verweise auf bedeutende Fußballspiele lässt sich der Zeitpunkt auf die Jahre 1935/36 eingrenzen. Vgl. Bärwald, „Klassiker," 43; Hamann, „Lieblingsspiel," 57.
[19] Drechsel, *Elf Freunde*, 146–49.
[20] Ebd., 183–87.
[21] Ebd., 100–101.
[22] Ebd., 173–74.
[23] Ebd., 281.

Hurrelmann verweist darauf, dass Kinderbücher, die als „klassisch" zu bezeichnen sind, oftmals Strukturen der Weltliteratur in vereinfachter Form übernehmen:

> „Man findet hier wie dort die Erzählschemata des Auszugs, des Kampfes, der Bewährung und der Heimkehr. Man findet die Figurenkonstellationen von Helden, Widersachern und Helfern, die klaren Konfrontationen von Gut und Böse, von Glück und Unglück, von Erfolg und Scheitern."[24]

Dazu gehöre oft ein Happy End.[25] All das zeigt sich auch in *Elf Freunde müsst ihr sein*. Das Fußballspielen als eine spannende Abenteuerreise, die in Form des Sieges im entscheidenden Spiel in ein Happy End mündet, erweist sich bis heute als klassische Struktur eines Fußballromans für Kinder, wie auch generell sportbezogene Jugendgeschichten häufig Abenteuergeschichten sind.[26] Zugleich verweist der Raum, in dem der Roman spielt, die Großstadt Berlin, auf weitere Vorläufer, vor allem auf Kästners *Emil und die Detektive*. Zudem zeigen sich Parallelen zu einem anderen Fußballroman, der ebenfalls als „klassisch" bezeichnet werden kann und auch Drechsel als Vorbild gedient haben mag, nämlich zu *Die Spatzenelf* von Karl Bruckner,[27] der die Handlung nach Wien verlegte. Die Konzentration auf eine von Armut geprägte „Straßen- und peer group-Kindheit" im „Kontext der Großstadt- und Kinderbandenromane" kann für alle drei genannten Romane gelten.[28]

Die stilbildende Struktur der Abenteuergeschichte spiegelt sich auch im ersten Band *Leon der Slalomdribbler* der Reihe *Die Wilden Fußballkerle* wider,[29] einer Fußballserie von Joachim Masannek, die zu den bekanntesten und kommerziell erfolgreichsten deutschen Jugendbuchreihen zählt: Um den eigenen Fußballplatz auch weiterhin nutzen zu können, müssen die Fußballkerle eine viel ältere Jungenmannschaft, die „Unbesiegbaren Sieger", in einem entscheidenden Spiel schlagen. Als Hindernis erweisen sich immer wieder die Eltern, die versuchen, ihre Söhne am Fußballspielen zu hindern, und die Gemeinschaft zerbricht, als Leon schlechtere Spieler ausschließt.[30] Zudem scheint die Intrige der Unbesiegbaren Sieger, einen Keil zwischen die Jungen und ihrem Trainer Willi zu treiben, zunächst zu gelingen.[31] Hält die Gemeinschaft nicht zusammen, wird auch sie in diesem Roman bestraft, und ebenso sind Erwachsene Helfer, wie Trainer Willi, und Gegen-

---

[24] Hurrelmann, „Was heißt hier ‚klassisch'?," 16.
[25] Ebd.
[26] Vgl. Geßmann, „Sport," 403–404.
[27] Bruckner, *Spatzenelf*.
[28] Ewers, „Fußballromane."
[29] Masannek, *Leon*. Andrea Duphorn bezeichnet die Fußballreihe Masanneks „als eine moderne Variation jener Fußball-Freundschaftsgeschichte [*Elf Freunde müsst ihr sein*], die deutsche Kinder in den 50er Jahren vor allem deshalb so begeisterte, weil sie das Lebens- und Fußballgefühl der damaligen Zeit so treffend einfing." Duphorn, „Erfolgsserie," 13.
[30] Masannek, *Leon*, 102–104.
[31] Masannek, *Leon*, 124–31.

spieler, wie die fußballkritischen Eltern. Der Glaube an sich selbst und die Gemeinschaft erweist sich auch hier als Garant für einen Sieg gegen einen vermeintlich stärkeren Gegner.[32]

Zudem zeigt sich ein weiteres wichtiges Strukturprinzip der Fußballliteratur für Kinder: Der entscheidende Sieg der Hauptfiguren gelingt erst, nachdem das Team in Rückstand geraten ist. Während die Mannschaft rund um Heini Kamke einen 1:2-Rückstand in ein siegreiches 4:3 überführt,[33] gelingt es den Wilden Fußballkerlen sogar, einen Halbzeitstand von 0:5 zu drehen.[34] Beide Siege erweisen sich dabei als Mannschaftsleistungen, in denen gerade der Einsatz zunächst schwächerer Spieler zum Sieg führt. So erzielt ausgerechnet Raban in *Leon der Slalomdribbler* nach vielen vergebenen Chancen den entscheidenden Siegtreffer,[35] während beim Spiel der Wilmersdorfer Mannschaft der vom Lampenfieber ergriffene Ersatzspieler Werner Plötz die entscheidende Vorlage zu Heinis Siegtreffer gibt.[36] „Die Mannschaft ist der Star", dieses Zitat von Berti Vogts scheint zumindest in der Fußballliteratur für Kinder zu gelten,[37] und zwar bereits in dem 1949 erschienenen Roman *Die Spatzenelf*, der, wie gesagt, als Vorläufer von Drechsels *Elf Freunde müsst ihr sein* gelten kann.[38] Zugleich geht in diesen Romanen der entscheidende Sieg mit der Identitätsbildung der Hauptfigur einher,[39] eine Erzählstruktur, die ebenfalls dem Abenteuerroman entlehnt ist.[40] Der Roman *Elf Freunde müsst ihr sein* prägte somit spätere Fußballliteratur für Kinder und Jugendliche.

Als ein weiteres Merkmal des Abenteuerromans gilt auch die „auf Spannung angelegte Erzählstruktur".[41] Diese wird in *Elf Freunde müsst ihr sein* handlungsbezogen evoziert. Zum einen wird Spannung im Sinne der *suspense*[42] erzeugt: Das Team möchte Berliner Meister werden und der Rezipient fiebert genauso wie die Figuren einem glücklichen Ausgang entgegen. „Dennoch sollten die kommenden 60 Sekunden die aufregendsten des gesamten Spieles werden."[43] Solche Erzählerkommentare evozieren hohe Erwartungen an den dann folgenden Spielverlauf. Zum anderen werden die zum Teil seitenlangen Spielschilderungen in überaus

---

[32] Auch Karl-Wilhelm Schmidt verweist auf die Textstruktur „des Helden, der auszieht, kämpft, sich bewährt und heimkehrt." Schmidt, „Unterrichtsanregungen," 87.
[33] Vgl. die Schilderung des Spiels in: Drechsel, *Elf Freunde*, 266–80.
[34] Masannek, *Leon*, 142–63.
[35] Masannek, *Leon*, 163.
[36] Drechsel, *Elf Freunde*, 252, 279.
[37] Peter G. Bräunlein bezeichnet eine solche Handlungsstruktur als „vorhersehbar". Bräunlein, „Immer am Ball," 11.
[38] Ewers, „Fußballromane," 180.
[39] In Masanneks Reihe geht es um die Identitätsentwicklung der Hauptfigur des jeweiligen Bandes. Vgl. Büker, „Alles ist gut," 18.
[40] Ebd., 87–88.
[41] Baumgärtner, „Abenteuerbuch."
[42] Zum Spannungsbegriff im Allgemeinen und zu *suspense* Langer, „Spannungsformen," 12–20.
[43] Drechsel, *Elf Freunde*, 279.

spannender Weise dargestellt, sodass der Rezipient die Spielverläufe genau vor Augen hat, wie der folgende Textauszug zeigt:

> „Nicht nur dass sie sich mit eleganten Dreieckskombinationen auf engstem Raum von der Mittellinie bis vor das gegnerische Tor durchspielten und dabei die gesamte gegnerische Abwehr lächerlich machten, sondern es gelang ihnen darüber hinaus, mit dem Ball um den gegnerischen Torwart herumzulaufen. Nun hätte einer von ihnen nur noch den Ball ins leere Tor zu schießen brauchen. Sie aber krönten ihre überlegene Aktion, indem sie sich an der Hand fassten und zu dritt mit dem Ball ins Tor liefen, so dicht nebeneinander, dass weder die Zuschauer noch die Mitspieler feststellen konnten, wer von den dreien das Tor erzielt hatte."[44]

Drechsel, der Sportreporter, beweist hier sein Handwerk.

Eine weitere ästhetische Besonderheit, die sich auch in aktuellen Fußballromanen wiederfinden lässt, ist der Verweis auf wichtige Akteure des Profi- bzw. Erwachsenenfußballs, die als Realitätsreferenzen gelten können: Sind in *Elf Freunde müsst ihr sein* Spieler wie Fritz Szepan, Raimondo Orsi oder Ludwig Goldbrunner die Fußballidole, so sind es in den *Wilden Fußballkerlen* Claudio Pizzaro oder Oliver Kahn, die als Vorbilder herangezogen werden. Auch der Journalist Ernst Werner der Berliner *Fußball-Woche*[45] verleiht dem Roman Drechsels Authentizität und verweist zugleich darauf, dass Drechsel ebenfalls als Sportjournalist tätig war. Dieser Kunstgriff zeigt sich auch in anderen klassischen Texten der Kinder- und Jugendliteratur,[46] man denke nur an den Klassiker *Emil und die Detektive*, in dem eine Erzählerfigur namens Kästner vorkommt. Den Spuren der autobiografischen Bezüge von *Elf Freunde müsst ihr sein* sind Journalisten der Zeitschrift *Elf Freunde* nachgegangen. Nicht nur hieß Sammy Drechsel gebürtig Karl-Heinz Kamke, der Autor machte auch sonst aus dem biografischen Hintergrund des Romans kein Geheimnis.[47]

Eine einfache Sprache und zugleich ein Bezug auf die kindliche Lebenswelt sind weitere Merkmale von Texten, die Bettina Kümmerling-Meibauer als „klassisch" bezeichnet.[48] Fachbegriffe und detaillierte Beschreibungen der Spielverläufe lassen sich als das Genre bestimmende Merkmale ansehen. Ausgerechnet elf Spiele werden in *Elf Freunde müsst ihr sein* aufgeführt, wenn auch unterschiedlich ausführlich besprochen. Diese Beschreibungen evozieren aber in heutiger Zeit Irritationen: Schon Bezeichnungen wie „Mittelläufer" oder „Fünferkette" im Sturm[49] sind im Fußball von heute nicht mehr zu finden; vielmehr spiegeln sie ein älteres, offensiver ausgerichtetes Fußballsystem mit fünf Stürmern (2-3-5-Formation in Gestalt einer Pyramide). Nachdem eine Änderung der Abseitsregel 1925

---

[44] Drechsel, *Elf Freunde*, 116.
[45] Die Berliner *Fußball-Woche* steht exemplarisch für den Aufstieg des Fußballs und die Bedeutung von Zeitschriften und Fußballzeitungen in den 1930er Jahren. Vgl. Eggers, „Anfänge," 86.
[46] Zum biografischen Charakter des Romans Kammler, „Mythen," 18.
[47] Vgl. von Berg und Köster, „Spaziergang."
[48] Kümmerling-Meibauer, „Kinderklassiker," XIII–XIV.
[49] Drechsel, *Elf Freunde*, 129.

das Erzielen von Toren erleichtert hatte, reagierten zahlreiche Trainer mit dem „WM-System", das etwa den offensiven Mittelläufer als Stopper in die Defensive zurückgezogen hat. Die mit einem Fünfersturm erzielten hohen Siege des Teams rund um Heini Kamke erweisen sich in diesem historischen Kontext als Anachronismus.[50]

In Bezug auf den Status als Klassiker soll zuletzt auf den grenzüberschreitenden Charakter, den „Crossover",[51] eingegangen werden, auf die Mehrfachadressierung des Romans an Kinder und Erwachsene gleichermaßen. Denn auffällig häufig sind es gerade Erwachsene, die auf Drechsels Roman verweisen, wie es als prominentes Beispiel der Autor Friedrich Christian Delius getan hat.[52] Während der zu Beginn skizzierte Charakter von *Elf Freunde müsst ihr sein* als spannende Abenteuergeschichte mit abschließendem glücklichen Ende Kinder auch im 21. Jahrhundert noch zu fesseln vermag, liegt das Interesse der erwachsenen Rezipienten vor allem in der Auseinandersetzung mit dem historischen Kontext. Clemens Kammler hat bereits darauf hingewiesen, dass die zum Teil ausführlich geschilderten Spielverläufe der Mannschaft „großen Ereignissen der Vergangenheit nachempfunden" wurden. Er verweist insbesondere auf das WM-Endspiel 1954, das sich im Verlauf des zweiten Spiels der Wilmersdorfer Mannschaft widerspiegelt.[53] Während Kindern diese Bezüge verborgen bleiben, können erwachsene Rezipienten sie durchaus erkennen. Zudem ist es die Darstellung Berlins in den 1930er Jahren, die Erwachsenen auffällt, und zwar nicht nur in Bezug auf die Welt des Fußballs, sondern allgemein auf den historischen Kontext, in dem der Roman spielt und den er zugleich doch nicht explizit thematisiert. Zum einen wird die Vorkriegszeit durch historische Bezugnahmen deutlich, exemplarisch seien hier die Meisterschaften des FC Schalke 04 genannt. Darüber hinaus wird eine Kindheit beschrieben, die so anders ist als heute und die ein Panorama der Zeit entwirft. Der Erzähler beschreibt in *Elf Freunde müsst ihr sein* eine von Armut geprägte, aber doch glückliche Kindheit. Familienrituale, wie Kinder sie heute nicht mehr kennen, werden wie folgt beschrieben und erinnern uns Erwachsene vielleicht an die Lebensweisen der Großeltern:

> „Mutter und Vater Kamke saßen schon vor dem Abendbrottisch, als Heini die Küche betrat. Wochentags wurde bei Kamkes immer in der Küche gegessen. Nur sonntags deckte Mutter Kamke in der Wohnstube, weil es an diesem Tage meist etwas ‚Besseres' gab."[54]

Auch dass Kinder arbeiten, um die Eltern zu unterstützen, ist Teil der beschriebenen Kindheit. Beispielsweise streicht Heini die Wohnung der Eltern gemeinsam mit dem Vater, wobei der Junge sich nicht besonders geschickt anstellt, was den Vater zu folgendem Kommentar hinreißen lässt:

---

[50] Zur Fußballtaktik der 1930er und 1940er Jahre exemplarisch Herzog, *Spielsystemstreit*; Wilson, *Revolutionen*, 68–109.
[51] Zum Crossover-Begriff Hoffmann, *Crossover*.
[52] Vgl. Delius, „Elf Freunde," 42.
[53] Drechsel, *Elf Freunde*, 113–16; vgl. Kammler, „Mythen," 19.
[54] Drechsel, *Elf Freunde*, 81.

"‚Du hast eben zwei linke Hände. So was Ungeschicktes habe ich noch nicht erlebt. Was aus dir mal werden soll, ist mir schleierhaft. Dich schmeißt jeder Meister sofort wieder raus. Das Beste wäre, du würdest Fußballer, aber leider ist das kein Beruf.' ‚Leider', wiederholte Heini."[55]

Vor dem Hintergrund des heutigen Profifußballs laden solche Textstellen erwachsene Rezipienten zum Schmunzeln ein. Auch die anderen Kinder arbeiten.[56] Kindheit findet im Freien statt, indem man sich im Seepark trifft[57] oder auf Bäume klettert.[58] Solche Beschreibungen einer aus heutiger Sicht fremden Kindheit machen den Reiz des Romans für (erwachsene) Rezipienten aus,[59] aber auch die Darstellung einer Fußballwelt, die sich in erster Linie durch Freude am Sport auszeichnet. Auch körperliche Gewalt gehört zum Alltag der Kinder, was diese nicht weiter zu stören scheint, wie Kammler berechtigterweise herausstellt:

„Die Prügel, die die Romanhelden von ihrem Rektor bekommen, werden vom Erzähler keineswegs gerechtfertigt. [...] Trotzdem wird der autoritäre Erziehungsstil, für den Schulz steht, nicht grundsätzlich in Frage gestellt. Denn Eltern der Jungen – das problematisiert der Kommentar nicht – prügeln auch. Sie wiederum werden nicht durchgängig kritisch dargestellt. [...] Der autoritäre schulische Erziehungsalltag der dreißiger und fünfziger Jahre wird hier als etwas Selbstverständliches hingestellt, Prügel und sonstige Elemente machiavellistischer Pädagogik werden nicht per se, sondern personenabhängig bewertet."[60]

3 Ein typisches Kinderbuch der 1950er Jahre

Neben der im Roman als selbstverständlich dargestellten Prügel kritisiert Kammler genau dieses Ungesagte: Obwohl der Roman nachweislich Mitte der 1930er Jahre spielt, was sich dem Fußballkontext entnehmen lässt,[61] erfährt der Rezipient nichts von der nationalsozialistischen Diktatur. Weder gehen die Jungen zur Hitlerjugend noch wird die nationalsozialistische Ideologie über Eltern und Lehrer an die Kinder weitergegeben. Kammler problematisiert das und erklärt es zugleich:

---

[55] Ebd., 87–88.
[56] Ebd., 144.
[57] Ebd., 136.
[58] Ebd., 25.
[59] Diesbezüglich urteilen Duphorn und Schweikart: „Dass die Probleme, mit denen Torjäger und Spielmacher Heinz ‚Heini' Kamke und seine Freunde sich auf dem Weg ins Finale herumzuschlagen haben, andere sind, als die heutiger Kinder und Jugendlicher, tut der Spannung keinen Abbruch. Im Gegenteil. So kann der Leser in eine Zeit eintauchen, in der es für viele Familien nur unter großen Opfern möglich war, dem Filius ein Paar neue Fußballschuhe oder ein Trikot zu kaufen." Duphorn und Schweikart, „Fußballgeschichten," 9.
[60] Kammler, „Mythen," 22–23.
[61] Dazu ebd., 21.

> „Das Schweigen über die andere Seite der hier erzählten Zeit bleibt ein Symptom jener ‚Kunst des Vergessens', deren lange Tradition Harald Weinrich kürzlich dokumentiert hat und die im Deutschland der fünfziger Jahre auch in der Kinder- und Jugendliteratur eine Blütezeit erlebte."[62]

Was für die Erwachsenenliteratur überwiegend gilt, lässt sich in besonderer Weise für die Kinder- und Jugendliteratur der 1950er Jahre feststellen: Die Auseinandersetzung mit dem Nationalsozialismus und mit den Verbrechen der Diktatur fand bis in die sechziger Jahre kaum statt und blieb bis in die achtziger Jahre hinein ein randständiges Thema in der Literatur.[63] Auch in vielen anderen Kinderbüchern der 1950er Jahre wird das Thema Nationalsozialismus nicht berührt. Somit ist Drechsels Roman als typisch für die Kinderliteratur dieser Zeit anzusehen.

Das führt zu einem weiteren Merkmal des Romans, das nicht als klassisch, sondern eher als charakteristisch zu bezeichnen ist: Zwar spielt Drechsels Roman in den 1930er Jahren, doch erweist er sich in Bezug auf die Ästhetik, wie den heterodiegetischen, zum Teil kommentierenden Erzähler, aber auch bezüglich des Inhalts als ein typisches Kinderbuch der fünfziger Jahre. Obwohl die Zeitbezüge zu den 1930er Jahren durch den Fußballkontext gesetzt sind, wird letzten Endes eine Kindheit beschrieben, wie sie vor allem für die 1950er Jahre charakteristisch ist. So ist gerade das Spiel der „Banden", die Kindheit im Freien typisch für die Nachkriegszeit, in der räumliche Enge herrschte und Kinder sich bewusst ins Freie außerhalb der Kontrolle der Eltern begaben.[64] Ebenfalls kennzeichnend für die Zeit ist das Arbeiten der Kinder, für das gilt:

> „Die Arbeit, die Kinder verrichten mußten, wurde nicht aus pädagogischen Gründen gefordert, sondern schlicht aus dem einfachen Grunde, daß jeder mit anfassen und seinen Beitrag zur Organisation des Alltags leisten mußte."[65]

Hier zeigt der Roman erneut Parallelen zur *Spatzenelf*: So müssen etwa die Hauptfiguren Willi und Stöpserl noch vor der Schule beim Bäckermeister Wessely arbeiten, um die Mutter zu unterstützen.[66] Ewers betont, dass in diesem Roman Armut mit Anständigkeit verknüpft wird,[67] was aber auch für *Elf Freunde müsst ihr sein* gelten kann. Damit einhergehend spiegelt der Roman das Erziehungsideal der Nachkriegszeit wider. Während laut Mattenklott in Süddeutschland die Erziehung stark durch christliche Ideale wie Frömmigkeit geprägt war, wurden norddeutsche und Berliner Kinder zu Eigenverantwortung und Selbständigkeit erzogen.[68] Die Art und Weise, wie „das Team" Hindernisse überwindet, um Ziele zu erreichen, zeigt diese Selbständigkeit in hohem Maße.

---

[62] Ebd.
[63] Dazu u.a. Mattenklott, *Zauberkreide*; Sannes-Müller, „Vergangenheit," 47–49; Weinmann, „Geschichte," 17; von Wietersheim, *Leerstellen*, 36.
[64] Schütze und Geulen, *Kindheitsverläufe*, 33, 35.
[65] Ebd., 34.
[66] Vgl. Bruckner, *Spatzenelf*, 39–45.
[67] Vgl. Ewers, „Fußballromane," 173.
[68] Vgl. Mattenklott, *Zauberkreide*, 32.

Auch gesellschaftliche Prozesse Westdeutschlands zeigen sich in *Elf Freunde müsst ihr sein* und verweisen somit auf die Entstehungszeit des Buches. Sportliteratur erfüllte in den 1950er Jahren eine psychologische Funktion. Was Schaffrath über die Bedeutung des Sports in dieser Zeit ausführt, allem voran über das gewonnene WM-Finale 1954, lässt sich auch auf Drechsels Roman übertragen:

> „Und der Sport lieferte in den fünfziger Jahren noch einige Ereignisse, die das Selbstbewusstsein und die Identitätsfindung nach innen und sowohl die Vertrauensbildung als auch Anerkennung nach außen zu stabilisieren halfen."[69]

Diesen Prozess verkörpert auch die Figur Heini Kamke: Der Roman erweist sich nicht nur als Abenteuer-, sondern auch als Entwicklungsroman. Fußballspielen unterstützt die gelingende Adoleszenz Heinis, der über den Sport mit Erwachsenen auf Augenhöhe kommuniziert und so Zutritt zur Welt der Erwachsenen erlangt.[70] Es zeigt sich eine Identitätsentwicklung Heinis, der als Spielführer Verantwortung übernimmt und nach dem gewonnenen Endspiel beschließt, bei dem Sportreporter Ernst Werner als Lehrling anzufangen und zunächst keine Ausbildung in der Versicherungsbranche einzuschlagen.[71] Diese Entwicklung des Jungen zeigt nicht nur Identitätsfindung und Selbstbewusstsein auf, denn das gewonnene Finale führt zur Anerkennung von außen in Form eines stolzen Schulleiters und der Zustimmung der Eltern, dass er sich als Fußballjournalist ausprobieren darf. Das unter anderem durch den WM-Sieg 1954 neu entstehende Selbstbewusstsein der (West-)Deutschen und die allmähliche Anerkennung durch das Ausland spiegelt sich somit in der Figur Heini Kamke und in seinem „Team" wider. Hier zeigen sich erstaunliche Parallelen zu Delius' Erzählung *Der Sonntag, an dem ich Weltmeister wurde* (1994), der durchaus kritische Betrachtungen auf das neu entfachte Selbstwertgefühl der Westdeutschen ermöglicht.[72]

Auch in Bezug auf die Gemeinschaft der 11 Freunde erweist sich das Kinderbuch als Produkt seiner Zeit. Als ein wichtiger Grundsatz gilt in den 1950er Jahren die Erziehung zu „Anständigkeit", konkret zu „Fairneß und Kameradschaftlichkeit".[73] Eine solche Tugend, die sich bereits im Titel wiederfindet, durchzieht Drechsels gesamten Roman und veranlasst Kammler, von einem „Mythos" und „Inbegriff des Klassischen" zu sprechen. Damit erweise sich der Roman als „modernes Märchen", was dessen „Anziehungskraft" ausmache.[74] Eine solche Verknüpfung von Fußball und gesellschaftlich erwünschten Tugenden wie Disziplin, Fairness und Kameradschaft ist aber nicht neu; auch Bruckners Roman über die „Spatzenelf" durchziehen solche Werte und verbinden zugleich den Fußball mit

---

[69] Schaffrath, „Sportkultur," 148.
[70] Hepp, „Tore," 60–61.
[71] Drechsel, *Elf Freunde*, 294–99.
[72] So liegen sich am Ende der Erzählung die Freunde „wie blöde geworden" in den Armen. Vgl. Delius, *Sonntag*. Zu einer solchen, die Siegermentalität Westdeutschlands beklagenden Lesart des Romans Vieregg, „Erzählweise."
[73] Mattenklott, *Zauberkreide*, 28.
[74] Kammler, „Mythen," 24.

dem Prozess des Erwachsenwerdens.[75] Dabei scheint der Wunsch nach einem fairen Spiel noch heute zu gelten. Das bestätigt Delius, für den der Imperativ „Elf Freunde müsst ihr sein" nach wie vor gilt: „Ich möchte auch heute noch daran glauben. Die Wirklichkeit sieht anders aus, aber das spricht nicht gegen die aus dem Reichtum der Lektüre gewachsenen Ideale."[76] Besonders die folgende Textstelle, die an einen sensationellen Torschuss Heinis im entscheidenden Endspiel anschließt, zeigt, dass die im Buch propagierten Werte nicht Teil der Wirklichkeit sind, sondern ein Konstrukt:

> „Dieser Ball war nach menschlichem Ermessen einfach nicht mehr zu halten. Heini riss schon vor Freude die Arme hoch, da flog Hummel in die bedrohte Ecke, reckte sich und bekam den Ball tatsächlich noch mit den Fingerspitzen zu fassen. Spontaner Beifall belohnte ihn für diese Tat. Ein paar Sekunden lang stand Heini wie erstarrt mit immer noch hochgehobenen Armen. Dann wurde ihm bewusst, dass die Begeisterung der Zuschauer ja nicht ihm, sondern dem gegnerischen Torwart galt. Er ließ die Arme sinken und tat, einer plötzlichen Eingebung folgend, etwas, was den Beifall des Publikums zu einem wahren Jubelschrei anwachsen ließ. Er lief auf den gegnerischen Torwart zu, umarmte ihn und gratulierte ihm zu seiner fantastischen Leistung."[77]

Auch wenn solche Passagen des Romans wenig realistisch wirken, so verdeutlichen sie doch den Wunsch des Rezipienten nach einem fairen Spiel. Wenn Kammler darlegt, „dass die Forderungen nach Solidarität, Opferbereitschaft, Teamgeist, Fairness und vor allem nach Freundschaft angesichts der Bedingungen des heutigen Profifußballs an Glaubwürdigkeit eingebüßt haben",[78] so lassen sich in der empirischen Realität trotzdem Gegenbeispiele finden, man denke nur an den Fallrückzieher Cristiano Ronaldos in einem Champions-League-Spiel der Saison 2017/18, den die gegnerischen italienischen Fans mit Applaus bedachten. Vor allem aber gilt, dass *Elf Freunde müsst ihr sein* ein Kinderbuch ist. Kindliche Rezipienten sind konservativ und fordern Strukturen ein, in denen das Gute am Ende siegt. Der glückliche Ausgang erweist sich als wichtiges Merkmal der Klassiker der Kinder- und Jugendliteratur, und zwar nicht nur im deutschsprachigen Raum. Werte wie Freundschaft, Fairness und Loyalität gelten in den 1950er Jahren genauso wie heute. Von daher ist das Zitat „Elf Freunde müsst ihr sein, wenn ihr Siege wollt erringen!" aus Sicht des kindlichen Rezipienten nicht problematisch, sondern nur folgerichtig.

Trotzdem zeigt sich auch in Bezug auf die Werte der kindlichen Erfahrungswelt ein Mythos, der als typisch für die Entstehungszeit des Romans anzusehen ist. Die Auffassung „von der moralischen Integrität des Kindes" wurde in den 1950er Jahren häufig herangezogen.[79] In dem „Glauben an das reine, unschuldige Wesen des

---

[75] Vgl. Ewers, „Fußballromane," 174.
[76] Delius, „Elf Freunde," 42.
[77] Drechsel, *Elf Freunde*, 274.
[78] Kammler, „Mythen," 23.
[79] Tischer, „Entwicklungslinien," 224; vgl. dazu auch Weinmann, „Geschichte," 17–18.

Kindes" in einer von Schuld belasteten Zeit spiegelt sich der „Aufbruchs-Optimismus" wider, der von den Verbrechen der Deutschen ablenkte.[80] Dass der Roman zu seiner Zeit für seine erzieherischen Werte vielfach gelobt wurde, wie Kammler nachweist,[81] wundert von daher nicht. Heute, in Kenntnis der deutschen Geschichte, werden die heraufbeschworene Gemeinschaft und Kameradschaft kritisch bewertet.

Die Beschwörung von Kameradschaft bei gleichzeitiger Ausblendung des zeitgenössischen Kontextes eines totalitären und gewaltsamen Gemeinschaftsdenkens[82] ruft zumindest ein Unbehagen hervor; es verschwindet auch nicht bei der Lektüre aktueller Kinder- und Jugendliteratur, in der das potenziell Gefährliche von Gemeinschaftskonstruktionen, ihre durchaus auch aggressiven Ein- und Ausschlussverfahren, in der Regel unreflektiert bleibt.[83]

Solche aggressiven Ausschlussverfahren liegen in *Elf Freunde müsst ihr sein* jedoch nicht vor. Im Gegensatz zu der Reihe *Die Wilden Fußballkerle* werden gegnerische Mannschaften keineswegs diffamiert; auch wenig talentierte Spieler finden Aufnahme in die Mannschaft. Abwertende oder gar beleidigende Beschreibungen sucht man in *Elf Freunde müsst ihr sein* vergebens. In Anbetracht von Werten, die Schwache in eine Gemeinschaft integrieren, könnte man auch das Fußball spielende „Team" als in Opposition zur NS-Gesellschaft stehend deuten. Kameradschaftlichkeit und Fairness kommt nicht nur der eigenen Mannschaft, sondern auch dem Gegner zugute. Das Fußballspielen kann auch als ein Ausweg aus der Vereinnahmung durch den Nationalsozialismus angesehen werden.[84] Im Vergleich mit Fußballbüchern der NS-Zeit kommt auch Andreas Bode zu dem Schluss, dass Heini Kamke „keine Führernatur" sei.[85]

All das, und das soll als Fazit dieser Ausführungen gelten, verweist darauf, dass der Klassiker *Elf Freunde müsst ihr sein* vor allem eines ist: Ein Zeugnis seiner Zeit, das charakteristisch für die Literatur der 1950er Jahre ist und zugleich stilbildend wird für die nachfolgenden Kinder- und Jugendbücher, die den Fußball in den Vordergrund stellen.

Kinder- und Jugendbücher

Bruckner, Karl. *Die Spatzenelf*. Neuausgabe Wien: Dachs, 2000.
Delius, Friedrich Christian. *Der Sonntag, an dem ich Weltmeister wurde*. Reinbek: rororo, 2013.
Drechsel, Sammy. *Elf Freunde müsst ihr sein*. Stuttgart und Wien: Carlsen, 2012.
Masannek, Joachim. *Die Wilden Fußballkerle I: Leon der Slalomdribbler*. München: dtv, 11. Auflage, 2003.

---

[80] Ebd., 224.
[81] Kammler, „Mythen," 22.
[82] Kühne, *Kameradschaft*.
[83] Hamann, „Lieblingsspiel," 58.
[84] Hepp, „Tore," 59.
[85] Bode, „Fußballspiel," 246.

Literatur

Bärwald, Lukas. „‚...Is coming home! Der Klassiker: Die Wiener Spatzenelf gegen das ‚Team' aus Berlin." *1000 und 1 Buch: Zeitschrift für Kinder- und Jugendliteratur* 23, Nr. 2 (2008): 43.

Baumgärtner, Alfred Clemens. „Das Abenteuerbuch." In *Kinder- und Jugendliteratur: Ein Lexikon*, hrsg. von Kurt Franz, Günter Lange und Franz-Josef Payrhuber, 1–18. Meitingen: Corian, 1995.

Berg, Ulrich von, und Philipp Köster. „Kamke und Co.: Ein Spaziergang zu den Schauplätzen von Sammy Drechsels 1955 erschienenem Jugendroman ‚Elf Freunde müsst ihr sein.' " *11 Freunde Spezial: Das waren die fünfziger Jahre. Ein Jahrzehnt Fußballkultur* (2010): 68–75.

Bode, Andreas. „‚Habt ihr ein Mädel im Arm, zerbricht der Wille'. Das Fußballspiel in Büchern für Kinder- und Jugendliche 1933–1945." In *Fußball zur Zeit des Nationalsozialismus: Alltag – Medien – Künste – Stars*, hrsg. von Markwart Herzog, 231–47. Stuttgart: Kohlhammer, 2008.

Boelmann, Jan M. „Von Fußballkerlen und Idioten. Jungenliteratur: Besser als ihr Ruf?" In *„Die wilden Lese-Muffel: Reading Gender oder Lektüren und Hörvergnügen für alle" – PH lesenswert. Online Magazin des Zentrums für Literaturdidaktik Kinder Jugend Medien*, Nr. 1 (2015): 4–16. www.ph-ludwigsburg.de/fileadmin/subsites/2b-akjl-t-01/user_files/ph_lesenswert/PH_lesenswert_I15_151013.pdf (letzter Zugriff 15.06.2021).

Böhm, Kerstin. „‚Alles ist gut, solange du MANN bist!' ‚Die Wilden (Fußball-)Kerle' als geschlechtsspezifischer Medienverbund." In *Immer Trouble mit Gender? Genderperspektiven in Kinder- und Jugendliteratur und -medien(forschung)*, hrsg. von Petra Josting, Caroline Roeder und Ute Dettmar, 131–41. München: Kopaed, 2016.

Bräunlein, Peter G. „Immer am Ball bleiben: ‚Die Wilden Fußballkerle' beweisen: Es gibt lesende Jungs." *JuLit* 33, Nr. 1 (2007): 10–16.

Bräunlein, Peter. „Das Runde im Eckigen: Fußballbücher." *Bulletin Jugend + Literatur* 33, Nr. 4 (2002): 11–18.

Büker, Petra. „Alles ist gut, solange du wild bist! Fußball, Abenteuer und starke Kids in Joachim Masanneks Wilden Fußballkerlen." *Praxis Deutsch*, Nr. 196 (2006): 16–22.

Delius, Friedrich Christian. „Elf Freunde und ein Grüner Heinrich." In *Verführung zum Lesen: Zweiundfünfzig Prominente über Bücher, die ihr Leben prägten*, hrsg. von Uwe Naumann, 39–42. Reinbek bei Hamburg: Rowohlt, 2003.

Duphorn, Andrea, und Ralf Schweikart. „Fußballgeschichten: Die besten 11 zur EM." *Bulletin Jugend + Literatur* 35, Nr. 6 (2004): 9–12.

Duphorn, Andrea. „Alles Fußball! Joachim Masannek und seine Erfolgsserie Die wilden Fußballkerle." *Bulletin Jugend + Literatur* 35, Nr. 4 (2004): 12–14.

Eggers, Erik, und Jürgen Müller. „‚Der künstlerische Gehalt, den die wilde Poesie unseres Spiels in sich birgt': Anmerkungen zur frühen Hermeneutik, Ästhetik und Ikonographie des Fußballsports." In *Fußball als Kulturphänomen: Kunst – Kult – Kommerz*, hrsg. von Markwart Herzog, 157–77. Stuttgart: W. Kohlhammer, 2002.

Eggers, Erik. „Die Anfänge des Fußballsports in Deutschland: Zur Genese eines Massenphänomens." In *Fußball als Kulturphänomen: Kunst – Kult – Kommerz*, hrsg. von Markwart Herzog, 67–91. Stuttgart: W. Kohlhammer, 2002.

Eggers, Erik. *Fußball in der Weimarer Republik*. Kellinghusen: Eriks Buchregal, 2018.

Erhardt, Stefan. „Warum hat Lena nur Fußball im Kopf? Fußball in Kinder- und Jugendbüchern: Eine Synopse literarischer Entwicklungen." *Der tödliche Pass: Magazin zur näheren Betrachtung des Fußballspiels* 11 (1997): 45–48.

Ewers, Hans-Heino. „Von der ‚Spatzenelf' zur ‚Großen Elf': Karl Bruckners frühe Fußballromane im Kontext des Großstadtkinderbanden-Romans des frühen 20. Jahrhunderts." In

Der vergessene Klassiker: Leben und Werk Karl Bruckners, hrsg. von Sabine Fuchs und Peter Schneck, 171–83. Wien: Praesens, 2002.

Geßmann, Rolf. *Kinder- und Jugendliteratur zu Sport und Spiel: Eine kommentierte Bibliographie*. Sankt Augustin: Academia, 1995.

Geßmann, Rolf. „Fußball." In *Kinder- und Jugendliteratur: Ein Lexikon*, hrsg. von Kurt Franz, Günter Lange und Franz-Josef Payrhuber, 1–28. Meitingen: Corian, 43. Erg.-Lfg., 2011.

Geßmann, Rolf. „Sport in der Kinder- und Jugendliteratur." In *Die Kinder- und Jugendliteratur in der Zeit der Weimarer Republik I*, hrsg. von Norbert Hopster, 385–422. Frankfurt am Main: Peter Lang, 2012.

Geßmann, Rolf. *Bibliografie zu Sport und Spiel in der Kinder- und Jugendliteratur. Folgeband*, Köln: Strauß, 2016.

Hamann, Christof. „‚Die besten Fußballer haben kleine Füße': Unser Lieblingsspiel in der deutschsprachigen Prosa." In *Was Fußball macht: Zur Kultur unseres Lieblingsspiels*, hrsg. von Susanne Catrein und Christof Hamann, 53–69. Göttingen: Steidl, 2014.

Hepp, Oliver. „Tore zur (Erwachsenen-)Welt: Die Funktion des Fußballs in ausgewählten Werken der KJL." In *Wörter würfeln ... Kinder- und Jugendliteratur und Spiel. Tagungsbericht*, hrsg. von Heidi Lexe, 50–66. Wien: STUBE, 2013.

Herzog, Markwart. *„Blitzkrieg" im Fußballstadion: Der Spielsystemstreit zwischen dem NS-Sportfunktionär Karl Oberhuber und Reichstrainer Sepp Herberger*. Stuttgart: W. Kohlhammer, 2012.

Herzog, Markwart. „Bilder, Symbole und Rituale der Macht im deutschen Fußball der NS-Zeit." *STADION: Internationale Zeitschrift für Geschichte des Sports* 40 (2014): 73–107.

Hoffmann, Lena. *Crossover: Mehrfachadressierung in Text, Markt und Diskurs*. Zürich: Chronos, 2018.

Hurrelmann, Bettina. „Was heißt hier ‚klassisch'?" In *Klassiker der Kinder- und Jugendliteratur*, hrsg. von Bettina Hurrelmann, 9–20. Frankfurt am Main: Fischer, 1995.

Kammler, Clemens, und Michael Kämper-van den Boogart. „Fußball." *Praxis Deutsch* 33 (2006): 6-14.

Kammler, Clemens. „Mythen des Fußballs: Über einige Lesarten des Jugendbuchklassikers ‚Elf Freunde müsst ihr sein'." *Der Deutschunterricht* 50, Nr. 2 (1998): 18–25.

Krüger, Michael, Markwart Herzog und Kai Reinhart. „German *fußball* – recent developments and origins." *German Journal of Exercise and Sport Research* 48, Nr. 2 (2018): 192–200.

Kühne, Thomas. *Kameradschaft: Die Soldaten des nationalsozialistischen Krieges und das 20. Jahrhundert*. Göttingen: Vandenhoeck & Ruprecht, 2006.

Kümmerling-Meibauer, Bettina. „Kinderklassiker – eine forschungsorientierte Einleitung." In *Klassiker der Kinder- und Jugendliteratur: Ein internationales Lexikon I: A–G.*, hrsg. von Bettina Kümmerling-Meibauer, IX–XXVIII. Sonderausgabe Stuttgart: Metzler, 2004.

Langer, Daniela. „Literarische Spannung/en: Spannungsformen in erzählenden Texten und Möglichkeiten ihrer Analyse." In *Zwischen Text und Leser: Studien zu Begriff, Geschichte und Funktion literarischer Spannung*, hrsg. von Ingo Irsigler, Christoph Jürgensen und Daniela Langer, 12–32. München: edition text + kritik, 2008.

Mattenklott, Gundel. *Zauberkreide: Kinderliteratur seit 1945*. Stuttgart: Metzler, 1989.

Niklas, Annemarie. „Fußballserien als Jungenlektüre? Männlichkeitskonzepte im geschlechtersensiblen Literaturunterricht." *ide: Informationen zur Deutschdidaktik. Zeitschrift für den Deutschunterricht in Wissenschaft und Schule* 31, Nr. 4 (2007): 48–59.

Sannes-Müller, Inger. „Vergangenheit, die nicht vergehen soll: Anmerkungen zur Darstellung des Dritten Reiches im Jugendbuch." In *Die Darstellung des Dritten Reiches im Kinder- und Jugendbuch*, hrsg. von Malte Dahrendorf und Zohar Shavit, 43–66. Frankfurt am Main: dipa, 1988.

Schaffrath, Michael. „‚Wir sind wieder wer.' Die wachsende Bedeutung der Sportkultur." In *Die Kultur der fünfziger Jahre*, hrsg. von Werner Faulstich, 145–57. München: Fink, 2002.

Schmidt, Karl-Wilhelm. „Fußball als Thema der Kinder- und Jugendliteratur: Unterrichtsanregungen für die Sekundarstufe I." *ide: Informationen zur Deutschdidaktik. Zeitschrift für den Deutschunterricht in Wissenschaft und Schule* 31, Nr. 4 (2007): 85–99.

Schütze, Yvonne, und Dieter Geulen. „Die ‚Nachkriegskinder' und die ‚Konsumkinder': Kindheitsverläufe zweier Generationen." In *Kriegskinder, Konsumkinder, Krisenkinder: Zur Sozialgeschichte seit dem Zweiten Weltkrieg*, hrsg. von Ulf Preuss-Lausitz u. a., 29–52. Weinheim und Basel: Beltz, 4. Auflage, 1995.

Tauber, Peter. *Vom Schützengraben auf den grünen Rasen: Der Erste Weltkrieg und die Entwicklung des Sports in Deutschland*. Münster, Hamburg, Berlin und London: Lit, 2008.

Tischer, Heinz. „Entwicklungslinien der Kinder- und Jugendliteratur seit 1945." In *Leseförderung und Leseerziehung: Theorie und Praxis des Umgangs mit Büchern für junge Leser*, hrsg. von Ortwin Beisbart, Ulrich Eisenbeiss und Gerhard Koss, 222–31. Donauwörth: Ludwig Auer, 1993.

Vieregg, Axel. „Zur Erzählweise von Delius in ‚Der Sonntag, an dem ich Weltmeister wurde'." In *F. C. Delius: Studien über sein literarisches Werk*, hrsg. von Manfred Durzak und Hartmut Steinecke, 143–80. Tübingen: Stauffenburg, 1997.

Weinmann, Andrea. „Geschichte der Kinderliteratur der Bundesrepublik nach 1945." In *Kinder- und Jugendliteratur der Gegenwart: Ein Handbuch*, hrsg. von Günter Lange, 13–57. Baltmannsweiler: Schneider, 3., unveränderte Auflage, 2016.

Wexberg, Kathrin. „Mannschaftsbild mit Mädchen? Beobachtungen zum Verhältnis von Mädchen und Fußball in der Kinderliteratur." *1000 und 1 Buch: Zeitschrift für Kinder- und Jugendliteratur* 21, Nr. 2 (2006): 14–15.

Wietersheim, Annegret von. *„Später einmal werde ich es dir erzählen": Leerstellen in der Kinder- und Jugendliteratur der 1950er Jahre*. Heidelberg: Winter, 2019.

Wilson, Jonathan. *Revolutionen auf dem Rasen: Eine Geschichte der Fußballtaktik*. Göttingen: Die Werkstatt, 3. Auflage, 2012.

Hans-Heino Ewers*

Von Karl Bruckners *Spatzenelf* (1949) zur *Großen Elf* (1951): Zur Geschichte der Fußballromane im 20. Jahrhundert

Abstract. **From Karl Bruckner's *Spatzenelf* (1949) to the *Große Elf* (1951): On the History of Football Novels in the 20th Century** – This article sets Karl Bruckner's first and second football novels in the context of the "big city gang" novel of the early 20th century. The two novels are *Die Spatzenelf: Ein lustiger Bubenroman* from 1949 and *Die große Elf: Ein besinnlich-heiterer Fußballroman für Jugendliche bis zum Greisenalter* from 1951. While the first novel praises team spirit and cohesion, which are passed off as proletarian values, the – less successful – sequel depicts the disintegration of these values through the rise of the cult centered around individual star players. The clear-sighted change in the sport of football reflects an emerging social change. Bruckner, however, does not want to acknowledge this, but instead presents the change the work of morally corrupt characters.[1]

Keywords. Football; Team Spirit; Solidarity; Morality; Lower Class; Competition; Individualism; Star Cult; Social Change.

Fußballgeschichten, -erzählungen oder -romane für Kinder weisen in der Regel keinen einzelnen Helden auf; sie handeln von einem Team, einem Kollektiv, einer Bande, einer „Elf". Kinderbandenromane besitzen eine lange Tradition und erleben einen Höhepunkt im frühen 20. Jahrhundert, der bis in die Nachkriegsjahre andauert. Im Folgenden soll der 1949 im Wiener Schönbrunn-Verlag erschienene Kinderroman *Die Spatzenelf* von Karl Bruckner im Zentrum stehen, der 1951 eine Fortsetzung unter dem Titel *Die große Elf* erfuhr. Dabei sollen die beiden in einer Wiener Vorstadt spielenden „Bubenromane" bzw. „Fußballromane" – so die Gattungsbezeichnung in den Untertiteln – in den Kontext der Großstadt- und Kinderbandenromane des frühen 20. Jahrhunderts gestellt werden. Auch wenn in der unmittelbaren Nachkriegszeit entstanden, scheint in Bruckners Romanen noch einmal die Großstadtwelt der Vorkriegszeit, also des frühen 20. Jahrhunderts, auf, wie wir sie kennen aus *Die Jungen der Paulstraße* (1907) von Ferenc Molnár, *Kai aus der Kiste* (1926) von Wolf Durian, *Emil und die Detektive* (1929) von Erich Kästner und *Der Fußball: Eine Kindergeschichte aus Großstadt und Gegenwart* (1932) bzw. *Erwin und Paul: Geschichte einer Freundschaft* (1933) von Lisa

---

* Goethe-Universität Frankfurt am Main, Germany – ewers@em.uni-frankfurt.de.
[1] Es handelt sich um die überarbeitete Fassung eines früheren Beitrags, der m.E. an Aktualität nichts eingebüßt hat: Ewers, „Spatzenelf."

Tetzner. Was *Die große Elf* von 1951 angeht, so scheint eine Berücksichtigung von Kästners zweitem Emil-Roman *Emil und die drei Zwillinge* (1934) angebracht zu sein, dem Bruckners Fortsetzungsroman in mancher Hinsicht verwandt ist.

1 Starke Helden im Team

In der Reihe der erwähnten Großstadtromane weisen Bruckners Fußballromane jeweils einen kollektiven Helden auf. Zwar ragen bei Molnár und Tetzner ebenso wie bei Bruckner einzelne Figuren aus der Kindergruppe heraus – in der *Spatzenelf* sind es das Bruderpaar Willi und Stöpserl sowie Vickerl, später auch Schurl –, doch wächst keine zu der Bedeutung eines Kai oder eines Emil heran, die bereits in den Romantiteln an der ersten Stelle genannt werden. Ein weiteres Merkmal ist die Konzentration auf eine Straßen- und Peergroup-Kindheit. Der familiäre Hintergrund der Kinderfiguren wird marginalisiert oder, wie bei Molnár und Durian, ganz ausgeblendet. Dagegen muss Lisa Tetzner den familiären Lebensraum der Kinder so weit ausleuchten, dass sie als Proletarierkinder identifizierbar werden, die unter der Wirtschaftskrise besondere Not leiden.[2] Bruckner steht Durian in der Ausblendung der Familienkindheit in nichts nach: Die Angaben zur familiären Situation der Spatzenelf-Mitglieder sind, wenn sie überhaupt gemacht werden, äußerst sparsam; die Romantitel, die beide Male nur aus dem Namen des Kollektivs bzw. der Mannschaft bestehen, sind in dieser Hinsicht Programm.

Lediglich bei einer Nebenfigur macht Bruckner eine Ausnahme: Eugen, der Sohn des reichen Bäckermeisters Wessely, ist ein wohlbehütetes Familienkind, das von einem Privatlehrer unterrichtet wird und das Haus so gut wie nie verlassen darf. Kann es da verwundern, dass er, „nur an Zimmerluft gewöhnt", permanent „kränklich" und „blaß" ist.[3] Die oberen Schichten, die feine Gesellschaft, haben ihre Kinder von jeher besonders falsch erzogen – ein Stereotyp, das von Jean Jacques Rousseau wirksam in Umlauf gebracht wurde und bei Bruckner immer noch lebendig ist. Eugen sei „wie ein Vogel im Käfig aufgewachsen", konstatiert Schurl, der gesunde Proletarierjunge, und fragt sich:

> „Was hat so ein Bub wie Eugen vom Leben? Nichts! Kann er Fußball spielen? Nein! Darf er sich auf der Gasse mit anderen Buben raufen [...]? Nein! [...] – ja, was darf er dann eigentlich? Wozu braucht man da erst der Sohn eines reichen Bäckers zu sein, wenn man es als dessen Lehrbub tausendmal besser hat? [...] Nein, nein – mit Eugen möchte Schurl nicht tauschen, obwohl dieser in einem Federbett schläft und Schurl auf einer harten Holzbank mit einer Decke als Unterlage."[4]

---

[2] Kästners Kinderroman-Erstling nimmt unter den genannten Romanen in dieser Hinsicht eine Sonderstellung ein. *Emil und die Detektive* ist in erster Linie ein (autobiographischer) Familienroman, in dem die Bandengeschichte lediglich eine Episode darstellt, auch wenn die Rezeption im Kreis der Pädagogen in eine andere Richtung ging. Bruckner ist in diesem Punkt von Kästner denkbar weit entfernt. Dazu Wild, *Phantasie*.

[3] Bruckner, *Spatzenelf*, 110–11.

[4] Ebd., 12.

Zu diesem Stereotyp gehört, wie man ebenfalls noch bei Bruckner sehen kann, die Annahme, dass im Volk bzw. den unteren Schichten die „richtige", die „natürliche" Erziehung immer schon beheimatet gewesen sei. Die Kinder aus unteren Schichten gedeihen körperlich besser, weil die Gasse – mit ihrer angeblich frischen Luft – ihr Lebensraum ist, sie finden leichter zur Anständigkeit, weil Entbehrung und Not ihre Zuchtmeister waren. Dazu passt ein Satz aus der Rezension von Bernhard Birk in der *Wiener Zeitung*: „Die Tendenz ist klar: Das Gesunde sind die ‚unteren' Schichten, während die anderen sozusagen auf dem absteigenden Ast sitzen."[5]

Bei einer solchen Grundtendenz genügt es, eine kleine Gruppe von Erst- und Zweitklässlern ohne nähere Vorstellung und Charakterisierung die Szene betreten zu lassen: Sie haben kein Geld, um sich das Spiel der Mannschaft des S.C. Victoria anzusehen, was uns sofort ihre soziale Herkunft signalisiert. Dass es sich um Kinder der unteren Schichten handelt, genügt dem Autor, um an ihren guten Kern und ihre Anständigkeit zu glauben. Bereits im zweiten Kapitel, in dem wir Willi und Stöpserl beim frühmorgendlichen Brotaustragen erleben, hat man sogar Anlass, ihnen Respekt zu zollen. Der Autor hat sich jedoch dafür entschieden, den Jungen erst noch eine Reihe von Bewährungsproben aufzuerlegen. Die Fußballbegeisterten träumen davon, einmal in der Lage zu sein, sich einen Lederball zu kaufen. Da bietet sich die Gelegenheit, bei einer jugendlichen Diebesbande mitzumachen, um an das erforderliche Geld zu kommen. Es lockt wiederholt die „Erfüllung [des] heftigsten Wunsches [...]; einen eigenen Ball zu besitzen"; doch widerstehen die Jungen der Versuchung, dafür kriminell zu werden – nicht ohne „über die Falschheit der Menschen"[6] enttäuscht zu sein.

Das Motiv des nur schwer zu bewerkstelligenden Fußballkaufs findet sich bereits in Lisa Tetzners Roman. Es dient hier wie später bei Bruckner dazu, die Mittellosigkeit von Proletarier- bzw. Unterschichtenkindern deutlich zu machen, die sich nur unter großen Entbehrungen einen solchen Wunsch erfüllen können. Unabhängig davon kommt dem Fußballspiel in beiden Romanen eine jeweils andere Bedeutung zu: Bei Tetzner befriedigt es den kindlichen Spieltrieb, in dem sich die Kinder als Kinder ausleben dürfen. Der Wunsch nach einem Fußball und einem Spielfeld entspringt dem Verlangen, Kind sein zu dürfen. Proletarierkindern ist gerade dies verwehrt, so lautet Tetzners Botschaft. Fußball als reines Kinderspiel erleben wir auch in Bruckners Roman – und zwar in Gestalt eines „Matches der 1. Klasse A", das so beschrieben wird:

„Auf dem Boden [...] wälzt sich ein wüster Knäuel von Körpern, aus dem bald Köpfe, bald Hände und Füße in die Luft stoßen. [...] Jeder einzelne ist bestrebt, sich in den Besitz eines teigweichen Leberknödels zu setzen, der ab und zu über dem Gewühl der Kämpfer auftaucht und sofort wieder darin versinkt."[7]

---

[5] Zit. nach Bamberger, *Karl Bruckner*, 49.
[6] Bruckner, *Spatzenelf*, 97.
[7] Ebd., 48.

Die Zweitklässler Willi und Vickerl, die das Treiben von ferne beobachten, sind entsetzt. Den Turnlehrer amüsiert es dagegen, was ihn einen harschen Erzählerverweis kostet: „Er scheint keine Ahnung von Spielregeln zu haben und freut sich anscheinend über das sinnlose Tun seiner Zöglinge."[8] Man ist spontan geneigt, den Turnlehrer gegen den Erzähler in Schutz zu nehmen, versteht jener doch anscheinend mehr von Kindern als dieser. Doch begäbe man sich dann in einen Widerspruch zum Wertgefüge des Romans, nach dem ein für alle Mal feststeht, dass es sich bei einem solchen Treiben nicht um Fußball, sondern um eine infantile „Balgerei" handelt, die man nur mit Verachtung strafen kann.

2 Fußballsport – eine ernste Angelegenheit

Die zukünftigen Spatzenelfer haben einen ganz anderen Fußball im Sinn: ein Mannschaftspiel nach strengen Regeln, an die sich jeder unter Wahrung äußerster Disziplin zu halten habe. Das aber macht ihnen erst der Schuldirektor deutlich, der zu ihrer Verwunderung gegen ihre Fußballbegeisterung nichts einzuwenden hat: „Gerade ihr, die ihr Anhänger des Fußballsports seid, solltet wissen, daß alles seine Regeln hat, an die man sich halten muß, wenn man ein tüchtiger und braver Mitspieler sein will."[9] Für den Direktor, der sich schon seit langem mit Fußball beschäftigt hat und zugleich Sprachrohr des Autors ist, bedeutet richtig Fußballspielen, sich Tugenden und Verhaltensweisen spielerisch anzueignen, die das Fundament einer jeden gerechten Gesellschaftsordnung darstellen. Dazu gehören neben Tüchtigkeit und Disziplin die Werte der „Hilfsbereitschaft" und der „Kameradschaft". Gegenüber einem seiner Lehrer erklärt der Direktor später,

> „[…] daß wir es da mit einer Sportart zu tun haben, die, wenn sie richtig ausgeübt wird, ein Massensport von großer erzieherischer Bedeutung für unsere Jugend ist. Mannschaftsleistung, Zusammenarbeit, Kameradschaft".[10]

Wer ein guter Fußballer ist, bewährt sich auch in anderen Lebensbereichen, führt sich beispielsweise „in der Schule anständig auf", verstößt auch dort „nicht gegen die Regeln". Was zugleich bedeutet: „Schlechte Schüler sind dasselbe wie schlechte Fußballspieler."[11] Die Freunde nehmen sich diese Lehre zu Herzen und beschließen, „eine erstklassige Mannschaft auf[zu]stellen". Ihr Grundsatz dabei lautet: „Die keine Regeln kennen, sind net unsere Kameraden".[12]

Bruckners Kindergruppe reklamiert das Fußballspiel also nicht wie bei Tetzner als Kinderspiel; sie sieht hierin im Gegenteil eine Gelegenheit, es den Großen gleichzutun oder doch den Großen wenigstens nahezukommen. Bruckners Helden wollen nicht mehr Kinder sein, sondern zeigen, wie erwachsen sie sich schon verhalten können. Bereits im ersten Kapitel heißt es: „Brennender Ehrgeiz packt die

---

[8] Ebd.
[9] Ebd., 59.
[10] Ebd., 173–74.
[11] Ebd., 59–60.
[12] Ebd., 61.

drei, es einmal den Großen an Dribbelkunst und Schußkraft gleichzutun."[13] Kindern das Fußballspielen zu verbieten, bedeutet bei Bruckner, sie nicht ernst zu nehmen, sie für unreifer zu halten, als sie sind, ihnen zu verwehren, erwachsen zu werden. Der Kindertyp, der seinen ganzen Stolz daransetzt, es den Großen gleichzutun, ist charakteristisch für die Großstadtbandenromane des frühen 20. Jahrhunderts von Molnár bis Kästner – die Romane Lisa Tetzners bis zu einem gewissen Grad ausgenommen. Die zugrundeliegende Kindheitsauffassung könnte man so formulieren: Kinder sind nicht wirklich schon kleine Erwachsene, möchten es aber doch sein. Dies misslingt ihnen häufig, worüber Erwachsene sich nicht mokieren sollten; doch gelingt es ihnen oft – und dann vermögen sie so manchen Erwachsenen zu übertreffen und zu beschämen. Auf diesem Prinzip beruht das Agieren der so ernst und erwachsen sich gebärdenden großstädtischen Kindergruppen, das auf Seiten der Erwachsenen teils wohlwollendes Schmunzeln, teils wirkliche Achtung auslöst.

Bei der Suche des „Kleeblatts"[14] nach weiteren Mitgliedern der Mannschaft geht es nicht nur um die sportliche, sondern auch um die moralische Qualifikation. Und bei den bald einsetzenden Matches gegen andere Mannschaften handelt es sich nicht allein um sportliche Wettkämpfe, sondern stets auch um einen Kampf für den richtigen Fußballsport. Die Gegner sind immer zugleich auch Repräsentanten eines andersgearteten Fußballspielens. Was mit der wilden Balgerei um den Ball der 1. Klasse A begann, findet im Spiel der Ameisgässler, dem ersten großen Gegner der Spatzenelf, seine Fortsetzung. Aus der kindlichen Balgerei ist bei jenen ein auf der Macht des Stärkeren beruhendes böses Spiel geworden, dessen einzige „Regel" die Brachialgewalt darstellt. Hier wie dort will die Spatzenelf nicht bloß im sportlichen Wettkampf siegen, sondern mit ihrem Sieg immer zugleich auch die Überlegenheit ihres Verständnisses von Fußball demonstrieren.

An diesem Punkt wird der latente politische Gehalt dieses Kinderromans greifbar: Eine Mehrzahl rivalisierender Kinderbanden kennt neben Bruckner nur noch Molnár. Bei Bruckner wird die Bandenrivalität jedoch dazu benutzt, einen Widerstreit von Prinzipien zu veranschaulichen – zunächst von sportlichen, sodann aber auch von moralischen und politischen Prinzipien. Auf die Übertragbarkeit der sportlichen Prinzipien auf andere Lebensbereiche wird im Roman mehrfach hingewiesen. In den beiden Kinderfußballteams stehen sich in gewissem Maße auch zwei politische Systeme gegenüber: eine totalitäre Willkürherrschaft auf der einen, ein auf dem Solidaritätsprinzip beruhender Verfassungsstaat auf der anderen Seite. Die kindlichen Helden von Bruckners Roman sind also nicht allein bestrebt, sich dem Erwachsenen überhaupt anzugleichen; sie sind darüber hinaus auf der Suche nach der richtigen Form sportlichen Wettkampfs und damit zugleich nach der richtigen Form gesellschaftlichen Zusammenlebens. Die bereits zitierte Rezension der *Wiener Zeitung* formuliert – wenn auch ein wenig verschroben – exakt diesen

---

[13] Ebd., 14.
[14] Ebd., 119.

Sachverhalt: „Die ‚Spatzenelf' wird als Tertium comparationis, wie eine Gesellschaftsreform von Anbeginn an ablaufen soll, benützt. Kein schlechter Gedanke. Rousseau in moderner Fassung".[15]

3 Hilfestellung Erwachsener

Die Kinderbanden der hier genannten Großstadtromane handeln weitgehend selbständig; nur gelegentlich stehen ihnen Erwachsene helfend zur Seite. Wer denkt hier nicht sogleich an die Figur des Journalisten Kästner aus *Emil und die Detektive*? Bruckners Roman geht in diesem Punkt so weit wie keiner der anderen Bandenromane. Als erstes wäre die bereits angesprochene Intervention des Schuldirektors zu nennen, der in Kapitel vier den fußballbegeisterten Kindern das nötige Selbstvertrauen verschafft und ihnen zugleich ein festes Prinzip, eine klare Richtung vermittelt. Doch kommt die Kindergruppe auch nach dieser Bestätigung durch den Direktor nur für eine gewisse Zeit auf eigenen Beinen voran. Nach der ersten Niederlage im Spiel gegen die Ameisgässler, das heißt ab dem neunten Kapitel, hält es der Autor für angebracht, ihnen einen erwachsenen Mentor, besser gesagt: Trainer, beiseitezustellen. Bei dem „älteren Herrn" mit dem Regenmantel aus dem siebten Kapitel, der den Kindern schon damals freundlich begegnet war, handelt es sich um den ehemaligen Nationalspieler Seidl. „Vielleicht ist es die Erinnerung an seine Jugend, die ihm Verständnis für die Nöte des Buben gibt".[16] Der schon altersgebrechliche Seidl ist bereit, den „neuen Lehrmeister" der „Spatzenelf" abzugeben und ihnen einen Lederball zu leihen. Seidl zählt – ebenso wie der Schuldirektor – zu jenen insbesondere von Kästner immer wieder beschworenen Erwachsenen, welche die eigene Kindheit nicht vergessen haben. Auf der Ebene der Fußballgeschichte übergibt Seidl sein sportliches Vermächtnis an die Spatzenelf, wodurch diese zu einer unschlagbaren Schülermannschaft wird.

Dieser Glaube an die Jugend entbindet die Erwachsenen allerdings nicht von der Mitwirkung am Erfolg des Nachwuchses. Weil er die eigene Kindheit nicht vergessen hat, weiß Seidl, wie sehr ein solcher Erfolg der erwachsenen Hilfestellung bedarf. Nicht anders sieht es der Direktor, der den Bäckermeister Wessely wie folgt belehrt:

„[...] wir waren ja selber einmal jung und wissen, wie schwer es ist, sich durchzusetzen. [...] Wenn wir Alten für die Jugend nur ein wenig Verständnis aufbringen, wenn wir, statt gleich mit Prügeln zu drohen, beraten und helfen [...] – dann [...] werden wir die Freude erleben, daß diese Buben [...] uns sozusagen spielend zeigen, was wir von ihnen wollen: daß sie Kameraden sein müssen, wenn sie etwas erreichen wollen."[17]

Bruckners Spatzenelf ist weit davon entfernt, sich eigenständig durchzuboxen; sie hat das Glück, auf verständige Erwachsene zu stoßen, ohne deren Unterstützung

---

[15] Zit. nach Bamberger, *Karl Bruckner*, 49.
[16] Bruckner, *Spatzenelf*, 95.
[17] Ebd., 215.

ihr Aufstieg nicht denkbar gewesen wäre. Man könnte die Position Bruckners in diesem Punkt durchaus als nüchtern-realistisch bezeichnen, handelt es sich bei der Vorstellung einer vollends autonom agierenden großstädtischen Kinderbande doch schlicht um einen Mythos.

Hat Bruckner diesen Mythos auf den Boden der Tatsachen gestellt? Mir drängt sich eine weitere Erklärung für diese auffällige Abweichung von den Konventionen des Großstadtkinderbandenromans auf, die ansonsten nur noch bei Kästner anzutreffen ist. Beide Autoren können sich, so mein Eindruck, aus dem Roman nicht heraushalten. Doch während Kästner in der Emil-Figur sich selbst spiegelt, im Kinderroman seine eigene Erfolgsgeschichte schreibt und deshalb auch als Erwachsenenfigur in die Handlung eindringt, erweist sich Bruckner als ein Autor, der von der Absicht, eine Botschaft zu vermitteln, so eingenommen ist, dass er seine eigene Geschichte förmlich erdrückt.

4 Erwachsene Figuren als Sprachrohr des Autors

Dass Bruckner nicht einfach eine Fußballgeschichte erzählt, dürfte nach den bisherigen Ausführungen deutlich geworden sein. In der Befürchtung, dass seine eigentliche, seine moralisch-politische Botschaft nicht verstanden werden könnte, interveniert der Autor permanent, um seine Absichten herauszustellen. Glücklicherweise hat er nicht eine der Kinderfiguren zu seinem Sprachrohr gemacht, nähme es sich doch äußerst befremdlich aus, einen achtjährigen „Buben" verkünden zulassen, dass das ganze sportliche Tun im Grunde genommen nur ein Gleichnis sei. Bruckner weiß auch, dass die Zeiten kinderliterarisch passé sind, in denen man einem auktorialen Erzähler die Aufgabe aufbürden konnte, die eigentlichen Absichten direkt auszusprechen. Bruckner muss also erwachsene Figuren einführen und zu seinem Sprachrohr machen. Gleichzeitig muss er ihnen ausreichend Gelegenheit verschaffen, sich zu äußern, was er in einem solchen Maße tut, dass eine zweite durchgängige Handlungsebene entsteht, die allein den Erwachsenenfiguren vorbehalten ist.

Der Schuldirektor erhält sogar zwei ganze Kapitel, um einem seiner Fachlehrer ausführlich die erzieherische Bedeutung des Fußballsports darzulegen, was bereits die Kapitelüberschriften signalisieren: „Der Herr Direktor weiß, was er will" (viertes Kapitel) und „Fachlehrer Wimmer wundert sich" (elftes Kapitel). Im vierzehnten Kapitel darf der Direktor dem Bäckermeister Wessely die Sache mit dem Fußball ein drittes Mal erklären.[18] Wer es jetzt noch nicht begriffen hat, dem ist wahrlich nicht zu helfen! Die zweite Handlungsebene ist mit der Kindergeschichte zunächst nur in der Weise verknüpft, dass die Erwachsenfiguren teils als teilnehmende Beobachter, teils als Zuschauer des Fußballspiels auftreten. Hätte es Bruckner dabei belassen, besäße die zweite Handlungsebene ausschließlich die Funktion der Kommentierung. Dies schien dem Autor offenkundig nicht ausgereicht zu haben; die starke Präsenz der Erwachsenen im Roman bedurfte einer Legitimation

---

[18] Ebd., 215–16.

auch auf Seiten der Kinderhandlung. Die Kinderbande musste Bruckner mithin so zeichnen, dass sie ohne massive erwachsene Unterstützung nicht zum Erfolg gelangen konnte. Diese Einbindung der Ebene des Erwachsenenkommentars leisten vornehmlich die Trainerfiguren Seidl und Alois.

Selbst die an sich schon stark ausgeweitete Ebene der Geschehenskommentierung seitens erwachsener Figuren schien dem Autor nicht genügt zu haben. Denn seine Wertungen dringen darüber hinaus in die Erzählrede ein, die über weite Strecken jede Sachlichkeit und Neutralität vermissen lässt. Dem Autor unterlaufen in der Erzählrede immer wieder heftige und impulsive Wertungen und Aburteilungen einzelner Figuren. Wessen Gedanken und Wertungen werden da wiedergegeben – etwa die des Direktors oder die eines der kindlichen Helden? Nein, es sind diejenigen der Erzählinstanz, die genauso denkt wie der Direktor oder Willi oder Stöpserl. Der Leser wird von den Ansichten des Autors förmlich eingekesselt. Dieser tut auf allen nur denkbaren Kanälen seine Meinung kund, wie er auch keinerlei Unklarheit darüber aufkommen lässt, welche der Figuren in seinem Namen sprechen.

5 Teamgeist in Gefahr

So sehr die Kinderbande auch der Hilfestellung der Erwachsenen bedarf, so gönnt der Autor dieser wenigstens einem moralischen Punktsieg. Alois, der Jugendtrainer des S. C. Victoria, will aus der Spatzenelf die besten Spieler herauspicken und für den Verein engagieren. Er stößt auf den Widerstand der Kindergruppe, die zusammenhält und sich damit durchsetzt, unterstützt nur vom kranken Seidl. Wir haben es hier mit dem Höhepunkt des Romans zu tun – und gleichzeitig mit dem wohl wichtigsten Teil seiner Botschaft: Kameradschaft und Zusammenhalt unter, Solidarität mit und Hilfsbereitschaft gegenüber allen Mitgliedern eines Teams bzw. einer Gesellschaft. Die zwei Jahre später erschienene Fortsetzung der *Spatzenelf* rückt diese Grundwerte erneut in den Mittelpunkt der Handlung. Hat die gesellschaftliche Entwicklung dieser zwei Jahre den Autor etwa so beunruhigt, dass er sich genötigt sah, seine zentralen Anliegen erneut in einem Roman zu gestalten?

6 Kästners und Bruckners Fortsetzungsromane

Wie dem auch sei, Bruckners Fortsetzung ist es nicht anders als Kästners zweitem Emil-Roman ergangen: Der Erfolg der *Großen Elf* beim jungen Lesepublikum wie bei der Kritik soll mäßig gewesen sein.[19] Hinsichtlich der Ausgangsidee zeigt sich eine verblüffende Nähe zu Kästner: Wie Emil und seine Detektivbande, so sind mittlerweile auch die nun 16 bis 17 Jahre alten[20] Spatzenelf-Buben zu einer Be-

---

[19] Vgl. Bamberger, *Karl Bruckner*, 51.
[20] Bruckner, *Die große Elf*, 13.

rühmtheit geworden, was neue Schwierigkeiten mit sich bringt. Bei Kästner drohen die „wirklichen" Helden von einst durch eine Verfilmung ihrer erfolgreichen Verbrecherjagd, bei der sie selbst weder als Darsteller und auch nicht anderweitig beteiligt waren, ins Abseits der öffentlichen Aufmerksamkeit zu geraten. Mittels einer geschickten und öffentlichkeitswirksam in Szene gesetzten Wohltätigkeitsaktion schieben die Detektive sich wieder ins Rampenlicht der Öffentlichkeit. Dass Kästner damit bei den pädagogischen Kritikern nicht punkten konnte, dürfte niemanden verwundern. Doch ist die Wohltätigkeitsaktion auch in sich zwiespältig: Dass sie für den Artistenjungen eigentlich überflüssig gewesen war und für die Detektive keinen Anlass geboten hat, sich etwas darauf einzubilden, wird bereits von der Großmutter Emils festgestellt. Bedeutsam ist der zweite Emil-Roman jedoch in einer ganz anderen Hinsicht – nämlich als Fortschreibung der Familiengeschichte: Die Großmutter und der „Professor" fordern den zum Jüngling herangewachsenen Emil auf, sich endlich aus seiner verheerenden Mutterfixierung zu lösen.

Aus den Mitgliedern der Spatzenelf sind mittlerweile „junge Herren" geworden, die „ihre Nase viel zu hoch" tragen. Deshalb sei es, so der Kommentar eines erwachsenen Zuschauers, „gar so gut [...] auch net für unsere Spatzerln, wenn sie immer haushoch gewinnen".[21] Nach Meinung des wackeren Trainers Alois habe man „es den Buben so oft vorgesagt, wie stolz der Verein auf sie ist, daß fast die Hälfte von ihnen sich jetzt schon benimmt wie Filmstars". Einzelne zeigten ein solches Selbstbewusstsein, dass sie kaum noch bereit seien, erwachsene Autoritäten zu respektieren: Es hätten, so weiter Trainer Alois, fast „alle den Buben solche Schmeicheleien [gesagt], daß die mich schon schief anschauen, wenn ich sie beim Training anschrei".[22]

Der Vergleich mit den Filmstars verweist auf einen großstädtischen kulturellen Wandel, den Kästner bereits in seinem ersten Emil-Roman verarbeitet hat. Emil und seinen Detektiven gelingt es nicht bloß, einen gesuchten Dieb zu stellen; sie werden darüber hinaus zu öffentlich gefeierten Stars – und zwar mittels der neuen Medien, in diesem Fall der Großstadtpresse. Der zweite Emil-Roman hätte in Fortsetzung der Stargeschichte eigentlich von der Verfilmung der großen Verbrecherjagd handeln müssen, wäre Kästner diese nicht aus den Händen gerissen worden. Mit dem Starwesen geht ein Individualisierungsschub einher: Starfähig sind einzelne oder ein Duo, ein Trio, notfalls noch ein Quartett. Tatsächlich bleibt von der Detektivbande nur einem Mitglied oder nur wenigen der Aufstieg zum Star vorbehalten, und im Fortsetzungsroman sind von der Bande denn auch nur vier Jungen übriggeblieben. Kästners Haltung zum Starwesen ist dabei ganz und gar unkritisch.

---

[21] Ebd., 10.
[22] Ebd., 17.

7 Ausbruch einzelner Stars aus dem Team

Bruckners diesbezügliche Haltung ist der von Kästner diametral entgegengesetzt: Ruhm gebührt in seinen Augen allein dem Team, dem Kollektiv, der Gemeinschaft, nicht aber dem Einzelnen. Er lässt am Ende des ersten Romans nur das Kollektiv als Star gelten. Dessen Ruhm hat nicht ein Einzelner erstritten; er ist vielmehr das Resultat einer Anstrengung des Teams, einer Leistung der Gemeinschaft. Für die kindliche Spatzenelf bestand hierin noch kein Problem; für die Jugendmannschaft, die „große Spatzenelf" dagegen sieht Bruckner mit dem wachsenden Ruhm eine – nach seiner Auffassung – existenzbedrohende Gefahr aufziehen: das Begehren Einzelner nämlich, den Ruhm auf sich zu konzentrieren und damit zum Star aufzusteigen.

War im ersten Roman der Kampf um den richtigen Fußball durchweg als Wettstreit zwischen konkurrierenden Teams gestaltet, so spielt sich im Fortsetzungsroman der Kampf innerhalb der Spatzenelf selbst ab: Haben die Spatzenelfer „noch im vorigen Jahr [...] zusammengehalten wie die Kletten", so „sind sie [seither] wie ausgewechselt, streiten untereinander und [...] sind aufeinander eifersüchtig".[23] Ein Teil der Mannschaft – bezeichnenderweise die Stürmerriege – folgt einem anderen Fußballkonzept: Ein jeder will möglichst viele Tore auf dem eigenen Konto verbuchen und zieht deshalb „gewagte Einzelaktionen" dem „Kombinationsspiel", dem „flotten Zuspiel" vor. Grundsätzlich stehen sich gegenüber: „eigensüchtiges Angriffsspiel" auf der einen, „vorbereitendes Zusammenspiel" auf der anderen Seite, welches den Verzicht „auf einen aussichtsreichen Schuß aufs Tor" verlangt, sofern ein Mitspieler in noch „günstigerer Position" steht.[24] Fußball als Mannschaftsspiel steht hier im Streit mit einer auf einzelne Starspieler zentrierten Auffassung. Auf materieller Ebene lautet dieser Gegensatz: unentgeltliches Spiel aus rein sportlichem Geist heraus versus Spiel um individuelle Leistungsprämien.[25]

Auch dieser Roman weist eine zweite, den Erwachsenenfiguren vorbehaltene Handlungsebene auf. Diese hat sich jedoch zu einer regelrechten Parallelhandlung ausgeweitet: Dem Kampf zweier Linien innerhalb der Jugendmannschaft entspricht ein Streit auf der Ebene der Vereinsführung. Auch hier stehen sich zwei Konzepte gegenüber: Nach der einen, von Trainer Alois vertretenen Linie besteht der vornehmliche Zweck eines Sportklubs darin, „junge Menschen zu ehrlichen, tüchtigen Sportlern zu erziehen".[26] Die andere Linie, deren Oberhaupt der Sektionsleiter Bartos ist, sieht den Fußball bereits als ein Geschäft an, in dem Spieler eingekauft und verkauft werden, was im Übrigen nur funktionieren kann, wenn den Spielern Raum für individuelle Profilierung gegeben wird.

---

[23] Ebd., 18.
[24] Ebd., 36–37.
[25] Dazu Havemann, „Geld."
[26] Bruckner, *Die große Elf*, 95.

In diesem Ausgangskonflikt reflektieren sich zentrale gesellschaftliche Tendenzen sowohl der Zwischenkriegszeit als auch der Zeit um 1950, in der die Bedingungen für einen ökonomischen Wiederaufschwung geschaffen werden. Diese, den Nerv der Zeit treffende Ausgangskonstellation wird jedoch durch den weiteren Verlauf des Romans nahezu vollständig zunichtegemacht. Bruckner ist nämlich allem Anschein nach nicht in der Lage, dieses Konfliktszenario als Ausdruck einer gesellschaftlichen und ökonomischen Umbruchsituation zu erkennen und dementsprechend ernst zu nehmen. Er moralisiert stattdessen den gesellschaftlichen Ausgangskonflikt und erklärt die neuen Tendenzen der Zeit zu Auswüchsen moralischer und charakterlicher Verdorbenheit. Damit verliert der Roman jegliche zeitanalytische Aussagekraft. Was unzweifelhaft die Folge einer objektiven gesellschaftlichen Entwicklungsdynamik darstellt, geht in Bruckners Roman auf die bösartige Intrige des Sektionsleiters Bartos zurück, der sich durch den Verkauf von Spielern aus der Spatzenelf privaten Gewinn verschafft, welchen er in einschlägigen Nachtlokalen verprasst. Die wankelmütig und eigensüchtig gewordenen Spatzenelfer erweisen sich lediglich als Opfer einer bösartigen Verführung durch einen zwielichtigen Jugendlichen mit dem Decknamen Salamander, der als das Oberhaupt der Diebesbande aus dem ersten Band, welche damals schon die Spatzenelfer auf die schiefe Bahn ziehen wollte, enttarnt wird und jetzt als Agent von Bartos wieder in Anspruch genommen wird.

Aufgedeckt wird das Komplott von dem moralisch unangefochten gebliebenen Kern der alten Spatzenelf, von Willi und Schurl, während die Demaskierung des eigentlichen Übeltäters Bartos dem Trainer Alois vorbehalten bleibt. Für die unsolidarischen Ausbrecher aus dem Fußballteam sieht der Autor keine Möglichkeit der Rückkehr vor; deren Rauswurf scheint der einzige Weg zu sein, die Ideale eines Fußballs zu wahren, der dem Kommerz und seinen Auswüchsen zu widerstehen vermag. Dass die „große Elf" auch in ersatzgeschwächter Besetzung noch zu siegen in der Lage ist, soll ein weiteres Mal die Überlegenheit des Mannschaftsfußballs als des Garanten der Werte der Kameradschaft, der wechselseitigen Hilfsbereitschaft und des Gemeinschaftssinns unter Beweis stellen.

8 Fazit: Moralisch verwertlicher gesellschaftlicher Wandel

Bruckners zweiter Fußballroman läuft auf eine schiere Abwehr von als bedrohlich empfundenen gesellschaftlichen Entwicklungen hinaus, die als solche zunächst durchaus dargestellt, dann aber personalisiert und als Ausgeburten lasterhafter Charaktere „entlarvt" werden. Bruckners politische Philosophie vermag bei aller begrüßenswerten Parteinahme für die unteren Schichten einen Zentralwert der gesellschaftlichen Moderne nicht oder nur in äußerst reduzierter Form zu integrieren – nämlich den Individualismus. Die Entfaltungsmöglichkeiten des Einzelnen stehen bei Bruckner hinter den gemeinschaftsbezogenen Werten zurück; Individualismus scheint bei ihm die Wurzel vielen Übels in neuerer Zeit zu sein. In der Handlung seines zweiten Romans manifestiert sich diese ablehnende Haltung gegenüber den Errungenschaften der Moderne als Kritik am Sport als Streben nach

Rekorden und individuellen Höchstleistungen wie auch in der Verurteilung von dessen Medialisierung und Kommerzialisierung.[27] Dabei scheint Bruckner gespürt zu haben, dass wir es hierbei mit einer unabweislichen gesellschaftlichen Entwicklungstendenz zu tun haben. Dennoch ist er nicht in der Lage, sich auf das Wagnis einer soziologischen Analyse einzulassen; stattdessen reagiert er mit moralischer Verurteilung. Bruckner dürfte damit nicht wenigen Kinder- und Jugendliteraturvermittlern seiner Zeit aus dem Herzen gesprochen haben, die ja auch die Emil-Romane primär für ein Loblied der Gemeinschaft hielten und Kästners Starkult um seine kindlichen Helden wie auch um ihn selbst als Autor geflissentlich übersehen haben.

Literatur

Bamberger, Richard, Hrsg. *Karl Bruckner: Leben und Werk*. Wien: Internationales Institut für Kinder-, Jugend- und Volksliteratur und Österreichischer Buchklub der Jugend, 1966.

Bruckner, Karl. *Die große Elf: Ein besinnlich-heiterer Fußballroman für Jugendliche bis zum Greisenalter*. Wien: Waldheim-Eberle, 1951.

Bruckner, Karl. *Die Spatzenelf: Ein lustiger Bubenroman*. Wien: Schönbrunn-Verlag, neubearbeitete, 3. Auflage, 1954.

Eisenberg, Christiane. „Soziologie, Ökonomie und ‚Cultural Economics' in der Sportgeschichte: Plädoyer für eine Neuorientierung." *Sport und Gesellschaft* 1, Nr. 1 (2004): 73–83.

Ewers, Hans-Heino. „Von der Spatzenelf zur großen Elf: Karl Bruckners frühe Fußballromane im Kontext des Großstadtkinderbanden-Romans des frühen 20. Jahrhunderts." In *Der vergessene Klassiker: Leben und Werk Karl Bruckners*, hrsg. von Sabine Fuchs und Peter Schneck, 171–84. Wien: Edition Praesens, 2002.

Havemann, Nils. „Geld und Ideologie im Fußballsport der Weimarer Republik." *Sportwissenschaft: The German Journal of Sports Science* 36 (2006): 75–84.

Wild, Inge. „Die Phantasie vom vollkommenen Sohn: Erich Kästners Familiengeschichte/Familiengeschichten in psychoanalytischer Sicht. In *Kinder- und Jugendliteraturforschung 1998/1999*, hrsg. von Hans-Heino Ewers, Ulrich Nassen, Karin Richter und Rüdiger Steinlein, 50–69. Stuttgart: Metzler 1999.

---

[27] Dazu Eisenberg, „Soziologie."

Florian Wittmann*

„Es ist ein typisches Fuhry-Produkt" – *Fußball-Jugend*: Die Jugendzeitschrift des DFB (1951 bis 1981)

Abstract. **"It is a Typical Fuhry Product"** – *Fußball-Jugend*: **The DFB Youth Magazine (1951 to 1981)** – The DFB youth magazine *Fußball-Jugend*, published between 1951 and 1981, has to date not been the subject of historical research. Therefore, this article is dedicated to this important piece of cultural history of German football. The framework of the essay is formed by the questions of the narrative guidelines: Which sporting events were emphasised in the reporting? What was the relationship in the magazines between the dimensions of football as an activity and football as a culture? In this context, the question of the description and evaluation of performance(s) also seems interesting. How were victory and defeat dealt with in the youth magazine? The question of how politics and history were dealt with is also asked: How was the confrontation with National Socialism? Since *Fußball-Jugend* was not so much produced institutionally by the German Football Association (DFB), but depended to a large extent on the commitment of its editors Ernst Fuhry (1951 to 1969) and his successor Herbert Steinke (1969 to 1981), a brief overview of the two protagonists, as well as the conceptual framework conditions, precedes the evaluation of the sources.

Keywords. Football (Soccer); Youth Magazine; Ernst Fuhry; Herbert Steinke; German Football Association (Deutscher Fußball-Bund, DFB).

> „Es ist ein typisches Fuhry-Produkt getreu dem, was Sie zum Besten des deutschen Fussballsportes vor vielen Jahren bereits herausgebracht haben. Ich brauche Sie nicht zu bitten, den gleichen Weg weiterzugehen, sondern möchte Ihnen nur versichern, dass Sie stets meine volle Unterstützung haben, weil ich weiss, dass, wenn es uns nicht gelingt, bereits die Jugend zu wirklichen Sportsleuten heranzubilden, all unsere jetzige Arbeit Stückwerk bleibt."[1]

1 Einleitung: Fragestellung – Quellen

Mit diesen Worten beglückwünschte der Präsident des Deutschen Fußball-Bundes (DFB) Peco Bauwens Ende Juni 1951 den Redakteur der *Fußball-Jugend*, Ernst

---

[*] Universität Münster, Germany – florian.wittmann@gmx.net.
[1] DFBA, Nachlass Ernst Fuhry, Sachakte 3 (Fußball-Jugend I): Brief von Peco Bauwens an Ernst Fuhry, 27. Juni 1951.

Fuhry, zum Erscheinen des ersten Heftes der DFB-Jugendzeitschrift nach dem Zweiten Weltkrieg.

Vier wesentliche und teilweise miteinander verflochtene Aspekte sind Bauwens' Schreiben zu entnehmen:

Erstens hob er das hohe individuelle Engagement Fuhrys hervor; denn dieser verantwortete die Zeitschrift und ihre inhaltliche Ausrichtung nahezu im Alleingang.

Zweitens betonte Bauwens die Traditionslinie, in der die *Fußball-Jugend* verankert war. Exakt diesen historischen Kontext stellten Bauwens, Fuhry und DFB-Jugendwart Karl Zimmermann in ihrem gemeinsamen Vorwort zur ersten Ausgabe der Zeitschrift heraus: „Nach über zwölf Jahren nimmt sie [die *Fußball-Jugend*] die Tradition auf, die die einstige Jugendzeitschrift des Deutschen Fußball-Bundes, die ‚Deutsche Sportjugend', begonnen hatte."[2] Fuhry hatte bereits die erste DFB-Jugendzeitschrift von ihrer Gründung 1929 über den Beginn der NS-Diktatur hinaus bis zum Jahr 1937 betreut.[3]

Drittens unterstrich Bauwens seine Unterstützung wie auch die des DFB für den emsigen Redakteur. Das wurde ebenfalls im programmatischen Vorwort der ersten Ausgabe festgehalten: „Es war nicht einfach, die Zeitschrift wieder ins Leben zu rufen. Private Versuche sind vor zwei Jahren gescheitert. Doch jetzt hat der DFB selbst die Zeitschrift wieder als eines seiner liebsten Kinder aus langer Verbannung zurückgeholt."[4]

Viertens stellte Bauwens in seinem Glückwunschschreiben an Fuhry die Aufgabe der *Fußball-Jugend* heraus – nämlich die Erziehung des Nachwuchses zu „wirklichen Sportsleuten".[5] Schauen wir dazu nochmal in das erste Vorwort der *Fußball-Jugend*:

> „Unterhaltendes Papier gibt es genug: die ‚Fußball-Jugend' aber will nicht nur die Zeit vertreiben (hat der Mensch denn Zeit zu vertreiben?). Zu edlen Zielen will sie uns erheben! Die Seele des wahren Sports will sie enthüllen: Ehre, Sauberkeit, Ritterlichkeit in Wort und Tat!"[6]

Die vier Punkte in Bauwens' Schreiben sowie ihre Entsprechungen im programmatischen, ersten Vorwort der *Fußball-Jugend* machen die Jugendzeitschrift des DFB zu einem bedeutenden Zeugnis der Kulturgeschichte des Sports.[7] Wie in Vereinszeitungen, für die Markwart Herzog eine ertragreiche Pionierstudie vorgelegt hat,[8] verflechten sich auch in der *Fußball-Jugend* „einerseits Fußball als Sport […], andererseits Fußball als Identität stiftendes und Kommunikation förderndes

---

[2] *Fußball-Jugend*, Mai 1951, 3.
[3] Koerfer, *Hertha*, 108. Ab 1937 hieß die Zeitschrift *Sport der Jugend*.
[4] *Fußball-Jugend*, Mai 1951, 3.
[5] DFBA, Nachlass Ernst Fuhry, Sachakte 3 (Fußball-Jugend I): Brief von Peco Bauwens an Ernst Fuhry, 27. Juni 1951.
[6] *Fußball-Jugend*, Mai 1951, 3.
[7] Dazu grundlegend Eisenberg, „Sportgeschichte."
[8] Herzog, „‚Vereins-Zeitung'."

Geschehen, das sich als belebender und bereichernder Faktor eines umfassenderen soziokulturellen Kontextes erweist."[9]

In dieser Perspektive ergeben sich zahlreiche Fragestellungen für die Auswertung dieser Quelle: So ist ganz wesentlich nach den narrativen Leitlinien der DFB-Jugendzeitschrift zu fragen. Auf welche sportlichen Ereignisse wurde in der Berichterstattung besonderen Wert gelegt? In welcher Beziehung standen die Dimensionen des Fußballs als Betätigung einerseits und als Kultur andererseits in den Heften? In diesem Zusammenhang erscheint auch die Frage nach der Beschreibung und Bewertung von Leistung(en) interessant.[10] Wie wurden Sieg und Niederlage in der Jugendzeitschrift verarbeitet?

Besonders durch die personelle Kontinuität zur *Deutschen Sportjugend* verdient auch der Blick auf den Umgang mit der NS-Diktatur Aufmerksamkeit. Warum benannte Peco Bauwens die Zeitspanne zwischen 1937 und 1951 als „über zwölf Jahre"[11] und nahm damit genau die Dauer des NS-Regimes von 1933 bis 1945 auf?

Diese Fragen bilden den Rahmen dieses Beitrags. Als Quellen dienen dabei ganz wesentlich die verschiedenen Ausgaben der *Fußball-Jugend* und Ernst Fuhrys Nachlass. Dieser wird im DFB-Archiv in Frankfurt am Main und im Stadtarchiv Worms verwahrt. Den aufgeworfenen Fragen soll mit der thematischen Schwerpunktsetzung auf die allgemein-sportliche Berichterstattung einerseits sowie andererseits auf den Umgang mit Geschichte und Politik nachgespürt werden. Dabei ist es ein Ziel des Beitrags, die Zäsur des Redaktionswechsels 1969 deutlich zu machen. Denn die DFB-Jugendzeitschrift unterschied sich unter Ernst Fuhry (1951 bis 1969) und seinem Schüler bzw. Nachfolger Herbert Steinke (1969 bis 1981) fundamental, wie noch zu zeigen ist. Zunächst sollen aber die Protagonisten kurz vorgestellt und die konzeptionellen Rahmenbedingungen der Zeitschrift skizziert werden.

2 Protagonisten und Konzeption

Ernst Fuhry, den Andreas Bode als „eine der vielen zwielichtigen Figuren, die damals im Fahrwasser der Nazis schwammen",[12] bezeichnet hat, ist mit Sicherheit als „Vater" der *Fußball-Jugend* zu benennen. Der 1903 geborene Wormser[13] wurde 1929 zum Schriftleiter der ein Jahr zuvor erstmals erschienenen *Deutschen Sportjugend* berufen und zog mit dieser nach Berlin. Dort behielt er seine Tätigkeit auch über 1933 hinweg und widmete sich daneben dem Auf- und Ausbau seiner „Spartaner", einer Jungenmannschaft mit männerbündischen Zügen. Den Krieg

---

[9] Ebd., 392.
[10] Pyta, „Sportgeschichte," 15–16.
[11] DFBA, Nachlass Ernst Fuhry, Sachakte 3 (Fußball-Jugend I): Brief von Peco Bauwens an Ernst Fuhry, 27. Juni 1951.
[12] Bode, „ ‚Mädel'," 236.
[13] Zur folgenden Passage Bode, „ ‚Mädel'," 235–37; Havemann, *Fußball*, 181–90; Heinrich, *Fußballbund*, 103–105, 146–48; Herzog, „ ‚Soldatenkämpfer'," 134.

verbrachte Fuhry weitgehend an der Luftkriegsakademie in Berlin-Gatow, von wo aus er zahlreiche Soldatenbriefe an die „Spartaner" schickte. Nach Kriegsende wurde er zunächst Leiter des Jugendamtes beim Bezirksamt Berlin-Tiergarten, ehe Fuhry im Spätjahr 1946 nach Nordhorn übersiedelte. Von dort arbeitete er auf eine Neuauflage der DFB-Jugendzeitschrift hin, die 1951 letztlich verwirklicht wurde.

An dieser Stelle ist eine Zwischenbemerkung nötig: Es ist schwierig, die redaktionelle Gestaltung der Zeitschrift quellenmäßig zu erfassen. Außer den einzelnen Jahrgängen finden sich dazu im Nachlass Fuhrys nur wenige Hinweise. Eine eigenständige Überlieferung, die Aussagen etwa über Produktionswege oder Beteiligungen verschiedener Autoren ermöglicht, war weder im Stadtarchiv Worms noch im DFB-Archiv aufzutreiben. Und dass im DFB-Archiv sogar einige Bände der *Fußball-Jugend* fehlen, obwohl es sich um die verbandseigene Jugendzeitschrift handelt, war nicht zu erwarten. Dies betrifft die letzten Jahrgänge und die Ausgaben des Jahres 1954.[14] Gründe dafür lassen sich vielleicht aus dem Vorwort von DFB-Präsident Hermann Gösmann zum 40. Jubiläum 1969 herauslesen:

> „Der Deutsche Fußball-Bund betrachtet die ‚Fußball-Jugend' als eines seiner liebsten Kinder. Wenn es auch mehr in der Stille gedeiht und wirkt, so ist es doch nicht weniger wert als so manches andere, das mehr im Rampenlicht der Öffentlichkeit steht."[15]

Dass sich keine Akten zu dieser Zeitschrift im DFB-Archiv erhalten haben, mag mit Folgendem zusammenhängen: Die Zeitschrift resultierte hauptsächlich aus dem individuellen Engagement des Redakteurs – und nicht (oder in nur sehr geringem Maß) aus der Unterstützung durch den Deutschen Fußball-Bund.

Zurück aber zu dem, was sich mit Sicherheit sagen lässt: Die *Fußball-Jugend* erschien ab Mai 1951 monatlich mit einem weitgehend konstanten Umfang von 24 Seiten im A5-Format. Sie kostete als Einzelheft zunächst 15 Pfennige und hatte eine Auflage im mittleren fünfstelligen Bereich.[16] Als Ziel der Zeitschrift wurde folgender Bildungs- und Erziehungsauftrag festgehalten:

> „Technische und taktische Aufsätze, Tips, Winke (auch aus anderen Sportgebieten) wechseln mit Aufsätzen, Geschichten und Erzählungen, Glossen, Anekdoten, zahlreichen Photos, Zeichnungen ab. Frohsinn, gute Laune, moderne Sprache und Form zeichnen die amtliche Jugendzeitschrift. Sie bildet Leib und Seele, Herz, Geist und Gemüt unserer Fußballjugend. Ihr Ziel ist: eine ritterliche Fußballjugend heraufzurufen, die ehrlich kämpfen, fröhlich zu siegen und neidlos zu verlieren weiß."[17]

Fuhry war, darauf deutet die Überlieferung in seinem Nachlass in Frankfurt am Main und Worms hin, die alles bestimmende Figur bei jeder Entscheidung. Viele

---

[14] Glücklicherweise können diese Lücken durch Bestände der Deutschen Sporthochschule Köln gefüllt werden.
[15] *Fußball-Jugend*, Januar 1969, 2.
[16] Friesicke, *Handbuch*, 89; Knoche, Lindgens und Meissner, *Jugendpresse*, 309.
[17] DFBA, Nachlass Ernst Fuhry, Sachakte 3 (Fußball-Jugend I): Entwurf zu Veröffentlichungen in den amtlichen Organen, undatiert.

Beiträge stammten aus Fuhrys eigener Feder. Auch um eine gezielte Verbreitung der ersten Hefte kümmerte er sich offenbar, was Verteilerlisten in seinem Nachlass belegen. Zusätzlich sammelte er beispielsweise zum 30-jährigen Jubiläum 1959 bundesweit bei Persönlichkeiten und Vereinen Grußworte ein, mit denen er das Jubiläumsheft regelrecht zupflasterte.[18]

Zudem spricht es für die herausragende Bedeutung Fuhrys, dass mit seinem Renteneintritt 1969 (also zum 40-jährigen Jubiläum der DFB-Jugendzeitschrift) Herbert Steinke als Redakteur nachfolgte. Der 1921 geborene Steinke entstammte dem Kreis der „Spartaner",[19] war also ein Berliner Schüler Fuhrys und lebte nach Kriegsende ebenfalls in Nordhorn. Dort schloss er zunächst eine Ausbildung als Masseur ab, ging danach jedoch einer journalistischen Tätigkeit nach. Diese führte ihn im April 1969 zunächst auf die Position des zweiten Redakteurs. Wenige Monate später übernahm er die redaktionelle Gesamtverantwortung[20] und behielt diese bis zur Einstellung der *Fußball-Jugend* zum Ende des Jahres 1981.[21]

In jenem Jahr führten schwindende Abonnements schließlich zum Ende der mittlerweile 50 Pfennige teuren *Fußball-Jugend*, wie der Vorsitzende des DFB-Jugendausschusses Alfred Finkbeiner auf der letzten Seite der letzten Ausgabe in einer knappen Notiz mitteilte.[22] Ein gewisses Nachleben hatte die *Fußball-Jugend* wohl noch für kurze Zeit: Zwischen 1981 und 1986 erschien im *kicker-Sportmagazin* die Beilage *Jugend-kicker*. In welchem Verhältnis diese zur vormaligen *Fußball-Jugend* genau stand und welche Rolle dabei der 1981 schon 60-jährige Steinke spielte, kann mangels Quellen allerdings nicht gesagt werden. Eine Überlieferung dieser Beilagen konnte im Rahmen dieses Aufsatzes nicht ermittelt werden – auch nicht beim *kicker*.[23]

Halten wir also fest: Die *Fußball-Jugend* wurde in den 30 Jahren ihres Bestehens, zwischen 1951 und 1981, in außerordentlichem Maß von den beiden Redakteuren Ernst Fuhry und Herbert Steinke geprägt. Speziell die Bedeutung Fuhrys kann dabei kaum unterschätzt werden, zumal er schon die *Deutsche Sportjugend* zwischen 1929 und 1937 verantwortet hatte. Dass sein Nachfolger Herbert Steinke aus dem Kreise „seiner Spartaner" kam, bekräftigt die Position Fuhrys zusätzlich. Zudem ist dieser Umstand für die Forschung ein Fingerzeig, sich mit dieser Gruppierung eingehender zu befassen – zumal deren Zusammenhalt auch mit dem Tod Fuhrys 1976 keineswegs erlosch.

---

[18] *Fußball-Jugend*, Januar 1959, 2–8.
[19] Hinweise zum Verbleib dieser Personengruppe nach 1945 können den „Friedensbriefe[n] unter uns" bzw. den „Briefe[n] aus Nordhorn", die Fuhry als Rundschreiben an seine Spartaner schickte, entnommen werden; StAW, Abteilung 170/27 (Nachlass Ernst Fuhry) Nr. 13; zu Steinke speziell Schoe, „Steinke:" Gotsch, *Fuhry*, 86–88.
[20] DFBA, Nachlass Ernst Fuhry, Sachakte 3 (Fußball-Jugend I): Rundschreiben Herbert Steinkes, September 1969.
[21] Zu Steinke ist wenig bekannt; er verstarb vor wenigen Jahren „still und heimlich" (fernschriftliche Auskunft von Sandra Löhlein, Kicker-Chefredaktion, 9. Januar 2020). Ob sich ein Nachlass erhalten hat, konnte nicht ermittelt werden.
[22] *Fußball-Jugend*, Dezember 1981, 23.
[23] Fernschriftliche Auskunft von Sandra Löhlein, Kicker-Chefredaktion, 8. Januar 2020.

3. Die Berichterstattung der Fußball-Jugend und deren Wandel

3.1 Die Ära Fuhry

Schon in ihrer Zugehörigkeit zum Deutschen Fußball-Bund und ihrem Namen *Fußball-Jugend* lässt sich erahnen, welch' dominante Rolle die Berichterstattung zum Spiel mit dem runden Leder in der Zeitschrift spielte. Ein genauerer Blick ist allerdings nötig. An erster Stelle betrachten wir den Fußball in den Oberligen und ab 1963 der Bundesliga. Dieser spielte gewiss *eine*, aber keine besonders wichtige Rolle. Zwar waren auf den Titelseiten immer wieder Spieler der deutschen Spitzenvereine abgebildet, eine wöchentliche Ergebnisübermittlung lag allerdings nicht im Interesse der *Fußball-Jugend* unter Fuhry. Lediglich zum Saisonende erschienen (zunächst) Tabellen der Endrunde zur Deutschen Meisterschaft und (später) Abschlusstabellen der Bundesliga bzw. Informationen zur Aufstiegsrunde.

Deutlich präsenter hingegen waren die Spiele der Nationalmannschaft. Schon im allerersten Heft erschien beispielsweise ein zweiseitiger Bericht zum Länderspiel zwischen Deutschland und der Schweiz, das die DFB-Elf in Zürich am 15. April 1951 mit 3:2 gewonnen hatte.[24] Die Nationalmannschaft war von Anfang an die Mannschaft mit der größten Bedeutung für die *Fußball-Jugend*. Ihre Spiele wurden ausführlich besprochen, was durch den Gewinn des WM-Titels 1954 nochmals einen Schub erfuhr. Auffallend ist allerdings auch, dass die Berichterstattung über die Weltmeisterschaft erst ab Sommer 1954 zunahm und zu Turnierbeginn nur etwa ein Viertel der Seiten füllte.[25] Noch in der Juni-Ausgabe spielte die Endrunde in der Schweiz praktisch keine Rolle. Erst im August dominierte die Berichterstattung zum Triumph in Bern und den vorherigen Erfolgen. Dennoch könnte man meinen, dass die WM beim Blick in das Inhaltsverzeichnis der Septemberausgabe schon wieder fast vergessen war. Dies führt uns zu einem wesentlichen Charakteristikum der *Fußball-Jugend*: Fuhry bemühte sich sichtlich um Ausgewogenheit. So gab es nicht nur taktische, technische und andere Hinweise für den Nachwuchs, unter anderem auch zu den Regeln, sondern eben auch umfassende Berichte von Verbandsmeisterschaften, internationalen Juniorenturnieren oder Nachwuchslehrgängen. Doch nicht nur Beiträge zum Jugendfußball, sondern auch zu anderen Sportarten fanden Eingang in die Zeitschrift. Das zeigte sich besonders in der Auswahl der Titelbilder. Das WM-Jahr 1954 eröffnete die Zeitschrift mit einem Jungen beim Skifahren,[26] ein Jahr später zierte ein Skispringer die erste Titelseite,[27] und im Mai 1955 waren Bilder von Hoch- und Weitspringern zu sehen.[28] Bemerkenswert ist ein Bericht über eine Sportart, die sich in Deutschland in den letzten Jahren wachsender Popularität erfreut: Im Februar 1956 erschien in der *Fußball-Jugend* ein zweiseitiger Bericht über American Football.[29]

---

[24] *Fußball-Jugend*, Januar 1951, 22–23.
[25] Z.B. *Fußball-Jugend*, Juli 1954.
[26] *Fußball-Jugend*, Januar 1954, 1.
[27] *Fußball-Jugend*, Januar 1955, 1.
[28] *Fußball-Jugend*, Mai 1955, 1.
[29] *Fußball-Jugend*, Februar 1956, 12–13.

Abb. 1: „Junge Herzen sollen sein wie leuchtende Ampeln in der Finsternis der Weltgassen." Fußball-Jugend, Juli 1951, 10–11. DFB-Archiv, Frankfurt am Main.

Insgesamt hatte der Fußball schon in der Ära Fuhry eine wichtige Stellung, die Berichterstattung über ihn nahm in den 1960ern zu. Dementsprechend stieg auch die Zahl der Titelbilder mit Bezug zum Fußball. Aushängeschild war unverändert die Nationalmannschaft. Durch sie ließ sich in den Augen Fuhrys zeigen, wie weit ein Jugendspieler kommen könne, wenn diszipliniertes Training, Engagement und richtige Einstellung zum Sport stimmten. Dementsprechend wurde die Berichterstattung zu den folgenden Weltmeisterschaften ausgebaut. Dabei bemühte man sich auch um Nachsicht, was schlechtere Ergebnisse anbelangte. Den vierten Platz bei der WM 1958 in Schweden kommentierte die *Fußball-Jugend* folgendermaßen:

„‚Nur Vierter' in Gänsefüßchen gesetzt, denn: Vierter zu werden war eine großartige Leistung. Gewiß, im Fußball darf man immer hoffen. Aber war wirklich zu hoffen, daß unsere Mannschaft wieder Weltmeister, wie so glorreich 1954, werden würde? Dazu schien sie von vornherein nicht stark genug."[30]

Auch über Rang sechs bei der folgenden WM in Chile zeigte sich die *Fußball-Jugend* nachsichtig und empfahl dem Nachwuchs eine Haltung, mit Niederlagen umzugehen:

---

[30] *Fußball-Jugend*, Juli 1958, 3.

„Einstweilen freuen wir uns, daß es ‚wenigstens' zum 6. Platz gereicht hat. Es hätte schlimmer kommen können, einfach z.B. bei Pech. [...] Man sollte auch im Fußball mehr auf das sehen, was man gewonnen hat. Es bleibt schön, auch wenn man anderes verliert. Auch bei Weltmeisterschaftskämpfen darf man weder undankbar noch unzufrieden sein. Ein zufriedenes Gemüt rastet zwar nicht, aber es sieht die Welt auch bei Regenwetter im Sonnenschein."[31]

Fuhry propagierte hohe Ideale als Messlatte für den Nachwuchs. Immer wieder erschienen in diesem Sinn Aufrufe wie beispielsweise im Juli 1951: „Junge Herzen sollen sein wie leuchtende Ampeln in der Finsternis der Weltgassen."[32] Neben diesem pathetischen Spruch waren zwei Jugendliche abgebildet, deren Gesichter freudestrahlend in die Zukunft blicken.

Ferner veröffentlichte Fuhry Gedichte zur Maiwanderung[33] oder eine Anleitung zum „richtigen Singen".[34] An hohen Idealen orientiert, stellte er auch die Grußworte für die erste Jubiläumsausgabe nach 1945 zusammen. Beispielhaft soll Willi Daumes Beitrag angeführt werden:

„Du, liebe ‚Fußball-Jugend', warst ein überzeugender Beweis dafür, daß der rechtverstandene Sport Spiegel eines guten, anständigen Jungenlebens ist, voll von Freude und gezügeltem Kampfeifer, voll von Liebe und Kameradschaft und richtig eingeordnet in alle Pflichten und Aufgaben, die das Leben jedem Jungen stellt."[35]

Markant ist dabei die Betonung des Begriffes „Kameradschaft". Dieser drängte im Sport der jungen Bundesrepublik nach vorne, weil er „nach der moralischen Diskreditierung des Volksgemeinschaftsbegriffs eine unverfänglichere Variante von gemeinschaftlicher Vorstellung darzustellen schien."[36] Der von Daume geäußerten Einstellung blieb die Zeitschrift während der gesamten Fuhry-Ära treu: Noch 1969, beim nächsten Jubiläum, „zeugte [die *Fußball-Jugend*] von stets hoher menschlicher Gesinnung und feinem sportlichen Geist des Gestaltens",[37] um die Worte von DFB-Jugendwart Karl Zimmermann zu zitieren.

3.2 Die Ära Steinke

Mit der Übernahme der Redaktionsleitung durch Herbert Steinke verschwanden Gedichte und sittsam-ritterliche Handlungsanweisungen im Geiste Fuhrys vollständig aus der *Fußball-Jugend*. Dies schuf Platz für eine weiter ausgebaute Berichterstattung über die Bundesliga, Amateur- oder Nachwuchsmeisterschaften sowie Beiträge zu den Olympischen Spielen. Kurzum: Die DFB-Jugendzeitschrift wurde „moderner" und orientierte sich mehr an gegenwärtigen Leistungen. Ein

---

[31] *Fußball-Jugend*, Juli 1962, 3.
[32] *Fußball-Jugend*, Juli 1951, 12.
[33] *Fußball-Jugend*, Mai 1959, 13.
[34] *Fußball-Jugend*, Juli 1951, 20–21.
[35] *Fußball-Jugend*, Januar 1959, 3.
[36] Havemann, *Samstags*, 22; dazu auch Havemann, „Gründung," 86–88.
[37] *Fußball-Jugend*, Januar 1969, 3.

bedeutendes Indiz dafür ist auch die Gestaltung der Vorworte zur Jubiläumsausgabe 1979. Erstmals stellten (National-)Spieler einen bedeutenden Anteil an den Grußbotschaften. DFB-Auswahlkapitän Sepp Maier sowie die beiden Ehrenspielführer Fritz Walter und Uwe Seeler zeichneten in ihren Beiträgen nur ihren persönlichen sportlichen Weg nach und gaben dem Nachwuchs praktische Anleitungen zur Verbesserung unter Mottos wie „Fleiß, Geduld und Ehrgeiz" oder „Freude, Begeisterung und Fairneß".[38] In diese Richtung zielte auch der Beitrag von DFB-Sportlehrer Dietrich Weise. Als zusätzlichen Ansporn bezifferte er für die Leserschaft die in der Saison 1978/79 eingesetzten Jugendspieler in den DFB-Nachwuchsteams und -Lehrgängen.[39]

Allerdings hatten die *Fußball-Jugend* und ihr Verständnis vom Fußball 1979 noch immer einen zutiefst männlichen Zuschnitt. Weises Vorwort war dementsprechend mit „Jedem Jungen eine Chance" betitelt.[40] Ein Einschnitt erfolgte hier im folgenden Jahr: 1980 rückte der Mädchenfußball in das Rampenlicht der *Fußball-Jugend*. Unter dem Titel „Tag des Mädchen-Fußballs im FV Mittelrhein" erschien ein großer Beitrag, der in folgende Formel mündete: „Gebt den Mädchen eine Chance".[41] Damit nahm die DFB-Jugendzeitschrift direkt Bezug auf den 29. ordentlichen Bundestag des DFB ein Jahr zuvor. In Berlin hatte nämlich der Arbeitskreis drei („Gebt den Mädchen eine Chance!") die „Integration des Fußballs für Mädchen in die Schule" gefordert.[42] Dennoch ist bemerkenswert, dass es trotz der Aufhebung des Verbots von Frauenfußball im Jahr 1970[43] zehn Jahre dauerte, bis Frauen- bzw. Mädchenfußball als Thema in der *Fußball-Jugend* behandelt wurden.[44]

Ein Wandel vollzog sich auch auf den Titelseiten: Gab es in der Ära Fuhry gerade in den 1950ern noch regelmäßig Titelbilder aus anderen Sportarten, wurde der Fußball auf den Umschlagseiten schon in den 1960ern dominant und in den 1970ern schließlich omnipräsent. Die Darstellungsweise erinnerte ebenfalls an Fuhry: Bilder aus dem Profi- und Jugendbereich wechselten sich ab. In der Tradition seines Vorgängers wurden auch unter Steinke häufig Persönlichkeiten auf ihrem Weg vom (leistungsorientierten) Nachwuchsbereich zur Nationalmannschaft gezeigt – gewissermaßen als erstrebenswerte Vorbildkarrieren. Beispiele hierfür sind Abbildungen von Hartwig Bleidick,[45] Franz Beckenbauer[46] oder Bernhard Dietz.[47]

---

[38] *Fußball-Jugend*, Januar 1979, 3–4.
[39] Ebd., 5.
[40] Ebd.
[41] *Fußball-Jugend*, November 1980, 6.
[42] Weigelt-Schlesinger, „Fußball," 192–94, Zitat 192; dazu auch Herzog, „Frauenfußball," 19–20.
[43] Güldenpfennig, „Frauenpower," 35.
[44] In dieser Dekade finden sich offensichtlich keine Berichte über Frauenfußball (fernschriftliche Auskunft von Dr. Conrad Tyrichter, DFB-Archiv, 22. Mai 2020).
[45] *Fußball-Jugend*, Oktober 1972, 1.
[46] *Fußball-Jugend*, August 1975, 1
[47] *Fußball-Jugend*, Mai 1976, 1.

Ein wichtiges Aushängeschild der *Fußball-Jugend* waren neben dem sich intensivierenden Blick auf die Bundesliga, etwa in der Gestalt von Bilderserien, weiterhin die sportlichen Großereignisse und das Abschneiden deutscher Auswahlmannschaften. Unter diesen stachen die Olympischen Spiele 1972 und die Fußball-Weltmeisterschaft 1974 in besonderer Weise heraus. Schon seit August 1970 wurde auf einer eigenen Olympia-Seite über die in München anstehenden Spiele berichtet. Auch die Berichterstattung zur WM 1974 war im Verhältnis zu früheren Turnieren massiv ausgebaut, was zugleich die Konkurrenz zwischen den beiden Veranstaltungen deutlich unterstreicht.[48] Von den Olympischen Spielen 1972 abgesehen, behielt jedoch der Fußball bis zur Einstellung der *Fußball-Jugend* seine alles dominierende Stellung.

4 Der Umgang mit Politik und Geschichte

4.1 Die Ära Fuhry

„Unterhaltendes Papier gibt es genug: die ‚Fußball-Jugend' will nicht nur die Zeit vertreiben (hat der Mensch denn Zeit zu vertreiben?)."[49] Diesem Wahlspruch folgend, bezog die *Fußball-Jugend* auch zu allgemeinpolitischen Themen Stellung. So berichtete schon früh in den 1950ern die Rubrik „Berliner Bär" über den Jugendfußball im geteilten Berlin. 1960 bekam diese Seite mit dem Appell „Berlin mahnt: Macht das Tor zur Freiheit auf"[50] eine dezidiert politische Ausrichtung, die konsequent in jeder Ausgabe dieses Jahres bedient wurde. Bereits 1956 hatte die *Fußball-Jugend* sich klar für eine (zumindest sportliche) Wiedervereinigung ausgesprochen. Unter dem Titel „Das ganze Deutschland soll es sein" begrüßte sie die Entscheidung für eine gesamtdeutsche Mannschaft bei den Olympischen Spielen 1956 in Melbourne:

> „Dieser Beschluß lässt deutsche Menschen, die durch die unheilvollen Folgen des Krieges seit zehn Jahren getrennt leben müssen, im Sport Schulter an Schulter um die olympischen Siege antreten. Der Beschluß sagt auf seine Weise ‚Wir sind ein Volk!' [...] Möchte diese deutsche Olympiavertretung für ganz Deutschland schöne Siege erringen. Siege würden zu einem Band, das fester hält als Eisen und Stahl. Gemeinsam errungene Siege würden Deutschland ein Stück innerlich seiner Einheit entgegenführen."[51]

---

[48] Schiller, „Bundesliga-Krise," 146–52.
[49] *Fußball-Jugend*, Mai 1951, 3.
[50] *Fußball-Jugend*, Februar 1960, 20.
[51] *Fußball-Jugend*, September 1956, 16.

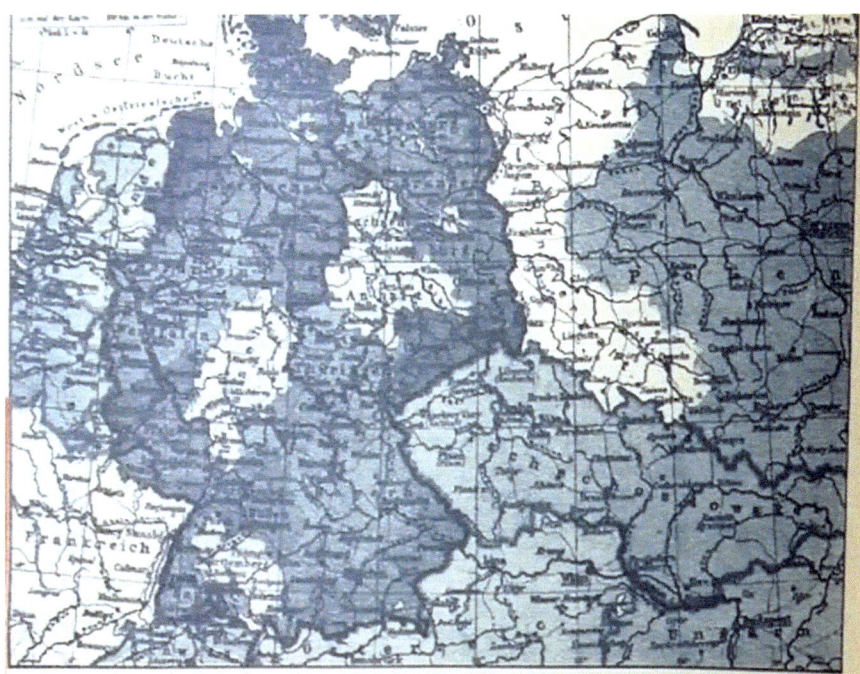

Abb. 2: „Das ganze Deutschland soll es sein!" Fußball-Jugend, September 1956, 16. DFB-Archiv, Frankfurt am Main.

Bekräftigt wurden diese Worte mit einem markanten Zitat aus der *Schwanenrede* Friedrich Ludwig Jahns,[52] was gewiss kein Zufall ist, wurde Jahn doch von verschiedenen politischen Systemen rezipiert und für die unterschiedlichsten Ziele instrumentalisiert.[53]

In Verbindung mit dem Jahn-Zitat sowie der Seitenüberschrift „Das ganze Deutschland soll es sein" verdient die in der September-Ausgabe 1956 abgedruckte Deutschland-Karte besondere Beachtung. Zwar sind die Grenzen der beiden deutschen Staaten deutlich gezogen, doch dehnt sich das Territorium bis Ostpreußen aus, sodass das „ganze Deutschland" noch in den Grenzen des Deutschen Reichs von 1937 erscheint. Die Karte folgte damit einer offiziellen Vorgabe des Auswärtigen Amtes, das 1958 alle bundesdeutschen Auslandsvertretungen angewiesen hatte, nur Landkarten mit den Grenzen von 1937 aufzuhängen.[54]

„Ehre, Sauberkeit, Ritterlichkeit in Wort und Tat! [...] Das Recht, die Redlichkeit, der Mut zur Wahrheit sollen von euch [d.h. der Jugend] zu Herren unserer Spiele ausgerufen werden!"[55] Im programmatischen Vorwort zu ersten Ausgabe bekannten sich Peco Bauwens, Ernst Fuhry und Karl Zimmermann zu einer regelgerechten Ausübung des Fußballsports im Sinn eines fairen Sportsgeistes. Nicht zuletzt wegen der Kontinuität mit der *Deutschen Sportjugend* und persönlicher Verstrickungen in das nationalsozialistische Regime lohnt ein Blick auf den Umgang der *Fußball-Jugend* mit der NS-Diktatur. So konstatierte der Beitrag „Mitteldeutschland gehört auch zu Deutschland" in der März-Ausgabe 1960 die deutsche Teilung als „die wahnwitzige Schuld des Nationalsozialismus und seiner Führer [sic], die weniger ans Recht als an die Gewalt glaubten."[56] Der in diesem Beitrag konstruierte Unterschied zwischen „den Nazis" und „den Deutschen", war damals weit verbreitet. Die Reduktion der Verbrechen auf eine (kleine) NS-Elite entlastete einerseits die Mehrzahl der Deutschen, bestätigte diese andererseits in ihrem Selbstverständnis als „Opfer", das einen Teil Deutschlands verloren und unter der Teilung des Landes zu leiden habe.[57] Eine Abgrenzung zur NS-Diktatur bekräftigte der nicht genannte Autor mit Blick auf eine mögliche Wiedervereinigung. Dabei hob er allerdings kein explizit deutsches „Opfer" heraus, sondern betrachtete Kriegsschrecken in ihren universalen Auswirkungen: „Kriege sind zu niemandes wahrem Nutzen, aber zu aller Leid! Friede ernährt, Unfriede zerstört".[58]

Eine kritische Auseinandersetzung mit dem NS-Regime findet sich in der *Fußball-Jugend* nicht. Vielmehr folgte sie dem DFB-Pressechef Carl Koppehel, in

---

[52] Ebd. Das Zitat stammt aus Jahn, *Schwanenrede*, 14. Dazu z.B. Bartmuß und Ulfkotte, *Turnverbot*, 226–27; Demandt, „Tod," 1130; Hermand, *Teutsch*, 48; Richter, *Maßmann*, 371.
[53] Wittmann, „Tagungsbericht."
[54] Wolfrum, *Demokratie*, 176–77. Dazu z.B. Schildt und Siegfried, *Kulturgeschichte*, 146–48.
[55] *Fußball-Jugend*, Mai 1951, 3.
[56] *Fußball-Jugend*, März 1960, 21.
[57] Hammerstein, *Vergangenheit*, 68–74.
[58] Ebd.

dessen Händen die Deutungshoheit über die Geschichte des nationalen Fußballverbandes lag. Er publizierte anlässlich der Feiern des 60-jährigen Gründungsjubiläums eine dreiteilige Artikelserie zur Historie des deutschen Fußballs.[59] Diese baute offensichtlich auf seiner vom DFB im Dezember 1954 veröffentlichten *Geschichte des deutschen Fußballs*[60] auf. Sie prägte laut Erik Eggers „viele Jahre das Geschichtsbild des deutschen Fußballs für die erste Hälfte des 20. Jahrhunderts",[61] wurde von der Forschung allerdings längst als Geschichtsklitterung entlarvt.[62] In seinen ersten beiden Beiträgen widmete sich Koppehel der Anfangszeit um 1900[63] und den Länder- bzw. Meisterschaftsendspielen in der Kaiserzeit.[64] Im dritten Beitrag vollzog er einen gewaltigen zeitlichen Sprung, der die Weimarer Republik weitgehend und die NS-Diktatur gänzlich aussparte. Diese selektive Darstellung verzerrte die historischen Fakten,[65] obwohl sich „[s]eit etwa 1958 […] das geistige Klima der Zeit und mit ihm die Form der Vergangenheitsbewältigung" zu ändern begann.[66] Zu Beginn des letzten Textes über die Nachkriegszeit benutzte Koppehel das Bild der „totalen Niederlage": „Ein schrecklicher Krieg war zu Ende. Deutschland lag am Boden, alles war zerstört und zerschlagen. Auch der Fußballsport hatte aufgehört."[67] Kein Wort verlor Koppehel allerdings über die Ursachen der Zerstörung, stattdessen schrieb er eine „heldenhafte Erfolgsgeschichte" des Wiederaufbaus:

> „Doch mutige Männer begannen in allen deutschen Gauen [sic!] mit dem Neuaufbau. Es war weder leicht noch ungefährlich; aber der Idealismus brachte viel zustande. […] Jahre des weiteren Aufbaus und einer stolzen Entwicklung schlossen sich an. Das Tief der Nachkriegsjahre ist längst überwunden, und jeder Zeitabschnitt beweist den weiteren Aufstieg."[68]

Für Koppehel gab es offensichtlich keinen Grund, irgendetwas Negatives oder gar Verwerfliches in der Geschichte des deutschen Fußballs zu erkennen: „Es ist zufriedenstellend, in den Aufzeichnungen über die 60 Jahre Deutscher Fußball-Bund zu blättern."[69] Er bekräftigte zum Schluss seiner Ausführungen abermals seine Sicht einer Erfolgsgeschichte.[70]

---

[59] *Fußball-Jugend*, April 1960, 18–19; *Fußball-Jugend*, Mai 1960, 2–3; *Fußball-Jugend*, Juni 1960, 6–7.
[60] Koppehel, *Geschichte*.
[61] Eggers, „Publizist," 195.
[62] Zu Koppehel grundlegend ebd., 195–214.
[63] *Fußball-Jugend*, April 1960, 18–19.
[64] *Fußball-Jugend*, Mai 1960, 2–3.
[65] So urteilt Hammerstein, *Vergangenheit*, 76–77.
[66] Wolfrum, *Geschichte*, 110–12, Zitat 110. Dazu auch Wolfrum, „,Geschichtsbild'," 230–43.
[67] *Fußball-Jugend*, Juni 1960, 6.
[68] Ebd., 6–7.
[69] Ebd., 7.
[70] Ebd., 7: „Aus der Handvoll begeisterter Jungen von einst ist eine Millionengemeinde geworden, und aus den 500 Zuschauern beim einstigen mit Tauen abgegrenzten ersten Endspiel um die Deutsche Meisterschaft wurden hunderttausend. Einige haben das Samenkorn

In diesem Zusammenhang sind Beiträge von Paul Torke[71] von großer Aussagekraft. Er befasste sich auf der Seite nach dem „Berliner Bär" mit der Geschichte des ostdeutschen Fußballs – oder vielmehr mit dem, was Torke unter „ostdeutsch" verstand. So schrieb er am Ende eines Berichts über eine Fußballreise nach Ostpreußen im Dezember 1961:

> „Dann kam jene Zeit, als wir in Richtung Insterburg mußten, aber es wurde nicht mehr Fußball gespielt, es war bitterer Ernst geworden. Die Folge: es war vorbei mit Ostpreußens Fußballsport, es war alles aus. Das herrliche Land gehört uns nicht mehr, aber es ist nach wie vor Deutschland".[72]

Ähnlich kommentierte Torke den „Verlust" des Danziger Fußballs: „Als der zweite Weltkrieg ausbrach, war es um Danzigs Fußball geschehen. Er ging unter, wie so manches wertvolle unseres Vaterlandes."[73] Die deutsche Teilung erscheint hier als ein Unrecht, das (unausgesprochen) von der Siegermacht Sowjetunion zu verantworten sei.[74] Vergegenwärtigen wir uns vor dem Hintergrund dieser Aussagen daher nochmals den oben zitierten Aufruf „Das ganze Deutschland soll es sein".[75] Torkes Aussagen bekräftigen die Interpretation, unter dem „ganzen Deutschland" in der 1956 abgedruckten Karte eher ein Deutschland in den Grenzen von 1937 als „lediglich" eine Vereinigung von Bundesrepublik und DDR zu sehen.

Zuletzt wollen wir noch auf eine weitere Rubrik der späten 1950er und frühen 1960er Jahre schauen. Kurt Fuhrmann[76] stellte der Leserschaft darin verschiedene deutsche Spieler vor. Im Januar 1958 präsentierte er Torwart Willi Jürissen (Nationalspieler zwischen 1935 und 1939) unter der Überschrift „Aus der guten, alten Zeit".[77] Unter demselben Titel stellte Fuhrmann in der nächsten Ausgabe auch Helmut Jahn und die besonderen Leistungen des Torwarts im (Kriegs-)Jahr 1942 vor und bekräftigte damit sein selektives Geschichtsbild:[78] „Er stand in allen zehn Länderspielen des Jahres 1942, des letzten Länderspieljahres vor dem Zusammenbruch Deutschlands 1945!"[79]

In den folgenden Heften richtete Fuhrmann den Blick auf die Mittelstürmer und strich das Adjektiv „gut" aus der Überschrift. So berichtete er im August 1958 von

---

einst gelegt, viele Tausende haben es in den Jahren gepflegt, und Millionen finden heute ihre Freude und sammeln neue Kräfte beim schönen Fußballspiel."
[71] Im Rahmen der Recherchen zum vorliegenden Aufsatz konnten keine weiteren Informationen zu Torke ermittelt werden.
[72] *Fußball-Jugend*, Dezember 1961, 21.
[73] *Fußball-Jugend*, Juni 1961, 21.
[74] Wolfrum, „Suche," 188.
[75] Siehe bei 3.1.
[76] Zu Fuhrmann Winter, „Kurt Fuhrmann."
[77] *Fußball-Jugend*, Januar 1958, 22.
[78] Hammerstein, *Vergangenheit*, 76–77.
[79] *Fußball-Jugend*, April 1958, 22–23, Zitat 22.

vier „Mittelstürmern aus der alten Zeit",⁸⁰ unter ihnen interessanterweise auch der jüdische Nationalspieler Gottfried Fuchs:

> „Spricht man von diesem Mittelstürmer, [...] so kommt man auf seinen Torjägerrekord im olympischen Trostrundenspiel 1912 gegen Rußland. 16:0 endete es gegen die aus Moskauer Studenten zusammengestellte Elf, und Fuchs schoß allein zehn Tore, darunter aber keinen Hat-trick [...]. 1933 verließ Fuchs Deutschland. Über Portugal landete er in Kanada."⁸¹

Besonders die letzten beiden Zeilen sind bezeichnend für das in der *Fußball-Jugend* gezeichnete Geschichtsbild – und das des deutschen Fußballs generell. Sie klammern die Gründe für Fuchs' Emigration aus und datieren sie obendrein falsch.⁸² Ähnlich selektiv fielen Fuhrmanns Ausführungen zum Karlsruher FV aus, in dessen Meistermannschaft von 1910 Fuchs gemeinsam mit Julius Hirsch und Fritz Förderer das berühmte „Innentrio" bildete.⁸³ Fuhrmann nannte die jüdischen Stürmer Fuchs und Hirsch, verschwieg aber ihre Schicksale nach 1933.⁸⁴ Die Ausführungen Fuhrmanns stehen damit stellvertretend für eine „skandalöse Blindstelle"⁸⁵ der deutschen Fußballgeschichtsschreibung, die Diskriminierung, Deportation und Holocaust in den 1950ern nahezu konsequent verschwieg.⁸⁶

Während Fuhrmann die Verfolgung und Ermordung der Juden auch im deutschen Fußball verschwieg, präsentierte er den Stürmer Otto „Tull" Harder im Oktober 1958 als „Opfer", ohne sich an dessen NS-Vergangenheit zu stören.⁸⁷ Ganz im Gegenteil: Die Sympathien Fuhrmanns lagen eindeutig bei Harder:

> „Das Schicksal spielte Tull Harder in den Nachkriegsjahren sehr mit. Als Angehöriger einer Wachmannschaft, über die eine Kollektivstrafe von 15 Jahren Gefängnis verhängt worden war, wurde Harder festgesetzt. Durch Zufall erfuhr ich 1951, wo der Unglückliche seine Strafe abbüßen musste. Ich schrieb ihm, weil ich glaubte, dass ihm ein paar Zeilen der Erinnerung gut tun würden. Als er zwei Tage vor dem Weihnachtsfest 1951 durch Begnadigung die Freiheit wiedererlangte, spürte ich aus seinem Brief an mich, wie sehr er sich über jeden Gruß gefreut hatte, den er hinter den hohen Mauern erhielt."⁸⁸

Fuhrmann bediente damit nicht nur das „Opfer"-Narrativ, sondern solidarisierte sich auch mit dem SS-Mann und Lagerkommandanten.⁸⁹ Diese Sicht auf Harder

---

⁸⁰ *Fußball-Jugend*, August 1958, 22.
⁸¹ Ebd.
⁸² Fuchs emigrierte 1937 in die Schweiz und von dort am 23. März 1940 nach Kanada; dazu Skrentny, „Fuchs," 127–28.
⁸³ *Fußball-Jugend*, Dezember 1961, 22–23.
⁸⁴ Hirsch am 1. März 1943 deportiert und ermordet; dazu Skrentny, „Hirsch," 491–94.
⁸⁵ Wolfrum, „Anfänge," 368.
⁸⁶ Dazu exemplarisch am Beispiel der Fachzeitschrift *Der Kicker* Wolff und Wellbrock, „Der Kicker."
⁸⁷ Dazu Havemann, *Fußball*, 303; Heinrich, „Tull Harder;" Marszolek, „,Deutschland'," 207; Meyer, „Sonderausstellung," 26–28.
⁸⁸ *Fußball-Jugend*, Oktober 1958, 22–23, Zitat 23.
⁸⁹ Hammerstein, *Vergangenheit*, 74.

in der Nachkriegszeit war Teil einer „beispiellose[n] Strategie der Verharmlosung, Leugnung und Irreführung",[90] die es auch ihm ermöglichte, nach gut vier Jahren schon 1951 entlassen zu werden.

Noch einige weitere Mittelstürmer aus der NS-Zeit wurden vorgestellt,[91] der Tenor blieb stets derselbe. Fuhrmann sparte die politische Geschichte und mögliche persönliche Verstrickungen aus. Stattdessen präsentierte er das Bild einer fußballerischen „Eigenwelt",[92] die frei von nationalsozialistischen Einflüssen oder Verbrechen gewesen sein soll.[93] Damit stimmte Fuhrmann mit Koppehels „offizieller" Verdrängungsgeschichte überein, auch mit dem Ton, den DFB-Funktionär Georg Xandry in der Ausgabe zum 30. Jubiläum der *Fußball-Jugend* im Januar 1959 anschlug: „Als die Jugendzeitschrift infolge höherer Gewalten zeitweilig unterbrochen war, lebte ihr Geist doch fort."[94]

Nur mit Blick auf den österreichischen Fußball lässt sich eine Entwicklung feststellen. Übernahm Fuhrmann bei der Vorstellung von Willi Hahnemann, Josef „Pepi" Stroh und Franz „Bimbo" Binder den NS-Begriff des „Anschlusses Österreichs" ohne (heute) notwendige Anführungszeichen,[95] so erklärte er den Umstand, dass der SK Rapid Wien deutscher Meister und Pokalsieger wurde, damit, dass „Österreichs Fußball [...] nach Hitlers Annektion des Landes von der Fachschaft Fußball im damaligen Reichsbund für Leibesübungen aufgenommen worden"[96] war.

4.2 Die Ära Steinke

Bereits Mitte der 1960er Jahre, spätestens aber mit dem Wechsel der Redaktion von Ernst Fuhry zu Herbert Steinke, verschwanden die beschriebenen politischen und historischen Äußerungen vollständig aus der *Fußball-Jugend*. Die im deut-

---

[90] Frei, *1945*, 31–32.
[91] Z.B. Ernst Kuzorra in *Fußball-Jugend*, März 1959, 22; Edmund Conen in *Fußball-Jugend*, August 1959, 22–23; die Wiener Willi Hahnemann und Josef „Pepi" Stroh in *Fußball-Jugend*, März 1960, 22; Franz Binder in *Fußball-Jugend*, April 1960, 22–23; Ernst Willimowski in *Fußball-Jugend*, August 1960, 22–23.
[92] Das Interpretament der „Eigenwelt" hat in der Forschung gleichwohl eine andere Bedeutung. Darunter ist nach Herzog, „,Eigenwelt'," 16, zu verstehen, „dass das Fußballspiel unabhängig von politischen Rahmenbedingungen und pädagogischen Funktionszuweisungen eine eigene Realitätsdimension, eine ‚Eigenwelt' (Christiane Eisenberg) mit spezifischen Handlungsroutinen und eigensinnigen Regeln konstituiert." Die so verstandene „Eigenwelt" Fußball war keineswegs frei von nationalsozialistischen Einflüssen, vielmehr wurde sie (wie von allen politischen Systemen) mit Sinn besetzt; Herzog, „,Eigenwelt'," 17. Dazu auch Eisenberg, „Entdeckung," 39–40. Zu den vorgenannten Positionen entgegengesetzt äußern sich Becker und Schäfer, „Einleitung," 15–16.
[93] Eine ähnliche Argumentation findet sich etwa im „Persilschein"-Netzwerk des Reichs- und Bundestrainers Josef „Sepp" Herberger; dazu Wittmann, „Reichstrainer," 54–57.
[94] *Fußball-Jugend*, Januar 1959, 8.
[95] *Fußball-Jugend*, März 1960, 22; *Fußball-Jugend*, April 1960, 22–23.
[96] *Fußball-Jugend*, August 1962, 6.

schen Fußball einsetzende Liberalisierung wurde auch in der DFB-Jugendzeitschrift sichtbar.[97] Die Geschichte, wie sie Fuhry und in seinem Auftrag bzw. seiner Billigung Fuhrmann oder Koppehel geschrieben hatten, spielte nun kaum noch eine Rolle. Dies lässt sich deutlich an der Gestaltung der Hefte zu den runden Jubiläen ablesen. 1959 kam in den Grußworten zum 30. Jubiläum von DFB-Präsident Bauwens und sieben verschiedenen Vereinen vor allem die „alte Garde" des deutschen Sports um Carl Koppehel, Willi Daume und Carl Diem zu Wort. Die meisten Vorworte nahmen konkret Bezug auf die Gründung der *Deutschen Sportjugend* 1929, ohne sich allerdings mit historischen Einzelheiten zu belasten.[98] Spieler fehlten hingegen fast vollständig, und es ist bezeichnend, dass Fuhry einen „Alt-Internationalen" für ein Grußwort auserwählte, der wesentliche Teile seiner (Nationalmannschafts-)Karriere schon vor 1945 absolviert hatte: Bayern-Spieler Jakob Streitle. Zehn Jahre später war die Zahl der Grußworte schon deutlich kleiner und belief sich nur noch auf vier.[99] Noch immer übte Koppehel im DFB Deutungshoheit aus.[100]

Erst zum nächsten Jubiläum 1979, zehn Jahre nach Übernahme der Redaktion durch Steinke, änderte sich dies. In seinen einleitenden Worten verwies DFB-Jugendobmann Alfred Finkbeiner nun explizit auch auf die Ägide Steinkes, der eine zu Fuhry gleichberechtigte Rolle gespielt habe.[101] Zudem wurden für Grußworte nun weniger Funktionsträger als Nationalspieler gewonnen, die wesentlich zum fußballerischen Erfolg der Bundesrepublik beigetragen hatten – Nationalmannschaftskapitän „Sepp" Maier sowie die Ehrenspielführer Fritz Walter und Uwe Seeler.[102] Die Geschichte zwischen 1929 und 1945 spielte – außer in der Nennung der Jubiläumszahl – eine verschwindend geringe Rolle. Nur Fritz Walter äußerte sich in einem Absatz zu seinem Debüt in der Nationalmannschaft 1940.

Die Zeitschrift wurde in ihrer Ausrichtung deutlich gegenwartsorientierter. Darin aber einen vollständigen Bruch mit den 1960er Jahren zu sehen, würde zu weit führen. Schauen wir dazu nur in den Nachruf auf Koppehel von DFB-Präsident Hermann Gösmann im August 1975: „Carl Koppehel vereinigte in sich ebenso die Tugenden des pflichtbewußten Sachwalters wie die des verständnisvollen Sportkameraden. Wir verdanken ihm viel und werden ihm stets ein ehrendes Andenken bewahren."[103]

Im Jahr der Heim-WM 1974 schuf Steinke die Serie „Fußball-Jugend und Parlament". Statt der (beschönigenden) Vorstellung historischer Fußballer wurden nun bundesrepublikanische Spitzenpolitiker in den Fokus gerückt. Diese Rubrik verfolgte einen explizit demokratischen Bildungsauftrag: „Sie [die Serie] soll

---

[97] Oswald, *„Fußball-Volksgemeinschaft"*, 306–309.
[98] *Fußball-Jugend*, Januar 1959, 2–8.
[99] *Fußball-Jugend*, Januar 1969, 2–6.
[100] Ebd., 6.
[101] *Fußball-Jugend*, Januar 1979, 2.
[102] Ebd., 3–5.
[103] *Fußball-Jugend*, August 1975, 22.

staatspolitisch informieren und auch etwas ‚hinter die Kulissen leuchten'."[104] Dabei nutzte Steinke seinen Kontakt ins Auswärtige Amt, wo FIFA-Schiedsrichter Walter Eschweiler beschäftigt war. Dieser kümmerte sich offenbar um die Beiträge.[105] Keinesfalls zufällig begann diese Serie mit dem Juristen und SPD-Politiker Adolf Müller-Emmert[106] und stellte weitere tragende Säulen der bundesrepublikanischen Politik und deren Verhältnis zum Sport vor – Bundestagspräsidentin Annemarie Renger,[107] Bundesaußenminister Hans-Dietrich Genscher,[108] CDU-Vorsitzender und rheinland-pfälzischer Ministerpräsident Helmut Kohl[109] oder Bundesfamilienministerin Antje Huber,[110] um nur vier Beispiele der mehrjährigen Serie zu nennen.

Die DFB-Jugendzeitschrift der 1970er unterschied sich deutlich von jener der 1950er Jahre, wie die obigen Ausführungen gezeigt haben. Der mentale Wandel machte sich gegen Ende der 1960er bemerkbar. Inwieweit er mit dem Wechsel von Fuhry zu Steinke erklärt werden kann, muss nicht zuletzt mangels aussagekräftiger Quellen ungeklärt bleiben. Zwei Aspekte sind allerdings zu bedenken:

Erstens gehörte der 1921 geborene Steinke generationell nicht mehr zu den Kriegs- und Nachkriegskindern, also den späteren Achtundsechzigern, sondern eher zur „skeptischen Generation" junger Frontsoldaten.[111] Dieser generationelle Wechsel stand am Ende eines umfassenden Generationswechsels an der Spitze des deutschen Fußballs Ende der 1950er bzw. Anfang der 1960er, der eine Liberalisierung des Fußballs begünstigte.[112]

Zweitens war die Bindung Steinkes zu Fuhry ausgesprochen stark und hielt auch über den Tod seines Mentors 1976 an, was Steinkes Korrespondenz mit Fuhrys Schwester Elisabeth in den 1970er Jahren,[113] aber auch ein Rundschreiben aus seiner Feder an den „Freundeskreis der ehemaligen Spartaner" aus dem Jahr 1996 (!)[114] belegen.

5 Resümee

Zum Jahresende 1981 wurde die *Fußball-Jugend* nach 30 Jahren eingestellt. Damit endete die Ära einer Verbandspublikation, die mit der *Deutschen Sportjugend* Ende der 1920er Jahre ihren Anfang genommen hatte. Maßgeblichen Anteil an der

---

[104] *Fußball-Jugend*, Januar 1974, 12.
[105] Ebd.
[106] Didion, „Sport."
[107] *Fußball-Jugend*, April 1974, 12–13.
[108] *Fußball-Jugend*, September 1975, 16–17.
[109] *Fußball-Jugend*, März 1976, 12–13.
[110] *Fußball-Jugend*, Dezember 1978, 12–13.
[111] Frei, *1945*, 27.
[112] Oswald, *„Fußball-Volksgemeinschaft"*, 306–309.
[113] StAW, Abteilung 170/27 (Nachlass Ernst Fuhry) Nr. 22: Korrespondenz zwischen Elisabeth Fuhry und Herbert Steinke.
[114] StAW, Abteilung 170/27 (Nachlass Ernst Fuhry) Nr. 17: Rundschreiben Herbert Steinkes vom 29. August 1996.

DFB-Jugendzeitschrift hatte dabei Ernst Fuhry, der die Zeitschrift bis 1969 betreute. Für die restlichen zwölf Jahre ihres Bestehens lag die *Fußball-Jugend* in den Händen seines Nachfolgers Herbert Steinke.

Wie dieser Beitrag zu zeigen versucht, endete 1981 nicht nur ein Kapitel der Fußball-Jugendliteratur, sondern vor allem auch ein bedeutendes Stück Kulturgeschichte des deutschen Fußballs. Fassen wir die markanten Entwicklungen nochmals zusammen: Unter der Leitung von Ernst Fuhry spielte der Fußball gewiss eine wichtige, aber nicht die alles dominierende Rolle. Viele andere Sportarten hatten in der *Fußball-Jugend* ihren festen Platz. Im Lauf der Jahre und speziell nach dem Redakteurswechsel zu Herbert Steinke beherrschte die Berichterstattung über Fußball (abgesehen von der Konkurrenz zwischen den Olympischen Spielen 1972 und der Fußball-Weltmeisterschaft 1974) mehr und mehr die Seiten der DFB-Jugendzeitschrift, wobei die ganze Bandbreite vom (leistungsorientiertem) Nachwuchsfußball über die Bundesliga bis zur Nationalmannschaft abgedeckt wurde.

Auch in ihrer Auseinandersetzung mit Politik und Geschichte ermöglicht die *Fußball-Jugend* interessante Einsichten. In der Ägide Fuhrys wurde der Blick in die Geschichte gern und oft gewagt, überwiegend allerdings in einer für die Zeit üblichen, beschönigenden und selektiven Form. Solche tendenziösen Texte verschwanden in der Amtszeit Steinkes vollständig, wenngleich eine kritische Auseinandersetzung mit der NS-Zeit auch weiterhin unterblieb. Dennoch erhielt die Zeitschrift einen deutlich gegenwartsorientierteren Bezug. Zudem suchte sie den Doppelpass mit der bundesrepublikanischen Politik.

Die *Fußball-Jugend* war das Werk ihrer Redakteure Ernst Fuhry und Herbert Steinke. Ihre Lektüre gibt allerdings nicht nur Einblicke in deren Biographien und Gedankenwelten. Vielmehr ist sie als vielschichtige Quelle ein bedeutendes (Lehr-)Stück deutscher (Fußball-)Zeitgeschichte.[115] Der reichhaltige Quellenbestand lädt geradezu ein, mit weiteren Forschungen zur Kulturgeschichte des Fußballs in dieser Jugendpublikation nachzuspüren.

Dank

Für ihre engagierte Hilfe bei der Quellensuche danke ich Dr. Christine Walther (Archiv des FC Schalke 04) und Katrin Bürgel (Stadtarchiv Gladbeck), insbesondere Nicholas Burandt und Dr. Conrad Tyrichter (beide DFB-Archiv) und Sandra Löhlein (Kicker-Redaktion). Philipp Didion (Universität des Saarlandes) und vor allem meinem Studienfreund Sören Rohrmann bin ich für die vielen wertvollen Kommentare zur Überarbeitung ebenfalls zu Dank verpflichtet.

Literatur

Bartmuß, Hans-Joachim, und Josef Ulfkotte. *Nach dem Turnverbot: „Turnvater" Jahn zwischen 1819 und 1852*. Köln, Weimar und Wien: Böhlau, 2011.

---

[115] Formulierung im Anschluss an Eggers, „Publizist," 213.

Becker, Frank, und Ralf Schäfer. „Einleitung." In *Sport und Nationalsozialismus*, hrsg. von Frank Becker und Ralf Schäfer, 9–23. Göttingen: Wallstein, 2016.

Bode, Andreas. „ ‚Habt ihr ein Mädel im Arm, zerbricht der Wille.' Das Fußballspiel in Büchern für Kinder- und Jugendliche 1933–1945." In *Fußball zur Zeit des Nationalsozialismus: Alltag – Medien – Künste – Stars*, hrsg. von Markwart Herzog, 231–47. Stuttgart: W. Kohlhammer, 2008.

Demandt, Alexander. „Bismarcks Tod im Atlantik 1862: Zehn Alternativen zur deutschen Geschichte." In *Otto von Bismarck und das „lange 19. Jahrhundert": Lebendige Vergangenheit im Spiegel der „Friedrichsruher Beiträge" 1996–2016*, hrsg. von Ulrich Lappenküper, 1119–32. Paderborn: Ferdinand Schöningh, 2017.

Didion, Philipp. „Sport denken – gestalten – praktizieren: Adolf Müller-Emmert und die westdeutsche Sportpolitik der 1960er- und 1970er-Jahre." In *Zeitgeschichte transnational: Politik – Gesellschaft – Kultur – Sport in Deutschland, Frankreich und Europa*, hrsg. von Philipp Didion, Sarah Alyssa May und Jasmin Nicklas, 279–308. Stuttgart: Franz Steiner, 2024.

Eggers, Erik. „Publizist – Journalist – Geschichtenerzähler: Der Funktionär und Schiedsrichter Carl Koppehel als Lehrstück der deutschen Fußballhistoriographie." In *Fußball zur Zeit des Nationalsozialismus: Alltag – Medien – Künste – Stars*, hrsg. von Markwart Herzog, 195–214. Stuttgart: W. Kohlhammer, 2008.

Eisenberg, Christiane. „Die Entdeckung des Sports durch die moderne Geschichtswissenschaft." In *Moden und Trends im Sport und in der Sportgeschichtsschreibung: Jahrestagung der dvs-Sektion Sportgeschichte vom 8.–10. Juni 2001 in Potsdam*, hrsg. von Hans Joachim Teichler, 31–44. Hamburg: Czwalina, 2003.

Eisenberg, Christiane. „Sportgeschichte: Eine Dimension der modernen Kulturgeschichte." *Geschichte und Gesellschaft* 23, Nr. 2 (1997): 295–310.

Frei, Norbert. *1945 und Wir: Das Dritte Reich im Bewußtsein der Deutschen*. München: C. H. Beck, 2005.

Friesicke, Konrad. *Handbuch der Jugendpresse*. München: Juventa, 1956.

Güldenpfennig, Sven. „Frauenpower im Spannungsfeld zwischen sportlichem Eigensinn, Misogynie und Selbstbehauptung: Beobachtungen in der Welt und Umwelt des Sports." In *Frauenfußball in Deutschland: Anfänge – Verbote – Widerstände – Durchbruch*, hrsg. von Markwart Herzog, 31–47. Stuttgart: W. Kohlhammer, 2013.

Hammerstein, Katrin. *Gemeinsame Vergangenheit – getrennte Erinnerung? Der Nationalsozialismus in den Gedächtnisdiskursen und Identitätskonstruktionen von Bundesrepublik Deutschland, DDR und Österreich*. Göttingen: Wallstein, 2017.

Havemann, Nils. „Die Gründung der Fußball-Bundesliga im Spannungsfeld von Kommerz und Kultur." In *Geschichte des Fußballs in Deutschland und Europa seit 1954*, hrsg. von Wolfram Pyta, 85–94. Stuttgart: W. Kohlhammer, 2013.

Havemann, Nils. *Fußball unterm Hakenkreuz: Der DFB zwischen Sport, Politik und Kommerz*. Frankfurt am Main und New York: Campus, 2005.

Havemann, Nils. *Samstags um halb 4: Die Geschichte der Fußballbundesliga*. München: Siedler, 2013.

Heinrich, Arthur. *Der Deutsche Fußballbund: Eine politische Geschichte*. Köln: PapyRossa, 2000.

Heinrich, Arthur. „Tull Harder: Fußball-Nationalspieler und Lagerkommandant." In *Sportler im „Jahrhundert der Lager": Profiteure, Widerständler, Opfer*, hrsg. von Diethelm Blecking und Lorenz Peiffer, 104–109. Hildesheim: Die Werkstatt, 2012.

Hermand, Jost. *Von Teutsch zu Denglisch: Stationen deutscher Sprachgeschichte*. Köln, Weimar und Wien: Böhlau, 2019.

Herzog, Markwart. „‚Vereins-Zeitung des Fußballvereins Kaiserslautern e.V.' Eine Quelle zur Geschichte des 1. FC Kaiserslautern und der Barbarossastadt in der Zeit der Weimarer Republik (1927–1931)." *Kaiserslauterer Jahrbuch für Pfälzische Geschichte und Volkskunde* 1 (2001): 391–462.

Herzog, Markwart. „‚Eigenwelt' Fußball: Unterhaltung für die Massen." In *Fußball zur Zeit des Nationalsozialismus: Alltag – Medien – Künste – Stars*, hrsg. von Markwart Herzog, 11–35. Stuttgart: W. Kohlhammer, 2008.

Herzog, Markwart. „Frauenfußball: Themen und Desiderate, Eigendynamik und Projektionsfläche." In *Frauenfußball in Deutschland: Anfänge – Verbote – Widerstände – Durchbruch*, hrsg. von Markwart Herzog, 17–28. Stuttgart: W. Kohlhammer, 2013.

Jahn, Friedrich Ludwig. *Schwanenrede*. Frankfurt am Main: Osterrieth, 1848.

Knoche, Manfred, Monika Lindgens und Michael Meissner. *Jugendpresse in der Bundesrepublik Deutschland*. Berlin: Volker Spiess, 1979.

Koerfer, Daniel. *Hertha unter dem Hakenkreuz: Ein Berliner Fußballclub im Dritten Reich*. Göttingen: Die Werkstatt, 2009.

Koppehel, Carl. *Geschichte des deutschen Fußballsports*. Frankfurt am Main: Limpert, 1954.

Marszolek, Inge. „‚Ein neues Deutschland ist erstanden …': Zur Geschichte des HSV im ‚Dritten Reich'." In *Deutsche Zeiten: Geschichte und Lebenswelt. Festschrift zur Emeritierung von Moshe Zimmermann*, hrsg. von Dan Diner, Giedon Reuveni und Yfaat Weiss, 192–212. Göttingen: Vandenhoeck & Ruprecht, 2012.

Meyer, Justus. „Die Sonderausstellung des HSV-Museums ‚Die Raute unter dem Hakenkreuz'." In *Vergessen, verdrängt, abgelehnt: Zur Geschichte der Ausgrenzung im Sport. Tagungsbericht der 10. Hoyaer Tagung zur Sportgeschichte vom 10. bis 12. Oktober 2008*, hrsg. von Arnd Krüger und Bernd Wedemeyer-Kolwe, 17–31. Münster: Lit, 2009.

Oswald, Rudolf. *„Fußball-Volksgemeinschaft." Ideologie, Politik und Fanatismus im deutschen Fußball 1919–1964*. Frankfurt am Main und New York: Campus, 2008.

Pyta, Wolfram. „Sportgeschichte aus der Sicht des Allgemeinhistorikers: Methodische Zugriffe und Erkenntnispotenziale." In *Sportgeschichte erforschen und vermitteln: Jahrestagung der dvs-Sektion Sportgeschichte vom 19.–21.Juni 2008 in Göttingen*, hrsg. von Andrea Bruns und Wolfgang Buss, 9–21. Hamburg: Czwalina, 2009.

Richter, Joachim Burkhard. *Hans Ferdinand Maßmann: Altdeutscher Patriotismus im 19. Jahrhundert*. Berlin und New York: De Gruyter, 1992.

Schildt, Axel, und Detlef Siegfried. *Deutsche Kulturgeschichte: Die Bundesrepublik – 1945 bis zur Gegenwart*. München: Carl Hanser, 2009.

Schiller, Kay. „Bundesliga-Krise und Fußball-Weltmeisterschaft." In *Geschichte des Fußballs in Deutschland und Europa seit 1954*, hrsg. von Wolfram Pyta, 139–55. Stuttgart: W. Kohlhammer, 2013.

Schoe, Ulrich, Herbert Steinke und Hans Gotsch. *Ernst Fuhry: Den Freunden und Gefährten*. Marquartstein: Manstedt, [1978].

Skrentny, Werner. „Gottfried Fuchs: Nationalspieler mit Torrekord." In *Davidstern und Lederball: Die Geschichte der Juden im deutschen und internationalen Fußball*, hrsg. von Dietrich Schulze-Marmeling, 123–30. Göttingen: Die Werkstatt, 2003.

Skrenty, Werner. „Julius Hirsch: Der Nationalspieler, den die Nazis ermordeten." In *Hakenkreuz und rundes Leder. Fußball im Nationalsozialismus*, hrsg. von Lorenz Peiffer und Dietrich Schulze-Marmeling, 489–97. Göttingen, Die Werkstatt, 2018.

Wehler, Hans-Ulrich. *Deutsche Gesellschaftsgeschichte V: Bundesrepublik und DDR 1949–1990*. München: C. H. Beck, 2008.

Weigelt-Schlesinger, Yvonne. „So schleicht sich auch der Fußball für Mädchen auf Lehrplanebene ein: Fußball für Mädchen an deutschen Schulen." In *Frauenfußball in Deutschland: Anfänge – Verbote – Widerstände – Durchbruch*, hrsg. von Markwart Herzog, 189–200. Stuttgart: W. Kohlhammer, 2013.

Winkler, Heinrich August. *Der lange Weg nach Westen II: Deutsche Geschichte vom „Dritten Reich" bis zur Wiedervereinigung.* München: C. H. Beck, 7. Auflage, 2010.
Winter, Rüdiger. „Wir trauern um den Sportjournalisten Kurt Fuhrmann." *Gladbeck unsere Stadt* 16, Nr. 3 (1988): 19.
Wittmann, Florian. „Die Reichstrainer vor der Spruchkammer. Entnazifizierungsnetzwerke und -strategien im Vergleich: Otto Nerz und Josef ‚Sepp' Herberger." *SportZeiten: Sport in Geschichte, Kultur und Gesellschaft* 19, Nr. 1 (2019): 47–68.
Wittmann, Florian. „Tagungsbericht zur Jahn-Tagung am 10. und 11. Oktober in Stuttgart." *SportZeiten: Sport in Geschichte, Kultur und Gesellschaft* 19, Nr. 3 (2019): 85–89.
Wolfrum, Edgar. „Das westdeutsche ‚Geschichtsbild' entsteht: Auseinandersetzungen mit dem Nationalsozialismus und neues bundesrepublikanisches Staatsbewusstsein." In *Demokratisierung und gesellschaftlicher Aufbruch: Die sechziger Jahre als Wendezeit in der Bundesrepublik*, hrsg. von Matthias Frese, Julia Paulus und Karl Treppe, 227–46. Paderborn: Ferdinand Schöningh, 2003.
Wolfrum, Edgar. *Die geglückte Demokratie: Geschichte der Bundesrepublik Deutschland von ihren Anfängen bis zur Gegenwart.* Stuttgart: Klett-Cotta, 2. Auflage, 2006.
Wolfrum, Edgar. „Die Suche nach dem ‚Ende der Nachkriegszeit': Krieg und NS-Diktatur in öffentlichen Geschichtsbildern der ‚alten' Bundesrepublik Deutschland." In *Erinnerungskulturen: Deutschland, Italien und Japan seit 1945*, hrsg. von Christoph Cornelißen, Lutz Klinkhammer und Wolfgang Schwentker, 183–97. Frankfurt am Main: Fischer, 2003.
Wolfrum, Edgar. *Geschichte als Waffe: Vom Kaiserreich bis zur Wiedervereinigung.* Göttingen: Vandenhoeck & Ruprecht, 2001.
Wolff, Frank, und Lewis Wellbrock. „Der Geist Walther Bensemanns: Der *Kicker* und das Erbe des Nationalsozialismus 1951–2019." In: *„Einig. Furchtlos. Treu." Der* Kicker *im Nationalsozialismus – eine Aufarbeitung*, hrsg. von Lorenz Peiffer und Henry Wahlig, 407–23. Bielefeld: Die Werkstatt, 2022.

Archive

Frankfurt am Main
DFB-Archiv (DFBA)
– Nachlass Ernst Fuhry, Sachakte 3 (Fußball-Jugend I).

Worms
Stadtarchiv Worms (StAW)
– Abteilung 170/27 (Nachlass Ernst Fuhry) Nr. 13, 17, 22.

Periodika

Fußball-Jugend (Mai 1951–Dezember 1981).

Inger Lison*

Fußballfieber in Rocky Beach: Medienpräsentes Matchfixing in der erfolgreichen Detektivserie *Die drei ???* und *Die drei ??? Kids*

Abstract. **Football Fever in Rocky Beach: Media-Present Match Fixing in the Popular Detective Series *Die drei ???* and *Die drei ??? Kids*** – Particularly in times of an upcoming European Football Championship or World Cup, the positive connotations of soccer, such as team spirit, cohesion, solidarity, fairness and the creation of myths – think of the Miracle of Bern – are emphasized in the media. Nevertheless, soccer scandals at national and international level, such as betting fraud, match-fixing, and bribery of referees and players, are also part of soccer reporting at this time. These criminal activities first found their way into the extremely popular detective series *Die drei ???* in 1995 (*Die Drei ??? Fußball-Gangster*). This was followed by six more episodes in which betting fraud and player manipulation were addressed; sometimes ostensibly, sometimes latently. These themes are also present in the series *Die drei ??? Kids*, which is written for a younger target group. The aim of this article is to show to what extent the soccer scandals present in the media are dealt with in these two series in a way that is appropriate for the target audience.

Keywords. Die drei ???; *Die drei ??? Kids*; Soccer; Match Fixing; Betting Fraud; Player Manipulation; Corruption.

1 Pandemiebedingte Fokusverschiebung in der Fußballberichterstattung

Wie in nahezu allen gesellschaftlichen Bereichen übte die Covid-19-Pandemie eine große Wirkung auf den Fußballsport aus. Anstelle voller Stadien, flankiert von einer begeisterten, feucht-fröhlichen Fankultur, standen 2020 nach einer inzidenzbedingten Zwangsspielpause sogenannte Geisterspiele auf dem Programm: Die Mannschaften traten in nahezu menschenleeren und ungewohnt stillen Stadien gegeneinander an. Zwar konnten die Fußballfans ihre Teams vor dem Fernseher bzw. im Livestream anfeuern, doch Begeisterung vermochte dabei nicht aufzukommen. Fakt ist zudem, dass sich während der Pandemie eine Fokusverschiebung in Bezug auf die Fußballmedienberichterstattung ergeben hat. Während vor Beginn der Fußball-EM 2021 in der Presse vorwiegend die Hygienekonzepte bzw. der Gesundheitsschutz in den Stadien diskutiert wurden, beherrschten sonst vor anstehenden internationalen sowie nationalen Fußballwettkämpfen Schlagzeilen

---

*   Technische Universität Braunschweig, Germany – i.lison@tu-braunschweig.de.

zu anderen Themen rund um den Fußballsport die Medien. So wurden einerseits die positiv konnotierten Seiten des Fußballsports, wie beispielsweise Teamgeist, Zusammenhalt, Solidarität, Fairness, Mythenbildung – man denke hierbei an das „Wunder von Bern" –, hervorgehoben. Andererseits wurden in dieser Zeit auch die Fußballskandale auf nationaler und internationaler Ebene verstärkt in Erinnerung gerufen, wie beispielsweise der in Saison 1970/71 als Bundesliga-Skandal betitelte manipulierte Abstiegskampf der Vereine Rot-Weiß Oberhausen und Arminia Bielefeld. Im Jahr 2005 wurde kontinuierlich über den Fußballwettskandal rund um den Schiedsrichter Robert Hoyzer berichtet, der durch das Verlegen diverser Spiele der 2. Bundesliga, der Fußball-Regionalliga sowie sehr fragwürdiger Entscheidungen im DFB-Pokal dazu beigetragen hat, dass gewünschte Resultate aus Sportwetten erzielt bzw. eingehalten wurden. In dem am 21. August 2004 ausgetragenen DFB-Pokal-Spiel zwischen dem Hamburger SV und dem SC Paderborn hat der „Unparteiische" durch die Vergabe von zwei umstrittenen Strafstößen sowie einem Platzverweis entscheidenden Einfluss auf den Ausgang der Partie genommen. Zeitungsberichten zufolge soll Hoyzer dafür von der kroatischen Wettmafia bezahlt worden sein.[1]

Seit 1991 beherrscht ebenfalls die Berichterstattung über den bereits Jahrzehnte andauernden FIFA-Korruptionsskandal die Medien, die die Vergabe der Ausrichtung der Fußball-Weltmeisterschaft an Russland (2018) und Katar (2022) sowie die Vergabe von Sponsoring- und Vermarktungsrechten umfasst. Zu Dauerthemen der Fußballberichterstattung gehören des Weiteren der organisierte Strukturen aufweisende Wettbetrug, Spielmanipulation, Schiedsrichter- und Spielerbestechung sowie Korruption.[2] „Doch Manipulation und Korruption innerhalb des Sports stellen keineswegs neue Phänomene dar, sie reichen bis in die Antike zurück",[3] stellt der Deutsche Fußball-Bund (DFB) fest. Um Trainer, Spieler und Schiedsrichter umfassend aufzuklären, hat der DFB ein eigenes Schulungs- und Präventionsprogramm unter dem Motto „Spiel kein falsches Spiel – Gemeinsam gegen Spielmanipulation" entwickelt. Das Programm stellt einerseits eine Positionierung des Deutschen Fußball-Bundes und somit einen wichtigen Schritt dar, um kriminellen Machenschaften Einhalt zu gebieten. Anderseits dient es auch der Imageverbesserung.

Die skandalträchtigen Ereignisse aus den letzten vierzig Jahren zeigen, dass dieser ganze Nationen begeisternde Spitzensport mittlerweile aufgrund des „Zusammenwachsens von Sportanbietern, Medien, Vermarktern und transnationalen Konsumgüterunternehmen in einem ‚Medien-Sport-Komplex'"[4] aufgegangen ist. Dieser kann unter wirtschaftlichen Aspekten bzw. monetären Beweggründen als ein Einfallstor für verbrecherische Machenschaften genutzt werden. Es verwundert daher nicht, dass diese omnipräsenten Themen auf literarischer Ebene verhandelt werden.

---

[1] Vgl. z.B. Leyendecker, „Geständnis im Wettskandal."
[2] Vgl. Kammler und Kämper van den Boogaart, „Fußball," 6–7.
[3] https://www.dfb.de/gemeinsam-gegen-spielmanipulation/ (30. Dezember 2019).
[4] Vgl. Schwier und Fritsch, „Anmerkungen," 3.

2 Matchfixing & Co. in der erfolgreichen Die drei???-Serie

Fußball ist ein beliebtes Thema der Kinder- und Jugendliteratur.[5] Insbesondere vor Europa- oder Weltmeisterschaften finden sich in den Buchhandlungen Auslagentische, auf denen Klassiker und Neuerscheinungen angeboten werden: insbesondere altbewährte Buchserien[6] (z.B. *Die wilden Kerle*, *Teufelskicker*, *Die drei ???*, *Die drei ??? Kids*, *Fußballprofi*) oder Fußballgeschichten für Erstleser. Im Sachbuchbereich sind die entsprechenden Ausgaben der Serien *Was ist Was?* oder *Wieso, weshalb, warum?* bzw. *Frag doch mal ... die Maus?* sowie Quizbücher vertreten. In jüngster Zeit suggerieren Titel der Reihe *Fußball-Superstars* mit biographischem Hintergrundwissen einen Hauch von Authentizität und versprechen einen Einblick in die beispiellosen Karrieren unter anderem von Cristiano Ronaldo, Lionel Messi und Kylian Mbappé. Zudem mehren sich ebenfalls im Bereich der Jugendliteratur Fußballromane wie etwa *Rausgekickt! Da waren es nur noch zehn* (Julien Wolff), *Traumtreffer. Leon kickt sich durch* (Julien Wolff), *Einfach nur Fußball spielen* (Michael Stilson), *Ein Leben für den Fußball. Die Geschichte von Oskar Rohr* (Julian Voloj) oder *Einer von 11* (Manfred Theisen).

Doch insbesondere bei der literarischen Darstellung der Schattenseiten dieses beliebten Sports wird man bei der wegen rückläufiger Verkaufszahlen im US-amerikanischen Raum im Jahr 1992 eingestellten[7] und seit 1993 ausschließlich von deutschsprachigen Autorinnen und Autoren erfolgreich fortgesetzten Detektivserie[8] *Die drei ???* und der seit dem Jahr 2006 sich an ein jüngeres Zielpublikum (Alter 8 bis 11) richtenden Serie *Die Drei ??? Kids* fündig. Es erscheint aus diesem Grund naheliegend, dass sich in beiden Formaten verstärkt Reflexionen über

---

[5] Vgl. die Beiträge in diesem Sammelband.
[6] In diesem Beitrag werden die Termini Serie und Reihe synonym verwendet. Zwar würde der Begriff Reihe nach den Differenzierungsmerkmalen (z.B. einheitliches Layout, Text-Bild-Gestaltung, inhaltliche Ausrichtung, wechselnde Autorschaft) von Heidi Lexe („Unendliche Weiten," 21) eher zutreffen, dennoch wird in der Forschungsliteratur diesbezüglich nicht einheitlich verfahren; beide Termini werden verwendet.
[7] Diese wurde 1964 von dem amerikanischen Autor Robert Arthur 1964 unter dem Titel *Alfred Hitchcock and The Three Investigators* erfunden und in den ersten Jahren von einem Autorenkollektiv verfasst. Seit dem Fortführen der Serie von deutschsprachigen Autorinnen und Autoren und der Erweiterung des Ermittlungsradius des Detektivtrios auf europäische Städte und den damit für die Rezipienten verbundenen bekannten europäischen Lebensgewohnheiten hat diese jedoch ihren ursprünglichen amerikanischen Charme eingebüßt (Lison, „Erfolgreiche Rezeption und Innovation," 232). Des Weiteren kann eine Abnahme der literarischen Qualität dahingehend festgestellt werden, dass die ursprüngliche, insbesondere durch knifflige Rätsel- und Mysteryelementen erzeugten Spannungsmomente zugunsten einer nicht immer sprachlich gelungenen Narration (z.B. eine allzu offensichtliche Referenzialität in der Namensgebung) gewichen sind, die einerseits aus absatzstrategischen Gesichtspunkten zwar aktuelle Themen aufgreift, andererseits aber auch zu Unstimmigkeiten in der Figurenkonzeption geführt hat.
[8] Vgl. Rodenwald, *Die Welt der Drei Fragezeichen*, 19, 33.

den in Europa populären Fußballsport finden. Schließlich stellt er ein Kulturphänomen[9] dar, das als Lektüre- und Kaufanreiz fungieren kann.

Zu dem langanhaltenden Erfolg der Serie trägt die kontinuierliche Übertragung der einzelnen Bände ins Hörspielmedium entscheidend bei. Denn die sogenannte Generation der „Kassettenkinder", die „zwischen 1968 und 1975 Geborenen",[10] sind mit den immer noch selben Sprechern in den Hauptrollen (Justus Jonas alias Oliver Rohrbeck, Peter Shaw alias Jens Wawrczeck und Bob Andrews alias Andreas Fröhlich) aufgewachsen und konsumieren die Folgen im Erwachsenenalter aus nostalgischen Gründen und um vom familiären oder beruflichen Alltag „abzuschalten". Oliver Rohrbeck spricht von einem Abtauchen in die „Blase der Zeitlosigkeit".[11] Empirische Studien haben belegt, dass in der Altersgruppe der zwanzig- bis vierzigjährigen Rezipienten „durch das Hören Kindheitserinnerungen und die damit verbundenen Gefühle von Geborgenheit und Vertrautheit erlebt werden können".[12]

Das Thema Fußball wird erstmals 1995 im 62. Band *Die drei ???: Fußball-Gangster* von Brigitte Johanna Henkel-Waidhofer thematisiert, die hauptberuflich als (Sport-)Journalistin und landespolitische Korrespondentin beschäftigt ist:

> „Es war damals ziemlich schwer, dieses Thema im Verlag durchzusetzen. Das unsportliche Lektorat fand keinen Gefallen an dem Sujet. Vielleicht hätte ich es nie realisieren dürfen, wenn ich nicht mit der Europameisterschaft 1996 in England hätte argumentieren können."[13]

Den Bedenken des Verlages zum Trotz verkaufte sich dieser Band besonders gut.[14] Doch der wahre Beweggrund, ein Fußballthema zum Gegenstand der Handlung zu machen, war laut Autorin nicht etwa die Europameisterschaft, sondern der „Werbezeiten-Ärger bei Soccer in den USA"[15] anlässlich der dort 1994 ausgetragenen Weltmeisterschaft:

> „Es ist einfach zuviel Geld im Spiel. Fernsehen, Werbung und Wirtschaft haben das Weltunternehmen Fußball schätzengelernt. Sie pumpen Millionenbeträge – Sponsoren wie Coca Cola und Mastercard zahlen allein für diese WM je 20 Millionen Dollar – in den Fußball, in der Hoffnung, ein Vielfaches zu verdienen. […] Die WM ist der Gipfel. Wer hier als offizieller Sponsor mitspielt, darf sich rund um den Globus als Marktführer wähnen: Er führt Fußball als glitzerndes, aufregendes Ereignis im Angebot. […] Weil die Werbung Stil und Inhalt der Fußballschau prägt, beschließen die TV-Stationen ihre Übertragungen mit ‚Bildern des

---

[9] Vgl. Kammler und Kämper van den Boogaart, „Fußball," 7.
[10] Knöhr, „Arbeitswelt," 62; vgl. Bastian, „Das Erbe der Kassettenkinder," 6–7, 34–37.
[11] Rohrbeck, Interview „150 Mal ‚Die Drei Fragezeichen'."
[12] Knöhr, „Arbeitswelt," 62; vgl. Bastian, „Das Erbe der Kassettenkinder," 6–7, 34–37.
[13] Henkel-Waidhofer, zit. nach Rodenwald, *Die Welt der Drei Fragezeichen*, 35.
[14] Vgl. Rodenwald, *Die Welt der Drei Fragezeichen*, 35.
[15] Henkel-Waidhofer, Interview.

Tages', die wie Reklame-Spots anmuten. So werden die Botschaften der Profis, des Fußballspiels und des Produktes ineinandergeblendet."[16]

Und so werden in dem Band *Die drei ???: Fußball-Gangster* in Anlehnung an die realen Ereignisse rund um die 1994 in den USA ausgerichtete Fußball-Weltmeisterschaft jungen Fußballtalenten in einem abgeschirmten Trainingslager unfaire Spieltaktiken beigebracht, um die Werbeblöcke des Lebensmittelkonzerns *Smell* während der Live-Spielübertragung künstlich in die Länge zu ziehen. Zusammen mit ihren Freundinnen Kelly und Elisabeth können Justus, Peter und Bob das mit Hilfe eines Spielmittschnitts beweisen:

„‚Dieser Knabe da', rief sie, ‚der den Ball über die Seitenlinie befördert, der hat überhaupt keinen Grund dazu! Er wird nicht bedrängt, keiner der gegnerischen Stürmer ist in der Nähe. Nichts, gar nichts!' [...] Der Film zeigte noch ein paar solcher Szenen. Immer fanden sie in der Nähe der Mittellinie statt. Beim dritten Schuss ins Aus hatte Kelly auf den Spieler draufgehalten, der den Ball holte. Er ließ sich auffallend viel Zeit, bis er ihn wieder einwarf. ‚Ist aber noch nicht alles', meinte Kelly, die vor Eifer ganz rote Wangen hatte. ‚Der Höhepunkt kommt noch.' Sie hatte zwei Zusammenstöße von ‚Smell'-Spielern aufgenommen, bei denen jeweils einer liegen blieb – und dazu noch ein besonders fieses Foul im Rücken des Schiedsrichters. Nach dieser Szene pflanzte sich Elisabeth vor dem Fernseher auf. ‚Ich glaube', sagte sie, ‚das heißt, wir glauben, ich meine, wir sind ganz sicher, diese Jungs von der ‚Smell'-Truppe unterbrechen das Spiel absichtlich.'"[17]

Auf nachvollziehbare Weise wird zudem mit Hilfe eines Rückblicks des ehemaligen, verurteilten Schiedsrichters Bows erläutert, wie es auch schon zu früheren Zeiten zu den Spielmanipulationen gekommen ist:

„Er war in den 70er Jahren Fußball-Schiedsrichter gewesen, zuerst an der Ostküste dann in Kalifornien. Die Geschichte, die ihn fast ins Gefängnis gebracht hatte, hatte begonnen, als sich einige Verantwortliche im Nationalen Fußballverband dafür stark machten, Fußball für Werbekunden der Fernsehanstalten attraktiver zu gestalten. ‚Ihr wisst doch selber', sagte Bow, ‚was bei uns nicht durch Werbung zu unterbrechen ist, lässt sich nicht verkaufen.' Ein Gutachten war in Auftrag gegeben worden: Britische Fußballexperten sollten herausfinden, wie das Regelwerk verändert werden könnte, um regelmäßige Pausen einzuführen. Die sollten dann mit Werbeblöcken gefüllt werden. [...] Über Hintermänner waren maßgebliche Manager eines großen Unternehmerverbands an den Geschäftsführer der Schiedsrichtervereinigung mit der Frage herangetreten, ob die Spiele nicht auch künstlich, also auf Bestellung, unterbrochen werden könnten. Gegen Geld hatten sich einige Schiedsrichter, darunter auch Bow, an Geheimversuchen beteiligt. Sie pfiffen Verstöße, die gar nicht stattgefunden hatten, zu dem Zeitpunkt, zu dem ein Werbeblock eingespielt werden sollte. Als das offizielle Verbandsgutachten zu dem Schluss gekommen war, dass die Regeln nicht sinnvoll verändert werden konnten, weil Fußball durch regelmäßige Pausen seinen typischen Charakter verlieren würde,

---

[16] Anonym, „Gigantische Täuschung," 181.
[17] Henkel-Waidhofer, *Die drei ???: Fußball-Gangster*, 58.

übten die Hintermänner Druck auf die bestochenen Schiedsrichter aus. ‚Wir wurden erpresst'."[18]

Diese fiktionalen Ausführungen über Spieler- und Schiedsrichtermanipulationen, das sogenannte Matchfixing, decken sich mit den Ermittlungsergebnissen des Kriminalpolizisten Michael Bahrs. Dieser gilt als Europas profiliertester Ermittler des organisierten Wettbetrugs im Fußballsport. In den Jahren 2008 bis 2015 gehörte er der international ermittelnden 20-köpfigen „Soko Flankengott" an, die es sich zum Ziel gesetzt hatte, das Matchfixing aufzudecken. Unterstützt wurden sie von *Europol*, *Interpol* und *Eurojust*. Die Erfolgsbilanz kann sich sehen lassen: Bahrs hat dazu beigetragen, dass „Europas größtes Sportmanipulationsverfahren in den Jahren 2009 bis 2015 mit 17 Verurteilungen vor den Gerichten Bochums geendet hat".[19]

> „Es ging um bestochene Spieler und Schiedsrichter, um 680 manipulierte Fußballspiele in 30 Ländern – 70 davon in Deutschland. Um Begegnungen aus fast allen Ligen bis zur WM-Qualifikation. Um Hunderte Zocker, die im Monat zum Teil mehr als eine Million Euro auf abgesprochene Begegnungen platzierten, um die Organisierte Kriminalität und um Geldwäsche. Und es ging um den geplatzten Traum, dass der Fußball ein sauberer Sport ist."[20]

In seiner unter Mitarbeit von Benjamin Best 2020 publizierten Monografie *Verbrechen am Fussball: Meine Ermittlungen gegen den organisierten Wettbetrug* differenziert Bahrs die Spielmanipulation in ihre verschiedenen Ausprägungen aus: So kaufen sich beispielsweise kriminelle Investoren in Vereine mit der Intention ein, Einfluss auf die Mannschaft und die Spielausgänge zu nehmen. Dabei werden nicht selten die Trainerteams ausgewechselt und Funktionäre implementiert. Auf diese Weise wird Schritt für Schritt die Machtposition des Investors ausgebaut.[21] Des Weiteren greifen eigens zum Zweck der Manipulation gegründete Sportagenturen in die Organisation von Länderspielen, die in ärmeren Nationen durchgeführt werden, ein.[22] Auch sogenannte Geisterspiele, die in diesem Kontext nicht mit den im Fernsehen übertragenen Fußballspielen vor leeren Tribünen während der Covid-19-Pandemie zu verwechseln sind, gehören zur organisierten Kriminalität dazu:

> „Das sind Fußballspiele, die nur auf dem Papier und im Angebot verschiedener Wettanbieter existieren. Kriminelle Wettsyndikate organisieren fiktive Partien und sorgen dafür, dass Wettanbieter diese Spiele in ihr Angebot aufnehmen. Da weltweit jeden Tag Tausende Fußballspiele stattfinden, haben Wettanbieter sogenannte Daten-Scouts vor Ort in den Stadien oder an den jeweiligen Fußballplätzen. Durch diese Scouts wird der Spielverlauf digital an den Wettanbieter übermittelt, und die-

---

[18] Henkel-Waidhofer, *Die drei ???: Fußball-Gangster*, 66.
[19] Bahrs, *Verbrechen am Fussball*, 10.
[20] Anonym, „Das grobe Foulspiel," 61.
[21] Vgl. Bahrs, *Verbrechen am Fussball*, 22.
[22] Vgl. Bahrs, *Verbrechen am Fussball*, 27–29.

ser erstellt daraufhin die entsprechende Wettquote. [...] Und auf diese Scouts haben es die Kriminellen abgesehen: Sie werden bestochen und mit einem fiktiven Spielverlauf ausgestattet, den sie an den Wettanbieter übermitteln sollen – und fertig ist das sogenannte Geisterspiel."[23]

Als weitere Form wird die Spielermanipulation beschrieben:

„Die Hintermänner kommen größtenteils aus der illegalen Glücksspielszene und haben sich über die Jahre ein Netzwerk von Mitstreitern aufgebaut, sie dich in der Wett- oder Glücksspielszene bestens auskennen. Sie verfügen über besondere Kontakte, die dazu geeignet sind, möglichst hohe Wetten in vielen unterschiedlichen Ländern zu platzieren. Der asiatische Markt ist so etwas wie das Schlaraffenland – sowohl für Kriminelle als auch für herkömmliche Wettspieler. Denn der dortige Wettmarkt kennt keine Limits. Die niedrigsten Spielklassen – auch deutsche Amateurspiele – sind bewertbar. Und die Wetteinsätze sind fast unbegrenzt.[24]

Auch die Bestechung von Schiedsrichtern wird aus derselben Absicht heraus vorgenommen. Einerseits werden im Vorfeld Absprachen mit den „Unparteiischen" getroffen, andererseits leiten insbesondere in den Vorbereitungsspielen in Trainingslagern auch Personen mit einer falschen Identität die Fußballspiele, auf die ebenfalls Wetten platziert werden können.[25] In diesem Zusammenhang prangert Bahrs ehemalige hochkarätige Spieler wie Oliver Kahn und Lukas Podolski an. Diese treten nämlich in der Öffentlichkeit als Werbebotschafter für die am Markt führenden Wettanbieter auf, wodurch Sportwetten zum einen legitimiert und „glorifiziert" und zum anderen Themen wie Spielsucht und Wettmanipulation verharmlost werden.[26]

Insbesondere die Korruption von Spielern und Schiedsrichtern wird in *Die drei ???: Fußball-Gangster* literarisch aufgearbeitet. Das gelingt wie in den meisten Fußballfällen auf narrativer Ebene beispielsweise mit der authentischen Beschreibung einzelner Spielszenen in der mitreißenden, von Reportern bekannten kreativen Sprache, die mit Fachtermini angereichert ist, sowie mit Interviews, die von Justus, Peter und Bob mit korrumpierten Personen geführt werden. Doch darf das nicht darüber hinwegtäuschen, dass in den neueren Bänden im Gegensatz zu den von amerikanischen Autoren verfassten Fällen vermehrt eine zwar moderne, aber flapsige Umgangssprache verwendet wird, die Merkmale konzeptioneller Mündlichkeit aufweist.[27] Das mindert die literarische Qualität. Des Weiteren wird die aus dem Kriminalroman[28] bekannte Fragestruktur (whodunit?, howdunit?

---

[23] Bahrs, *Verbrechen am Fussball*, 29–30.
[24] Bahrs, *Verbrechen am Fussball*, 23–24.
[25] Vgl. Bahrs, *Verbrechen am Fussball*, 23–25.
[26] Vgl. Bahrs, *Verbrechen am Fussball*, 17.
[27] Vgl. beispielsweise die bei Anm. 17 zitierte Textpassage über die Auswertung des Videomittschnitts der von dem Lebensmittelkonzern *Smell* beeinflussten Fußballmannschaft.
[28] Der Begriff Kriminalroman wird in dieser Abhandlung in Anlehnung an bedeutende Publikationen über diese Gattung (z.B. Marsch, *Kriminalerzählung*; Nusser, *Kriminalroman*; Sauerbaum, *Krimi*; Vogt, *Kriminalroman*) als Oberbegriff verwendet. Des Weiteren wird eine Differenzierung in die Subgattungen Detektivgeschichte, Verbrechensgeschichte und

whydunit?) konsequent in die Ermittlungen des Detektivtrios einbezogen, sodass Rätselelemente die Leserinnen und Leser zu intellektuellen Kombinationen motivieren. In Verbindung mit einer punktuell einsetzenden Rätselspannung und einer über die gesamte Narration aufrechterhaltenen Grundspannung sowie der Implementierung von abenteuerlichen Elementen (z.B. Verfolgungsjagd) gelingt ein ansprechendes und zeitgemäßes Leseerlebnis, das zwar nicht an die Qualität der ersten Geschichten herankommt, aber anscheinend die Erwartungen der Adressaten befriedigt.

Positiv hervorzuheben ist allerdings, dass der Roman als Sensibilisierungs- oder Präventionslektüre fungieren kann, da für die Leserschaft darüber hinaus die juristischen Konsequenzen einer solchen Straftat benannt werden: „Bow und sieben andere Schiedsrichter waren lebenslang gesperrt worden. Außerdem hatte man sie vor Gericht gestellt und zu deftigen Geldstrafen und 400 Stunden Sozialdienst verurteilt."[29] Auch hier wird deutlich, dass zwar die ausführenden bzw. korrumpierten Personen verurteilt werden, jedoch die Drahtzieher nicht weiter belangt werden können. Dies spiegelt die Ergebnisse einiger Strafverfahren in diesem Rahmen authentisch wider.

Es folgen weitere Bände, in denen das Matchfixing jedoch überwiegend latent (z.B. *Die drei ???: Verdeckte Fouls*, *Die drei ???: Fußballfieber*, *Die drei ??? und das Fußballphantom*, *Die drei ??? und die Fußball-Falle*, *Die drei ???: Fußball-Teufel*) aufgegriffen wird. Während in Sonnenleitners erstem (*Die drei ???: Fußballfieber*)[30] und zweitem (*Die drei ??? und die Fußball-Falle*) Fußballfall die in Europa beliebte Sportart nur als Rahmenhandlung dient – hier stehen Themen wie beispielsweise Aberglaube und Kunstraub im Vordergrund – ändert sich das in dem 2014 erschienenen Band *Die drei ??? und der gestohlene Sieg*. Die Handlung setzt mit dem ungerechtfertigten Sieg der Frauenfußballmannschaft *L. A. Strikers* im Pokalfinale gegen die hoch favorisierten *Rochester Raven* ein. Die Schiedsrichterin Hutchinson hat das Spielergebnis durch die Wertung eines Phantom- und eines Abseitstors sowie durch weitere Fehlentscheidungen, wie ungerechtfertigte Platzverweise, dahingehend manipuliert, dass die bis dahin unterlegenen *Strikers* die Meisterschaft gewinnen konnten. Der Grund dafür ist eine Erpressung. Mrs. Hutchinson wird von einem Unbekannten gezwungen, das Spielergebnis zu manipulieren, ansonsten würde ihrem kleinem Sohn Tommy etwas Schlimmes widerfahren. Skandalträchtige Phantomtore oder sogenannte ghost-goals durchziehen die Geschichte des Fußballs. Legendär ist das „Wembley-Tor" des englischen Nationalspielers Geoff Hurst, das er 1966 im WM-Finale gegen Deutschland „erzielte". Der aus kurzer Distanz wuchtig geschossene Ball prallte von der Torlatte nach unten. Fraglich ist bis heute, ob er mit vollem Umfang hinter der Torlinie

---

Thriller vorgenommen, auf die jedoch im Folgenden nicht näher eingegangen werden soll. Dazu Lison, „Erfolgreiche Rezeption und Innovation," 197–200.

[29] Henkel-Waidhofer, *Die drei ???: Fußball-Gangster*, 67.

[30] Der Titel könnte auf die Spielfilme *Cup Fever* von Davis Bracknell (1965) oder *Fußballfieber – Elfmeter für Daddy* von Jesse Dylan (2005) zurückgehen.

Abb. 1: Marco Sonnleitner, Die drei ??? und der gestohlene Sieg, *Stuttgart: Franckh-Kosmos Verlags-GmbH & Co. KG, 2014, Coverillustration von Silvia Christoph.*

aufschlug. Der umstrittene Treffer wurde nach Anzeige des sowjetischen Linienrichters Tofik Bachramow, der dem Schiedsrichterteam in diesem Finale aufgrund von Bestechung angehört haben soll,[31] gewertet; Deutschland verlor das Finale in der Verlängerung mit 2:4. In der besagten Folge *Die drei ??? und der gestohlene Sieg* könnte auf das legendäre Wembley-Tor folgendermaßen rekurriert worden sein:

> „Der Ball sauste wie ein Strich durch den Strafraum, ging über die Ravens-Torfrau hinweg und knallte gegen die Unterkante der Latte. ‚Nein!' Peter raufte sich die Haare. Das Leder sprang von der Latte auf den Boden. Eine gute Handbreit vor der Linie. Im nächsten Moment hatte die Torhüterin den Ball unter sich begraben. ‚Kein Tor', stöhnte Bob. ‚Mann, war das knapp!' Plötzlich ertönte ein Pfiff. Die Schiedsrichterin hatte gepfiffen. Und nun zeigte sie zur Mittellinie. Tor. Sie hatte auf Tor entschieden."[32]

Aber auch auf weitere Skandaltore, wie beispielweise das „Handtor" von Diego Maradona während der Weltmeisterschaft 1986 oder das Phantomtor von Stefan Kießling in einem Spiel zwischen Bayer Leverkusen und TSG Hoffenheim, könnten Pate gestanden haben. Das Besondere an dieser Fußballgeschichte ist, dass Sonnleitner das Thema Schiedsrichterbestechung nicht mit dem Männer-, sondern mit dem Frauenfußball verbindet, obwohl dieser auf nationaler und internationaler Ebene bislang nicht von handfesten Skandalen erschüttert worden bzw. in die negativen Schlagzeilen gerückt ist. Ein Grund dafür könnte der in den USA im Gegensatz zum Männerfußball wesentlich populärere Frauenfußball sein. Somit spricht Einiges dafür, dass der Autor die amerikanischen Sportverhältnisse bzw. den dort präsenteren Frauen-Soccer, dem Original entsprechend, „adäquat" abzubilden versuchte und damit einen Hauch von Authentizität mit einfließen ließ. Andererseits wird damit der bislang tatsächlich nicht mit Korruptionsskandalen belastete Frauenfußball mit kriminellen Schattenseiten in Verbindung gebracht. Vielleicht war aber auch die in den Medien veröffentlichte Mahnung der selbst unter Korruptionsverdacht stehenden FIFA im Rahmen der Frauen-Weltmeisterschaft in Frankreich ausschlaggebend, die die Spielerinnen vor Bestechung und Wettmanipulation gewarnt hatte. Der Grund dafür waren angeblich die im Vergleich zu ihren männlichen Kollegen noch immer wesentlich geringer ausfallenden Gehälter.[33] Bislang fungiert der norwegische Fußballverband (NFF) hinsichtlich des sogenannten Gender Pay Gaps als Vorbild, da seit 2018 die Spielerinnen der norwegischen Nationalmannschaft dasselbe Gehalt verdienen und dieselben Prämien erhalten wie ihre männlichen Kollegen.[34] Interessanterweise sehen sowohl die ehemalige Bundestrainerin Martina Voss-Tecklenburg als auch der

---

[31] Vgl. Muras, „‚Is goal, goal, goal'." Der Journalist Udo Muras vermutet aufgrund des umstrittenen Treffers, dass zu „Hochzeiten des kalten Krieges der Fußball politisch geworden ist" (ebd.).
[32] Sonnleitner, *Die drei ??? und der gestohlene Sieg*, 14.
[33] Anonym, „Bestechung."
[34] Anonym, „Norwegen."

Sportökonom Frank Daumann die geschlechterbedingten Gehaltsunterschiede als gerechtfertigt an:

> „Wir generieren nicht die Gelder, also können wir sie auch nicht in der gleichen Höhe fordern. Ungerecht sind Gehälter dort, wo Männer und Frauen sich auf der gleichen Ebene bewegen und die Arbeitsbedingungen gleich sind."[35]

Dessen ungeachtet haben im Jahr 2020 auch die nationalen Verbände von Neuseeland, Australien, Finnland, Fidschi, Brasilien und England die Bezahlung ihrer Fußballspielerinnen angeglichen.[36] Fraglich bleibt allerdings, ob die FIFA mit ihrer „wohlgemeinten" Mahnung von ihren eigenen Problemen ablenken bzw. ihr beschädigtes Image verbessern wollte, indem sie die Spielerinnen und die Öffentlichkeit für dieses Thema sensibilisierte.

3 Fußballflair in Die drei ??? Kids

Unter der erwachsenen Fangemeinde gelten die Sportfolgen des Detektivtrios im Vergleich zu den literarisch anspruchsvolleren ersten Fällen aus der Feder amerikanischer Autoren als höchst umstritten, aber der Lesernachwuchs wird über diese sich gut verkaufenden Bände gewonnen.[37] Daher ist es nicht verwunderlich, dass unter marktstrategischen Gesichtspunkten die Fußballfälle insbesondere in der für die jüngere Zielgruppe konzipierten *Die drei ???-Kids*-Serie verstärkt aufgegriffen werden.[38]

Hierdurch lassen sich die Ungereimtheiten in der Figurenkonzeption von Justus Jonas erklären: Während er in der für Jugendliche geschriebenen Serie, zunächst noch ganz dem amerikanischen Vorbild der ersten Fälle folgend, als generell wenig sportinteressiert gilt, wird die Figurenkonzeption in den *Drei ??? Kids*-Bänden dahingehend modifiziert, dass Peter als Fußballtalent (vgl. *Die drei ???: Fußball-Diebe*) firmiert und sogar Justus' Begabung als Torwart entdeckt wird. In *Die drei ??? Kids: Fußballgötter* heißt es dementsprechend:

> „‚Fantastisch, wie du den Ball gefangen hast. Wirklich super! Spielst du schon lange Fußball?' Überrascht sah der Anführer der drei ??? den dunklen Jungen an. Obwohl Justus kein absolut unsportlicher Junge war, zählten Ballspiele nicht zu seinen Hauptinteressen. ‚Äh, nein', rang er sich schließlich ab. ‚Ich halte es mehr mit Denksportaufgaben. Fußball habe ich noch nie gespielt.' ‚Das gibt es doch nicht', rief ein anderer, hochaufgeschossener Junge. ‚Das war perfekt, wie du den Ball eben gefangen hast. Annahme mit beiden Händen, dann sicher an die Brust gezogen und anschließend fest umklammert. So machen das nur gute Torsteher.' ‚Torsteher?', fragte Bob verwundert. ‚Der Torwart, der Keeper, der Schlussmann, der Torhüter, die Nummer Eins!', rief der lange Junge. ‚Der einzige, der den Ball im Spiel mit der Hand berühren darf. Habt ihr wirklich noch nie Fußball gespielt?'

---

[35] Anonym, „Fußballgehälter."
[36] Dreher, „Brasilien."
[37] Vgl. Rohrbeck, Interview „‚Man müsste die Drei mal zur Fifa schicken'."
[38] Vgl. Rodenwald, *Die Welt der Drei Fragezeichen*, 76.

Peter schüttelte den Kopf. ‚Wir haben hier gerade Baseball geübt.' ‚Ach ja, wie alle amerikanischen Jungen', seufzte der kleine Lockenkopf. [...] Justus fand langsam Gefallen an der Sache. ‚Wir haben noch nie jemanden in Rocky Beach getroffen, der Fußball spielt'."[39]

Diese Geschichte steht ausnahmsweise ganz unter dem Zeichen des Fußballs, denn genauso wie in den für die jugendliche Leserschaft adressierten *Die drei ???*-Folgen fungiert der Sport in den für jüngere Rezipienten konzipierten *Kids*-Bücher oftmals als Rahmenhandlung (z.B. *Die drei ??? Kids: Fußball-Alarm* und *Die drei ??? Kids: Der Fußball-Roboter*). Auf dieses in Band 42 beschriebene Fußballturnier in Rocky Beach, der Coppa Cuichi, und auf den kniffligen Fall *Die drei ??? Kids: Falsche Fußballfreunde* trifft dies jedoch nicht zu. Da der Torwart der *Anden-Teufel* verletzungsbedingt ausfällt, übernimmt Justus seine Position. Genauso wie es der südamerikanische Fußballgott Cuichi prophezeit hat. Doch während des Turniers ermittelt der erste Detektiv darüber hinaus zusammen mit seinen Kollegen gegen ihren kontinuierlichen Erzfeind Skinner Norris und dessen Auftraggeber, Professor Miller. Dieser beabsichtigt, mit Hilfe einer geschickten Spielmanipulation den Fußballpokal zu stehlen, der ein Abbild des Fußballgottes darstellt. Er ist sehr wertvoll, denn „die Figur ist aus Gold, und die Steine sind kostbare Diamanten".[40]

Auch hier könnte auf eine reale Begebenheit angespielt worden sein. Kurz vor der Weltmeisterschaft 1966 in England wurde der kostbare Weltmeisterschaftspokal, der Coupe Jules Rimet, gestohlen. Der Dieb drohte, die Siegestrophäe einzuschmelzen, wenn er nicht 15.000 Pfund erhalten würde. Schon bei der Lösegeldübergabe wurde der Verbrecher gefasst. Der Pokal hingegen wurde zufällig von einem Mischlingshund Pickles beim Gassigehen ausgegraben.[41] Optisch ähnelt die Cuichi-Statue tatsächlich dem Jules-Rimet-Cup, der die griechische Siegesgöttin Nike zeigt:

In dieser Folge wird also zudem das Thema Aberglauben implementiert. Der Fußballsport ist auch im realen Leben ein gesellschaftliches Subsystem, in dem Aberglauben, Rituale und Routinen einen festen Platz gefunden haben:[42] Die identische Trikotnummer – Cristiano Ronaldo (7), Luis Figo (7), Frank Ribéry (7), Lionel Messi (10), Lothar Matthäus (10), Diego Maradona (10), David Beckham (23), Bastian Schweinsteiger (31) etc. –, das Bekreuzigen der Spieler vor dem Betreten des Spielfeldes (Diego Maradona), das Betreten des Rasens mit immer demselben Fuß (z.B. Miroslav Klose, Cristiano Ronaldo), das Tragen von glückbringenden Kleidungsstücken (z.B. Joachim Löw, Mario Götze) oder das Küssen der Glatze eines Mitspielers vor dem Anstoß (Laurent Blanc und Fabien Barthez). Diese Aufzählung könnte fortgeführt werden. Bevor der portugiesische Nationalspieler Cristiano Ronaldo etwa einen Freistoß oder Elfmeter schießt, vollzieht er

---

[39] Pfeiffer, *Die drei ??? Kids: Fußballgötter*, 15, 16.
[40] Pfeiffer, *Die drei ??? Kids: Fußballgötter*, 83.
[41] Kulke, „Mischlingshund Pickles."
[42] Dazu ausführlich Bromberger, *Le match de football*.

Abb. 2: Boris Pfeiffer, Die drei ??? Kids: Fußballgötter, Stuttgart: Franckh-Kosmos Verlags-GmbH & Co. KG, 1. Auflage, 2010, Coverillustration von Kim Schmidt.

eine festgelegte Schrittabfolge, die in ein Power-Posing mündet. Dieses Ritual dient einerseits als Konzentrationsübung, andererseits bezweckt es die Einschüchterung des Gegners. Es stellt somit ein Machtgebaren, eine Demonstration von Überlegenheit dar.

Solche ritualisierten Handlungen werden in der Detektivserie aufgegriffen. So wird in *Die drei ??? Kids: Fußballhelden* der unter Fußballspielern weit verbreitete Aberglaube in Kombination mit einem lukrativen Wettbetrug thematisiert. Im Halbfinale der kalifornischen Polizeimannschaften trifft der *Polizei Soccer Club Rocky Beach* (PSC) auf die *Santa Monica Blues*. Kommissar Reynolds klärt Peter über bestimmte Rituale der Spieler auf:

> „‚Du darfst nicht mit dem rechten Fuß zuerst aufs Spielfeld treten', rief der Kommissar. ‚Das bringt Unglück!' Verwundert zuckte Peter die Schultern. ‚Äh, wieso denn? Das habe ich noch nie gehört …' ‚Nicht?', fragte Reynolds entsetzt zurück. ‚Aber das ist doch noch lange nicht alles, was man für einen Sieg tun kann. Ich habe auch immer eine Glücksmünze in einem meiner Schuhe. Nicht in meinem Alltag als Polizist, aber auf dem Fußballfeld. Jeder in unserer Mannschaft hat seine Glücksrituale. Unser Torwart Manuelito Novello geht auf der Toilette immer nur ans Pissoir ganz links außen. Und unser Flankengott Eckham hat seit Beginn der Pokalspiele seine Socken nicht mehr gewaschen …'."[43]

Auch hierfür könnten die bereits erwähnten Rituale und Routinen prominenter Profispieler als Vorbild gedient haben. In diesem Auszug sind zudem Anspielungen auf Fußballspieler enthalten, die von der Leserschaft leicht verstanden wurden. So wurde der Name des Torhüters der deutschen Nationalmannschaft Manuel Neuer in Manuelito Novello abgeändert. Zudem spielt der Name David Eckham auf den ehemaligen Kapitän der englischen Fußballnationalmannschaft David Beckham an. Auch diese sehr offensichtlichen und in Rezensionen als einfallslos bewerteten Intertextualitäten[44] tragen zwar – wenn sie erkannt werden – zu einer humorvollen Note bei; jedoch büßen diese Geschichten für nachfolgende Generationen an Rezipienten damit ihren zeitlosen Charakter ein.

Auch im Rahmen der ursprünglich geplanten Fußball-Europameisterschaft 2020 wurde als neuer Fußballfall *Die drei ??? Kids: Fußball-Diebe* publiziert. Strategisch geschickt platziert wurde sodann im Umfeld des 2021 nachgeholten Turniers die entsprechende Hörspieladaption veröffentlicht, sodass einerseits fußballaffine Rezipienten auf ihre Kosten kamen, andererseits der Absatz dieser Folge möglicherweise noch einmal gesteigert werden konnte. Im 83. Band scheint Peter sein fußballerisches Talent verloren zu haben. In der Partie der *Rocky Beach Socceroos* gegen die Jugendmannschaft von *Los Angeles United* gelingt es ihm als Torwart trotz Trainingsbestleistung einfach nicht, den Ball festzuhalten, sodass dieser schlussendlich die Torlinie passiert. Zur Halbzeit liegt sein Team bereits 0:2 zurück. Dass der Ball mehrmals eine höchst unnatürliche Flugbahn beschreibt,

---

[43] Pfeiffer, *Die drei ??? Kids: Fußballhelden*, 22–23.
[44] Vgl. z.B. https://www.amazon.de/gp/customer-reviews/R2X70I7CC0L7T6/ref=cm_cr_arp_d_viewpnt?ie=UTF8&ASIN=344013704X#R2X70I7CC0L7T6.

macht die in der ersten Halbzeit als Linienrichter eingesetzten Detektive Justus und Bob stutzig. Sie finden heraus, dass der Fußball mit Hilfe von Gas manipuliert wurde und wie eine Drohne mit einer als Eismaschine getarnten Ballsteuermaschine gelenkt wird. Auf diese Weise können Spiel und Ergebnis beliebig manipuliert werden.

Nicht nur dieser neueste Fall, sondern auch *Die drei ???: Der Fußball-Roboter* sowie die bereits besprochenen Bände zeigen neben ihrem Rekurs auf medial präsente Themen rund um den Fußballsport die Tendenz an, dass die Autoren der für die jüngere Zielgruppe konzipierten *Die drei ???-Kids*-Reihe zeitgemäße, technische Errungenschaften modifizieren und kreativ in die Fußballthematik integrieren. Auf diese Weise erzielen die auf ähnliche Art und Weise gestalteten, leicht redundant wirkenden Passagen (Kommentierung von Spielszenen etc.) variantenreiche Unterhaltungseffekte, die Eintönigkeit vermeiden und weitere Leseanreize setzen. Fraglich ist allerdings, ob diese Implementierung nicht gleichzeitig auch die literarästhetische Qualität der Texte schmälert. Die nur allzu offensichtliche, wenig kunstvolle Anspielung auf die Namen berühmter Spieler wurde bereits erörtert.

4 Fazit

Wie im Verlauf des Beitrags aufgezeigt werden konnte, hat das Thema Fußball in den 1990er Jahren wegen der Fortsetzung der Reihe durch ausschließlich deutschsprachige Autorinnen und Autoren Eingang in die in Rocky Beach ansässige Lebenswelt von Justus Jonas, Peter Shaw und Bob Andrews gefunden. Sowohl die für Jugendliche konzipierten *Die drei ???*-Bände als auch die sich an ein jüngeres Zielpublikum richtende *Kids*-Reihe rekurrieren jeweils adressatengerecht auf medienpräsente kriminelle Machenschaften rund um den Fußballsport. Dabei spielt das Matchfixing eine entscheidende Rolle. Um den jeweiligen Lesebedürfnissen gerecht zu werden und eine nachvollziehbare Handlung darstellen zu können, wurden entgegen dem einstigen amerikanischen Original Modifizierungen in der Figurenkonzeption vorgenommen. Leider haben diese neueren Folgen mit Bezug zu aktuellen, medial diskutierten Diskursen hinsichtlich der Verwendung einer wohlgemeinten adressatengerechteren bzw. zeitgemäßer wirkenden Umgangssprache und der allzu offensichtlichen Anspielung an prominente Profifußballer sowohl auf der *discours*- als auch auf der *histoire*-Ebene an Qualität eingebüßt. Da in den entsprechenden Geschichten jedoch oftmals die moralische Zwickmühle, in der sich die korrumpierten Personen befinden, beschrieben und zudem die juristischen Konsequenzen aufgezeigt werden, die die Spiel(er)- und Schiedsrichtermanipulation nach sich zieht, können diese jugendliterarischen Fußballfälle gemäß der Positionierung des Deutschen Fußball-Bundes als Sensibilisierungs- und Präventionslektüre betrachtet werden. Des Weiteren wird diese Art von Fußballliteratur seit etlichen Jahren für die, einigen Studien zufolge,[45] nicht ganz so stark ausgeprägte Lesemotivation bei Jungen im Rahmen einer geschlechtersensiblen Leseförderung eingesetzt.[46] Diesbezüglich können die Fußballfälle in *Die Drei ???* und in *Die drei ??? Kids* einen wertvollen Beitrag leisten. Zudem zeigen Projekte für fußballbegeisterte Mädchen und Jungen (und diejenigen, die es noch werden möchten), wie beispielsweise der von der Deutschen Akademie für Kinder- und Jugendliteratur e.V. und dem Bayerischen Fußball-Verband unter der Schirmherrschaft des Bayerischen Staatsministers für Wissenschaft und Kunst veranstaltete *Lese-Kick in Bayern*,[47] wie „Lesen und Fußball auf gewinnbringende Weise miteinander"[48] verbunden werden können. Auch in diesem Rahmen wird unter anderem in den Buchtipps[49] auf die Fälle *Der drei ???* verwiesen.

Kinder- und Jugendbücher

Blanck, Ulf. *Die drei ??? Kids: Fußball-Alarm*. Bd. 26. Stuttgart: Frankh-Kosmos, 2006.
Blanck, Ulf. *Die drei ??? Kids: Der Fußball-Roboter*. Bd. 75. Stuttgart: Frankh-Kosmos, 2018.
Henkel-Waidhofer, Brigitte Johanna. *Die drei ???: Fußball-Gangster*. Bd. 62. Stuttgart: Frankh-Kosmos, 2011 (ebook).
Nevis, Ben. *Die drei ???: Verdeckte Fouls*. Bd. 78. Stuttgart: Franckh-Kosmos, 1998.
Pfeiffer, Boris. *Die drei ??? Kids: Fußballgötter*. Bd. 42. Stuttgart: Franckh-Kosmos, 2010.
Pfeiffer, Boris. *Die drei ??? Kids: Falsche Fußballfreunde*. Bd. 47. Stuttgart: Franckh-Kosmos, 2011.
Pfeiffer, Boris. *Die drei ??? Kids: Fußballhelden*. Bd. 59. Stuttgart: Franckh-Kosmos, 2014.
Sonnleitner, Marco. *Die drei ???: Fußballfieber*. Bd. 122. Stuttgart: Franckh-Kosmos, 2005.
Sonnleitner, Marco. *Die drei ??? und die Fußball-Falle*. Bd. 138. Stuttgart: Franckh-Kosmos, 2008.
Sonnleitner, Marco. *Die drei ??? und das Fußballphantom*. Bd. 151. Stuttgart: Franckh-Kosmos, 2010.
Sonnleitner, Marco. *Die drei ???: Fußball-Teufel*. Bd. 162. Stuttgart: Franckh-Kosmos, 2012.
Sonnleitner, Marco. *Die drei ??? und der gestohlene Sieg*. Bd. 174. Stuttgart: Franckh-Kosmos, 2014 (ebook).

Literatur

Anonym. „Bestechung: FIFA warnt Spielerinnen." *Sport 1*, 13. Dezember, 2017. https://www.sport1.de/fussball/frauen-wm/2019/06/frauen-wm-fifa-warnt-spielerinnen-vor-bestechung.
Anonym. „Das grobe Foulspiel." *Focus* 48 (2020): 60–65. https://www.focus.de/finanzen/news/titel-das-grobe-foulspiel_id_12683202.html.

---

[45] Vgl. z.B. Garbe, „‚Echte Kerle lesen nicht!?'."
[46] https://www.boysandbooks.de/buchempfehlungen/ (19. August 2021).
[47] https://www.akademie-kjl.de/veranstaltungen-projekte/lese-kick/ (30. Dezember 2019).
[48] https://www.akademie-kjl.de/veranstaltungen-projekte/lese-kick/ (30. Dezember 2019).
[49] https://www.akademie-kjl.de/wp-content/uploads/2020/10/Fussball-Flyer-2020.pdf (26. August 2021).

Anonym. „Fußballgehälter Männer und Frauen." *Schweriner Volkszeitung*, 11. Juni, 2019. https://www.svz.de/sport/fussball/meldungen/Gleicher-Lohn-fuer-gleiche-Tore-Debatte-um-Gehaelter-fuer-Maenner-und-Frauen-im-Fussball-neu-entfacht-id24214182.html.

Anonym. „Gigantische Täuschung." *Der Spiegel*, Nr. 28 (1994): 178–85.

Anonym. „Norwegen: Gleiche Bezahlung für Männer- und Frauenfußballer." *Ran*, https://www.ran.de/fussball/news/norwegen-gleiche-bezahlung-fuer-maenner-und-frauen-fussballer-120424 (23. August 2021).

Bahrs, Michael, und Benjamin Best. *Verbrechen am Fussball: Meine Ermittlungen gegen den organisierten Wettbetrug*. Hamburg: Koehler, 2020.

Bastian, Annette. *Das Erbe der Kassettenkinder ... ein spezialgelagerter Sonderfall*. Brühl: Eccomedia, 2003.

Bromberger, Christian. *Le match de football: Ethnologie d'une passion partisane à Marseille, Naples et Turin*. Paris: Éditions de la Maison des sciences de l'homme, 1995.

Dreher, Anna. „Brasilien zahlt Marta jetzt genauso viel wie Neymar." *Süddeutsche Zeitung*, 8. September, 2020. https://www.sueddeutsche.de/sport/fussball-frauen-gleichberechtigung-geld-1.5023794.

Garbe, Christine. „‚Echte Kerle lesen nicht!?' Was eine erfolgreiche Leseförderung für Jungen beachten muss." In *Handbuch Jungen-Pädagogik*, hrsg. von Michael Matzner and Wolfgang Tischner, 301–15. Weinheim und Basel: Beltz, 2008.

Henkel-Waidhofer, Brigitte Johanna. „O. T." Schriftlich geführtes Interview von dem Redaktionsteam von rocky-beach.com. Internetpräsenz von rocky-beach.com, Mai 2014. https://www.rocky-beach.com/special/bjhw/bjhw_2004.html.

Kammler, Clemens, und Michael Kämper van den Boogaart. „Fußball." *Praxis Deutsch* 196 (2006): 6–14.

Knöhr, Nathalie. „Die drei ??? oder: Die wundersame Arbeitswelt der seriellen Hörspielproduktion." *Kids + media* 4, Nr. 1 (2014): 59–78.

Kulke, Ulli. „Wie Mischlingshund Pickles die Fußball-WM rettete." *Welt Kultur*, 17. Juni 2016. https://www.welt.de/kultur/history/article106567723/Wie-Mischlingshund-Pickles-die-Fussball-WM-rettete.html.

Lexe, Heidi. „Unendliche Weiten: Auf der Suche nach Spannungselementen in der Welt der Kinderbuchserien." *Tausend und ein Buch: Zeitschrift für Kinder- und Jugendliteratur* 6 (1997): 15–30.

Leyendecker, Hans. „Geständnis im Wettskandal: Kroatische Wettmafia zahlte Hoyzer angeblich 50.000 Euro." *Süddeutsche Zeitung*, 17. Mai, 2010. https://www.sueddeutsche.de/sport/gestaendnis-im-wettskandal-kroatische-mafia-zahlte-hoyzer-angeblich-50-000-euro-1.730152.

Lison, Inger. „Du kennst mich nicht, aber schreibst trotzdem genau, wie es mir geht!" *Erfolgreiche Rezeption und Innovation in ausgewählten Werken Astrid Lindgrens*. Frankfurt am Main: Peter Lang, 2009.

Muras, Udo. „‚Is goal, goal, goal'." *Der Spiegel*, 30. Juli, 2016. https://www.spiegel.de/geschichte/wembley-tor-im-fussball-wm-finale-1966-a-1104742.html.

Rodenwald, Christian R. *Die Welt der Drei Fragezeichen*. München: riva, 5. Auflage, 2019.

Rohrbeck, Oliver. „150 Mal ‚Die Drei Fragezeichen': Die Marotten des ‚Justus Jonas'." Interview von Volker Probst. *ntv*, 21. November, 2011. https://www.n-tv.de/leute/film/Die-Marotten-des-Justus-Jonas-article4810421.html (30. Dezember 2019).

Rohrbeck, Oliver. Interview. „‚Man müsste die Drei mal zur Fifa schicken'." Interview von Andreas Bock und Ron Ulrich. *11 Freunde*. https://m.11freunde.de/interview/drei-fragezeichen-sprecher-oliver-rohrbeck-ueber-fu%C3%9Fball-faelle?kompletter-artikel (29. Dezember 2019), nicht mehr abrufbar.

Schwier, Jürgen, und Oliver Fritsch. „Anmerkungen zur Kultur und Ökonomie des Fußballsports." 1–20. http://www.mediaculture-online.de, nicht mehr abrufbar.

II.
Erstleseliteratur

Nadine J. Schmidt* und Jana Mikota**

Literarisches Lernen mit aktueller Erstleseliteratur zum Thema Fußball

Abstract. **Literary Learning with Current First Reading Literature on the Topic of Football** – First reading literature on the topic of football is popular with many children. This article shows that selected current first reading books are not only important for promoting reading motivation and strengthening reading skills, but can also promote "literary learning" in many ways. The article assumes that first reading literature on the topic of football not only functions as attractive reading material, but also holds considerable didactic potential for the development of literary competence. This is a research desideratum, because the literary-aesthetic potential of first reading literature has hardly been considered so far.

The focus is on five texts of first reading literature that have been published since 2016 for different reading levels: *Hat Jesus Fußball gespielt?* (2016) by Antje Damm and Katja Gehrmann; *Fußballgeschichten* (2020) by Christian Loeffelbein and Igor Lange; *Spannende Fußballgeschichten* (2021) by Volkmar Röhrig and Kai Pannen; *Fußballstar und Dribbelkönig* (2021) by Christian Tielmann and Heidi Förster; and *Fußballsommer* (2021) by Veronika Wippert and Marie Geissler. After a theoretical foundation with a view to the medium of first reading literature and theoretical reflections on "literary learning", it will be shown, among other things, that the narrative conveyance of the protagonists' thoughts and feelings encourages them to adopt literary perspectives. The books present empty spaces that need to be filled in "literary conversation", for example in the classroom.

Keywords. First Reading Literature; Literary Learning; Football; Reading Promotion; Football Stories.

Die Gattung der „Erstleseliteratur" wird im wissenschaftlichen Forschungsdiskurs der Kinder- und Jugendliteratur noch immer häufig vernachlässigt und mitunter als „bloße" Lesefutter-Literatur unterschätzt – insbesondere, weil sie sich oftmals der nur scheinbar verallgemeinerbaren Kritik einer literästhetisch minderwertvollen Gestaltung und einer oberflächlichen Ausrichtung an beliebten Themen aussetzen muss.[1] Ina Nefzer konstatierte hierzu bereits im Jahre 2015: „Wie es scheint, ist Erstleseliteratur derzeit die am meisten unterschätzte kinderliterarische

---

* Universität Siegen, Germany – schmidt@germanistik.uni-siegen.de.
** Universität Siegen, Germany – mikota@germanistik.uni-siegen.de.
[1] Dazu Siewert im vorliegenden Band.

Gattung".² So verwundert es kaum, dass systematische, repräsentative und differenzierte Forschungsarbeiten speziell zum literarästhetischen Potential der Erstleseliteratur weithin fehlen – wobei zumindest wenige bislang erschienene Beiträge in Sammelbänden³ sowie beispielsweise die seit August des Jahres 2019 monatlich ausgezeichneten „Leseknirpse" im Kontext des Siegener „S-P-E-L-L"-Preises auch in erster Linie die literarästhetischen Dimensionen von Erstleseliteratur dezidiert in den Blick nehmen.⁴ Solche Arbeiten und Projekte veranschaulichen insbesondere auch das, was Gudrun Stenzel bereits 2019 akzentuierte: Die „literarische Qualität" hat sich „ebenso wie die illustratorische" im Lauf der Jahrzehnte zunehmend „verbessert".⁵ Um von einer „‚Revolution' im Erstlesebuch zu sprechen", sei es aber – so wiederum Stephanie Jentgens (2019) – noch immer „zu früh"; dafür allerdings gebe es wiederum wichtige rezente „Anzeichen dafür, dass sich im Angebot für Erstlesende etwas veränder[e]" und „zunehmend ein Bewusstsein für [literarästhetische] Qualität" entstehe.⁶ Sandra Siewert betont daher zu Recht, dass es zukünftig gelte, das Potential der Erstleseliteratur in qualitativ-ästhetischer Hinsicht weiter in den Blick zu nehmen.⁷

Ausgehend von diesem Desiderat soll im Folgenden, mit besonderem Fokus auf eine Auswahl aktuellerer, literarästhetisch ambitionierter Erstlesebücher speziell zum Thema Fußball, ausführlicher dargelegt werden, inwiefern ebendiese Werke nicht „nur" für die Bereiche der Leseförderung und Lesemotivation besonders ergiebig sind, sondern als ästhetisch ansprechende Werke auch insbesondere ein didaktisches Potential für das „Literarische Lernen"⁸ bereithalten.

Fußballgeschichten sind bereits seit vielen Jahrzehnten ein erfolgreicher Dauerrenner im thematischen Feld der Gattung der Erstleseliteratur, sodass die beeindruckende Vielzahl der bislang erschienenen Texte zum Thema Fußball seit der Entstehung der Erstleseliteratur im engeren Sinn in den 1960/70er Jahren nicht überrascht. Insbesondere in Jahren, in denen eine Europa- bzw. Weltmeisterschaft stattfindet, erscheinen auffallend viele Erstlesebücher rund um das beliebte Thema Fußball, die jedoch überwiegend als „Lesefutter" betrachtet werden können.

Im Folgenden soll, nach einer kurzen theoretischen Grundlegung, anhand konkreter ausgewählter und literarästhetisch ambitionierter Beispiele aus dem Bereich der aktuellen Erstleseliteratur dargelegt werden, dass Fußballbücher nicht nur – vor allem im Bereich der Jungenleseförderung – stark lesemotivierend wirken, sondern dass sie mitunter auch für das „Literarische Lernen" nach Kaspar H. Spinner sehr viel Potential bereithalten. Dabei werden nicht alle „11 Aspekte"⁹ Spinners gleichermaßen aufgegriffen. Die nachfolgenden Reflexionen fokussieren sich

---

2   Nefzer, „Eine Gattung," 30.
3   Vgl. Schilcher, „Viele Grüße."
4   Vgl. www.spell.phil.uni-siegen.de.
5   Stenzel, „Erstlesebücher," 2.
6   Jentgens, „Ganz einfach?," 9.
7   Dazu Siewert im vorliegenden Band.
8   Nach Spinner, „Literarisches Lernen" (2006).
9   Vgl. Spinner „Literarisches Lernen."

jeweils auf exemplarisch ausgewählte Aspekte des „Literarischen Lernens", die anhand der ausgewählten Erstlesebücher besonders gefördert werden können. Bevor diese Untersuchungen allerdings im Blickpunkt stehen, folgen theoretische Implikationen zu definitorischen Annäherungen hinsichtlich der Gattung der Erstleseliteratur und zur didaktischen Modellierung des Konzepts des „Literarischen Lernens".

1 Theoretische Grundlegung I: Erstleseliteratur

Als „Erstleseliteratur" werden im Nachfolgenden jene literarischen Texte in Buchform verstanden, die Leseanfänger/innen weitestgehend autonom, vollständig und sinnverstehend lesen (sollen). Die Erstlesebücher „erleichtern" den Kindern „die selbständige Lektüre und sind insofern ein wichtiges Medium für die Bestätigung von Lernfortschritten".[10] In der Forschung dominiert der, zum Teil sehr vage Definitionsversuch von Gudrun Stenzel, die Erstleseliteratur als jene Bücher auffasst,

> „die in Layout, Umfang, Syntax und Semantik auf die Fähigkeiten der Kinder während des Lesenlernens Rücksicht nehmen. Dadurch sind Kinder schon während des beginnenden Schriftspracherwerbs in der Lage, Bücher selbstständig und vollständig zu lesen."[11]

Stenzel fasst somit die Erstleseliteratur als weithin „funktional" auf; sie dient insbesondere dem Lesenlernen, und die Kinder sollen die Bücher ohne erwachsene Bezugsinstanz eigenständig und sinnentnehmend lesen. Dies bedeutet jedoch auch, dass die Auswahl der Themen nicht zu komplex sein darf und eine vertiefende literarische (Anschluss-)Kommunikation offenbar nicht zwingend vonnöten ist. Vernachlässigt wird damit allerdings, dass die Erstleseliteratur zwar in der Regel nicht die erste Begegnung der Kinder mit Literatur im Verlauf ihres literarischen Sozialisationsprozesses ist, dass sie aber dennoch neben dem „bloßen" Lesenlernen das literarische und visuelle Lernen vielfach fördern kann; denn neben der funktionalen sind der ambitionierten Erstleseliteratur auch vielfach literarästhetische Dimensionen zuzuschreiben: Bereits ein Buch für Kinder im Erstlesebereich kann interessante inhaltliche Polyvalenzen aufweisen, zu leerstellenfüllender Sinnstiftung animieren, formal raffiniert angelegt sein, auf visueller Ebene viele den reinen Schrifttext anreichernde Elemente enthalten und sprachlich-ästhetisch so ausgestaltet sein, dass mit einfachen, aber prägnanten literarischen Stilmitteln gearbeitet wird.[12]

Stenzels funktionale Definition ist eng gefasst und spiegelt nicht die Bandbreite der Erstleseliteratur der letzten Jahre wider. Diese hat sich immer mehr ausdifferenziert, was nicht nur die visuelle oder inhaltliche Ebene betrifft, sondern auch linguistische Dimensionen, beispielsweise mit Blick auf die Syntax. Hinzu kommt, dass nicht nur das Feld der Erstleseliteratur weit ist, sondern auch die

---

[10] Jentgens, „Ganz einfach?," 138.
[11] Stenzel, „Erstlesebücher," 1.
[12] Vgl. hierzu auch die „Leseknirpse" des Siegener SPELL-Preises, die monatlich erscheinen.

Gruppe der Leseanfänger/innen heterogen, was in der Diskussion um die Erstlesenden häufig ausgeblendet wird. Nefzers Begriff der Zweitleseliteratur[13] ist ein Ansatz, der die Erstleseliteratur weiterdenkt und Lesenlernen auch als einen fortlaufenden Prozess fasst. Unter „Zweitlesebücher" werden jene Texte verstanden, die ein weiterführendes Lesen für etwas geübtere Leseanfänger/innen unterstützen und das literarische Lernen fördern. Sie stehen zwischen der Erstleseliteratur für Leseanfänger/innen und der Übergangsliteratur zum Kinderroman, die auch sensible Themen in den Blick nimmt. Hierzu gehört beispielsweise das Buch *Hat Jesus Fußball gespielt?* (2016) von Antje Damm mit Illustrationen von Katja Gehrmann.

2 Theoretische Grundlegung II: „Literarisches Lernen"

In den letzten Jahrzehnten haben sich zunehmend heuristische Modelle des „Literarischen Lernens" entwickelt, die mehr oder weniger auf die Modellierung eines Konzeptes literarischer Kompetenz zugeschnitten wurden. Der Begriff wurde schon im Jahre 2002 von Renate Büker und 2003 von Kathrin Waldt genutzt.[14] Der Terminus, der aktuell immer mehr an Beachtung gewinnt, zielt in erster Linie auf eine dezidiert literarästhetische Bildung ab, impliziert also in weiten Teilen viel mehr bzw. anderes als die Förderung der Lesekompetenz, wie sie insbesondere seit PISA und IGLU im Mittelpunkt steht.[15] „Literarisches Lernen" meint nach Büker

> „die schulischen Lehr- und Lernprozesse zum Erwerb von Einstellungen, Fähigkeiten, Kenntnissen und Fertigkeiten, die nötig sind, um literarisch-ästhetische Texte in ihren verschiedenen Ausdrucksformen zu erschließen, zu genießen und mithilfe eines produktiven und kommunikativen Auseinandersetzungsprozesses zu verstehen."[16]

Für Waldt wiederum stellt das „Literarische Lernen" eine bewusste Auseinandersetzung mit den Besonderheiten der literarischen Sprache durch ästhetisch anspruchsvolle Literatur dar, was eine Herausforderung auch besonders für die Grundschule darstellt.[17] Mit Blick auf den Primarstufenbereich geht es besonders um das literarische Lernen von Anfang an, denn ästhetisch ansprechende Kinderliteratur kann „die Ausbildung literarischer und sprachlicher Kompetenzen auch schon bei jüngeren und bei allen Kindern fördern, und zwar von Beginn an bis in die weiterführenden Schulen hinein".[18] Entgegen der offenkundigen Fehldeutung, dass „richtiges" „Literarisches Lernen" erst in den weiterführenden Schulen statt-

---

[13] Nefzer, „Rezension zu Kleines Afrika," 29.
[14] Vgl. Büker, „Literarisches Lernen;" Waldt, *Literarisches Lernen*.
[15] Vgl. Spinner, „Literarisches Lernen" (2006), 6.
[16] Büker, „Literarisches Lernen," 113.
[17] Vgl. Waldt, *Literarisches Lernen*, 101–102.
[18] Mikota und Oehme, *Literarisches Lernen*, 17.

findet, ist daher festzuhalten, dass die Kinder- und Jugendliteratur einen signifikanten Grundbaustein legt für den schulisch vermittelten Umgang mit literarischen Werken.[19]

Das bislang tragfähigste und meistzitierte didaktische Konzept zum „Literarischen Lernen" in der Schule hat bislang Kaspar H. Spinner vorgelegt. Spinner eröffnete 2006 eine fruchtbare, aber auch kontrovers geführte Debatte bezüglich der Entwicklung literarischer Kompetenzen in jeder Altersklasse, indem er „die grundsätzliche Einheit des Literaturunterrichtes von der Primarstufe bis zur Sekundarstufe II plausibel"[20] zu machen versuchte. Der Kompetenzorientierung gemäß, formulierte Spinner zu großen Teilen die Fähigkeiten aus, die sich hinter dem vielsagenden Begriff des „Literarischen Lernens" verbergen und die ein „intensives, vertiefendes literarisches Verstehen" ermöglichen sollen.[21] Im Sinn eines kumulativen Lernens handelt es sich um transferierbare Fähigkeiten, die ihre stetige und langfristige Anwendung in vielfältigen Lernarrangements finden.[22] Die „11 Aspekte" nach Spinner können eine Grundlage für die Gestaltung literarischer Lernprozesse bilden und sind so konzipiert, dass sie in ihrer Grundlegung bereits für den Primarstufenbereich von zentraler Bedeutung und bis in den Oberstufenunterricht hinein signifikant sind. Im Folgenden sind die Aspekte im Einzelnen aufgelistet.

1.	beim Lesen und Hören Vorstellungen entwickeln
2.	Subjektive Involviertheit und genaue Wahrnehmung ins Spiel bringen
3.	die sprachliche Gestaltung aufmerksam wahrnehmen
4.	Perspektiven literarischer Figuren nachvollziehen
5.	narrative und dramaturgische Handlungslogik verstehen
6.	mit Fiktionalität bewusst umgehen
7.	metaphorische und symbolische Ausdrucksweise verstehen
8.	sich auf die Unabschließbarkeit des Sinnbildungsprozesses einlassen
9.	mit dem literarischen Gespräch vertraut werden
10.	prototypische Vorstellungen von Gattungen / Genres gewinnen
11.	literaturhistorisches Bewusstsein entwickeln.

Tabelle 1: Die „Elf Aspekte literarischen Lernens" nach Spinner, „Literarisches Lernen," 6–10.

Diese „Elf Aspekte" hat Spinner im Jahr 2020 auf insgesamt zehn Aspekte verkürzt,[23] da die Aspekte 8 und 9 sehr eng miteinander korrelieren. Dennoch wird im Folgenden mit dem älteren Konzept gearbeitet, da in diesem Zusammenhang

---

[19] Vgl. Büker, „Literarisches Lernen," 120.
[20] Maiwald, „Literarisches Lernen," 86.
[21] Spinner, „Literarisches Lernen" (2006), 7.
[22] Vgl. ebd.
[23] Vgl. Spinner, „Literarisches Lernen" (2020).

das für den schulischen Unterricht wichtige „literarische Gespräch" explizit Erwähnung findet, welches auch für die nachfolgenden Reflexionen zu den Fußball-Erstlesebüchern von größerer Bedeutung ist.

Spinners Aspekte sind nicht hierarchisch strukturiert; offenbar ging es ihm nicht um Festlegungen, wie sie in den Bildungsstandards formuliert werden, obwohl der „Erwerb literaturbezogener Kompetenzen"[24] sicherlich einen großen Bestandteil seiner didaktischen Überlegungen bildet. Bei den „Elf Aspekten" handelt es sich vorwiegend um den Versuch einer Kombination von Text- und Leserzentrierung sowie einer Verwobenheit aus Subjekt- und Kompetenzfokussierung. Die Aspekte sind untrennbar „miteinander verknüpft in einer Abfolge, die nicht willkürlich und beliebig ist"; gleichsam sei aber die „Abfolge [auch] nicht deduktiv von einem stringenten theoretischen Modell abgeleitet".[25]

In Spinners Konzeption sieht Klaus Maiwald einen wichtigen „Struktur- und Denkrahmen für weiterführende Modellierung[en]".[26] Die Aspekte nimmt er als einen „wichtige[n] Impuls" und „wertvolle[n] Denkanstoß" wahr.[27] In seiner konstruktiven Kritik[28] hat er allerdings die „Elf Aspekte" um die Dimensionen „Literatur in anderen medialen Formen in Gebrauch nehmen" und „Literarische Texte werten / Am literarischen Leben teilnehmen (kulturelle Praxis)" ergänzt.[29] Seine bruchstückhafte, noch nicht abgeschlossene und programmatische Ausbuchstabierung des „Literarischen Lernens" akzentuierte Spinner immer wieder in seinen Arbeiten. In der Forschungsliteratur wird sein didaktischer Versuch daher in seinem „appellativ-demonstrativen Charakter" wahrgenommen.[30] Die „Elf Aspekte" berücksichtigen darüber hinaus „nicht alle Zielsetzungen des Literaturunterrichts" und verfolgen bewusst nicht den Status eines kohärenten Kompetenzmodells.[31] Zugleich geht es ihm, dies veranschaulicht seine Modellierung ebenfalls, in erster Linie um das „Literarische Lernen" im Sinn einer literarischen Rezeptionskompetenz: Die literarische Produktionskompetenz indes bleibt weithin unberücksichtigt. Überdies gibt der Didaktiker an, das „literarische Gespräch" aus der Retrospektive betrachtet heute in den Aspekt 8 integrieren zu wollen, was wesentlich

---

[24] Spinner, „Literarisches Lernen in der Grundschule," 3.
[25] Spinner, „Elf Aspekte," 193.
[26] Maiwald, „Literarisches Lernen," 85.
[27] Ebd., 92.
[28] Auch wenn Spinner mit seiner didaktischen Aufstellung im aktuellen Fachdiskurs viel Zustimmung erhalten hat, sind kritische Stimmen nicht ausgeblieben. So bemängeln Anita Schilcher und Markus Pissarek beispielsweise, dass Ziele wie „Beim Lesen und Hören Vorstellungen entwickeln" nicht messbar, normierbar und auf einen Weiterentwicklungs- bzw. langfristigen Lernprozess bezogen seien, wie sie es jedoch vor dem Hintergrund der Kompetenzorientierung eigentlich sein müssten; vgl. Schilcher und Pissarek, „Zum Begriff," 13–14.
[29] Ebd., 5.
[30] Brand, „Literarisches Lernen," 231.
[31] Spinner, „Literarisches Lernen," 7.

darin begründet liege, dass „das Reden über Literatur der Unabschließbarkeit der Sinnbildung gerecht werden soll".[32]

Darüber hinaus sieht Maiwald, neben allen signifikanten Vorteilen, einen Kritikpunkt in der teilweise fehlenden „Trennschärfe, Systematik und Operationalisierbarkeit".[33] Mitunter sei, wie etwa hinsichtlich der Aspekte 3 und 7, die „Abgrenzung der Aspekte voneinander nicht rundweg klar"[34] oder man könne einige Dimensionen auch „griffiger" formulieren.[35] Insbesondere zwei Vorschläge gibt Maiwald daher mit auf dem Weg: „Mit dem literarischen Gespräch vertraut werden" könne man umformulieren in „sein Textverständnis anderen Leser/innen mitteilen und mit diesen aushandeln" und der Aspekt „Mit Fiktionalität bewusst umgehen" wäre sinnvollerweise wie folgt zu fassen: „Die Schüler(innen) bestimmen und reflektieren unterschiedliche Realitätsbezüge".[36]

Bis heute gibt es allerdings kein Modell mit einem einigermaßen konsensfähigen Rahmen. Dies veranschaulicht in aller Deutlichkeit noch einmal, wie komplex und schwierig sich die Modellierung literarischer Kompetenzniveaus gestaltet. Es zeigt aber auch, wie diskussionswürdig, das was unter den Begriffen „Literarisches Lernen" und „Literarische Kompetenz" zu subsumieren ist, doch tatsächlich ist. Es handelt sich um einen Forschungsbereich, den es an seinen Rändern immer wieder neu auszuhandeln gilt.

3 „Literarisches Lernen" über die narrative Vermittlung von Gefühlen und Gedanken der Hauptfiguren

Ein charakteristisches literarisches Motiv vieler Erstlesetexte speziell zum Thema Fußball ist, dass die Hauptfiguren häufiger die (prägende) Erfahrung eines verlorenen Spiels oder Turniers haben sammeln müssen bzw. an einem bestimmten Tag „einfach nur" schlecht gespielt haben, weil sie zum Beispiel nicht in sportlicher Topform waren. Das für die Figuren sehr einschneidende Sporterlebnis zeigt den Protagonisten nicht nur, dass sie – aus der Figurenperspektive heraus betrachtet – noch nicht „gut genug" gespielt haben und weiterhin offenbar sehr viel trainieren müssen, sondern führt auch dazu, dass ihr individuelles Selbstwertgefühl stark darunter leidet. Aus diesem entscheidenden Wendepunkt heraus ergibt sich dann das entscheidende, handlungsauslösende Moment.[37] Diese narrativen Muster laufen meist so ab, dass sich die Kinder nach einem sportlichen Misserfolg behaupten müssen oder wollen: Sie möchten unter Beweis stellen, dass sie durchaus „gut" Fußball spielen können, auch wenn das jeweilige Spiel enttäuschend gelaufen ist.[38]

---

[32] Ebd., 192.
[33] Maiwald, „Literarisches Lernen," 89.
[34] Ebd., 90.
[35] Ebd.
[36] Ebd.
[37] Vgl. auch Siewert im vorliegenden Band.
[38] Vgl. ebd.

Abb. 1: Christian Loeffelbein, Fußballgeschichten, Würzburg: Arena, 2020, Coverabbildung von Igor Lange. © Arena Verlag GmbH.

Dafür allerdings bedarf es des Mutes und der Stärkung des verlorengegangenen Selbstwertgefühls.

Paul, der Protagonist aus der Geschichte von Christian Loeffelbeins und Igor Langes *Fußballgeschichten*, möchte im „Verein seiner Träume"[39] spielen; doch als er sich endlich unter Beweis stellen darf, ist sein Trainer nur wenig zufrieden mit ihm und steht am Ende des Spiels völlig allein und verlassen auf dem Bolzplatz.[40] Den jungen Rezipient/innen wird hier eine interessante Momentaufnahme geboten, in der Paul fassungslos auf seinen Ball starrt. Dieses retardierende Handlungsmoment regt zu vielen interessanten Fragen an, die im Kontext des „Literarischen Lernens" im Sinne des vierten Aspekts („Perspektiven literarischer Figuren nachvollziehen") zu verorten sind: Wie fühlt sich Paul in diesem Augenblick? Was geht ihm durch den Kopf? Versteht er die Kritik, dass er nie da war, wo er gebraucht wurde, und insofern mehr sportlichen Teamgeist zeigen muss? Wird er die Hoffnung vielleicht sogar aufgeben? Mit Blick auf den vierten Aspekt des „Literarischen Lernens" charakterisieren die Kinder literarische Figuren auf der Basis ihrer Merkmale. Die Figuren verkörpern grundlegende anthropologische Erfahrungsschätze und die Leser/innen können im Medium der Literatur fremde Innenwelten kennenlernen sowie das Verhalten, die Emotionen und Einstellungen von fiktiven Figuren nachvollziehen bzw. verstehen lernen, in den Zusammenhang des Textes einordnen und Beziehungen zwischen den Figuren interpretieren.

Eine empathische Perspektivübernahme[41] mit Blick auf die Gedanken und Gefühle der literarischen Hauptfigur ist jedenfalls schon zu Beginn explizit angeregt und es wird somit schon früh ersichtlich, dass dieses Buch „mehr" kann, als „nur" über Fußball zu erzählen. Als im Anschluss ein älterer Mann an Paul vorbeigeht und ihn dazu ermutigt nicht aufzugeben, denn auch er habe sich aus der Retrospektive heraus betrachtet immer eher an seine Niederlagen erinnert als an seine Siege, fragt sich Paul, was das „denn heißen mag".[42] Solche Fragen bleiben weithin unbeantwortet, bilden spannende literarische Leerstellen und die jungen Leser/innen werden zum reflektierten Nachdenken angeregt, denn als der Vater seinem Sohn erklärt, dass es sich bei dem alten Mann um einen berühmten

---

[39] Loeffelbein, *Fußballgeschichten*, 10.
[40] Vgl. Loeffelbein, *Fußballgeschichten*, 13.
[41] Die visuelle, emotionale und sozial-kognitive „Perspektivübernahme" zielt auf die Antizipation und Berücksichtigung anderer Perspektiven" (Buhl, „Perspektiven übernehmen," 123), wobei unter „Perspektive" hier die „kognitive Struktur einer Person bzw. die ihr zur Verfügung stehende Information, verbunden mit Wissensbeständen, Meinungen und Wertungen" verstanden wird (ebd., 122–23). Heike M. Buhl zufolge gibt es einen engen Zusammenhang zwischen der Fähigkeit der Perspektivübernahme und dem Verstehen literarischer Texte, den sie in einem Beitrag empirisch überprüft hat, und der auch in der Deutschdidaktik und der grundlagenwissenschaftlichen Psychologie bereits vielfach konstatiert und empirisch überprüft bestätigt wurde (vgl. ebd., 123–26). Ausgehend von diesen Reflexionen wird deutlich, warum die Fähigkeit zur Perspektivübernahme schon sehr früh eingeübt und die Voraussetzungen für diese „Theory of mind" nicht unterschätzt werden sollten.
[42] Ebd., 15.

Fußballspieler handelt, will er schlussendlich doch weitertrainieren. Genau diese offene Ausgangssituation, warum er seine Meinung geändert haben könnte, wird an die Rezipient/innen am Ende des ersten Kapitels (bzw. der ersten kleinen strukturbildenden Geschichte) weitergetragen. Solche Fragenstellungen gehen über die Rekonstruktion des „bloßen" Inhalts hinaus und laden zum Nachsinnen, zur subjektiven Involviertheit (also der Miteinbeziehung eigener Erfahrungswerte) sowie zur literarischen Anschlusskommunikation (vgl. Spinners neunten Aspekt) dezidiert ein. Die Kinder können in diesem Zusammenhang lernen, über Literatur miteinander ins Gespräch zu kommen, sich auf die Werturteile anderer Kinder einzulassen und Verstehen bzw. Nicht-Verstehen zum Ausdruck zu bringen. Die zahlreichen großformatigen und farbenfrohen Illustrationen von Igor Lange tragen darüber hinaus zur tiefgründigeren Reflexion über die emotionalen Empfindlichkeiten des Jungen bei, denn sie stellen die unterschiedlichen Gesichtszüge der jeweiligen Figuren (und mithin also den jeweiligen Gemütszustand) explizit in den Vordergrund.

In diesem Kontext ist aber mit Blick auf die Forschung auch zu monieren, dass speziell in Erstlesebüchern den jungen Rezipient/innen vielfach keine ambitionierten und besonders raffiniert angelegten Text-Bild-Relationen zugetraut werden, auch wenn Forscher/innen bisweilen betonen, dass sich die Illustration „zunehmend von ihrer Rolle als nachgeordnetem Beiwerk" emanzipiere.[43] Sarah Wildeisen betont daher zu Recht, dass sich „Aussagen über die Aufgabe der Illustrationen in Erstlesebüchern […] wie folgt zusammenfassen" ließen, und plädiert für eine vermehrte Beachtung des komplexen Prozesses des „Bilderlesens":

> „Sie sollen das Lesenlernen erleichtern, indem sie das Buch verschönern, die Textmenge pro Seite verringern und das schwarze Gittergestrüpp aus Buchstaben auflockern. Denn anders als Text, den es (mühsam) zu decodieren gilt, erschließen sich Bilder unmittelbar und gelten als leicht verständlich. Vergessen wird dabei [aber] oft, dass Bildern Bedeutungen zu entnehmen, ein komplexer und viel früher einsetzender Entwicklungsprozess im Leben eines Menschen ist und Illustrationen für Leseanfänger anspruchsvoller sein könnten."[44]

Sicherlich: Es gilt zur Genüge Illustrationen in Büchern für Erstlesende zu verzeichnen, die mit der schriftsprachlichen Ebene keine kunstvoll verwobene und untrennbare Einheit bilden, die lediglich als schmückendes und aktionsreiches „Beiwerk" ihre Geltung erhalten oder sich als derart großformatig präsentieren, dass bisweilen der Eindruck vermittelt wird, die Illustrationen würden lediglich dem „banalen" Seitenfüllen dienen. Dabei sollen die Bücher offenbar nicht zu textlastig wirken und die Kinder durch viele bunte Farben sowie große Bilder sozusagen „am Ball" gehalten werden. Mit dem in der Fachdidaktik prominent hervorgehobenen „Literarischen Lernen" bzw. mit ästhetisch-künstlerischer Bildung hat dies allerdings nur wenig zu tun. Die aktuelle Erstleseliteratur hat jedoch auch, das

---

[43] Wildeisen, „Kunst oder Krücke?," 18.
[44] Ebd.

Abb. 2: Veronika Wiggert, Fußballsommer, München: Tulipan, 2021, Coverabbildung von Marie Geissler. © Tulipan Verlag GmbH.

muss betont werden, literarästhetisch hochambitionierte Text-Bild-Kombinationen zu bieten, die in ihrem Anspruch weit über das rein funktionale Lesenlernen hinausgehen. Gerade für noch ungeübte und unerfahrene Leseanfänger/innen, die ganz am Anfang ihres Leselernprozesses stehen, ist das auch besonders wichtig, da die Bilder nicht nur einen zusätzlichen literarischen Gesprächs- und Reflexionsanlass bieten, sondern darüber hinaus das Kind dort abholen, wo es bestenfalls mit Blick auf die bisherige literarische Sozialisation auch „aufzufangen" ist, nämlich beim genussvollen Verweilen und bei der ästhetischen Verlangsamung mit Blick auf die visuelle Ebene im Bilderbuch. Warum sollten die Bilder nun, wo das Kind anfängt zu lesen, eine weniger große Rolle spielen? Den Kindern von nun an zu vermitteln, es gehe nur noch um die (mühselig zu erwerbende) Schriftsprache, wäre sicherlich kein sinnvoller didaktischer Ansatzpunkt. Vielmehr haben Erstlesetexte auch mit Blick auf die Text-Bild-Relation eine Art „Überleitungsfunktion", die berücksichtigen sollte, dass Kinder schon früh von visuellen Codes geprägt sind. Vorliterale Praktiken mit visuellem Reiz vermindern also das Ungewohnte und Neuartige der komplexen Schriftlektüre, und das Kind kann einen Teil des Vertrauten wiederkennen und „mitnehmen".

Im Erstlesebuch *Fußballsommer* (2021) von Veronika Wiggert und Marie Geissler ist es die männliche Hauptfigur Tobi, die zu Beginn der Handlung die Erfahrung machen muss, wie gemein seine Kameraden sein können, wenn schlecht gespielt wird: „Mensch, Alter, was war das denn?!"[45] Der Hinweis darauf, dass Tobi „[b]eschämt" zu Boden blickt, lässt nur erahnen, wie sich der Junge in diesem Moment fühlt und was in seinem Inneren vorgeht. Der daraus resultierende große Leistungsdruck kommt deutlich zum Ausdruck, als er sich sodann im Tor behaupten muss: „Seine Hände schwitzten. Jetzt bloß nicht versagen!"[46] Die literarischen Einsprengsel innerer Monologe erlauben aber nicht nur einen (kleinen) Einblick in die Gedanken- und Gefühlswelt der Hauptfigur, sondern können mit Blick auf Perspektivwechsel, Fremdverstehen und Empathiefähigkeit zum „Literarischen Lernen" beitragen. Über die bildliche Ebene werden des Weiteren mit Blick auf die visuelle Darstellung von Mimik und Gestik zusätzliche Hinweise gegeben, wie Tobi sich fühlt. Über entsprechende Impulsfragen im literarischen Gespräch mit Kindern („Was denkt ihr: Wie fühlt sich Tobi in diesem Moment?") können interessante Anreize geschaffen werden, um Tobis Gefühlswelt eingehender zu reflektieren; denn das Thema Fußball greift auch „allgemeine", in der empirischen Lebenswelt verankerte Erfahrungsmuster auf, die die subjektive Involviertheit anregen. Für literarische Gespräche kann hier aber nicht nur die Bildebene genutzt werden; denn die spöttischen Aussagen von Lukas („Was für eine Lusche bist du denn?! [...] Den hätte sogar meine kleine Schwester gehalten"[47]) treffen ihn offenbar sehr: „Am liebsten würde Tobi in ein ganz tiefes Loch versinken".[48] Es verwundert daher kaum, dass der Junge froh ist, als er endlich

---

[45] Wiggert, *Fußballsommer*, o.S.
[46] Ebd., o.S.
[47] Ebd., o.S.
[48] Ebd., o.S.

nach Hause rollen kann: „,Bloß weg von hier!'"[49] Wie sehr Tobi verletzt ist, zeigt sich auch auf visueller Ebene, was wiederum dazu einlädt, die bildliche Symbolik des Textes zu interpretieren („metaphorische und symbolische Ausdrucksweisen verstehen"): Über ihm ist eine Wolke gezeichnet, aus der es auf ihn hinabregnet – eine sinnbildliche Umschreibung seines Gemütszustands. Aber auch weitere Fragen im Buch (z.B. „Was soll er nur ohne seine Freunde machen?") laden zur antizipierenden Vorstellungsbildung, zur eingehenderen Reflexion über das Gelesene und mithin zur subjektiven Involviertheit und genauen Textwahrnehmung ein (vgl. Aspekt 2). Denn Kinder fühlen sich durch einen literarischen Text bestenfalls auch persönlich angesprochen; sie sehen sich und ihre Erfahrungen wie in einem Spiegel und werden zugleich irritiert.[50] Das führt zu einer genaueren Wahrnehmung des Textes und umgekehrt. Die Rezipient/innen erfahren damit auch die Relevanz eines persönlichen Textzugangs.

4 Teamgeist, Respekt, Toleranz und der Kampf für das Gute

Das Erstlesebuch *Fußballstar und Dribbelkönig* von Christian Tielmann und Heidi Förster ist pünktlich zur Europameisterschaft im Juni 2021 für die Lesestufe 1 erschienen. Es unterscheidet sich durch sein fantastisches Element von vielen anderen literarischen Texten zum Thema Fußball, stellt aber – wie andere Fußballbücher auch – kindliche, lebensweltliche Erfahrungen und identitätsbildende Entwicklungsaufgaben in den Blickpunkt, die sich nicht nur auf den Bereich des Mannschaftssports, sondern auf viele weitere Lebensbereiche beziehen. Besonders hervorzuheben ist, dass das Buch sensible Diversitätskategorien „wie nebenbei" in das Buch integriert und daher auch nicht „groß" zum Thema macht, weil sie ganz selbstverständlich sind – oder zumindest sein sollten: Mit Rafi wird ein Junge vorgestellt, dessen Name auf einen Migrationshintergrund schließen lässt, welcher aber nicht explizit zum Thema gemacht wird. In diesem Werk finden sich viele aus anderen Fußballgeschichten bereits bekannte narrative Handlungsmuster wieder; beispielsweise der sportliche Ehrgeiz des Kindes, besser zu spielen, und der eindringliche Wunsch, irgendwann einmal ein „echter" Profi zu werden.

Die beiden Jungen Rafi und Ole sind zu Beginn der Handlung jedenfalls keine guten Freunde: Sie nehmen sich als sportliche Rivalen wahr und kämpfen ehrgeizig und ständig um den Fußball.[51] Bis allerdings irgendwann aus einem geplatzten Ball ein „Fußballgeist" erscheint und den beiden Kindern – angelehnt an das berühmte Märchen-Motiv – drei Wünsche schenkt. Hier wird mit intertextuellen Bezügen gespielt; denn der Geist erscheint nicht, wie es bei der berühmten Mythen- und Märchenfigur der Fall ist, aus einer Flasche, sondern aus einem kaputten Fußball – ein humorvolles Spiel mit dem literarischen Prätext. Es verwundert jedenfalls kaum, dass sich die Jungen etwas wünschen, das mit Fußball

---

[49] Ebd., o.S.
[50] Vgl. Spinner, „Literarisches Lernen," 8.
[51] Vgl. Tielmann, *Fußballstar und Dribbelkönig*, 10.

Abb. 3: **Christian Tielmann,** Fußballstar und Dribbelkönig, *Bindlach: Loewe, 2021,* Coverabbildung von Heidi Förster. © Loewe Verlag GmbH.

zu tun hat: Ole möchte ein großer Fußballstar werden und Rafi der beste Dribbler der Welt. Kaum sind aber ihre beiden Wünsche erfüllt (den dritten Wunsch dürfen sie noch aufheben), sind sie zwar begeistert, merken allerdings auch sehr schnell, dass das Berühmtsein und das weltbeste Dribbeln mit Problemen behaftet und das „Normal-Sein" vielleicht doch gar nicht so übel ist. Am Ende wünschen sie sich mit dem dritten Wunsch in ihren einstigen Zustand zurück – auch dies ist ein „bekanntes" Handlungsmuster. Bekannt ist es etwa aus dem Märchen *Drei Wünsche* von Johann Peter Hebel, in dem der dritte Wunsch nur dafür vorgesehen ist, die ersten beiden Wünsche wieder rückgängig zu machen – hier kann bei Kindern ein „literarhistorisches Bewusstsein" (vgl. Aspekt 11) angebahnt werden, das die jungen Leser/innen dafür sensibilisiert, dass aktuellere literarische Texte mitunter auch auf „ältere" Prätexte zugreifen, mit diesen Bezügen spielen und damit eine interessante „Einheit" eingehen. Das Ende des Erstlesebuches veranschaulicht jedenfalls, dass es nicht unbedingt und vordergründig um das „supergut[e]"[52] Fußballspielen und den damit verbundenen Leistungsdruck geht (und gehen sollte), sondern in erster Linie darum, den Sport „supergern"[53] zu treiben – ein interessantes Motiv, das bereits am Anfang auftaucht, und am Ende, als sinnhafte Abrundung der Geschichte, wieder thematisiert wird: „Nicht supergut. Aber supergern".[54] Warum sollte man Rivalitäten hegen, wenn man doch gemeinsam viel mehr Spaß hat? Damit wird auch Raum für weitergehende Interpretationsansätze geliefert: Konnten sich die beiden Jungen am Anfang nicht leiden und spielten immer eher gegeneinander als miteinander, so finden sie am Ende zusammen und spielen auch „am liebsten zusammen"[55] – es „gewinnen" also die (auch interkulturellen) Gemeinsamkeiten, und die beiden Figuren sind mehrdimensional und nicht-statisch konzipiert. Die Kinder werden am Ende sozusagen vereint, haben sich mit Hilfe der Wünsche, die ihnen der Fußballgeist geschenkt hat, in ihrer Persönlichkeit weiterentwickelt und ihre Präferenzen in einer kritischen Wertereflexion revidiert. Der blonde Ole und der dunkelhaarige Rafi werden gute Freunde, beide wollen am liebsten einfach nur „normal" sein. Symbolisch wird dies auf den Seiten 38 und 39 dargestellt: Beide Figuren sind jeweils auf einer Seite zu finden; sie werden durch die Doppelseite vereint und schauen sich fröhlich an.[56]

Im Übrigen sind in der Schulmannschaft Mädchen *und* Jungen unterschiedlichster kultureller Herkunft vereint, was nur auf der illustrativen Ebene dargestellt wird. Damit werden die Bilder geschickt für die Anreicherung der Geschichte auf der schriftsprachlichen Ebene genutzt. Die großformatigen Illustrationen von Förster beinhalten viele die Handlung vorwegnehmende Anreize, unterstützen das Textverstehen, fangen über die Darstellung von Mimik und Gestik die jeweiligen situativen Befindlichkeiten der Figuren auf und regen im Sinn des „Literarischen Lernens" zur sensiblen Perspektivenübernahme sowie zum Nachdenken über die

---

[52] Tielmann, *Fußballstar und Dribbelkönig*, 39.
[53] Ebd.
[54] Ebd., 8.
[55] Ebd., 39.
[56] Ebd., 38–39.

Abb. 4: Antje Damm, Hat Jesus Fußball gespielt?, Frankfurt am Main: Moritz, 2016, Coverabbildung von Katja Gehrmann. © Moritz Verlag GmbH.

Gedanken und Gefühle der beiden Jungen an. Literarische Anschlusskommunikationen sind mit Blick auf die intertextuelle Ebene des Werkes (also die Bezugnahme auf das Motiv des Wünsche erfüllenden Geistes), hinsichtlich der übergreifenden philosophisch-existentiellen Thematik (z.B.: Sind wir wirklich wunschlos glücklich, wenn wir berühmt sind und etwas perfekt können?) und bezüglich der Gefühlslagen der Jungen demnach nicht nur möglich, sondern im Kontext des „Literarischen Lernens" durchaus sehr gewinnbringend. Für Spinners Aspekte „mit dem literarischen Gespräch vertraut werden" (neunter Aspekt) und „sich auf die Unabschließbarkeit des literarischen Sinnbildungsprozesses einlassen" (achter Aspekt) finden sich hier vielfältige Anknüpfungspunkte. Die Kinder erfahren, dass literarische Texte sich nicht in einer vermeintlich richtigen Interpretation erschöpfen, sondern mehrere Deutungen möglich sind. Darüber hinaus bietet das Buch in diesem Zusammenhang ein interessantes und signifikantes didaktisches Potential im Sinn der „Werteerziehung mit Literatur".[57]

Auch sogenannte „Zweitlesebücher", also Bücher für die zweite oder dritte Lesestufe, greifen das Narrativ einer Gemeinschaft auf.

Im Mittelpunkt des Zweitlesebuchs *Hat Jesus Fußball gespielt?* (2016) von Antje Damm (mit Illustrationen von Katja Gehrmann) steht der Ich-Erzähler Fred, der mit seinem besten Freund Emil und den Zwillingsmädchen Ebru und Hawa einen Fußballverein gründet. Manchmal dürfen sogar Freds jüngere Schwestern mitspielen, weil „wir dann [...] ein richtiges Spiel machen können".[58] Ähnlich wie in *Fußballstar und Dribbelkönig* weisen die Namen Hawa und Ebru auf einen arabischen Ursprung hin; etwas später erfährt man, dass sie den schulischen Religionsunterricht nicht besuchen. Die Zusammensetzung der Mannschaft deutet somit Diversität an, zugleich wird diese wie etwas Selbstverständliches erzählt, weder didaktisiert noch problematisiert. Vielmehr sind die Kinder miteinander befreundet und tauschen sich selbstverständlich auch über ihr kulturelles Umfeld aus. Neben dem Fußball diskutieren sie über religiöse Fragen; denn sowohl Fred als auch Emil hören ihrer Religionslehrerin gerne zu und denken über die Gleichnisse Jesu nach. Als dann ihr wertvoller Fußball auf das Nachbargrundstück gelangt, stehen die Kinder vor einem Problem. In dem Haus lebt ein unfreundlicher Herr, der Kinder nicht mag und ihnen den Ball auch nicht geben möchte. Fred erinnert sich an ein Gleichnis über die Freundlichkeit Jesu und glaubt, dass ein Brief den Herrn umstimmen könnte. Aber leider irrt er, denn erst nach seinem Tod bekommen die Kinder ihren Ball zurück. Damms Buch entfaltet nicht nur eine interessante Geschichte, sondern ist auch für das „Literarische Lernen" besonders geeignet. Es lädt zu einem literarischen Gespräch nicht nur über Wunder ein, sondern auch über Verhaltensweisen und den zwischenmenschlichen Umgang.

---

[57] Vgl. Bär, *Werteerziehung im Deutschunterricht*; Anselm, Grimm und Wanning, *Er – lesene Zukunft*.
[58] Damm, *Hat Jesus Fußball gespielt?*, 14.

5 Fazit

Die vorangegangenen Analysen ausgewählter aktueller Erstlesebücher speziell zum Thema Fußball konnten darlegen, dass das Potential der Erstleseliteratur mit Blick auf das „Literarische Lernen" nicht unterschätzt werden sollte und es hier vielfältige Anknüpfungspunkte gibt, die veranschaulichen, dass die Bücher mehr können, als nur über sportliche Ereignisse zu erzählen und ein attraktives Lesefutter bereitzustellen: Die Werke bieten, wenn sie ansprechend bzw. ambitioniert angelegt sind, erstens interessante literarisch-ästhetische Leerstellen an, über die es (im literarischen Gespräch) nachzudenken gilt bzw. im Rezeptionsprozess individuell zu füllen sind. Durch literarische Perspektivenübernahmen können zweitens insbesondere auch die Empathiefähigkeit und damit verbundene Alteritäts-, Fremd- und Selbsterfahrungen angebahnt und gefördert werden – was wiederum damit einhergeht, dass über literarische Texte auch moralisch-ethische und soziale Kompetenzen zu erwerben sind, die für die empirische Lebenswirklichkeit von entscheidender Bedeutung sind. Drittens offerieren viele Fußball-Erstlesetexte auf der sprachlich-ästhetischen Ebene ein entsprechendes didaktisches Potential, um Kinder für sprachliche Gestaltungsmerkmale von literarischen Werken zu sensibilisieren und die Funktion für die ästhetische Wirkung zu erkennen und zu deuten, denn sie arbeiten häufig mit metaphorischer Sprache und Vergleichen im Kontext der literarischen Inszenierung der sportlichen Ereignisse.[59] Auf diese Aspekte sollte bei der Auswahl von „guter" Erstleseliteratur – vor allem in der Schule – auch zukünftig vermehrt geachtet werden.

Kinder- und Jugendbücher

Damm, Antje, und Katja Gehrmann (Ill.): *Hat Jesus Fußball gespielt?* Frankfurt am Main: Moritz, 2016.
Loeffelbein, Christian, und Igor Lange (Ill.). *Fußballgeschichten*. Würzburg: Arena, 2020 [Der Bücherbär, 1. Klasse].
Röhrig, Volkmar, und Kai Pannen (Ill.). *Spannende Fußballgeschichten*. Würzburg: Arena, 2021 [Der Bücherbär, 1. Klasse].
Tielmann, Christian, und Heidi Förster (Ill.). *Fußballstar und Dribbelkönig*. Bindlach: Loewe, 2021 [Leselöwen, 1. Klasse].
Wiggert, Veronika, und Marie Geissler (Ill.). *Fußballsommer*. München: Tulipan, 2021 [Tulipan ABC].

Literatur

Anselm, Sabine, Sieglinde Grimm und Berbeli Wanning, Hrsg. *Er – lesene Zukunft: Fragen der Werteerziehung mit Literatur*. Göttingen: Edition Ruprecht, 2019.

---

[59] Vgl. abschließend von Volker Röhrig, *Spannende Fußballgeschichten* (2021): „Der Ball jagt ins Tor wie eine Rakete. Das ganze Netz fliegt weg" (ebd., 15); „Max 7 flitzt wie ein Blitz und schießt alle Bälle gleichzeitig ins Tor" (ebd., 23).

Bär, Florian. *Werteerziehung im Deutschunterricht: Didaktische Grundlagen und Konzeptionen*. Göttingen: Edition Ruprecht, 2019.

Brand, Tilman von. „Literarisches Lernen." In *Handbuch Deutschunterricht und Inklusion*, hrsg. von Ralph Olsen und Christiane Hochstadt, 225–341. Weinheim und Basel: Beltz, 2019.

Bogdal, Klaus-Michael, und Hermann Korte, Hrsg. *Grundzüge der Literaturdidaktik*. München: dtv, 2002.

Buhl, Heike M. „Perspektiven übernehmen: Textverstehen verbessern." In *Literarisches Lernen im Anfangsunterricht: Theoretische Reflexionen, empirische Befunde, unterrichtspraktische Entwürfe*, hrsg. von Anja Pompe, 122–35. Baltmannsweiler: Schneider-Hohengehren, 2016.

Büker, Petra. „Literarisches Lernen in der Primar- und Orientierungsstufe." In *Grundzüge der Literaturdidaktik*, hrsg. von Klaus-Michael Bogdal und Hermann Korte, 120–33. München: dtv, 2002.

Franz, Kurt, Lange, Günter und Franz-Josef Payrhuber, Hrsg. *Kinder- und Jugendliteratur: Ein Lexikon*. Meitingen: Corian-Verlag, 2009.

Jentgens, Stephanie. „Ganz einfach? Lektüre für Erstleser/-innen auswählen und ins Gespräch bringen." *Grundschulunterricht Deutsch*, Nr. 2 (2019): 19–23.

Kurwinkel, Tobias, und Philip Schmerheim, Hrsg. *Handbuch Kinder- und Jugendliteratur*. Stuttgart: Metzler, 2020.

Maiwald, Klaus. „Literarisches Lernen als didaktischer Integrationsbegriff: Spinners ‚Elf Aspekte' als Struktur und Denkrahmen für weiterführende Modellierungen(en)." *Leseräume: Zeitschrift für Literalität in Schule und Forschung* 2, Nr. 2 (2015): 85–95. http://leseräume.de/wp-content/uploads/2015/10/lr-2015-1-maiwald.pdf.

Mikota, Jana, und Viola Oehme. *Literarisches Lernen mit Kinderliteratur*. Siegen: universi, 2013.

Mikota, Jana, und Nadine J. Schmidt. *Der deutschsprachige Kinderroman nach 1945: Theoretische Grundlagen und literaturdidaktische Zugänge*. In Vorbereitung, 2024.

Nefzer, Ina. „Eine Gattung, viele Gesichter." *JuLit* 41, Nr. 2 (2015): 24–30.

Nefzer, Ina. „Rezension zu Kleines Afrika." *Buch & Maus*, Nr. 1 (2016): 29.

Olsen, Ralph, und Christian Hochstadt, Hrsg. *Handbuch Deutschunterricht und Inklusion*. Weinheim und Basel: Beltz, 2019.

Pompe, Anna, Hrsg. *Literarisches Lernen im Anfangsunterricht: Theoretische Reflexionen, empirische Befunde, unterrichtspraktische Entwürfe*. Baltmannsweiler: Schneider-Hohengehren, 2016.

Schilcher, Anita, und Markus Pissarek und Markus, Hrsg. *Auf dem Weg zur literarischen Kompetenz: Ein Modell literarischen Lernens auf semiotischer Grundlage*. Baltmannsweiler: Schneider-Hohengehren, 2018.

Schilcher, Anita, und Markus Pissarek. „Zum Begriff der Kompetenzorientierung und seiner Anwendung im Bereich des literarischen Lernens." In *Auf dem Weg zur literarischen Kompetenz. Ein Modell literarischen Lernens auf semiotischer Grundlage*, hrsg. von Anita Schilcher und Markus Pissarek, 9–34.

Schilcher, Anita. „Viele Grüße, deine Giraffe (Iwasa/Mühle 2017) – ein Erstlesebuch mit Witz und literarischer Qualität." *Kjl&m* 19.4 (2019): 35–40.

Siewert, Sandra. „Narrative Strukturen und literarästhetisches Potential von Erstlesebüchern." *kjl&m* 75, Nr. 4 (2019): 60–63.

Spinner, Kaspar H. „Elf Aspekte auf dem Prüfstand: Verbirgt sich in den elf Aspekten literarischen Lernens eine Systematik?" *Leseräume* 2, Nr. 2 (2015): 187–94.

Spinner, Kaspar H. „Literarisches Lernen in der Grundschule." *kjl&m*, Nr. 3 (2007): 3–10.

Spinner, Kaspar H. „Literarisches Lernen." *Praxis Deutsch* 33, Nr. 200 (2006): 6–16.

Spinner, Kaspar H. „Literarisches Lernen." In *Handbuch Kinder- und Jugendliteratur*, hrsg. von Tobias Kurwinkel und Philip Schmerheim, 405–407. Stuttgart: Metzler, 2020.
Stenzel, Gudrun. „Erstlesebücher." In *Kinder- und Jugendliteratur. Ein Lexikon*, hrsg. von Kurt Franz, Günter Lange und Franz-Josef Payrhuber, 1–35. Meitingen: Corian-Verlag, 2009.
Störiko-Blume, Ulrich. „Warum viele Erstleserbücher gut gemeint, schlecht gemacht und von verheerender Wirkung sind: Erstleserbücher in Buchhandel, Bibliothek und Schule." *kjl&m* 59, Nr. 2 (2007): 69–71.
Waldt Kathrin. *Literarisches Lernen in der Grundschule: Herausforderung durch ästhetisch-anspruchsvolle Literatur*. Baltmannsweiler: Schneider-Hohengehren, 2003.
Wildeisen, Sarah. „Kunst oder Krücke?" *JuLit* 41, Nr. 2 (2015): 18–23.

Sandra Siewert*

Fußball als Thema der Erstleseliteratur: Ihre Sonderstellung in der deutschen Kinder- und Jugendliteratur

Abstract. **Football as a Subject in First Reading Literature: Its Special Position in German Children's and Youth Literature** – While children's and youth literature on the subject of soccer in general can be found only sporadically on the German children's and youth book market, first reader books include a large number of soccer-related texts. First reader books are aimed at reading learners and aim to promote their reading skills and reading motivation. Due to their design that reduces complexity, they are often criticized for their lack of literary-aesthetic potential, without any available empirical evidence at present. In this respect, the criticism leveled at the first reader book, which states its literary inferiority compared to other narrative texts of children's and youth literature, is more a matter of conjecture than the result of in-depth analysis – a circumstance that implies closer examination. This paper examines the design of first reader books in relation to general children's and youth literature, using the representation of the soccer theme as an example.

In the following, findings on the representation of soccer in literature for children and young adults will be combined with the author's observations on the treatment of this topic in first reader books. The focus is on narrative structures characteristic of soccer-themed texts in children's and youth literature, including negotiated motifs, recurring patterns of action, constant character constellations, linguistic conspicuousness, and the communication of values. The focus of the analysis is on similarities and differences that result from this comparison.

Keywords. First Reader Books; Football (Soccer); Motifs; Plot; Characters; Style.

In Folge der Popularisierung des Fußballsports in Deutschland seit Beginn des 20. Jahrhunderts erschienen vermehrt literarische Texte auf dem deutschen Buchmarkt, die das Thema Fußball verarbeiten.[1] Dabei sieht sich die Fußballliteratur seit jeher der Kritik ausgesetzt, dass „ein hochdramatisches Fußballspiel nicht adäquat in der Literatur […] abgebildet werden"[2] könne, da sich Schnelligkeit und Bewegung – so die Argumentation – sprachlich bzw. literarisch nicht angemessen wiedergeben ließen.[3] Vor diesem Hintergrund verwundert es wenig, dass, wie

---

* Universität Bielefeld, Germany – sandra.siewert@uni-bielefeld.de.
[1] Vgl. u.a. Mengeringhaus, „Barockgedicht," 76.
[2] Leis, „Fußball," 141.
[3] Vgl. ebd.

Petra Josting und Matthias Preis (2016) feststellten, erzählende kinder- und jugendliterarische Texte mit dem Thema Fußball trotz der immer wieder zu konstatierenden Beliebtheit der Sportart scheinbar vergleichsweise selten auf dem deutschen Kinder- und Jugendbuchmarkt zu finden sind[4] und darüber hinaus häufig nur die oft zitierten Klassiker zum Gegenstand wissenschaftlicher Untersuchung werden.

Anders zeigt sich das Bild bei einer im kinder- und jugendliterarischen Forschungsdiskurs weitgehend unterrepräsentierten Gattung: dem Erstlesebuch. Erstlesebücher weisen bereits seit ihrer Entstehung eine Vielzahl an fußballbezogenen Texten[5] auf; mehr noch: 90 Prozent der Sport thematisierenden Erstlesetexte behandeln das Thema Fußball. Im folgenden Beitrag werden diese Erstlesetexte einer genaueren Betrachtung unterzogen.

Bevor der analytische Blick auf diese spezielle Abwahl aus dem Gesamtkorpus der KJL jedoch präzisiert werden kann, soll herausgestellt werden, was unter Erstlesebüchern zu verstehen ist: Erstlesebücher sind Texte, „die als Teil einer entsprechenden Erstlesereihe ein pädagogisch-lesedidaktisches Konzept mit einer Einteilung in Lesestufen verfolgen und dies peritextuell markieren. [Sie] sind auf den ersten Blick als Bücher für Leseanfänger*innen mit einer an diesen ausgerichteten besonderen Gestaltung erkennbar".[6] Eine solche peritextuelle Markierung kann beispielsweise die explizite Nennung einer Erstlesereihe oder die deutlich sichtbare Platzierung des Reihennamens sowie des intendierten Lesealters bzw. der Lese- oder Klassenstufe[7] der Adressatinnen und Adressaten auf dem Buchcover beinhalten. Im Fachdiskurs vorherrschende Begriffsbestimmungen zu Erstlesebüchern nennen oft lediglich ihre Funktion und eine bestimmte Art der Textgestaltung als Abgrenzungskriterium, ohne dass dadurch eine intersubjektive Nachvollziehbarkeit dessen, was tatsächlich unter Erstlesebüchern verstanden werden kann, ermöglicht wird. Aus diesem Grund liegt dem Beitrag die oben dargelegte Definition zugrunde, die eine solche Nachvollziehbarkeit zulässt.

Aufgrund der (oft nur vordergründig) an leseerleichternden Merkmalen orientierten Gestaltung ist das Erstlesebuch überwiegend harscher Kritik ausgesetzt: Infolge der oberflächlichen Darstellung populärer Themen,[8] des flachen Inhalts[9] und der stereotypen, mangelhaft charakterisierten Figuren[10] ergäben sich wenig komplexe Narrationen.[11] Auch die austauschbare Sprache[12] mit ihrem einfachen

---

[4] Vgl. Josting und Preis, „Fußballroman," 237.
[5] Vgl. Geßmann, „Sport in Kinderbüchern," 255.
[6] Siewert, „Definitionsansätze," 41.
[7] Zu den unterschiedlichen Stufenkonzepten der Verlage und deren kritischer Bewertung u.a. Jentgens, „Zwischen Tradition und Innovation," 43–48.
[8] Vgl. Stenzel, „Erstlesebücher," 29.
[9] Vgl. Schilcher, „Erstlesebuch mit Witz," 35.
[10] Vgl. Boie, „Schreiben," 32.
[11] Vgl. Oeste, „Erstlesebücher," 9.
[12] Vgl. Boie, „Schreiben," 32.

Satzbau und dem stark eingeschränkten Wortschatz[13] machten das Erstlesebuch zu „Literatur zweiter oder dritter Klasse".[14]

In der deutschen KJL-Forschung hat das Erstlesebuch offensichtlich einen schweren Stand, wenngleich bisher keine systematischen empirischen Betrachtungen seiner Gestaltungsweisen existieren. Eine detaillierte, exemplarische Betrachtung einzelner Texte der Gattung lässt zwar die Vermutung zu, dass ihr literarästhetisches Potential größer ist, als es ihr zumeist unterstellt wird,[15] differenzierte Untersuchungen stehen allerdings noch aus. Insofern handelt es sich bei der am Erstlesebuch hervorgebrachten Kritik, die seine literarische Unterlegenheit gegenüber anderen erzählenden Texten der KJL konstatiert, eher um Vermutungen als um das Ergebnis eingehender Analyse – ein Umstand, der zu einer genaueren Betrachtung einlädt.

Am Beispiel der Darstellung des Fußballthemas soll in diesem Beitrag die Gestaltung von Erstlesebüchern im Verhältnis zur allgemeinen KJL genauer in den Blick genommen werden. Im Folgenden werden daher Erkenntnisse zur Darstellung von Fußball in der KJL mit eigenen Beobachtungen zur Verarbeitung dieses Themas in Erstlesebüchern verbunden. Im Zentrum der Betrachtung stehen Übereinstimmungen und Abweichungen, die sich aus dem Vergleich ergeben. Das Untersuchungskorpus besteht aus 44 Erstlesegeschichten, die sowohl als Einzelwerke – Einzelromane und Episoden in (Fußball-)Serien – als auch in Anthologien veröffentlicht wurden. Der Großteil der Geschichten stammt aus den Jahren 2018 bis 2019, eine Ausnahme bilden unter anderem die immer wieder neu aufgelegten Klassiker aus dem Oetinger-Verlag.[16]

1 Fußball als Thema in Erstlesebüchern: Verarbeitungsformen

Wie bereits angedeutet, zeigen sich – analog zur Erwachsenenliteratur[17] – in Erstlesebüchern vielfältige Verarbeitungsformen des Fußballthemas. So existieren z.B. abgeschlossene Einzelwerke innerhalb von Erstlesereihen, die sich mit dem Thema befassen, weiterhin gibt es zahlreiche Anthologien mit diversen kürzeren Fußballgeschichten, darüber hinaus Fußballepisoden in (bekannten) Erstleseserien. Nahezu jede Erstleseserie weist mindestens eine Episode zum Thema Fußball auf. Darüber hinaus existieren auf dem Markt momentan zwei exklusive Fußballerstleseserien: In der *Lesestarter*-Reihe des Hamburger Oetinger-Verlags berichtet Fußballstar Thomas Müller in bislang drei erschienenen Büchern[18] von seinem Weg in den Profifußball. Die zweite Serie, *Paule und seine Fußballfreunde*, ist ein

---

[13] Vgl. Schilcher, „Erstlesebuch mit Witz," 35.
[14] Conrady, „Leseanfänger," 176.
[15] Vgl. Siewert, „Literarästhetische Qualität," 133.
[16] Vgl. Dietl, *Die Olchis*; Boie und Brix, *King-Kong*; Nöstlinger und Dietl, *Neue Fußballgeschichten*; Nöstlinger und Dietl, *Fußballgeschichten*.
[17] Vgl. Leis, „Fußball," 142.
[18] Stand 29. Februar 2024.

offizielles Lizenzprodukt des Deutschen Fußball-Bundes (DFB); sie thematisiert das Leben des DFB-Maskottchens Paule auf und neben dem Fußballplatz.

Diese vielfältigen Verarbeitungsformen der beliebten Sportart in Erstlesebüchern sind einzigartig: Kein anderes Thema wird in dieser Subgattung der KJL so unterschiedlich verarbeitet. Einen möglichen Grund dafür dürfte seine leseförderliche Wirkung darstellen: Fußball ist populär, begeistert Kinder und weist große Nähe zu ihrem Erfahrungsraum auf. Infolgedessen dürfte er in besonderem Maße zum Selbstlesen motivieren.

2 Fußball in der KJL und in Erstlesebüchern: Übereinstimmungen und Abweichungen

Eine solche Vielzahl fußballbezogener Texte in unterschiedlichen Verarbeitungsformen ist in den weiteren (Sub)Gattungen der KJL nicht nachzuweisen.[19] Wie die Recherche und Sichtung der Forschungsliteratur für diesen Beitrag gezeigt hat, beziehen sich fachwissenschaftliche Analysen kinder- und jugendliterarischer Texte zum Thema Fußball darüber hinaus zumeist auf Joachim Masanneks Serie *Die Wilden Fußballkerle* oder Sammy Drechsels Klassiker *Elf Freunde müsst ihr sein*. Neben diesen beiden „Dauerbrennern" sind es vereinzelt weitere – mehr oder weniger – populäre Fußballromane und -serien, die hinsichtlich ihrer literarischen Darstellung des Themas Fußballs einer analytischen Betrachtung unterzogen werden. Im Rahmen dieser Untersuchungen identifizierten die Autorinnen und Autoren jeweils bestimmte narratologische Eigenschaften der Texte. Eine Gesamtbetrachtung dieser Eigenschaften lässt den Schluss zu, dass kinder- und jugendliterarische Texte zum Thema Fußball scheinbar ähnliche Erzählstrukturen beinhalten, die demnach textübergreifend charakteristisch für die Darstellung des Fußballthemas zu sein scheinen. So existieren ein begrenztes Repertoire an verhandelten Motiven, wiederkehrende Handlungsschemata sowie beständige, teils stereotype Figurenkonstellationen. Bestimmte sprachliche Besonderheiten (z.B. Metaphern oder Vergleiche) sind darüber hinaus ebenso charakteristisch für die Texte wie die scheinbar intendierte Vermittlung bestimmter Werte. Im Folgenden werden diese einzelnen Charakteristika genauer ausgeführt und ein Vergleich mit der Gestaltung von Erstlesegeschichten zum Thema Fußball angestellt.

2.1 Verhandelte Motive

Kinder- und jugendliterarische Texte zum Thema Fußball verhandeln eine Vielzahl von Motiven.[20] So identifiziert Annemarie Niklas anhand von Fußballserien

---

[19] Dies gilt nur begrenzt für Bilderbücher, welche zunehmend ebenfalls fußballbezogene Inhalte abbilden.

[20] In Anlehnung an Kurwinkel, *Bilderbuchanalyse*, 90, betrachte ich „Motive" als „Phänomene, die in unterschiedlicher Ausprägung Bestandteile menschlicher Lebenserfahrung darstellen".

als übergreifendes Motiv die Bewährung des Einzelnen,[21] welches auch fußballbezogene Erstlesegeschichten häufig aufgreifen, insbesondere dann, wenn ein Fußballspiel unabhängig von dessen Ausgang ein problemlösendes Moment darstellt. Eine solche Bewährung steht nach Torsten Pflugmacher insbesondere im Jugendroman in Zusammenhang mit der Emanzipation (zumeist von den Eltern oder von – die Protagonistinnen und Protagonisten unterdrückenden – Einzelnen oder Gruppen),[22] welche in Verbindung mit der Identitätssuche der jungen Fußballspielerinnen und Fußballspieler steht.[23] Während sich dieses Motiv in den Erstlesegeschichten kaum ausmachen lässt – dies dürfte dem Alter und Entwicklungsstand des Adressatenkreises geschuldet sein –, durchlaufen in den Texten viele der jungen Fußballerinnen und Fußballer einen Emanzipationsprozess. Dabei steht häufig die Emanzipation von den Eltern im Fokus, ebenso die Ablösung von unterdrückenden Gleichaltrigen und aus prekären sozialen Verhältnissen. Als Motiv jugendliterarischer Sporttexte nennt Marlene Zöhrer (übertriebenen) Ehrgeiz,[24] welcher zu mangelnden schulischen Leistungen in Kontrast steht.[25] Daraus folgen Konflikte mit den Eltern, die sowohl Pflugmacher als auch Axel vom Schemm als Motiv von Fußballerzählungen identifizieren.[26] Diese Motive lassen sich sehr deutlich auch in fußballbezogenen Erstlesegeschichten erkennen. So streitet beispielsweise Kirsten Boies Lena[27] oft mit ihren Eltern, da ihre schulischen Leistungen unter dem Fußballspielen leiden. Auch Henri – Freund des DFB-Maskottchens Paule – muss seine schulischen Leistungen verbessern, damit ihm die Eltern nicht das Fußballspielen verbieten.[28] In der KJL – und innerhalb dieser auch in Erstlesegeschichten – wird das Thema Fußball also als Hintergrund für die Abbildung grundlegender kindlicher Erfahrungen genutzt. Insofern handelt es sich bei Fußball-Literatur entsprechend der Aussage Oliver Lubrichs um „Literatur, in der es zugleich *um Fußball* und *nicht um Fußball* geht".[29]

2.2 Wiederkehrende Handlungsmuster

Maurice Flatscher und Karl-Wilhelm Schmidt setzen sich in ihren Betrachtungen des Sports bzw. Fußballs in kinder- und jugendliterarischen Texten zwar ebenfalls nur mit einer begrenzten Auswahl von Texten auseinander, stellen anhand dieser

---

[21] Vgl. Niklas, „Fußballserien," 51.
[22] Vgl. Pflugmacher, „Fußball im Radio," 53.
[23] Vgl. ebd.; Zöhrer, „Hochleistungen," 32.
[24] Vgl. Zöhrer, „Hochleistungen," 30. Zöhrer selbst spricht zwar von Ehrgeiz als „Thema", nach der diesem Beitrag zugrunde liegenden Definition ist aber auch die Bezeichnung „Motiv" plausibel.
[25] Vgl. vom Schemm, *Dichter am Ball*, 143.
[26] Vgl. Pflugmacher, „Fußball im Radio," 53; vom Schemm, *Dichter am Ball*, 143.
[27] Vgl. Boie und Brix, *Lena*.
[28] Vgl. Wolke, Jordan und Moxo, *Platzverweis für Henri*.
[29] Lubrich, „Alltagskultur," 434.

jedoch charakteristische Handlungsschemata[30] heraus. In Folge einer Herausforderung (teilweise durch scheinbar unüberwindbare Gegnerinnen und Gegner) entstehen Probleme, mit denen sich die Protagonistinnen und Protagonisten konfrontiert sehen: Es kommt zum „Auszug". Indem sie das Problem zu lösen versuchen, „kämpfen" sie, erleiden jedoch immer wieder Rückschläge. Die Problemlösung vollzieht sich zumeist im Rahmen eines abschließenden, alles entscheidenden „Showdown-Spiel[s] am Romanende",[31] welches schließlich zum *Happy End* führt.[32] Dieses beliebte Handlungsschema zeigt sich auch in vielen Erstlesegeschichten zum Thema Fußball, in denen insbesondere die problemlösende Funktion des finalen Fußballspiels überdeutlich wird; so zum Beispiel, wenn ein Fußballspiel entscheidet, welche Mannschaft zukünftig den Fußballplatz nutzen darf,[33] oder zu einer Benefizveranstaltung wird, die allen Mitgliedern der Mannschaft die Teilnahme am Fußballcamp ermöglicht.[34]

2.3 Einheitliche Figurenkonstellationen

Übereinstimmungen, aber auch Gegensätze in der Abbildung von Fußball in Erstlesebüchern und anderen Texten der fußballbezogenen KJL zeigen sich des Weiteren in der Darstellung von Figuren(-Konstellationen) und im Umgang mit Geschlechterstereotypen. Insbesondere Niklas betrachtet das Geschlecht und das Alter der abgebildeten Figuren in der KJL mit dem Thema Fußball: Im Mittelpunkt stehen hier nahezu ausschließlich Jungen, „auch die erwachsenen Bezugspersonen sind sehr viel häufiger als in anderen Kinderbüchern männlich."[35] Insbesondere die Väter erfahren immer wieder eine detailliertere Darstellung, wohingegen weibliche Bezugspersonen wie Mütter oder Lehrerinnen kein Interesse am Fußball zeigen. Lediglich die Großmütter sind als einzige erwachsene weibliche Bezugspersonen fußballinteressiert.[36]

Auch in den fußballbezogenen Erstlesegeschichten werden überwiegend männliche Figuren dargestellt, sowohl bei den Protagonistinnen und Protagonisten als auch bei den erwachsenen Bezugspersonen. Letztere sind ebenfalls häufig Väter oder Großväter, welche (oftmals selbst ehemalige Fußballspieler) ihren Kindern als Trainer oder Vorbilder zur Seite stehen. Mütter und Lehrerinnen sind am Fußball nicht interessiert, stehen dem Sport teilweise sogar feindlich gegenüber; auch in den Erstlesegeschichten sind einzig die Großmütter als weibliche erwachsene Bezugspersonen am Fußball interessiert. Auffällig sind ferner die stereotypen Darstellungen dieser erwachsenen Bezugspersonen. Dies veranschaulichen Beispiele,

---

[30] Der Begriff *Handlungsschema* geht zurück auf Martínez und Scheffel, *Einführung*, 129: „Das *Handlungsschema* ist ein typischer, d.h. mehreren narrativen Texten […] gemeinsamer Handlungsverlauf."
[31] Hamann, „Lieblingsspiel," 58.
[32] Vgl. Flatscher, „Sport," 246–47; Schmidt, „Unterrichtsanregungen," 87.
[33] Vgl. Konecny und Marczinczik, *Bolzplatz*.
[34] Vgl. Rieckhoff und Paule, „Die Torjäger."
[35] Niklas, „Fußballserien," 51.
[36] Vgl. ebd., 54–55.

in denen wie selbstverständlich die Mütter die Kuchen für das Benefizspiel backen („In der Klasse gibt es 25 nette Mamis, also 25 Kuchen."[37]), oder es die Väter sind, die sich am Spielfeldrand über das Fußballspiel ihrer Söhne streiten.[38] In der allgemeinen Kinderliteratur zum Thema Fußball zeigen sich nach Geßmann weibliche Protagonisten im Alter der Rezipientinnen und Rezipienten zwar zunehmend selbstbewusster, erfahren dabei im Vergleich zu ihren männlichen Mitspielern aber häufig keine selbstverständliche, gleichberechtigte Darstellung:

> „Oft wird mit alten Klischees operiert oder gespielt, müssen die männlichen wie weiblichen Figuren erst traditionelle Rollenzuschreibungen überwinden, Partnerschaft lernen, bleibt der weibliche Fußballfreak zu oft noch etwas Besonderes."[39]

Gleichzeitig betont er, dass insbesondere durch die Gattung Erstlesebuch die Neugestaltung der Geschlechterverhältnisse einen wesentlichen Impuls erhalten hat: Eine Vielzahl dieser Titel stellt fußballbegeisterte Mädchen in den Mittelpunkt, und man gewinnt den Eindruck, als sollten über die literarische Verarbeitung dieser bisher männlich besetzten Sportart nunmehr Geschlechterstereotype nachdrücklich aufgebrochen werden.[40]

Demnach sind in den Erstlesegeschichten die männlichen Fußballspieler den Spielerinnen quantitativ zwar weiterhin überlegen, dafür werden Letztere mit größerer Selbstverständlichkeit abgebildet. Aktuell spielen in zahlreichen Erstlesegeschichten Mädchen und Jungen in gemischten Fußballmannschaften, ohne dass dies explizit thematisiert wird. Geschichten über reine Mädchenmannschaften stellen keine Seltenheit dar und wenn Jungen- gegen Mädchenmannschaften antreten, steht im Vordergrund der sportliche Kampf, nicht jener der Geschlechter. Diese selbstverständliche und unkommentierte Abbildung gemischter Mannschaften zeigt sich auf textueller wie auch auf bildlicher Ebene. Ausgesprochen selten bilden Geschlechterfragen das alleinige Motiv, auch werden traditionelle Rollenzuschreibungen und Stereotype nur selten reproduziert. Fußballspielerinnen werden ihren männlichen Mitspielern gleichberechtigt dargestellt, was eine Besonderheit der Gattung Erstlesebuch ist. Insbesondere vor dem Hintergrund der Kritik, der Erstlesebücher im Vergleich zu Texten der allgemeinen KJL häufig ausgesetzt sind, kann dies als Besonderheit und Gewinn angesehen werden.

Meist unabhängig vom Geschlecht der Figuren zeichnen sich in einem Großteil der kinder- und jugendliterarischen Fußballtexte die Figurenkonstellationen durch das Protagonisten-Antagonisten-Schema aus. Dabei empfinden die Protagonistinnen und Protagonisten zumeist eine starke Übermacht ihrer Gegnerinnen und Gegner.[41] Dies gilt auch für Fußball-Erstlesegeschichten: Im Großteil der Texte werden Fußballspiele gegen sehr starke Mannschaften geschildert. Äußerungen wie

---

[37] Rieckhoff und Paule, „Die Torjäger," 36.
[38] Vgl. Konecny und Marczinczik, *Bolzplatz*.
[39] Geßmann, „Sport in Kinderbüchern," 256.
[40] Ebd., 255.
[41] Vgl. Flatscher, „Sport," 247; Hamann, „Lieblingsspiel," 57; Niklas, „Fußballserien," 53; Schmidt, „Unterrichtsanregungen," 87.

„Die sind supergut"⁴² oder „Dass die Heilweg-Kicker gut sind, haben ja alle gewusst"⁴³ verdeutlichen die Herausforderung für die Protagonistinnen und Protagonisten und ihre Mannschaften und verweisen auf den „allegorischen Vergleich ‚David gegen Goliath'".⁴⁴

2.4 Sprachliche Auffälligkeiten

Auch sprachlich lassen sich bestimmte Gestaltungsmerkmale kinder- und jugendliterarischer Fußballtexte ausmachen. Hinsichtlich des finalen Fußballspiels scheint weitgehend Konsens über dessen Spannung generierende Darstellung zu herrschen. Clemens Kammler nennt als Techniken der Spannungssteigerung insbesondere die Zeitdehnung mit der „minutiöse[n] Beschreibung innerer und äußerer Handlung"⁴⁵ und den inneren Monolog.⁴⁶ Dass der Einsatz dieser Techniken auch in fußballbezogenen Erstlesegeschichten identifiziert werden kann, zeigt sich am Beispiel Thomas Müller:

> „Ein Verteidiger sprintet auf mich zu. Ich muss mich jetzt ganz schnell entscheiden – weiter dribbeln oder schießen? Für einen flachen Schuss ist der Winkel zu spitz. Ich lupfe den Ball. Und schaue ihm hinterher. Alles kommt mir vor wie in Zeitlupe. Geht der rein?"⁴⁷

Die anhand des inneren Monologs zunächst eindrücklich abgebildete Hektik wird abgelöst durch die vorstellungsbildende und verlangsamende Äußerung „Alles kommt mir vor wie in Zeitlupe" und die Frage danach, ob der Ball wohl im Tor landet. An dieser Stelle folgt ein Seitenumbruch, sodass die Leserinnen und Leser erst nach dem Umblättern die Antwort auf diese Frage erhalten und somit den für Müller vermutlich ewig dauernden Moment der Spannung simultan miterleben.

Stephan Lindemann betont weiterhin die Verwendung von Parataxen und Dynamik widerspiegelnde Verben als Möglichkeit der Abbildung eines dem Spiel inhärenten Gefühls von Schnelligkeit und Gefahr.⁴⁸ In dieser Darstellung zeige sich laut Flatscher auch eine Nähe zur Fußballreportage des Sportjournalismus,⁴⁹ die sich ebenso in Fußball-Erstlesegeschichten erkennen lässt. In großer Zahl können Dynamik und Schnelligkeit widerspiegelnde Verben ausgemacht werden: Häufig *knallt* der Ball, er *prallt*, er *saust*, er *fliegt* und *rast*. Auch die Fußballspielerinnen und -spieler zeigen sich auf dem Spielfeld dynamisch: Torwärterinnen und Torwarte *fliegen* im Tor umher, *hechten* nach dem Ball und *werfen* sich in das

---

⁴² Klein und Olten, *Theo*, 28.
⁴³ Rieckhoff und Paule, „Die Torjäger," 56.
⁴⁴ Hamann, „Lieblingsspiel," 57.
⁴⁵ Kammler, „Mythen," 20.
⁴⁶ Vgl. ebd.
⁴⁷ Müller und Birck, *Mein Weg in die Startelf*, 42–43.
⁴⁸ Vgl. Lindemann, „Fußballprofi," 30.
⁴⁹ Vgl. Flatscher, „Sport," 246.

Gras, während die Feldspielerinnen und -spieler *sprinten, umdribbeln, stürmen,*[50] *jagen, spurten, flitzen* und *herumwirbeln.* Die dem Spiel inhärente Schnelligkeit wird neben dem Einsatz dynamischer Verben auch durch die oben genannten Parataxen verdeutlicht, die sich zusätzlich entweder durch die Abwesenheit von Prädikaten auszeichnen („Karo kickt zu Leni, Leni zu Tom, Tom zu Alex"[51]) oder durch Parallelismen verdeutlicht werden („Ben läuft auf den Rasen. Er erkämpft den Ball. Er trickst die Gegner aus. Er rennt zum Tor. Sein Fuß kribbelt. Er schießt.")[52]

Darüber hinaus weist die Fußballsprache generell eine Vielzahl an Kriegsmetaphern auf, die sich vor allem in der Beschreibung von Spielverläufen zeigt.[53] In fußballbezogenen Texten der Erwachsenenliteratur lassen sich solche Kriegsmetaphern neben bio- und technomorphen Metaphern ebenfalls identifizieren;[54] demgegenüber gibt es keine differenzierten Analysen zur Kriegsmetaphorik in Fußballtexten der KJL. Insbesondere vor diesem Hintergrund erscheint die Verwendung von Kriegsmetaphern in Erstlesebüchern außergewöhnlich. Wie oben bereits anhand des Verbs *stürmen* angedeutet wurde, lassen sich in Fußball-Erstlesegeschichten einige Metaphern identifizieren, die aus dem Bezugsfeld Krieg stammen. Während beispielsweise „am Spielfeldrand [...] der Brüll-Krieg [tobt]",[55] „erobert"[56] Karo den Ball und die „Fußballer starten einen Gegenangriff."[57] Diese Beispiele legen nahe, dass vor allem fußballspezifische habitualisierte Metaphern Eingang in die Erstlesegeschichten finden.

Neben den Metaphern können darüber hinaus zahlreiche Vergleiche als herausragende sprachliche Merkmale fußballbezogener Erstlesegeschichten identifiziert werden. Häufig sind diese Vergleiche dem Bezugsfeld der Technik entnommen („Er läuft wie eine Dampfwalze auf Patricks Tor zu".[58] „Und zwar so schnell wie eine Rakete."[59]) Darüber hinaus zeigt sich auch die Zoologie als zentrales bildgebendes Feld; in nahezu jedem Text lassen sich Vergleiche mit Tieren ausmachen, die zumeist die Bewegungen oder Spielstile der Fußballspielerinnen und -spieler veranschaulichen: Die deutschen Nationalspieler „irren wie aufgescheuchte Hühner scheinbar ziellos über den Platz",[60] Franz' Freundin Gabi spielt „wie eine

---

[50] Im Verb „stürmen" zeigt sich darüber hinaus besonders eindrücklich die Überschneidung zwischen dynamischen Verben, Fußballfachjargon und im Folgenden thematisierten Kriegsmetaphern.
[51] Stehr und Birck, *Matsch-Kicker,* 13.
[52] Röhrig und Pannen, *Spannende Fußballgeschichten,* 37.
[53] Küster, „Metaphern," 28.
[54] Vgl. Fischer, *Sport als Literatur,* 256.
[55] Konecny und Marczinczik, *Bolzplatz,* 27.
[56] Stehr und Birck, *Matsch-Kicker,* 27.
[57] Ondracek und Leopé, „Die Bolzplatz-Bande," 75.
[58] Dietl, „Patrick und der Meisterkicker," 116.
[59] Röhrig und Honnen, „Fußballgeschichten," 136.
[60] KNISTER und Rieger, *Hexe Lilli,* 40.

Wildsau",[61] und Leif kämpft sich „[s]chnaubend wie ein wütender Stier"[62] nach vorne zum Tor. Weiterhin fällt die häufige Verwendung von Phrasemen auf, die als fachsprachliche Termini realisiert sind: Es „fällt das erste Tor",[63] die Mannschaft „kassiert noch ein Tor",[64] und all das, obwohl sich der Torwart große Mühe gibt, „das Tor sauber zu halten".[65]

Hinsichtlich der Nutzung spannungsgenerierender Techniken, der Verwendung von Parataxen und Dynamik widerspiegelnden Verben, von Kriegsmetaphern, Vergleichen und Phrasemen können also einige besondere Gestaltungsweisen der sprachlichen Ebene fußballbezogener Erstlesegeschichten identifiziert werden. Es stellt sich die Frage, ob diese Sprachverwendung eine Besonderheit der Gattung Erstlesebuch darstellt, oder ob die sprachliche Gestaltung der anderen kinder- und jugendliterarischen Fußballtexte dahingehend bislang lediglich nicht hinreichend untersucht wurde. Wie auch immer die Antwort lauten mag: Insbesondere hinsichtlich der eingangs dargestellten Kritik an der angeblich austauschbaren Sprache in Erstlesebüchern kann die Einbindung von Metaphern, Vergleichen und Phrasemen als charakteristisch für diese Texte herausgestellt und damit ihre literarästhetische Gestaltung nicht generell in Abrede gestellt werden.

Dies gilt auch für die Verwendung von Schimpfwörtern, wie sie in kinder- und jugendliterarischen Fußballtexten bisher ausschließlich von Petra Büker einer genaueren Betrachtung unterzogen wurde. In Bezug auf *Die Wilden Fußballkerle* betont sie das „Repertoire an fantasiereichen Schimpfwörtern und derben Flüchen",[66] nicht ohne dies mit einem Hinweis auf den zunehmend vulgären Sprachgebrauch von Grundschulkindern kritisch zu bewerten.[67] Wenngleich sie sich im Vergleich mit den *Wilden Fußballkerlen* eher gemäßigt zeigen, bieten auch fußballbezogene Erstlesegeschichten ein ganzes Repertoire an Schimpfwörtern. Beschimpfungen wie „Pass doch auf, du Penner!",[68] „du bist ein Vollpfosten"[69] oder auch schlicht „Du Horst"[70] belegen exemplarisch, dass in diesen Geschichten kein zimperlicher Umgang miteinander zu herrschen scheint. Neben der oben geäußerten Kritik betont Büker jedoch auch den leseförderlichen Charakter dieser zwar pejorativen, aber auch zur Erheiterung beitragenden Sprache, die den Lesegenuss für Kinder zu steigern vermag.[71]

---

[61] Nöstlinger und Dietl, *Fußballgeschichten*, 60.
[62] Rieckhoff und Paule, „Die Torjäger," 58.
[63] Konecny und Marczinczik, *Bolzplatz*, 18.
[64] KNISTER und Rieger, *Hexe Lilli*, 24.
[65] Grimm und Egger, *Fußballinternat Silberstadt*, 46.
[66] Büker, „Abenteuer," 16.
[67] Vgl. ebd.
[68] Dietl, „Patrick und der Meisterkicker," 100.
[69] Konecny und Marczinczik, *Bolzplatz*, 14.
[70] Klein und Olten, *Theo*, 21.
[71] Vgl. ebd.

2.5 Vermittlung von Werten

Aus dem Zusammenspiel dieser Merkmale kinder- und jugendliterarischer Fußballtexte ergibt sich eine (implizite wie auch explizite) literarische Vermittlung von Werten. Übereinstimmend zeigen die Ausführungen zur allgemeinen fußballbezogenen KJL, dass insbesondere Werte wie Teamgeist, Freundschaft, Kameradschaft und Loyalität häufig Eingang in die Texte finden.[72] Flatscher und vom Schemm führen darüber hinaus das Durchhaltevermögen als einen zentralen Wert an,[73] Clemens Kammler und Michael Kämper-van den Boogaart sowie Zöhrer identifizieren weiterhin die literarische Darstellung von Integration (auch als Folge von Toleranz) in vereinzelten Texten.[74] All diese Werte lassen sich auch in Fußball-Erstlesegeschichten ausmachen. Dabei sind es insbesondere Toleranz und die Integration aller, die in diesen Geschichten oft als Orientierung bietende Werte herausgestellt werden. Es liegt also nahe, neben einer allgemein unterhaltenden Funktion dieser Fußballtexte auch von einer Ausrichtung an „didaktisch-pädagogischen Zielen"[75] auszugehen.

2.6 Verweise auf die außerliterarische Wirklichkeit

Neben den bisher dargelegten Merkmalen fußballbezogener kinder- und jugendliterarischer Texte wird ein weiteres Merkmal ausschließlich von Niklas identifiziert: In zwei der von ihr betrachteten Fußballserien wird immer wieder eine „Beziehung zu den ‚großen' Vereinen und Helden des nationalen Fußballsports"[76] hergestellt. Diese Verweise auf den extratextuellen Kontext zeigen sich in großer Zahl auch in Erstlesegeschichten zum Fußball. So wird zum Beispiel sprachlich wie bildlich, direkt, aber auch indirekt auf bekannte Fußballspieler referiert. Abbildung eins zum Beispiel zeigt die drei Fußballspieler Wayne, Cristiano und Franck vom „FC Meisterliga".[77] Die Namensgebung, aber auch die optische Gestaltung legen eine Anspielung auf die Profifußballspieler Wayne Rooney, Cristiano Ronaldo und Franck Ribéry nahe. In anderen Texten lassen sich darüber hinaus explizite Verweise auf Profifußballspieler finden; so hängt bei Patrick zum Beispiel von „Manuel Neuer […] ein starkes Poster über dem Bett"[78] oder Max „will so gut sein wie Schweini".[79]

---

[72] Zu einer kritischen Betrachtung der Vermittlung dieser Werte Hamann, „Lieblingsspiel," 58.
[73] Vgl. Flatscher, „Sport," 246; vom Schemm, *Dichter am Ball*, 141.
[74] Vgl. Kammler und Kämper-van den Boogaart, „Fußball," 10–11; Zöhrer, „Hochleistungen," 28.
[75] Vom Schemm, *Dichter am Ball*, 140.
[76] Niklas, „Fußballserien," 50.
[77] Klein und Olten, *Theo*, 18.
[78] Dietl, „Patrick und der Meisterkicker," 77.
[79] Röhrig und Honnen, „Fußballgeschichten," 162.

Abb. 1: Illustration aus Theo und der Fußballzirkus *von Martin Klein (Text) und Manuela Olten (Ill.), Tulipan Verlag GmbH, München, 2012, 19.*

Fußball als Thema der Erstleseliteratur 181

Abb. 2: *Illustration von Jörg Hartmann aus: Irene Margil,* Duden Leseprofi – Fußballfieber im Stadion, 2. Klasse *© 2023, Fischer Kinder- und Jugendbuch Verlag GmbH, Frankfurt am Main.*

Im Gegensatz zu den namentlich genannten Fußballprofis wird in den Erstlesegeschichten keine explizite Nennung von Fußballvereinen realisiert; sie werden lediglich angedeutet, sodass es in der Verantwortung der Rezipientinnen und Rezipienten liegt, die jeweiligen Merkmale wahrzunehmen und richtig zu deuten. Ein Beispiel für eine solche Andeutung findet sich im ersten Band der Autobiographie Thomas Müllers.[80] Während der Großteil der interessierten jungen Leserinnen und Leser wissen dürfte, dass mit dem im Buchtitel genannten „Traumverein" der FC Bayern München gemeint ist, ist im Text lediglich die Rede von „meinem Traumklub aus München".[81] Auch auf bildlicher Ebene wird auf den FC Bayern München lediglich angespielt, indem das Gebäude am Eingang zum Trainingsgelände des Vereins abgebildet wird; dies wird zusätzlich erweitert durch die Darstellung eines halben Straßenschildes, auf dem der Schriftzug „Säbene" auf die „Säbener Straße" anspielt und somit die Konnotationsbildung der Erstleserinnen und Erstleser anregt.

Neben Hinweisen auf bekannte Fußballspieler und -vereine wird in den fußballbezogenen Erstlesegeschichten darüber hinaus die deutsche Fankultur thematisiert. So malt beispielsweise Lasse seinem Opa vor dem Stadionbesuch eine Deutschlandfahne auf die Wange, während er selbst mit Deutschlandschal und

---

[80] Müller und Birck, *Mein Weg zum Traumverein*.
[81] Ebd., 19.

einem personalisierten Deutschlandtrikot bekleidet ist. In den *Fußballgeschichten* von THiLO und Irmgard Paule[82] wird außerdem das seit der Fußballweltmeisterschaft 2006 in Deutschland etablierte *Public Viewing* abgebildet.

Dies sind nur wenige Beispiele der zahlreich vorhandenen Verweise auf den extratextuellen Kontext innerhalb der Texte, die deren offensichtlich hohen Stellenwert für fußballbezogene Erzählungen in der Gattung Erstlesebuch belegen. Vor dem Hintergrund der leseförderlichen Wirkung der Bezugnahme auf die Interessen und die außerliterarische Lebenswelt von Kindern ist dieser Einbezug von Elementen des extratextuellen Kontextes als durchaus positiv zu bewerten. Darüber hinaus sind Wörter besser zu lesen, wenn sie (in diesem Fall aus dem außerschulischen Leben) bereits bekannt sind, was infolge des daraus resultierenden Kompetenzerlebens ebenfalls leseförderlich wirken dürfte.[83]

3 Fazit und Ausblick

Wie eingangs aufgezeigt wurde, ist die Gattung Erstlesebuch seit jeher großer Kritik ausgesetzt, welche sich auf die angeblich wenig komplexe Narration bezieht und ihr – insbesondere im Vergleich zu herkömmlichen Texten der KJL – nahezu jegliches literarästhetische Potential abspricht. Im Beitrag konnten am Beispiel der Verarbeitung des Themas Fußballs dennoch Übereinstimmungen zwischen Erstlesebüchern und anderen Texten der KJL hinsichtlich ihrer Gestaltung aufgezeigt werden. Übereinstimmungen treten insbesondere bei abgebildeten Themen und vermittelten Werten auf, es liegen gleiche Handlungsschemata vor, zahlreiche Verweise auf den extratextuellen Kontext können ausgemacht werden und auch die quantitative Abbildung von Figuren und ihren Konstellationen ähnelt sich. Hinsichtlich der Figuren tun sich jedoch offensichtliche Unterschiede in der Operation mit Geschlechterstereotypen auf: Anders als in allgemein kinder- und jugendliterarischen Fußballtexten werden diese Stereotype in Erstlesegeschichten nicht explizit thematisiert, vielmehr wird das gemeinsame Fußballspielen von Jungen und Mädchen als selbstverständlich präsentiert. Insbesondere vor dem Hintergrund der Kritik der Stereotypisierung von Figuren in Erstlesebüchern ist dies als positiv zu werten.

Auch die Kritik an der austauschbaren und einfallslosen Sprache ist hinsichtlich fußballbezogener Erstlesebücher nicht ohne Weiteres gerechtfertigt. So zeigt sich zunächst im Einsatz von Techniken der Spannungserzeugung wie der Nutzung von Parallelismen im Rahmen parataktischer Satzstrukturen, von Dynamik widerspiegelnden Verben und Kriegsmetaphern die Ähnlichkeit zu Fußballtexten der allgemeinen KJL. Darüber hinaus sind Fußball-Erstlesegeschichten geprägt von der Verwendung von Vergleichen, Phrasemen und Schimpfwörtern, mit der sie sich von kinder- und jugendliterarischen Fußballtexten zu unterscheiden scheinen.

---

[82] THiLO und Paule, *Fußballgeschichten*.
[83] Vgl. Christmann und Groeben, „Einflussfaktoren," 154.

Dass Erstlesebücher Texten der allgemeinen KJL hinsichtlich der Darstellung des Fußballthemas in vielen Punkten gleichen und dabei durchaus literarästhetisches Potential aufweisen, ist deutlich geworden. Insbesondere dieses literarästhetische Potential von Erstlesebüchern gilt es künftig weiter qualitativ in den Blick zu nehmen und auf Basis der Literarizität der Texte zu identifizieren und zu belegen.

Kinderbücher

Boie, Kirsten, und Silke Brix (Ill.). *King-Kong, das Fußballschwein*. Hamburg: Oetinger, 2016 (Büchersterne).
Boie, Kirsten, und Silke Brix (Ill.). *Lena hat nur Fußball im Kopf*. Hamburg: Oetinger, 3., überarbeitete Neuausgabe, 2016 [EA 1993] (Büchersterne).
Dietl, Erhard. *Die Olchis werden Fußballmeister*. Hamburg: Oetinger, 2006 (Sonne, Mond und Sterne).
Dietl, Erhard. „Patrick und der Meisterkicker." In *Die tollsten Fußballgeschichten für Erstleser*, 73–133. Würzburg: Arena, 2019 (Der Bücherbär).
Grimm, Sandra, und Sonja Egger (Ill.). *Fußballinternat Silberstadt*. Bindlach: Loewe, 2016 (Lesepiraten).
Klein, Martin, und Manuela Olten (Ill.). *Theo und der Fußballzirkus*. Berlin: Tulipan, 2012 (Tulipan ABC).
KNISTER und Birgit Rieger (Ill.). *Hexe Lilli und das verzauberte Fußballspiel*. Würzburg: Arena, 2016 (Der Bücherbär).
Konecny, Jaromir, und Ralf Marczinczik (Ill.). *Ein Bolzplatz für alle*. Ravensburg: Ravensburger Verlag, 2019 (Ravensburger Leserabe).
Margil, Irene, und Jörg Hartmann (Ill.). *Fußballfieber im Stadion*. Frankfurt am Main: Fischer Duden Kinderbuch, 2018 (Leseprofi).
Müller, Thomas, und Jan Birck (Ill.). *Mein Weg zum Traumverein*. Hamburg: Oetinger, 2018 (Lesenlernen mit Fußballstars).
Müller, Thomas, und Jan Birck (Ill.). *Mein Weg in die Startelf*. Hamburg: Oetinger, 2019 (Lesestarter).
Nöstlinger, Christine, und Erhard Dietl (Ill.). *Neue Fußballgeschichten vom Franz*. Hamburg: Oetinger, 2., überarbeitete Neuausgabe, 2014 [EA 2006] (Büchersterne).
Nöstlinger, Christine, und Erhard Dietl (Ill.). *Fußballgeschichten vom Franz*. Hamburg: Oetinger, 3., überarbeitete Neuausgabe, 2019 [EA 2002] (Lesestarter).
Ondracek, Claudia, und Leopé (Ill.). „Die Bolzplatz-Bande." In *Fußballabenteuer zum Lesenlernen*, hrsg. von Erhard Dietl, Claudia Ondracek, Wilfried Gebhard (Ill.) und Leopé (Ill.), 54–87. Ravensburg: Ravensburger Verlag, 2018 (Ravensburger Leserabe).
Rieckhoff, Sibylle, und Irmgard Paule (Ill.). „Die Torjäger: Sieben Freunde für ein Tor." In *Die tollsten Fußballgeschichten für Erstleser*, 11–71. Würzburg: Arena, 2019 (Der Bücherbär).
Röhrig, Volkmar, und Falko Honnen (Ill.). „Fußballgeschichten." In *Die tollsten Fußballgeschichten für Erstleser*, 135–69. Würzburg: Arena, 2019 (Der Bücherbär).
Röhrig, Volkmar, und Kai Pannen (Ill.) *Tor für Ben! Spannende Fußballgeschichten*. Würzburg: Arena, 2016 (Der Bücherbär).
Stehr, Sabine, und Jan Birck (Ill.). *Total verrückt nach Fußball: Die Matsch-Kicker*. Frankfurt am Main: Fischer Duden Kinderbuch, 2017 (Leseprofi).
THiLO und Irmgard Paule (Ill.). *Fußballgeschichten*. Bindlach: Loewe, 2019 (Leselöwen).

Wolke, Rainer, Julian Jordan (Ill.) und Inigo Moxo (Ill.). *Platzverweis für Henri?* Stuttgart: Klett Lerntraining, 2016 (Paule und seine Fußballfreunde).

Literatur

Boie, Kirsten. „Schreiben für Leseanfänger: Die Autorin berichtet, warum sie Bücher für Erstleser schreibt, welche Ziele sie dabei verfolgt und wie die präzisen Vorgaben seitens der Verlage sich auf ihre Texte auswirken." *JuLit* 24, Nr. 1 (1998): 25–37.
Büker, Petra. „Alles ist gut, solange du wild bist! Fußball, Abenteuer und starke Kids in Joachim Masanneks *Wilden Fußballkerlen*." *Praxis Deutsch* 196, Nr. 2 (2006): 16–22.
Christmann, Ursula, und Norbert Groeben. „Anforderungen und Einflussfaktoren bei Sach- und Informationstexten." In *Lesekompetenz: Bedingungen, Dimensionen, Funktionen*, hrsg. von Norbert Groeben und Bettina Hurrelmann, 150–73. Weinheim u.a.: Juventa, 2006.
Conrady, Peter. „Leseanfänger sind keine Anfänger im Lesen: Anmerkungen zum Kinderbuch als ERSTLESEBUCH." In *Kinderliteratur im Unterricht: Theorien und Modelle zur Kinder- und Jugendliteratur im pädagogisch-didaktischen Kontext*, hrsg. von Karin Richter und Bettina Hurrelmann, 175–84. Weinheim und München: Juventa, 1998.
Fischer, Nanda. *Sport als Literatur*. Eching: F+B, 1999.
Flatscher, Maurice. „Sport." In *Attraktive Lesestoffe (nicht nur) für Jungen: Erzählmuster und Beispielanalysen zu populärer Kinder- und Jugendliteratur*, hrsg. von Christine Garbe, Christina Gürth, Julia Hoydis, Frank Münschke, Andreas Seidler und Uta Woiwod, 241–53. Baltmannsweiler: Schneider Verlag Hohengehren, 2008.
Geßmann, Rolf. „Sport in Kinderbüchern und die Inszenierung von Geschlechterverhältnissen." In *Handbuch Sport und Geschlecht*, hrsg. von Inge Hartmann-Tews und Bettina Rulofs, 251–58. Schorndorf: Hofmann, 2006.
Hamann, Christof. „‚Die besten Fußballer haben kleine Füße': Unser Lieblingsspiel in der deutschsprachigen Prosa." In *Was Fußball macht: Zur Kultur unseres Lieblingsspiels*, hrsg. von Susanne Catrein und Christof Hamann, 53–69. Göttingen: Steidl-Verlag, 2014.
Jentgens, Stephanie. „Zwischen Tradition und Innovation." *JuLit* 39, Nr. 2 (2013): 43–48.
Josting, Petra, und Matthias Preis. „‚Nur im Spiel sind wir ganz wir selbst': Der Fußballroman *Mandela & Nelson* (2010) von Hermann Schulz in transkultureller Lektüre." In *Sport als Thema im Deutschunterricht: Fachliche Grundlagen – Unterrichtsanregungen – Unterrichtsmaterialien*, hrsg. von Friederike Kern und Karl-Heinz Siehr, 237–65. Potsdam: Universitätsverlag, 2016.
Kammler, Clemens. „Mythen des Fußballs: Über einige Lesarten des Jugendbuchklassikers ‚Elf Freunde müsst ihr sein'." *Der Deutschunterricht* 50, Nr. 2 (1998): 18–25.
Kammler, Clemens, und Michael Kämper-van den Boogaart. „Fußball." *Praxis Deutsch* 196, Nr. 2 (2006): 6–14.
Küster, Rainer. „‚Im Tabellenkeller brennt noch Licht.' Metaphern in der Fußballsprache." *Der Deutschunterricht* 62, Nr. 3 (2010): 26–37.
Kurwinkel, Tobias. *Bilderbuchanalyse*. Tübingen: A. Francke Verlag, 2017.
Leis, Mario. „‚Fußball gegen Literatur – Halbzeitstand 0:0 – Tip: X': Fußball in der schöngeistigen Literatur." In *Fußball als Kulturphänomen: Kunst – Kult – Kommerz*, hrsg. von Markwart Herzog, 139–55. Stuttgart: W. Kohlhammer, 2002.
Lindemann, Stephan. „‚Es kommt mir vor, als wäre es ein anderes Leben gewesen': Vom Glück und vom Pech, ein Fußballprofi zu sein." *Praxis Deutsch* 196, Nr. 2 (2006): 27–30.
Lubrich, Oliver. „Zwischen Alltagskultur und Poesie: Fußball in deutschsprachiger und hispanoamerikanischer Literatur." In *Das Spiel mit dem Fußball: Interessen, Projektionen*

und Vereinnahmungen, hrsg. von Jürgen Mittag und Jörg-Uwe Nieland, 417–34. Essen: Klartext, 2007.

Martínez, Matías, und Michael Scheffel. *Einführung in die Erzähltheorie.* München: C. H. Beck, 2016.

Mengeringhaus, Maximilian. „‚Die Form des DFB ist das Barockgedicht': Deutschsprachige Lyrik über Fußball." In *Was Fußball macht: Zur Kultur unseres Lieblingsspiels,* hrsg. von Susanne Catrein und Cristof Hamann, 75–90. Göttingen: Steidl-Verlag, 2014.

Niklas, Annemarie. „Fußballserien als Jungenlektüre? Männlichkeitskonzepte im geschlechtersensiblen Literaturunterricht." *ide: Informationen zur Deutschdidaktik. Zeitschrift für den Deutschunterricht in Wissenschaft und Schule* 31, Nr. 4 (2007): 48–59.

Oeste, Bettina. „Erstlesebücher: Einstieg, Übergang, Zwischentief?" *kjl&m* 64, Nr. 2 (2012): 21–29.

Pflugmacher, Torsten. „‚Was ist es, das in uns stürmt und drängt?' Fußball im Radio als Freund und Helfer in der Adoleszenz." *Praxis Deutsch* 196, Nr. 2 (2006): 52–55.

Schilcher, Anita. „*Viele Grüße, deine Giraffe* (Iwasa/Mühle 2017) – ein Erstlesebuch mit Witz und literarischer Qualität." *kjl&m* 75, Nr. 4 (2019): 35-40.

Schmidt, Karl-Wilhelm. „Fußball als Thema der Kinder- und Jugendliteratur: Unterrichtsanregungen für die Sekundarstufe I." *ide: Informationen zur Deutschdidaktik. Zeitschrift für den Deutschunterricht in Wissenschaft und Schule* 31, Nr. 4 (2007): 85–99.

Siewert, Sandra. „Narrative Strukturen und literarästhetisches Potential von Erstlesebüchern." *kjl&m* 75, Nr. 4 (2019): 60–63.

Siewert, Sandra. „Literatur zweiter Klasse? Literarästhetische Qualität von Erstlesebüchern." In *Figuren, Räume, Perspektiven: (Re)Konstruktionen literar- und medienästhetischen Lernens,* hrsg. von Helen Lehndorf und Volker Pietsch, 113–38. Berlin: Peter Lang, 2022.

Siewert, Sandra. „Erstleseliteratur und Erstlesebücher. Definitionsansätze und ihre Potentiale und Herausforderungen." In *Erstleseliteratur als vielfältiger Lern- und Erfahrungsort,* hrsg. von Jana Mikota und Nadine J. Schmidt, 31-44. München: Kopaed-Verlag, 2024.

Stenzel, Gudrun. „Erstlesebücher." In *Kinder- und Jugendliteratur: Ein Lexikon,* hrsg. von Kurt Franz, Günter Lange und Franz-Josef Payrhuber, 1–35. Meitingen: Corian-Verlag, 2009.

Vom Schemm, Axel. *Dichter am Ball: Untersuchungen zur Poetik des Sports am Beispiel deutschsprachiger „Fußball-Literatur".* Oulu: Oulu University Press, 2006.

Zöhrer, Marlene. „‚Es lebe der Sport!' Literarisch-sportliche Hochleistungen." *JuLit* 42, Nr. 2 (2016): 27–33.

III.
Visuelle Medien

*Ines Heiser**

„Wenn du dich lieber ganz auf den Sport konzentrierst, lies weiter auf Seite 54!" Fußball-Settings im interaktiven Gamebook

Abstract. **"If you'd Rather Focus Entirely on the Sport, Read on to Page 54!" Football Settings in the Interactive Gamebook** – This article describes how football as a topic is carried out in the interactive gamebook genre in children's and young adult literature. This genre is characterized by the fact that each book contains a variety of alternative storylines. In the course of reading, readers meet several points of decision, where they can choose to follow one track or another of narrative at the end of a plot section. While most of these texts construct storylines in the genre of the fantastic, there is also a small group of football-themed texts. These were mostly published in timely correspondence with major football events, and in a very broad sense can therefore be classified in the area of merchandising.

The analysis examines some volumes in the Ravensburger publishing house that address football, for example the *1000 Gefahren* series, written by Fabian Lenk. It also examines the *Football Star* series (2018–20), which was also written by Lenk, but published by Carlsen. The review shows that despite the limitations of the genre, Lenk manages to develop a differentiated view of football as a sport, especially in the later *Football Star* series. Questions of fan ethics play just as much a role as economic aspects of a professional career or the question of values to be represented in the game.

Keywords. CYOA; Gamebooks; Interactive Reading; Social Reading; Fabian Lenk; Serial Storytelling.

Statistischen Erhebungen zufolge ist Fußball immer noch die beliebteste Sportart in Deutschland. In einer repräsentativen Umfrage des Instituts für Demoskopie Allensbach 2022 gab circa ein Drittel der Befragten an, sich ganz besonders für Fußball zu interessieren.[1] 2017 wurde Fußball zudem mit weitem Abstand als die im Fernsehen am liebsten konsumierte Sportart genannt.[2] Vor diesem Hintergrund erstaunt es wenig, dass Fußball in der Kinder- und Jugendliteratur insgesamt eine prominente Rolle spielt. Ganz besonders gilt das für Serientexte und Unterhaltungsformate, die gezielt darauf ausgerichtet sind, einen bestimmten Markt zu be-

---

* Philipps-Universität Marburg, Germany – heiseri@mailer.uni-marburg.de.
[1] Institut für Demoskopie Allensbach, „Beliebteste Sportarten in Deutschland."
[2] Die Zustimmungswerte für Fußball lagen bei 57 Prozent: Statista, „König Fußball."

dienen: Fußball-Settings bieten hier einen beliebten Fundus an Motiven und Handlungsverläufen, bei denen angenommen wird, dass sie jungen Lesenden bereits vertraut sind und zur Lese- bzw. Rezeptionsmotivation beitragen.[3] So kommt es, dass auch im interaktiven Gamebook Fußballsettings erstaunlich häufig zu finden sind.

1 Gamebooks als Genre – Grundlagen

Das Genre des Gamebooks (dt. auch „Spielbuch") wurde seit den ausgehenden 1970er Jahren im englischsprachigen Raum entwickelt.[4] Stilbildend war die von den Autoren Edward Packard und Raymond Montgomery entwickelte *Choose Your Own Adventure*-Serie. Bereits hier waren die zentralen Merkmale des Formats präsent: Der Leser bzw. die Leserin wird durch eine *second person*-Narration geführt. Nach jedem Erzählabschnitt muss eine Auswahlentscheidung zwischen verschiedenen Möglichkeiten der Fortführung der Handlung getroffen werden. Die Erzählabschnitte sind dabei nicht chronologisch in den Büchern angeordnet, sondern werden über ein Verweissystem angesteuert, sodass nicht im Voraus zu erkennen ist, welche Konsequenzen die Auswahlentscheidung schlussendlich haben wird. Damit enthält jedes Buch verschiedene mögliche Handlungswege als parallel vorliegende Rezeptionsangebote. Die Gesamthandlung kann insofern nicht linear nacherzählt, aber in Form eines Flussdiagramms abgebildet werden. Die Entwicklung dieses Formats der Gamebooks ist wohl im Kontext der ersten zeitgleich entstehenden Adventure-Videospiele zu sehen, die eine ähnlich einfache Handlungsauswahlstruktur anbieten; die durch das damals neue Medium fokussierte Frage nach Möglichkeiten einer Erweiterung des Beteiligungsspielraums der Rezipierenden an der Narration – nach einer gesteigerten „Interaktivität" – loten sie im herkömmlichen Printmedium aus. Das Genre erlebte im deutschsprachigen Raum eine Phase der Hochkonjunktur in den 1980er und 1990er Jahren.[5] Obwohl mehrere der klassischen Serien immer noch aufgelegt und aktiv rezipiert[6] werden, geht die Produktion neuer Texte in der All-Age- und Erwachsenenliteratur aktuell insgesamt eher zurück.

Für den Bereich der Kinder- und Jugendliteratur gilt dies nicht, hier ist der Erfolg des Genres mindestens als Spartenliteratur ungebrochen. Zu nennen wären exemplarisch etwa Jens Schumachers Serie *Die Welt der 1000 Abenteuer* (seit 2009) oder die bei der Ravensburger AG erscheinende Serie *1000 Gefahren – Du entscheidest selbst*, die mehrere Bände aus der englischsprachigen *Chose Your Own Adventure*-Serie von Packard und Montgomery übersetzt, inzwischen aber

---

[3] Vgl. z.B. Dietl, *Olchis*; Donnelly, *Benjamin*; Henkel-Waidhofer, *Fußball-Gangster*.
[4] Zum Folgenden Heiser, „Abenteuerkonzeptionen," 228–29.
[5] Zur historischen Entwicklung Kaindel, „TextSpielReisen," 254–55.
[6] Dazu gehören z.B. die Serien *Einsamer Wolf* (Lone Wolf) mit dem Hauptautor Joe Dever oder *Fighting Fantasy* von Ian Livingstone und Steve Jackson. Das fortgesetzte Rezeptionsinteresse lässt sich etwa durch aktuelle Let's-Play-Videos und Rezensionen zu den Gamebooks auf YouTube belegen.

durch eigene deutschsprachige Bände von Fabian Lenk, THiLO und Sonja Bullen ergänzt wird. Nach demselben Muster ist auch die Serie *Erst ich ein Stück, dann du: Finde dein Abenteuer!* (seit 2013) bei cbj gestaltet[7] oder Sue Behrendts *Star Wars The Clone Wars: Du entscheidest* (seit 2011).

Die Schwerpunktverlagerung des Genres in die Kinder- und Jugendliteratur hat mehrere Gründe. Zum einen liegen genau dort die Wurzeln dieser Auswahlbücher. Es wird kolportiert, dass Grundlage der ersten Gamebooks Gutenachtgeschichten waren, die Edward Packard seinen beiden Töchtern erzählte; die klassische *Chose Your Own Adventure*-Serie wurde zunächst als Kinderserie lanciert, bevor sie in der Rezeption zum All-Age-Titel wurde.[8] Zum anderen ist allerdings festzustellen, dass dem spielerisch-experimentellen Charakter der Gamebooks, der neue Formen der Interaktivität und avantgardistische Handlungsführung erlaubt, eine deutliche Beschränkung in anderen Bereichen gegenübersteht: So ist es im Rahmen des Konzepts etwa kaum möglich, komplexe, psychologisch differenzierte Figuren zu entwickeln.[9] Konsequenterweise werden die aktuellen Gamebooks deswegen vor allem im Bereich Leseerwerb und Leseförderung angeboten.[10] Dafür spricht, dass die erfolgreiche Bewältigung eines – in der Regel kurzen – Leseabschnitts mit einer Auswahlmöglichkeit belohnt und der Lesefluss jeweils durch den Auswahlvorgang und die Suche nach dem neuen Leseabschnitt im Buch unterbrochen wird, was für Personen mit schwach ausgeprägten Lesefertigkeiten Orientierung bietet und Zugangshürden verringert.

Der überwiegende Teil der Gamebooks operiert mit fantastischen Erzählwelten, korrespondierend zu den Genrebedingungen, die hauptsächlich äußere Handlungen erlauben. Gleichzeitig gibt es ein kleineres Segment, das in realistischen Settings angesiedelt ist. In diesem Bereich spielen Fußballerzählungen eine durchaus prominente Rolle. Bereits in der klassischen Serie von Packard/Montgomery gab es 1994 einen von Edward Packard verantworteten Fußballband mit dem Titel *Soccer Star*.[11] In der deutschsprachigen Serienfortsetzung erschienen drei weitere Fußballbände von Fabian Lenk: *Das Fußballspiel der 1000 Gefahren* (2008), *1000 Gefahren im Fußballstadion* (2014) und *Fußballpokal der 1000 Gefahren* (2018).[12] Ebenfalls von Fabian Lenk geschrieben ist eine vierbändige Serie bei Carlsen mit den Bänden *Fußballstar: Ein Traum wird wahr* und *Fußballstar: WM-*

---

[7] Hier werden Bände verschiedener Autoren zusammengestellt.
[8] Vgl. Hendrix, „Adventure."
[9] Vgl. Heiser, „Abenteuerkonzeptionen," 234–35.
[10] Eine andere Spielart sind Gamebooks, die als Bestandteil eines Medienverbundes zu prominent eingeführten Stoffen als Spin-Offs zwischen Merchandising und Fandom anzusiedeln sind wie etwa die Bücher von Behrendt, die Episoden zur Zeichentrickserie *Star Wars: The Clone Wars* entwerfen, die wiederum dem von George Lucas entwickelten Star-Wars-Universum zuzuordnen ist, oder die Serie *Die drei ??? Kids und du* (seit 2006) mit Hauptautor Boris Pfeiffer.
[11] Packard, *Soccer Star*.
[12] Lenk, *Fußballspiel*; Lenk, *Fußballstadion*; Lenk, *Fußballpokal*.

Fieber (beide 2018),[13] sowie *Fußballstar: Champions wie wir* und *Fußballstar: Kampf um den Pokal* (beide 2020).[14]

Dabei zeigen die Erscheinungsdaten, dass die Bände teils als Reaktion auf aktuelle Fußballgroßereignisse platziert wurden: *1000 Gefahren im Fußballstadion* erschien 2014 parallel zur Fußball-Weltmeisterschaft in Brasilien, auf die der Band auch inhaltlich ausdrücklich Bezug nimmt:

> „Rio, die Millionenstadt am Zuckerhut, liegt im Fieber. Im Fußball-Fieber! Denn gerade hat die Weltmeisterschaft begonnen. Jeder Fußballfan auf der Welt schaut derzeit nach Brasilien und drückt seinem Lieblingsteam die Daumen."[15]

Ein ähnlich aktualisierender Einstieg findet sich 2018 auch in *Fußballstar: WM-Fieber*:

> „Der Bundestrainer hat angerufen! […] Er hat dich in sein Team eingeladen, in die Nationalmannschaft. In das Team, das 2014 Weltmeister wurde. Das Team, das Brasilien im Halbfinale 7:1 vom Platz fegte und das Finale gegen Argentinien mit 1:0 gewann. Und jetzt gehörst du, der in den Medien schon als der neue Messi[16] gefeiert wird, dazu und darfst vermutlich sogar mit nach Russland zur Weltmeisterschaft."[17]

Auch wenn es nicht explizit ausformuliert ist, ergibt sich aus den Daten zweifelsfrei die deutsche Nationalmannschaft des Jahres 2018 als Bezugsgröße. *Der Fußballpokal der 1000 Gefahren* aus demselben Jahr wählt zwar über eine Reporterstory einen etwas anderen Einstieg;[18] aber auch hier wird die damals aktuelle Weltmeisterschaft in Russland thematisiert. Die beiden Bände von 2020 waren parallel zur geplanten Europameisterschaft konzipiert, bevor diese pandemiebedingt verschoben wurde; *Kampf um den Pokal* greift entsprechende Eckdaten auf, während *Champions wie wir* eine Geschichte um die Champions-League entwickelt.

Die Fußballthematik in den Gamebooks ist insofern zweifach motiviert: Zum einen greifen die Geschichten ein klassisches Sozialisationsthema auf – Fußball hat als aktiv betriebenes Hobby und als passiv rezipiertes öffentliches Sportereignis großes Identifikationspotenzial, insbesondere, wenn auch keinesfalls ausschließlich bei männlichen Lesern. Zum anderen werden im Kontext prominenter Fußballereignisse Gamebooks lanciert, die in diesem Zusammenhang als eine Art

---

[13] Lenk, *Traum*; Lenk, *WM-Fieber*.
[14] Lenk, *Champions*; Lenk, *Kampf um den Pokal*.
[15] Lenk, *Fußballstadion*, 7.
[16] Verweis auf Lionel Messi, argentinischer Rekordspieler und mehrfacher Fußballer des Jahres.
[17] Lenk, *WM-Fieber*, 7.
[18] Lenk, *Fußballpokal*, 7: „Du arbeitest als Reporter bei einem großen TV-Sender. […] Und jetzt […] herrscht absoluter Personalmangel." Der Protagonist wird zwar zunächst nach Omsk in Sibirien geschickt, um über Mammutskelette zu berichten, nach weiteren Erkrankungen beim Sender bekommt er aber das Angebot, nach Moskau zur WM zu wechseln, Lenk, *Fußballpokal*, 11 und 100.

Merchandising-Artikel verstanden werden können, bei denen der Buchmarkt sicher nicht zu Unrecht auf Mitnahmeeffekte hofft.

2 Fußball im Gamebook – Die Anfänge: Packards Soccer Star

Im Folgenden werde ich zunächst das erste Fußball-Gamebook von Packard detaillierter analysieren, um sodann näher zu beschreiben, welche Weiterentwicklungen in den späteren Lenk-Bänden festzustellen sind. Bei insgesamt 117 Textseiten gibt es in *Soccer Star* 16 Möglichkeiten, die Handlung zu beenden. Die Erzählung beginnt damit, dass ein fußballbegeisterter Junge in Hillsdale an eine neue Schule kommt, die einen ausgewiesenen Fußballschwerpunkt hat. Ein Teil der Handlungen dreht sich um die Frage, ob es dem Protagonisten gelingen kann, in die renommierte Schulmannschaft aufgenommen zu werden und sich dort durchzusetzen. Relativ früh zweigt ein Handlungsstrang ab, der sich mit einem dramatischen Unfall in einer Unterwasser-Attraktion eines Freizeitparks befasst.[19] Dieser Handlungszweig ist als Querverbindung zu einem früheren Gamebook der Serie, dem bereits 1991 erschienenen *Daredevil Park*,[20] interessant; von der Fußballthematik führt er aber eindeutig weg. Ebenfalls nur lose mit dem Thema Fußball verknüpft ist auch ein später ansetzender Handlungsstrang, der einen Unfall des Mannschaftsbusses beschreibt, der sich auf dem Weg zu einem Auswärtsspiel bei einer Springflut ereignet.[21] Abgesehen von diesen beiden Fremdsträngen konzentriert sich Packards Gamebook auf Themen, die mit dem US-amerikanischen, semiprofessionellen Schul-Soccer zusammenhängen: mit dem Erwerb eines Platzes in der Schulmannschaft, der Auseinandersetzung mit Rivalen, aber auch mit den Fragen, ob die schulisch-akademischen Leistungen ein intensives Engagement im Sport erlauben und ob mit dem fußballerischen Engagement ein College-Stipendium gewonnen werden kann. Eine Rezension auf Demian Katz' Online-Gamebook-Katalog urteilt sehr zutreffend: „In truth, this isn't really a ‚sports' book so much as it is a ‚school' book."[22] Zu sportartspezifischen Festlegungen kommt es in *Soccer Star* kaum, vielmehr bleiben gerade die Turniersequenzen eher blass, ohne größere Umstellungen ließe sich Fußball in Packards Gamebook durch eine andere populäre Mannschaftssportart ersetzen. Dies mag auch damit zusammenhängen, dass Packard selbst, zumindest in der Rückschau, nur geringes Interesse an Sportthemen zeigt: Jake Rossen, der die Schwerpunkte der Serie zu Recht im Bereich „science, shipwrecks, African mountain gorillas" ansiedelt, zitiert Packard mit der Aussage, es habe sich bei den Sportbüchern nur um letztlich schwer verkäufliche Experimente gehandelt: „I tried some sports titles like ‚Soccer Star' and ‚Skateboard Master', but they didn't sell".[23]

---

[19] Packard, *Soccer Star*, dieser Handlungsstrang zweigt ab bei 85.
[20] Packard, *Daredevil Park*; ohne deutsche Übersetzung.
[21] Packard, *Soccer Star*, beginnend bei 9.
[22] Demian's Gamebook WebPage, „Soccer Star,", letzter Zugriff 28. März 2020, https://gamebooks.org/Item/372/Show.
[23] Rossen, „A Brief History."

3 Fabian Lenks 1000 Gefahren-*Fußballbücher*

Wie reagierte Lenk in seinen späteren Gamebooks auf Packards erste Gestaltung des Themas? Zunächst ist festzuhalten, dass es im Rahmen der deutschsprachigen Fortschreibung der *Du entscheidest selbst!* bzw. der *1000 Gefahren*-Serie durchaus sachlogisch erscheint, einen weiteren Fußballband zu publizieren. Packards *Soccer Star* ist in vielen Aspekten deutlich amerikanisch geprägt und unterscheidet sich insofern von der bundesrepublikanischen Erfahrungswelt, was insbesondere die Umstände betrifft, unter denen Sport praktiziert wird. So ist zum Beispiel in *Soccer Star* die Schulmannschaft sehr viel renommierter als eine als Alternative angebotene Vereinsmannschaft – in Deutschland wäre das hierarchische Verhältnis umgekehrt.[24] Typisch für das US-amerikanische Schulsystem ist auch ein Beratungsgespräch, das die Schuldirektorin mit dem Protagonisten über seine schwachen akademischen Leistungen führt, in dem ihm empfohlen wird, an Sommerkursen teilzunehmen.[25]

In seinem ersten Fußballbuch, *Das Fußballspiel der 1000 Gefahren*, bietet Lenk auf 112 Textseiten 46 Möglichkeiten, die Handlung zu beenden. Die einzelnen Ereignisketten sind also jeweils deutlich kürzer als bei Packard. Der Protagonist muss zu Beginn entscheiden, ob er in den Sommerferien an einem Fußballtrainingscamp für besonders talentierte Sportler teilnehmen möchte oder lieber nur zum Spaß mit seinen Freunden kickt. Abhängig davon entwickeln sich entweder Handlungsstränge, die sich am Heimatort oder im Camp ereignen. Auch in *Fußballspiel der 1000 Gefahren* sind einige Teilhandlungen eingeflochten, die sich nur bedingt auf das Fußballthema beziehen, etwa die Auseinandersetzung mit einer konkurrierenden Jugendgruppe um einen Wimpel[26] oder das unerlaubte Betreten eines privaten Badegeländes, bei dem der Protagonist ertappt wird.[27] Diese Nebenstränge sind aber sehr viel realitätsnäher als bei Packard gestaltet. Der größere Teil der Handlungsalternativen greift dagegen verschiedene Aspekte rund um den – auch professionellen – Vereinssport auf. So werden der Diebstahl von Eintrittskarten für ein Bundesligaspiel, illegale Aktivitäten einer Wettmafia und eines kriminellen Spielervermittlers und Doping ebenso verhandelt wie die Möglichkeit, verabredete Hooliganschlägereien vorab zu verhindern, und nicht zuletzt das Streben nach persönlichem sportlichem Erfolg. Tendenziell befassen sich dabei die in der Heimat lokalisierten Handlungsstränge stärker mit einer Außenperspektive auf den Sport; der Protagonist ist hier nur Hobbykicker, auch wenn sein großer Bruder in einem Bundesligaverein trainiert. Die im Camp spielenden Ereignisse fokussieren eher die eigene sportliche Karriere, wobei vor allem die Frage im Zentrum steht, welche Mittel angewendet werden dürfen, um Erfolg zu haben und worin gutes, „sportliches" Verhalten besteht.

---

[24] Vgl. z.B. Packard, *Soccer Star*, 8: „Warum kommst du nicht zu mir in den Verein? Das ist genau das Richtige für Jungs, die noch nicht auf dem Schulniveau sind."
[25] Packard, *Soccer Star*, beginnend bei 102.
[26] Lenk, *Fußballspiel*, beginnend bei 38.
[27] Ebd., beginnend bei 61.

Im Vergleich zu Packard greift Lenk das Thema Fußball sehr viel umfassender und zugleich differenzierter auf. So werden neben der sportlichen Dimension zum Beispiel auch wirtschaftliche Aspekte ausdrücklich angesprochen. Verwendet man soziologische Analysekategorien, so spielt sich die Handlung bei Packard fast ausschließlich auf der sozialen Mikroebene ab; erzählt und nachempfunden werden die individuellen Erlebnisse des Du-Protagonisten bei dem Versuch, ein erfolgreicher Sportler zu werden. Bei Lenk ist dagegen mindestens die Mesoebene explizit mit einbezogen, durch den Du-Protagonisten werden Institutionen und Gruppen bzw. Netzwerke, die in Zusammenhang mit Fußball als Sport eine Rolle spielen, beobachtet und im Ansatz auch altersangemessen reflektiert. Deutlich wird das etwa, wenn der Protagonist vor einem wichtigen Heimspiel seiner Lieblingsmannschaft versucht, mittels Internetrecherche Hooliganausschreitungen zu verhindern. Bereits in der ersten Sequenz wird hier zwischen Fangruppierungen unterschieden: „Für alle *richtigen* Fußballfans wärst du der Held".[28] Eine – wenn auch stereotype – Charakterisierung der anderen Teilgruppe folgt kurz darauf:

„[…] eine harte Fangruppe vom TSV. Mit Fußball hat das nicht mehr viel zu tun, es scheint eher darum zu gehen, Dampf abzulassen. Die eigene Mannschaft wird geradezu vergöttert, alle anderen Mannschaften mitsamt ihren Fans werden übel beleidigt."[29]

Auch einzelne Bezugnahmen auf die Makroebene lassen sich finden, etwa dann, wenn der Du-Protagonist im Sommercamp entscheiden muss, wie er auf eine Bedrohung durch einen stärkeren Rivalen reagieren will.[30] Unternimmt er keinen Versuch der Selbstbehauptung, so fällt das Urteil am Endpunkt der Ereigniskette harsch aus:

„So wirst du nach und nach zum Mitläufer. Zu jemandem, der nie aufbegehrt, der nie seine Stimme erhebt, auch wenn es wichtig wäre. […] niemand tut dir etwas, aber du fällst auch niemandem auf. Schon gar nicht auf der großen Bühne des Fußballs. Denn graue Mäuse wurden noch nie große Spieler."[31]

Weist der Du-Protagonist dagegen die anmaßenden Äußerungen des Gegenspielers zurück, so wird „aus dir […] ein berühmter Fußballer. Ein Fußballer mit Mut und Charakter."[32] Hier wird – wenn auch in sehr knapper Form – ein Wertesystem beschrieben, das mit der Idee des Fußballs an sich verknüpft ist. Entsprechende Belehrungen fehlen bei Packard. Äußerungen von Packard und Montgomery in einem Interview mit Grady Hendrix zufolge wären diese mit der von ihnen entwickelten Gesamtkonzeption der *Choose Your Own Adventure*-Serie auch nicht vereinbar, da sie die Bücher ausdrücklich nicht pädagogisch („didactic") anlegen

---

[28] Ebd., 25; Hervorhebung nicht im zitierten Text.
[29] Ebd., *Fußballspiel*, 43.
[30] Ebd., 74 und 103 bzw. 104.
[31] Ebd., 103.
[32] Ebd., 104.

wollten und es für unmöglich hielten, für jeden Handlungsstrang einen moralischen Ausgang („a moral ending") zu entwerfen.[33]

Die differenziertere Ausgestaltung des Sujets bei Lenk lässt sich zum einen wohl durch den zeitlichen Abstand und neue Ansprüche auch an unterhaltende Kinder- und Jugendliteratur erklären. Daneben spielt hier vermutlich auch der biografische Hintergrund eine Rolle: Lenk ist Absolvent der Deutschen Journalistenschule München und arbeitete mehrere Jahre hauptberuflich als Reporter und Redakteur, unter anderem im Sportressort. Bezogen auf das Thema Fußball bringt er, anders als Packard, eine ausgewiesene Fachexpertise mit.

Eine Zweiteilung in ein direkt auf den Fußballsport bezogenes Handlungsstrangbündel und einen weiteren, thematisch anders gelagerten Handlungskomplex findet sich in Lenks beiden später veröffentlichten *1000 Gefahren*-Bänden. In *1000 Gefahren im Fußballstadion* kann der in Rio lebende Du-Protagonist Pedro sich dafür entscheiden, eine eigene Fußballkarriere anzustreben, alternativ begleitet er seinen Vater Tomás, einen Sportreporter, bei diversen Recherchen. In diesem zweiten Handlungsstrang herrschen kurze Elemente des Krimigenres vor. So gibt es etwa eine Teilhandlung um gefälschte WM-Tickets,[34] um eine gestohlene Fotoausrüstung des Vaters,[35] einen verschwundenen Glücksbringer des Stürmers Emiliano[36] oder betrügerisches bzw. unethisches Verhalten eines Reporterkollegen des Vaters;[37] daneben wird der (je nach Auswahlentscheidung nur versuchte) Diebstahl des WM-Pokals verhandelt. Gegenüber dieser breit ausgebauten Reportergeschichte fällt in *1000 Gefahren im Fußballstadion* der genuine Fußballhandlungsstrang eher schmal aus. Ähnlich wie in den anderen beiden Fußball-Gamebooks der Reihe geht es um Fragen der Sportethik, beispielsweise darum, ob es angemessen bzw. klug ist, vor einem wichtigen Spiel abends lange feiern zu gehen[38] oder Verletzungen zu verheimlichen.[39] Lediglich ein Handlungsstrang behandelt Entscheidungen mit weiterreichenden Konsequenzen: ob Pedro sich Oliveira, einem dubiosen Spielervermittler anvertrauen soll.[40] In diesem Zusammenhang werden Lenks pädagogische Intentionen offensichtlich: Gegen die teure, entbehrungsreiche und unsichere Zukunft als Fußballprofi werden familiärer Zusammenhalt[41] und das Miterleben des quasi religiös gezeichneten Sportereignisses gesetzt: „du [...] fieberst mit denen mit, die schon Stars sind. [...]

---

[33] Hendrix, „Adventure."
[34] Lenk, *Fußballstadion*, beginnend bei 59.
[35] Ebd., beginnend bei 16.
[36] Ebd., beginnend bei 85.
[37] Ebd., beginnend bei 100.
[38] Ebd., beginnend bei 21.
[39] Ebd., beginnend bei 76.
[40] Ebd., beginnend bei 37.
[41] Ebd., 31: „Im Wohnzimmer hörst du deine Eltern zusammen lachen. Und jetzt weißt Du: Du gehörst hierher und willst nicht weg [...]. Und kicken kannst du jederzeit am Strand der Copa Cabana."

Das Stadion explodiert förmlich vor Freude! [...] Was für eine Weltmeisterschaft!"[42] – Ein Vergleich mit Émil Durkheims „éffervescences collectives", die in kulturwissenschaftlichen Studien über den Fußballsport gern rezipiert werden,[43] drängt sich auf.

Zusammenfassend lässt sich sagen, dass sich *1000 Gefahren im Fußballstadion* insgesamt kaum mit einer aktiven Fußballkarriere befasst, im Zentrum stehen eher Kinderkrimi-Handlungen, für die ein Fußballbezug konstruiert wird. Dieser kann auch lose ausfallen – der recht ausführlich aufgebaute Handlungsstrang um die entwendete Kameraausrüstung des Vaters etwa findet schlicht auf dem Weg zu einem Interview mit einem berühmten Fußballer statt. Anschließend werden allerdings relativ beliebige Handlungssequenzen der Verfolgung und Beschattung der Täter kombiniert, die so auch für sich bzw. in einem anderen Kontext stehen könnten. Sieht man den Band als Bestandteil der *1000 Gefahren*-Serie, so ist die weniger ausgeprägte Fußballschwerpunktsetzung schlüssig zu erklären: Auf diese Weise werden zu eindeutige Überschneidungen mit Lenks erstem Fußballband vermieden, da die Festlegung auf ein jugendliches Alter der Protagonisten, die für diese Serie verbindlich ist, das Spektrum möglicher Handlungsstränge einschränkt. Bezogen auf diesen zweiten Aspekt nimmt Lenk im Vergleich mit den Originalbänden von Packard und Montgomery bereits eine Erweiterung vor, indem er Handlungszweige anbietet, in denen der Protagonist vornehmlich als Begleiter erwachsener Nebenfiguren agiert und so Zugang zu Orten und Situationen bekommt, die ihm sonst verwehrt bleiben müssten. In *1000 Gefahren im Fußballstadion* ist diese erwachsene Stellvertreterfigur der Vater, Reporter Tomás, in *Fußballspiel der 1000 Gefahren* nimmt eine ähnliche Funktion der ältere Bruder des Du-Protagonisten, ein Bundesligaspieler namens Martin, ein. Die Krimischwerpunkte im zweiten Band stellen sich vor diesem Hintergrund als weiterer Versuch dar, das Angebot möglicher Handlungszweige zu erweitern und so offensichtliche Wiederholungen zu vermeiden.

Ganz ähnlich lässt sich dieses Spiel mit Variationen desselben Themas auch in Lenks drittem *Gefahren*-Band beobachten. In *Fußballpokal der 1000 Gefahren* ist – wie oben bereits angesprochen – die Weltmeisterschaft von 2018 in Russland der Bezugspunkt, dazu bietet Lenk auf 108 Seiten 43 mögliche Schlussvarianten an. Wie in dem Band von 2014 erhält der Du-Protagonist eine grob skizzierte Rolle. Sein Name ist Ben, er arbeitet als Praktikant bei einem Fernsehsender.[44] Daneben wird er als begeisterter Freizeitsportler dargestellt:

> „Kicken ist [neben der Arbeit beim Fernsehen] deine zweite große Liebe. Du spielst in der dritten Liga und bist in der vergangenen Saison Torschützenkönig geworden! [...] du fieberst dem Saisonauftakt entgegen. Du willst mit deiner Mannschaft Meister werden und in die zweite Liga aufsteigen."[45]

---

[42] Ebd., 68.
[43] Exemplarisch Gebauer, „Fernseh- und Stadionfußball," 309–13.
[44] Lenk, *Fußballpokal*, 7.
[45] Ebd.

Die Frage einer Profi-Karriere stellt sich für den älteren Du-Protagonisten damit nicht mehr, sein Status als junger Erwachsener entspricht den Konventionen der Originalserie gerade noch. Nach einem ungewöhnlich langen Prolog ohne Entscheidungsmöglichkeiten[46] kann der Du-Protagonist zwischen einer Reporterstory um den illegalen Verkauf von Mammutknochen und dem Besuch der Weltmeisterschaft wählen. Der Reporterhandlungsstrang hat keinerlei Fußballbezug, ein Zusammenhang mit dem zweiten Handlungsstrang wird ausschließlich darüber hergestellt, dass der Schauplatz in beiden Fällen Russland ist.[47] Der Fußballhandlungsstrang enthält im Vergleich zu den Vorgängerbänden mehrere Wiederholungen, dazu einige eher abseitige und gesucht wirkende Elemente: So wird wieder ein Fußballpokal gestohlen[48] oder Ben nimmt an einem illegalen Untergrundfußballturnier teil (entweder als Gast oder als eingewechselter Ersatzspieler),[49] bei dem außerdem manipulierte Wetten abgeschlossen werden. Tatsächliche WM-Szenen sucht man dagegen in diesem Band vergeblich – wohl deshalb, weil diese im Vorgängerband *1000 Gefahren im Fußballstadion* breit genutzt werden.

In der Zusammenschau zeigt sich, dass an Lenks *Fußballpokal* die Grenzen des Genres deutlich werden: Trotz des Titels liegt hier kein auf den Fußball fokussiertes Buch vor, was darauf zurückzuführen ist, dass bereits die ersten beiden Bände mögliche Handlungs- und Entscheidungsvarianten um Fußballsport und Fankultur ausführlich ausschöpfen.

4 Die Fußballstar-Serie

Ebenfalls von Lenk verfasst, aber von erkennbar anderem Charakter, ist die seit 2018 bei Carlsen erscheinende *Fußballstar*-Serie. Hier bildet Fußball den zentralen Fluchtpunkt; themenfremde Handlungsstränge fehlen. Zudem gibt es weniger alternative Möglichkeiten des Handlungsendes: In *Ein Traum wird wahr* werden auf 116 Seiten acht Schlussvarianten angeboten, *WM-Fieber* enthält bei gleicher Seitenanzahl zwölf, *Champions wie wir* auf 127 Seiten neun und *Kampf um den Pokal* auf 128 Seiten 15 Schlussvarianten. Ein weiterer Unterschied besteht darin, dass die einzelnen Auswahlabschnitte teils deutlich umfangreicher sind als in den *1000 Gefahren*-Bänden. Während in der von Packard/Montgomery begründeten Serie maximal zweiseitige Handlungsabschnitte vorkommen und die Abschnitte im Regelfall eine halbe Seite umfassen, gibt es in der *Fußballstar*-Serie Passagen von bis zu vier Textseiten. Diese Art der Textorganisation wendet sich an ein etwas älteres und erfahreneres Lesepublikum als die *1000 Gefahren*-Reihe. Während diese für ein Lesealter ab acht Jahren empfohlen ist, wird *Fußballstar* ab 10 Jahren angeboten. An diesem etwas älteren Lesepublikum richtet sich auch die

---

[46] Ebd., beginnend bei 7. Die Eröffnungssequenz umfasst sechs Seiten, üblich sind ansonsten ein bis zwei Einführungsseiten.
[47] Dort allerdings immer noch räumlich deutlich getrennt; die WM in Moskau, die Mammut-Geschichte in Anadyr in Sibirien, vgl. Lenk, *Fußballpokal*, 61, 9.
[48] Ebd., beginnend bei 20.
[49] Ebd., beginnend bei 69.

Illustration aus: Die *1000 Gefahren*-Bände enthalten gezeichnete Illustrationen im Comicstil,[50] die *Fußballstar*-Bände Schwarz-Weiß-Fotos mit starkem Kontrast.

Ein weiterer zentraler Unterschied besteht in der jeweils angebotenen Handlungsstruktur. Lenks *1000 Gefahren*-Bände orientieren sich an dem von Packard/Montgomery entworfenen Grundmuster eines Handlungsfächers bzw. Handlungsbaums. Dabei sind im gleichen Band ganz verschiedene Teilhandlungen enthalten, die nach einer Gabelung nur im Ausnahmefall wieder mit anderen Zweigen zusammengeführt werden. Diese Technik führt dazu, dass die einzelnen Teilhandlungen relativ schlicht gehalten sein müssen, weil jeweils nur wenige Seiten für die Entwicklung zur Verfügung stehen. In den *Fußballstar*-Bänden verwendet Lenk eine andere Technik: Er setzt zentrale Punkte, an die die Handlung in jedem Fall zurückgeführt wird. Über die Auswahlentscheidung wird also nur eine spezifische Wegvariante festgelegt, die Varianten führen jedoch zum selben Zwischenzielpunkt. Mit Blick auf das jeweilige Zwischenergebnis ist die Auswahl daher beliebig, obwohl unterschiedliche Leseerlebnisse entstehen. Um dies an einem Beispiel zu illustrieren: In *Ein Traum wird wahr* muss der Du-Protagonist Tom an einer Stelle entscheiden, ob er seinen Teamkollegen Ben in ein Fastfood-Restaurant begleitet, wohl wissend, dass der Trainer Wert auf ausgewogene und gesunde Ernährung legt.[51] Tut er es, wird über einen Facebook-Post das Fehlverhalten entdeckt, er muss besonders hart trainieren und erhält den Spitznamen „Specki".[52] Bleibt er vernünftig, bekommt er von Ben den Spitznamen „Häschen", „weil du so viel Grünzeug futterst", der Trainer nennt ihn fortan „Ironman".[53] Beide Varianten leiten ohne weitere Konsequenzen zur nächsten gemeinsamen Station, dem Spiel am fünften Spieltag.[54] Diese Varianten- bzw. Schleifentechnik hat den Vorteil, relativ viele Auswahlmöglichkeiten anzubieten, gleichzeitig aber Raum für eine insgesamt komplexere, zusammenhängende Handlungsführung zu lassen. Diese Chance nutzt Lenk, um das Leben eines Profifußballers facettenreich und für das Genre durchaus reflektiert darzustellen. Er erfasst Fußball als Beruf, dessen Anforderungen über das Sportliche deutlich hinausgehen und Belastungen mit sich bringen. So muss der Protagonist Tom etwa direkt zu Anfang entscheiden, ob er sich in juristischen Fragen und bei Werbeverträgen weiter auf seine Eltern verlassen oder aber einen professionellen Spielerberater engagieren will:

> „Haben [deine Eltern] überhaupt die Zeit und das Wissen? Haben sie die nötigen Kontakte? Wohl eher nicht, ahnst du. Andererseits: Deinen Eltern kannst du vertrauen. […] Außerdem verlangen sie bestimmt keine Provision, auch wenn du ihnen das mit Sicherheit anbieten würdest. Sie tun es für dich."[55]

---

[50] Die Illustrationen zu Lenk, *Fußballspiel*, und Lenk, *Fußballstadion*, stammen von Rolf Bunse, die in Lenk, *Fußballpokal*, von Stefani Kampmann.
[51] Lenk, *Traum*, 15.
[52] Ebd., 103–104.
[53] Ebd., 78.
[54] Ebd., 73–74.
[55] Ebd., 11–12.

Als Schattenseite wird zudem etwa die Entfremdung von alten Freunden thematisiert:

> „Schnell merkst du, dass sich einiges verändert hat in der kurzen Zeit, seit du zum FC gewechselt bist. [...] Eine frühere Mitschülerin mustert dich kühl und abwartend, als ob sie checken will, ob du noch einer von ihnen bist. Und dann ist da noch einer, der dich [...] fragt, ob du ihm tausend Euro leihen kannst."[56]

So entsteht eine reflektierte Sichtweise auf den Profifußball, der eben nicht schlicht als Traumberuf verklärt wird, gerade weil die soziale Mesoebene der Institutionen und Gruppen, die Einfluss auf die Realisierung einer individuellen Fußballkarriere nehmen, mit in die Betrachtung einbezogen wird.

Analysiert man die verschiedenen Schlussvarianten, die Lenk in den *Fußballstar*-Büchern anbietet, so lässt sich auf der Makroebene auch ein mit dem Sport verbundenes System von Werten und Normen recht gut beschreiben. Aufgrund der oben dargestellten Schleifentechnik zielen die Bände darauf ab, jeweils die ideale Schlussvariante – die Aufnahme in die Nationalmannschaft in *Ein Traum wird wahr*[57] bzw. den Gewinn der Weltmeisterschaft in *WM-Fieber*[58] – zu erreichen. Früher abzweigende Endpunkte sind innerhalb dieser Konzeption als Versagen bzw. als Verlieren des Protagonisten zu deuten.[59] In den Abschlussabschnitten finden sich dementsprechend häufig moralische Wertungen oder die Formulierung von expliziten Verhaltensregeln, wie beispielsweise „es rächt sich, wenn man sich auf seinem Erfolg ausruht und nicht bereit ist, immer und jederzeit das Optimum aus sich herauszuholen".[60] Ursachen für ein verfrühtes Spiel- bzw. Lektüreende sind bei Lenk Überheblichkeit,[61] Missachtung der Trainerautorität,[62] mangelnde Fairness gegenüber Mitspielern,[63] grob unprofessionelles Verhalten[64] und falsch verstandener Ehrgeiz.[65] Ins Positive gewendet vertreten die *Fußball-*

---

[56] Ebd., 112.
[57] Ebd., 122–23. Interessanterweise bietet Lenk in diesem Band eine positiv skizzierte Alternative an, vgl. Lenk, *Traum*, 100: Wenn Tom sich für ein duales Studium entscheidet, beendet er zwar vergleichsweise früh seine Profikarriere, führt aber dennoch ein zufriedenes Leben: „Du hast eine Menge Geld beiseitegelegt und genießt jetzt das Leben als ganz normaler Angestellter bei einer Sportartikelfirma – ohne Medien, ohne Rummel, ohne den ganz großen Druck. Fußball ist für dich wieder ein Hobby – und zwar das schönste der Welt."
[58] Lenk, *WM-Fieber*, 122.
[59] Bei der von Packard verwendeten Fächertechnik ist dies anders, da tatsächlich unabhängige Einzelhandlungen vorliegen, deren Schlusspunkte in den meisten Fällen gleichwertig sind.
[60] Lenk, *Traum*, 110.
[61] Lenk, *Traum*, 24; Lenk, *WM-Fieber*, 13, 23, 59.
[62] Lenk, *Traum*, 39; Lenk, *WM-Fieber*, 82–83, 97.
[63] Lenk, *Traum*, 55; Lenk, *WM-Fieber*, 114–15.
[64] Lenk, *Traum*, 59–60, 88; Lenk, *WM-Fieber*, 87, 108–11.
[65] Lenk, *Traum*, 77; Lenk, *WM-Fieber*, 48.

star-Bände insofern das Konzept eines informellen Fairplay, das auf Respekt gegenüber den am Spiel Beteiligten (Mitspielern, Gegnern, Schiedsrichtern und Publikum) basiert.

5 Fußball im Gamebook – ein kurzes Fazit

Die Entwicklung von Fußball-Gamebooks als eigenständigem Genre geht im deutschsprachigen Bereich fast ausschließlich auf Fabian Lenk zurück. Die Arbeiten Lenks zeigen, dass es durchaus möglich ist, über den eher schlichten Zugriff auf das Thema in Packards *Soccer Star* hinauszugehen und kontroversere Aspekte aufzugreifen. Aus der Perspektive der Textsorte Gamebook können solche komplexen Zugänge allerdings nur dann konstruiert werden, wenn man wie Lenk in seinen *Fußballstar*-Bänden die Auswahlmöglichkeiten beschränkt, damit ausreichend Raum für die Entwicklung differenzierter Fragestellungen zur Verfügung steht. Die Grenzen der Textsorte fallen bei der Analyse der untersuchten Bände ebenfalls deutlich ins Auge: Die Auswahl an Motiven ist begrenzt; zudem müssen die Handlungsstränge relativ stark komprimiert werden, sodass sich stereotype Darstellungen und Wiederholungen nicht immer vermeiden lassen.

Trotzdem zeigen sich deutliche Chancen in dieser Art der Präsentation des Themas: Durch die Du-Anreden und die Auswahlentscheidungen wird eine enge Identifikation mit dem Protagonisten nahegelegt und die Perspektivübernahme unterstützt. Dies kann nicht nur gegebenenfalls schwächere Leserinnen und Leser motivieren, denen die Fußballthematik am Herzen liegt, sondern auch bis dato unkritische Fußballfans veranlassen, sich mit problematischen Aspekten des Fußballgeschäfts, die Lenk ehrlich anspricht, auseinanderzusetzen und so einen differenzierteren Blick auf ihr Hobby zu gewinnen. Insbesondere die *Fußballstar*-Bände, die das Thema ernsthafter aufgreifen, bieten zudem gute Ansatzpunkte für eine wertereflexive Betrachtung bestimmter Situationen an. So wird zum Beispiel in *Ein Traum wird wahr* die Frage aufgeworfen, wie entscheidend berufliche Sicherheit ist, während in *WM-Fieber* die Konfrontation mit einem Konkurrenten aus der eigenen Mannschaft breit ausgebaut wird. Die spielerische Form der Gamebooks und ihr attraktiver Inhalt erlauben Gespräche in vermittelter Form über Fragen, die ein junges Lesepublikum ganz direkt betreffen.

Literatur

Demian's Gamebook WebPage. „Soccer Star," letzter Zugriff 28. März 2020. https://gamebooks.org/Item/372/Show.
Dietl, Erhard. *Die Olchis werden Fußballmeister*. Hamburg: Oetinger, 2006.
Donnelly, Elfie. *Benjamin als Fußballstar*. Berlin: kiddinx media, 2005.
Gebauer, Gunter. „Fernseh- und Stadionfußball als religiöses Phänomen: Idole, Heilige und Ikonen am ‚Himmel' von Fangemeinden." In *Fußball als Kulturphänomen: Kunst – Kult – Kommerz*, hrsg. von Markwart Herzog, 305–14. Stuttgart: W. Kohlhammer, 2002.

Heiser, Ines. „,Du allein hast in der Hand, wie das Abenteuer ausgeht!' Abenteuerkonzeptionen in Gamebooks mit Mittelalterbezug und ihr didaktisches Potenzial." In *Literarisches Lernen mit Medienverbünden für Kinder und Jugendliche: Abenteuer/âventiure als narrativer Zugang in Theorie und Praxis*, hrsg. von Karla Müller und Andrea Sieber, 227–43. Frankfurt am Main: Peter Lang, 2020.

Hendrix, Grady. „Choose Your Own Adventure: How The Cave of Time taught us to love interactive entertainment." *SLATE*, 17. Februar 2011. https://www.slate.com/articles/arts/culturebox/2011/02/choose_your_own_adventure.html.

Henkel-Waidhofer, Brigitte-Johanna. *Die drei ??? Fußball-Gangster*. Stuttgart: Franck-Kosmos, 1995.

Institut für Demoskopie Allensbach: Allensbacher Markt- und Werbeträger-Analyse (AWA) 2021 – Beliebteste Sportarten in Deutschland nach Interesse der Bevölkerung an dem Sport in den Jahren 2020 bis 2022, 26. Juli 2022. https://de.statista.com/statistik/daten/studie/171072/umfrage/sportarten-fuer-die-besonderes-interesse-besteht/.

Kaindel, Christoph. „TextSpielReisen: Praktische Medienarbeit mit interaktiven Texten." In *Savegame: Agency, Design, Engeneering*, hrsg. von Wilfried Elmenreich, René Reinhold Schallegger, Felix Schniz, Sonja Gabriel, Gerhard Pölsterl und Wolfgang B. Ruge, 253–62. Wiesbaden: Springer, 2019.

Lenk, Fabian. *Das Fußballspiel der 1000 Gefahren*. Ravensburg: Ravensburger Buchverlag, 2008.

Lenk, Fabian. *1000 Gefahren im Fußballstadion*. Ravensburg: Ravensburger Buchverlag, 2014.

Lenk, Fabian. *Fußballpokal der 1000 Gefahren*. Ravensburg: Ravensburger Buchverlag, 2018.

Lenk, Fabian. *Fußballstar: Ein Traum wird wahr*. Hamburg: Carlsen, 2018.

Lenk, Fabian. *Fußballstar: WM-Fieber*. Hamburg: Carlsen, 2018.

Lenk, Fabian. *Fußballstar: Champions wie wir*. Hamburg: Carlsen, 2020.

Lenk, Fabian. *Fußballstar: Kampf um den Pokal*. Hamburg: Carlsen, 2020.

Packard, Edward. *1000 Gefahren im Strafraum*. Übersetzt von Hans Ulrich Hirschfelder. Ravensburg: Ravensburger Buchverlag, 2012.

Packard, Edward. *Soccer Star*. New York: Bantam Books, 1994. – Deutsche Ausgabe ab 1996 unter dem Titel *Gefahr im Strafraum* bzw. *1000 Gefahren im Strafraum* bei Ravensburger. Im Folgenden wird zur besseren Unterscheidbarkeit der – auch inhaltlich treffendere – englische Originaltitel verwendet, aber aus der Ravensburger Ausgabe zitiert.

Rossen, Jake. „A Brief History of ,Choose Your Own Adventure'." *Mental Floss*, 10. April 2014. https://www.mentalfloss.com/article/56160/brief-history-choose-your-own-adventure.

Statista. „König Fußball regiert," 6. Januar 2017. https://de.statista.com/infografik/7450/sportarten-fernsehen-deutschland/.

*Jan Tilman Schwab**

Fußball als Thema im zeitgenössischen deutschen Kinder- und Jugendfilm

Abstract. **Football as a Subject in Contemporary German Children's and Youth Film** – There is hardly any sport that children and young people love more than football, and hardly any narrative medium that they love more than film. It is therefore not surprising that children and young people as recipients do like to look for film formats that are (also) about football, just as film producers tend to use (also) football as the theme for their productions. This essay will present some football film productions for children and young people that are examples of the entire spectrum of formats of various types and lengths that were made for German cinema and television and that all deal with football as a significant theme.

Thematically, it quickly becomes evident that football films for children and young people are often inscribed with a clear pedagogical mission for which football seems very often to be an ideal, almost predestined or predesigned field. Football repeatedly serves for the transmission of values as a school of life or as a place of diversity and tolerance, which are only two of many narrative topics that are already particularly inherent in the sport of football itself. The intercultural integration or inclusion of outsiders of all kinds (team-building) or the postulate of socially acceptable self-realisation within a team (team-spirit) are likewise recurring themes. The same goes for the search for the right place in a team, whether it be in another team or one's own team, as a metaphor for the search for the right place in life and the search for one's own identity.

Keywords. Cinema; Television; Football (Soccer); Children and Youth Film; Contemporary Children and Youth Literature; Football Documentary and Entertainment Film.

Kinder und Jugendliche lieben kaum eine Sportart mehr als Fußball und kaum ein Erzählmedium mehr als den Film. Es ist deswegen kaum verwunderlich, dass Kinder und Jugendliche als Rezipienten gern filmische Erzählformate suchen, die (auch) von Fußball handeln, wie auch Produzenten filmischer Erzählformate gern (auch) auf Fußball als Thema ihrer Produktionen zugreifen. Im Rahmen dieses Aufsatzes sollen einige deutsche Fußballfilmproduktionen für Kinder- und Jugendliche vorgestellt werden, die als mustergültig für das gesamte Spektrum von Produktionen aus Kino- und Fernsehformaten stehen, die Fußball als ein maßgebliches Thema behandeln. Vollständigkeit ist hier explizit kein erreichbares Ziel.

---

* Encyclopaedia and Archive of Football Film, Kiel, Germany – jt-schwab@gmx.de.

Eine kurze Erörterung des definitorischen Ansatzes ist unumgänglich, da von ihm auch die Auswahl der vorzustellenden Film- und Fernsehformate abhängt.

1 Definitorischer Ansatz

Hinsichtlich der Definitionsansätze zu Kinder- und Jugendfilmen scheint Konsens einzig darüber zu herrschen, dass kein Konsens besteht. Eine Kategorie wie *faktische* Kinder- und Jugendfilme[1] als Gesamtheit der von Kindern und Jugendlichen freiwillig rezipierten Filme etwa erscheint untauglich zur Genrebestimmung, da die Filmauswahl vollkommen beliebig, zufällig, disparat, geradezu ausufernd wäre. Gleiches gilt für *intendierte* Kinder- und Jugendfilme[2] als Gesamtheit von als geeignet betrachteter und empfohlener Filme, die hinsichtlich ihrer subjektiv beliebigen Filmauswahl nur ein schwaches Kriterium für die Genrebestimmung ermöglichen würde. Brauchbar scheint erst, was als *originäre* Kinder- und Jugendfilme[3] bzw. semantisch nahezu deckungsgleich als *spezifische* Kinder- und Jugendfilme[4] für die Gesamtheit eigens für Kinder und Jugendliche produzierter Filme formuliert wurde oder werden könnte. Unbrauchbar erscheinen ebenfalls alle Ansätze, die Kinder- und Jugendfilme verstehen als *von* Kindern und Jugendlichen gemachte Filme, die schließlich alles sein könnten, oder als *über* Kinder und Jugendliche gemachte Filme, die weder jugendfrei noch kindgerecht sein könnten.[5] Brauchbar für einen Definitionsansatz erscheint erneut erst wieder die Kategorie *für* Kinder und Jugendliche gemachter Filme, also Filme, die maßgeblich (nicht unbedingt ausschließlich)[6] für jene Zielgruppen produziert und an jene Zielgruppen adressiert sind: „Ein Kinderfilm ist ein Film für Kinder. Die definierende Größe ist die Zielgruppe".[7] Zentrales Kriterium sollte in der Tat der implizierte Rezipient sein.

---

[1] Analog zu den Kategorien der kinder- und jugendliterarischen Korpusbildung von Ewers, *Literatur*, 14–15.
[2] Ebd., 15–16.
[3] Ebd., 19.
[4] Kümmerling-Meibauer und Koebner, *Filmgenres*, 12.
[5] Im letzteren Fall erscheint es sinnvoller, den Kindheitsfilm (*childhood film*) vom Kinderfilm (*children's film*) zu unterscheiden bzw. analog dazu sprachlich etwas ungelenk den „Jugendzeitfilm" vom „Jugendfilm".
[6] Der Familienfilm (*family entertainment film*) wäre hier also prinzipiell inkludierbar: „Auch der Family Entertainment-Film zählt zum Gegenstand. Als *All-Age-Phänomen* nimmt er zwar eine Sonderstellung ein, richtet sich aber nichtsdestotrotz maßgeblich an Kinder wie auch Jugendliche" (Kurwinkel und Schmerheim, *Kinder- und Jugendfilmanalyse*, 19). Wobei hinsichtlich von Familienfilmen wie *7 Zwerge* oder *(T)raumschiff Surprise* ebenfalls zutreffend festgestellt wurde: „Auch diese Filme sprechen von Kindern und Jugendlichen bis hin zu Erwachsenen ein breites Spektrum von Altersgruppen an. Aber spezifisch kindliche Erfahrungen transportieren sie nicht. Das tun die Kinderfilme." Völcker, *Kinderfilm*, 37.
[7] Völcker, *Kinderfilm*, 37.

Für den vorliegenden Aufsatz wurde deshalb folgende Definition gewählt: Kinder- und Jugendfilme sind Filme, die *mit* Kindern und Jugendlichen, *über* Kinder und Jugendliche und *für* Kinder und Jugendliche Geschichten erzählen. Wobei alle drei Kriterien, nicht nur mindestens eines dieser drei erfüllt sein müssen. Zur Präzisierung sei angemerkt, dass Kinder- und Jugendfilme Filme prinzipiell *mit* Kindern und Jugendlichen als maßgeblichen Protagonisten und folglich spezifischen Identifikationsangeboten sein sollten (figurales Kriterium): „Entscheidend für die Erlebnisintensität des Kinos ist das Identifikationspotenzial der Protagonisten".[8] Denkbare Ausnahmen wären theoretisch einzig im Animationsfilm (kindliche Entitäten) und in Dokumentarformaten möglich. Kinder- und Jugendfilme sollten ferner dezidiert Filme *über* Kinder und Jugendliche sein, also eine Auseinandersetzung mit deren Lebenswelt und typischen Erfahrungsräumen darstellen sowie von alterstypischen Problemen und/oder Konflikten handeln (narratives Kriterium). Zuletzt sollten sie zuvorderst Filme *für* Kinder und Jugendliche sein, also formal an den kognitiven, emotionalen, sprachlichen Entwicklungsstand und die Wahrnehmungsgewohnheiten von Kindern und Jugendlichen angepasst sein (Kriterium der Adressierung). Dass sich letztere zumindest bei Jugendlichen kaum noch von Erwachsenen unterscheiden, erschwert freilich jede definitorische Bemühung.

Der Kinder- und Jugendfilm ist zudem als ein „Hypergenre"[9] oder „Metagenre"[10] zu verstehen, „da er vielfältige Muster des Erzählens und der Darstellung impliziert, die dem klassischen Genrebegriff entsprechend differenziert werden können. Kinderfilme können ebenso Komödien wie Krimis sein, Abenteuergeschichten wie auch Märchen und Dramen".[11] Kinder- und Jugendfilm sollte folglich als hybride Gattung verstanden werden, die neben Spielfilmen verschiedener arrivierter Genres auch Animationsfilme, Dokumentarfilme und diverse Fernsehformate umfasst und als „gattungsübergreifendes Genre"[12] damit sogar dem Fußballfilm verwandt ist.

Anhand von zwei herausragenden deutschen Fußballspielfilmen lässt sich die geschilderte Definitionsproblematik veranschaulichen. Prinzipiell spräche nichts dagegen, auch *Das Wunder von Bern* (BRD 2003, Regie: Sönke Wortmann) als einen Kinderfilm und *Der ganz große Traum* (BRD 2011, Regie: Sebastian Grobler) auch als einen Jugendfilm zu betrachten.[13] Beide Filme weisen maßgeblich Protagonisten und Geschichten auf, die altersgerecht zugeschnitten und trotz ihrer historisch fern liegenden Handlungszeiträume auch Kindern und Jugendlichen der Gegenwart von altersgerechten Alltagserfahrungen und Handlungsräumen (Familie und Schule) sowie dort immanenten Konflikten erzählen. Allein deswegen er-

---

[8] Exner, „Gender," 166.
[9] Kurwinkel und Schmerheim, *Kinder- und Jugendfilmanalyse*, 26.
[10] Schäfer und Wegener, *Kindheit*, 12.
[11] Ebd.
[12] Schwab, *Lexikon*, 9.
[13] Beide Filme fanden deswegen auch Aufnahme in das *Lexikon des Kinder- und Jugendfilms*.

wiesen sich beide Filme für den Einsatz bei Schulkino-Veranstaltungen als mustergültig verwendbar. Dennoch werden beide Filme als Erwachsenenfilme wahrgenommen: als Drama eines Kriegsheimkehrers (*Das Wunder von Bern*) bzw. als Geschichte des Fußballpioniers Konrad Koch (*Der ganz große Traum*). Da sie weder ausschließlich für Kinder bzw. Jugendliche produziert noch als solches beworben wurden, stellen diese beiden All-Age-Filme als Family-Entertainment hinsichtlich der Mehrfachadressierung ihres generationenübergreifenden Publikums für die Definition der Genres Kinder- bzw. Jugendfilm ein Problem dar: Je nachdem, ob man die notwendige Adressierung von Kindern bzw. Jugendlichen als maßgeblich, vornehmlich, primär oder ausschließlich postuliert, wird man (auch) *Das Wunder von Bern* als einen Kinderfilm oder *Der ganz große Traum* als einen Jugendfilm definieren bzw. klassifizieren können oder selbiges unterlassen.

Anders hingegen werden in gängigen Fernsehformaten des Vorabend- und Abendprogramms wie *SOKO Wismar – Wunderkind* (BRD 2011, Regie: Hans-Christoph Blumenberg), *SOKO 5113 – Sturmtraum* (BRD 2007, Regie: Marcus Ulbricht) oder *Tatort – Endspiel* (BRD 2002, Regie: Ciro Cappellari) spezifische Fußballgeschichten von Kinderfilm (Traum vom Profifußball) und Jugendfilm (Homophobie) immer wieder neu verhandelt. Deswegen mögen diese Folgen oder Episoden der Fernsehserien zwar auch für Kinder und Jugendliche besonders reizvoll sein, ohne jedoch automatisch zu Kinder- oder Jugendfilmformaten zu werden. Kinder und Jugendliche sind hier nur als Nebenfiguren präsent, Protagonisten bleiben die Kommissare. Format und Genre bleibt der Kriminalfilm.[14]

Einer ähnlichen Definitionsproblematik begegnet man hinsichtlich von Dokumentarformaten für Jugendliche. Es gibt insbesondere in Deutschland eine beachtlich lange Tradition an Dokumentarfilmformaten, die dezidiert darauf blicken, wie sich der Traum vom Profifußball für Kinder und Jugendliche wirklich gestaltet, wenn sie sich diesem Leistungssport nähern. Die dreiteilige Langzeitbeobachtung *Jahrgang 1958: Prinzengarde* (BRD 1976, Regie: Erwin Keusch, Christian Weisenborn), *Der Rasen ihrer Träume – Die Last der Gefühle* (BRD 1978, Regie: Erwin Keusch, Christian Weisenborn) und *Der Rasen ihrer Träume – Traumjob?* (BRD 1980, Regie: Christian Weisenborn, Michael Wulfes) setzte schon sehr früh hohe Maßstäbe.[15] Christoph Hübner legte mit seinen drei Filmen *Die Champions* (BRD 2003), *Halbzeit* (BRD 2009) und *Nachspiel* (BRD 2019) ebenfalls eine herausragende über zwanzig Jahre dauernde Langzeitbeobachtung vor. Gleiches gilt unter anderen Vorzeichen für die höchst bemerkenswerten Filme von Aysun Bademsoy: *Mädchen am Ball* (BRD 1995), *Nach dem Spiel* (BRD 1997) und *Ich gehe jetzt rein* (BRD 2008).

---

[14] Auch der Hooliganfilm als dezidiertes Subgenre des Fußballfilms ist allenfalls eine Marginalie des Kinder- und Jugendfilms – meist allein schon wegen der Freigabe ab 18 Jahren infolge expliziter Gewaltdarstellungen, vgl. Grunert, „Fußball."

[15] Nahezu zeitgleich übrigens, bevor die legendäre Fernsehserie *Manni, der Libero* (BRD 1982, Regie: Franz Josef Gottlieb) mit fiktionalen Mitteln ein ähnlich skeptisches Bild zeichnete.

Es mag eine spezifisch deutsche Blickrichtung sein, das Märchen vom Profifußball an dessen Realität filmisch abzugleichen, hinter die schillernde Fassade des Traums vom großen Fußball zu blicken und mit Einblicken in die Fußballinternate etwa zu zeigen, wie mühsam und anspruchsvoll sich der Trainingsalltag dort gestaltet, wie groß die Entbehrungen und Widrigkeiten sind, wie gering die Aussichten, es bis zum Profivertrag zu schaffen – wie hoch also auch die Rate der Scheiternden ist. Mit zunehmender Kritik an der Kommerzialisierung des modernen Fußballs erschien nämlich besonders im deutschen Fernsehen eine Vielzahl von Dokumentationen mit auffallend ähnlichen Titeln und wiederholt gleichem Fokus: Den Anfang machte die Langzeitbeobachtung *Traumziel Fußballstar* (BRD 2001, Regie: Reinhild Dettmer-Finke, Sigrid Faltin) über den Werdegang von drei Nachwuchstalenten im deutschen Profifußball (darunter Sebastian Deisler). Es folgten *Traumberuf Fußballprofi* (BRD 2013, Regie: Stefan Weiße) über ein Kind im Deutschen Fußballinternat von Marl, *Die Kaderschmiede* (BRD 2014, Regie: Juana Guschl) über das Nachwuchsleistungszentrum des Karlsruher SC, *Ich werde Fußballstar* (BRD 2015, Regie: René Habitzl) über das Nachwuchsleistungszentrum von TSG 1899 Hoffenheim sowie *Traumberuf Fußballprofi* (BRD 2019, Regie: Claudia Bäckmann) über das Nachwuchsleistungszentrum von Borussia Mönchengladbach. Mit ihren Filmen *Traumberuf Fußballprofi* (BRD 2018) und *Fußballprofi– Traum und Wirklichkeit* (BRD 2021) über Fußballtalente verschiedenen Alters bzw. *Beruf: Fußballprofi* (BRD 2019) und *Profi werden – Profi bleiben* (BRD 2021) über zwei talentierte Nachwuchsfußballspieler bei Eintracht Braunschweig haben Michael Maske und Boris Poscharsky weitere fruchtbare Langzeitbeobachtungen gestartet. Diese Filme sind allesamt sehenswert. Doch keiner von ihnen wäre dezidiert als Kinder- oder Jugenddokumentarfilm zu betrachten, auch wenn hier dezidiert das Alltagserleben von Kindern und Jugendlichen dokumentiert wird. Allgemein wäre indes die Frage aufzuwerfen, worin sich Dokumentarfilmformate für Jugendliche von denen für Erwachsene grundsätzlich unterscheiden. Bei Dokumentarfilmformaten für Kinder mag gelten: „Sobald Kinder als Zielgruppe adressiert werden, sollten diese weder als kleine Erwachsene überfordert noch kindisch unterfordert sein".[16] Hinsichtlich von filmischen Dokumentationen für Jugendliche verwischt diese Grenzlinie zur Erwachsenenwelt so sehr, dass sie strikt aufrechtzuerhalten wenig sinnvoll erscheint. Jede der eben genannten Dokumentationen wäre für Jugendliche ebenso geeignet, wie sie sich als konventionelle Fernsehdokumentationen primär an ein erwachsenes Publikum richten.

Für den folgenden Streifzug durch deutsche Fußballfilmproduktionen für Kinder- und Jugendliche wurden deswegen Formate gewählt, deren Genrezuordnung unstrittig erscheinen sollte.

---

[16] Webersinke, „Dokumentarkino," 248.

2 Medienverbund

Hinsichtlich einer Auseinandersetzung mit dem Fußball im deutschen Kinder- und Jugendfilm geht kein Weg an den *Wilden Kerlen* vorbei. Mit den Filmen *Die Wilden Kerle* (BRD 2003), *Die Wilden Kerle 2* (BRD 2005), *Die Wilden Kerle 3* (BRD 2006), *Die Wilden Kerle 4* (BRD 2007), *Die Wilden Kerle 5* (BRD 2008) und *Die Wilden Kerle 6* (BRD 2016) schuf Regisseur und Drehbuchautor Joachim Masannek ein Paradebeispiel für einen Medienverbund, für ein multimediales Franchise-System mit hohem Production Value also, dem ein Fußballkinderfilm als Ausgangsmedium für *tie-in-novelization* (Buch zum Film) dient, für zahlreiche Fortsetzungen bis zur Serialisierung und für ausgedehntes Merchandising, das jedes kaufbare und von Kindern ersehnte Objekt potenziell umfasst. Mit den jeweils 13-teiligen Animationsfilmserien *Die Wilden Kerle I* (BRD 2012, Regie: Mike Maurus) und *Die Wilden Kerle II* (BRD 2014, Regie: Mike Maurus, Dietmar Kremer) wurde dann auch noch ein Medienwechsel (Intermedialität) vollzogen, dem Computerspiele und analoge Spiele ergänzend zur Seite standen. Fußball und Fußballfilm als Schule des Lebens zur Wertevermittlung oder als Ort von Diversität und Toleranz war indes allenfalls geringfügig (Figur der Vanessa) ausgeprägt, von einer sozialverträglichen Selbstverwirklichung ganz abgesehen: „Alles ist gut, solange du wild bist!"[17]

3 Kinofilme

3.1 Kinofilme für Kinder

Der enorme Erfolg der *Wilden Kerle* beeinflusste offensichtlich auch die Komödie *Teufelskicker* (BRD 2010, Regie: Granz Henman) nach der gleichnamigen Buch- und Hörspielreihe (2005–2014) von Frauke Nahrgang. Moritz (Henry Horn) zieht nach der Trennung seiner Eltern mit seiner Mutter (Diana Amft) in eine andere Stadt zu seinem grantigen Großvater (Reiner Schöne). Auch einen neuen Verein wird er sich suchen müssen. Beim einzigen Fußballverein der neuen Stadt aber wird er nicht genommen. Also gründet er mit anderen Außenseitern wie Catrina (Cosima Henman), Niko (Sammy Scheuritzel), Mehmet (Yassine Gourar) und Enes (Kaan Aydogdu) sein eigenes Team: die *Teufelskicker*! Trainer wird Großvater Rudi Schneider. Moritz und die *Teufelskicker* erreichen tatsächlich das Endspiel, wo sie ausgerechnet gegen seine ehemalige, noch immer von seinem Vater (Benno Fürmann) trainierte Mannschaft auflaufen müssen: „Wir machen euch die Hölle heiß!" (Werbeslogan).

Der Film von Granz Henman wartet mit Gastauftritten von Philipp Lahm und Lukas Podolski (*as themselves*) auf und wurde von der Deutschen Film- und Medienbewertung (FBW) mit dem Prädikat *wertvoll* ausgezeichnet. Er verschenkt jedoch seine Möglichkeiten, orientiert sich an der vordergründigen *coolness* der damals so erfolgreichen *Wilden Kerle* stärker als an dem dramatischen Potenzial

---

[17] Für eine kritische Auseinandersetzung mit den *Wilden Kerlen* Zhang, „Kinderfilmserie."

eines an Neuorientierung wachsenden und um Integration in einen neuen Lebensraum kämpfenden Kindes.

Kaum ein Fußballfilm ist von der Corona-Pandemie derart unfair weggegrätscht worden wie *Zu weit weg* (BRD 2019, Regie: Sarah Winkenstette), dessen regulärer Kinostart am 12. März 2020 erfolgte, also unmittelbar vor dem Lockdown aller Kinos.[18] Der von der FBW mit dem Prädikat *wertvoll* ausgezeichnete Film ist als Kinderfilm um eine Freundschaft zwischen zwei Fußballspielern auf der Suche nach Heimat zu verstehen. Der 12-jährige Ben Lübertz (Yoran Leicher), seine etwas ältere Schwester Isa (Julia Hirt) und seine Eltern sind wie alle anderen Nachbarn gezwungen, ihr Haus in Niederkirchbach zu verlassen, da ihr Heimatdorf dem Braunkohletagebau weichen wird. Also heißt es, im Nachbarort Düren neu anzufangen. Das fällt schwer, zumal der gefeierte Stürmer von Niederkirchbach beim SC Düren zunächst nur auf der Bank sitzt, allenfalls als Verteidiger zum Einsatz kommt. Auch an der neuen Schule ist Ben zunächst Außenseiter. Dies ändert sich, als mit dem 11-jährigen Flüchtlingsjungen Tariq Sabia (Sobhi Awad) aus Syrien ein weiterer Außenseiter in die Klasse und die Fußballmannschaft kommt. Schnell merken beide, dass sie eins gemeinsam haben: Sie haben beide ihre Heimat verloren. Tariq ist jedoch auch noch auf der Suche nach seinem Bruder – Ben wird ihm helfen.

Das anspruchsvolle Spielfilmdebüt von Sarah Winkenstette besticht neben mehreren filmisch gewitzten Einfällen vor allem durch den dramaturgischen Schachzug, dem syrischen Flüchtlingsschicksal mittels des Braunkohletagebaus ein gleichsam deutsches Migrantenpendant zur Seite zur stellen, das es den kindlichen Zuschauern erlaubt, sich in den Verlust von Heimat zweifach einzufühlen. Die Themen Integration und Freundschaft werden dergestalt ebenso unterhaltsam wie lehrreich abgehandelt. Nachdem Ben geholfen hat, Tariqs Bruder Kheder (Soufjan Ibrahim) zu finden, wird er am Ende wieder allein in Düren sein, da Tariq zum Bruder nach Utrecht zieht: „Aber Freunde für immer!" (Werbeslogan).

3.2 Kinofilme für Jugendliche

Die Tragikomödie *Eine andere Liga* (BRD 2005, Regie: Buket Alakus) um eine junge Fußballspielerin ist nach strenger Definition eigentlich kein Jugendfilm mehr; denn die Protagonistin ist schon 20 Jahre alt. Er findet hier dennoch Aufnahme, weil die zuvor vorwiegend aus Teenagerfilmen bekannte Darstellerin so-

---

[18] Die Uraufführung des vom Norddeutschen Rundfunks (NDR) co-produzierten Kinderfilms fand im Rahmen des Kristiansand Internasjonale Barnefilmfestival statt. Renommierte Festivals und Auszeichnungen wie das Molodist International Film Festival (Teen Screen Award für besten Kinderfilm), Zürich Film Festival (Kleines Goldenes Auge für besten Kinderfilm), das Oulu International Children's Film Festival (ECFA Award) und das Chicago International Children's Film Festival folgten. Der Film feierte deutsche Erstaufführung am 11. Oktober 2019 beim Schlingel Film Festival (Preis der Ökumenischen Jury, Kinder- und Jugendfilmpreis des Goethe-Instituts) in Chemnitz. Am 2. Juli 2020 kam er erneut in einige deutsche Kinos.

wohl in der Wahrnehmung ihrer Person als auch in der Gestaltung ihres Lebensraums und ihrer Problematik sich kaum von dem Erfahrungsraum von Jugendlichen gravierend unterscheidet.[19] Die Deutschtürkin Hayat (Karoline Herfurth) muss sich wegen einer Krebserkrankung eine Brust entfernen lassen. Auch bei ihrem Verein SC Elbe 01 muss die leidenschaftliche Fußballerin daraufhin aus gesundheitlichen Bedenken aufhören, weil sie ihr alleinerziehend überbehütender Vater (Thierry van Werveke) kurzerhand abgemeldet hat. Doch der Weg zurück ins normale Leben führt für sie nur über den Fußball. Also heuert sie bei der Multikulti-Mannschaft FC Schanze an, in deren unmotivierten Trainer Toni (Ken Duken) sie sich auch noch verliebt.

Die Regisseurin und Drehbuchautorin Buket Alakus schafft es in diesem Film, Brustkrebs, Fußball und erste Liebe in einen gelungenen Dreiklang zu bringen, in dessen stetem Ringen sich dramatische und komische Momente abwechseln. Es ist in der Tat „eine einfühlsame, bewegende und humorvolle Geschichte über die Leidenschaft für das Leben, über den Mut, den man zur Liebe braucht, und die Kunst, mit sich zufrieden zu sein, auch wenn man vermeintlich nicht perfekt ist".[20] Der für das *coming-of-age* des Jugendfilms typische Kampf um Selbstbehauptung und Selbstverwirklichung der jungen Protagonistin findet auf und jenseits des Platzes statt, gegen den Widerstand wohlmeinender und trotz des Widerstrebens desinteressierter Figuren.[21]

Fußball ist wahrlich kein Allheilmittel gegen alle Widrigkeiten. Das zeigt auch *Nachspielzeit* (BRD 2015, Regie: Andreas Pieper) als Spielfilm um zwei junge Fußballspieler in Berlin-Neukölln. Auf einem Fußballplatz geraten Cem Ecevet (Mehmet Atesci) von Birliksport Neukölln und Roman Liebach (Frederick Lau) von Empor Nordost aneinander. Die Gegensätze zwischen den beiden Mannschaftskapitänen könnten größer nicht sein: Cem ist Sohn türkischer Einwanderer, engagiert sich als Pfleger im Altersheim und bei politischen Aktionen gegen den Ausverkauf seines Stadtteils Neukölln; Roman indes ist rechtsradikaler Arbeitsloser, gewaltbereit und frustriert, ein Verlierer der Wiedervereinigung. Im Altersheim kümmert sich Cem ausgerechnet um Romans Großvater (Horst Westphal), der in der DDR Sportreporter war und ungebrochen Kommunist geblieben ist. Der Fußball könnte beide Protagonisten ebenso verbinden wie die eskalierende Gentrifizierung, die Cem rigoros bekämpft und an der Romans Familie zugrunde geht – stattdessen eskaliert der Konflikt.

---

[19] Auch dieser Film fand deswegen Aufnahme in das *Lexikon des Kinder- und Jugendfilms*.
[20] Presseheft zum Film.
[21] Mehrfach preisgekrönt, etwa auf dem Max Ophüls Festival (Publikumspreis), dem Filmfest Emden, der Filmkunstmesse in Leipzig und in mehreren Kategorien beim 44. Grimme-Preis 2008.

3.3 Kinofilme mittlerer Länge für Kinder

Unter den Kinofilmen mittlerer Länge versteht vor allem *Seppi & Hias* (BRD 2010, Regie: Emre Koca) als eine Kinderfilmkomödie um fußballerische Lösungen in interkulturellen Konflikten in Oberbayern zu bestechen. Der bayerisch-katholische Matthias, genannt Hias (Thomas Schöttl), und sein bester Freund der türkisch-muslimische Yusuf (Josef), genannt Seppi (Can Schneider), besuchen gemeinsam die dritte Klasse der Dorfschule, lieben Fußball, besonders den FC Bayern München und vor allem deren Starspieler Bastian „Basti" Schweinsteiger, genannt „Schweini". Beide wünschen sich ein Trikot von ihrem großen Vorbild. Seppis alleinerziehende Mutter (Suzan Demircan) hat nicht genug Geld dafür. Als jedoch auch der Vater von Hias (Hansi Kraus) verkündet, er würde als Fan der Sechziger ihm nie, nicht einmal, wie versprochen, zur anstehenden Kommunion, ein Trikot des FC Bayern kaufen, müssen andere Wege gefunden und beschritten werden, um an die ersehnten Trikots zu kommen. Verschärft wird die Problematik durch religiöse Dogmen, die insbesondere Seppis islamisch-konservativer Onkel Ali (Aykut Kayacik) ins Spiel bringt: Verärgert über Seppis lasche Erziehung erklärt er ihm, welch schlimme Konsequenzen das Essen von Schweinefleisch habe: Wer Schwein esse, werde selbst zum Schwein. Außerdem legt er ihm dringend Galatasaray Istanbul statt Bayern München und Hamit Altintop statt Schweinsteiger nahe. Während nun Seppi bei jeder geliebten Leberkässemmel die Hölle fürchtet, hat Hias sein eigenes Fegefeuer vor Augen: Er hat Geld aus der Kollekte gestohlen und sich selbst ein Trikot gekauft. Vor der Kommunion aber muss er beichten. Die Freunde werden eine ebenso einfache wie geniale Lösung finden: Kurzerhand geht nämlich Seppi für Hias zur Beichte – dafür kann Hias ihn ja nächstes Jahr bei der Beschneidung vertreten: *Bayerisch-türkische Lausbubengeschichten* (Untertitel).[22]

Der Film von Emre Koca stellt sich neben der Besetzung mit Hansi Kraus als Vater von Hias und dem Untertitel explizit in die Tradition der Lausbubengeschichten von Ludwig Thoma und deren Verfilmungen sowie deren Fortentwicklung zu den sogenannten Lümmelfilmen (1967–1972). Da ihnen aus religiösen bzw. quasi-religiösen Vorbehalten die Erfüllung ihres sehnlichsten Wunsches verwehrt wird, greifen die Lausbuben kindlich-naiv, aber völlig selbstbestimmt zu Maßnahmen, die ihre individuelle Selbstverwirklichung gegenüber dogmatischen Vorgaben sicherstellen, wobei auch die interkulturelle Zusammenarbeit hier bestens funktioniert.

---

[22] An dem in Co-Produktion mit dem Bayerischen Rundfunk (BR) und der Hochschule für Fernsehen und Film München (HFF) entstandenen Film, der erfolgreich auf zahlreichen Festivals im In- und Ausland lief, wirkten auch Philipp Lahm und Hamit Altintop (*as themselves*) in kurzen Gastauftritten mit. Der Film wurde von der Deutschen Filmbewertung und Medienbewertung (FBW) mit dem Prädikat *wertvoll* ausgezeichnet.

3.4 Kinofilme mittlerer Länge für Jugendliche

Eine Vielzahl der hier vorgestellten Kinder- und Jugendfilme stammt aus den deutschen Filmhochschulen. Auch der Film *Die Katze von Altona* (BRD 2002, Regie: Wolfgang Dinslage) war Abschlussfilm der Universität Hamburg. Die Uraufführung des Spielfilms um einen ungewöhnlichen Torwarthelden fand im Rahmen der 36. Internationalen Hofer Filmtage statt. Der 17-jährige Rudi Esser (Jona Mues) scheint nur geboren, um die gescheiterten Torwartaspirationen seines Vaters (Gerhard Olschewski) zu erfüllen. Aus Angst vor dem Ball hatte er allerdings in der D-Jugend seine Karriere beendet und wird seitdem vom Vater abgestraft. Aktuell arbeitet er als Tresengehilfe im Stadion unter Marianne (Cleo Kretschmer), für deren Unterwäsche er eine spürbare Faszination entwickelt. Er probiert sie an und wird dabei beobachtet. Sein Vater ist Präsident des Kreisligisten Altona 03, der aktuell in akuter Abstiegsnot ist: Am letzten Spieltag darf nicht verloren werden. Als er von der Vorliebe seines Sohnes erfährt, ist er wütend: „Wenn mein eigen' Fleisch und Blut 'ne Schwuchtel ist ... Ich schwöre euch: Ich schlag ihn tot!" Zum Test will er ihm eine Frau besorgen und engagiert Anja (Jenny-Marie Muck), die als leichtes Mädchen bekannt ist. Vergeblich versucht sie, Rudi im Duschraum zu verführen. Ist Rudi schwul? Er möchte eigentlich nur Damenunterwäsche anziehen und Anja zusehen lassen. Nach einem Moment der Verstörung bringt Anja ihm ihre eigene Unterwäsche mit: „Soll ja auch passen ..." Währenddessen verletzt sich der Torwart von Altona 03 bei nur noch drei zu spielenden Minuten. Auf der Suche nach einem Ersatztorwart platzt Vater Esser in die Kleideranprobe seines Sohnes. Er prügelt ihn fast auf den Platz, wo in der letzten Spielminute auch noch ein Elfmeter gegen Altona 03 verhängt wird. Rudi zieht sein Torwarttrikot aus und steht folglich in Damenunterwäsche im Gehäuse. Der Elfmeter wird daraufhin an die Latte verschossen: Altona 03 ist gerettet. Der unerwartet gefeierte Held umarmt Anja und geht mit ihr seines Wegs. Der Film von Wolfgang Dinslage war einer der ersten und er bleibt einer der charmantesten Jugendfußballfilme, der die Selbstfindung und Selbstbehauptung seines Protagonisten in der beständig homophoben Welt des Fußballs geradezu zelebriert.

3.5 Kinofilme kurzer Länge für Kinder

Um interkulturelle Rivalität und deren Überwindung geht es wie in *Seppi & Hias* auch in dem mehrfach ausgezeichneten Kurzfilm *Meine Beschneidung* (BRD 2013, Regie: Arne Ahrens),[23] auch wenn die anfängliche Differenz hier zwischen

---

[23] Die Uraufführung des noch vom Südwestrundfunk (SWR) und arte co-produzierten Films fand im Rahmen des Filmfestivals Max Ophüls Preis in Saarbrücken statt, wo er mit dem Zuschauerpreis bedacht wurde. Er wurde ferner im Rahmen der Filmschau Baden-Württemberg als Bester Kurzspielfilm gekürt, 2013 bei 11mm – 10. Internationales Fußballfilmfestival in Berlin mit dem geteilten Kurzfilmpreis Short Kicks und von der Deutschen Film- und Medienbewertung (FBW) mit dem Prädikat „besonders wertvoll" ausgezeichnet.

einem türkischen und einem deutsch-türkischen Fußballfan klafft. Der in Deutschland lebende 9-jährige Junge Ümit (Kaan Aydoğdu) verbringt die Sommerferien mit seinen Eltern in der Türkei. Dort soll auch seine rituelle Beschneidung erfolgen. Seinem in der Türkei lebenden Cousin Haluk (Arif Fidan) blüht die gleiche Erfahrung. Zum Kennenlernen sollen beide Jungs auf den Bolzplatz gehen. Dort indes wird noch klarer, dass den Türken und den Deutschtürken trotz der türkischen Wurzeln und des gemeinsamen Glaubens kulturell mehr trennt als verbindet: „Du bist ein Scheißverräter! Genau wie Mesut Özil!" Erst gemeinsame Feinde werden hier die Kluft zwischen Ümit und Haluk überbrücken helfen.

Von gänzlich anderen Problemen erzählt die Kurzfilmkomödie *Ausgerechnet Fußball* (BRD 2006, Regie: Janina Dahse) um die Wandlung eines weiblichen Fußballmuffels. Die 12-jährige Maximiliane Pointner (Leslie-Vanessa Lill) ist in einer Familie voller Fußballfans ein überzeugter Fußballmuffel: Das Mädchen würde als Jacqueline-Jasmin lieber eine Karriere als Model anstreben. Doch ihrer Familie zuliebe setzt sie sich beim FC Tupfling auf die Auswechselbank. Der Tag, an dem ihre Einwechslung unvermeidbar wird, endet im Debakel. Dann jedoch besinnt sie sich und trainiert fleißig. Am Tag des Pokalendspiels gelingt ihr schließlich der entscheidende Treffer.

Die Protagonistin kommt zunächst als unangenehm altkluges Mädchen daher, erachtet den „Trampelsport" Fußball als weit unter ihrer Würde – zudem als ihrer Oberweite nicht förderlich. Ihre Läuterung erfolgt nicht auf Druck ihrer fußballverrückten Eltern, sondern als Akt der Selbstbehauptung: Sie will es den anderen Mädchen im Team beweisen, denen sie als „Tussi" gilt. Am Ende feiert sie sogar der Schiedsrichter ab und Maximiliane will nur noch die wenig kleidsamen Trikots ändern. Sie ändert sie: „Ich lass mich nicht verbiegen. Ich bin so wie ich bin" (Songtext im Abspann).

3.6 Kinofilme kurzer Länge für Jugendliche

Wie *Ausgerechnet Fußball* stammt auch *Abseits* (BRD 2006, Regie: Kristina Magdalena Henn) aus dem Umfeld der Hochschule für Fernsehen und Film (HFF) München. Der 15-jährige Benny (Paul Schopf) ist in seiner Schule ein Außenseiter. Aus dem titelgebenden sozialen Abseits tritt er nur in der virtuellen Welt heraus, wenn er in einem Fußballcomputersimulationsspiel sich neu erfindet. Dort flirtet er als gutaussehender Draufgänger Gin (Tobias van Dieken) mit der nicht minder umwerfenden Chayenne (Nadine Germann). Als beide sich in der realen Welt verabreden und sich schließlich in einem leeren Fußballstadion gegenübersitzen, ist die Ernüchterung groß: Chayenne entpuppt sich in der realen Welt als Steffi (Annabel Winkler), weiblicher Außenseiter in seiner Klasse.

Die Vorlage für den Film schrieb der 16-jährige Davi Saavedra; Regisseurin Kristina Magdalena Henn half bei der Umsetzung. Der Film plädiert sanft für reale statt virtuelle Welten. Auch im Schulsport träumt sich der Protagonist nur zu Höchstleistungen, während er teilnahmslos als Zuschauer auf der Bank neben Außenseiterin Steffi sitzt. Am Ende des Films zieht es Benny zurück in die virtuelle

Welt. Sein neuer Avatar heißt aber wenigstens Benny. Der erste Schritt zur Identitätsfindung könnte gemacht worden sein.

Aus den jüngsten Jugendfilmproduktionen, die sich auch des Fußballs bedienen, um ihre Geschichten zu erzählen, ragt der an der Kunsthochschule für Medien (KHM) in Köln entstandene *Nenn mich nicht Bruder* (BRD 2018, Regie: Gina Wenzel) als Kurzfilm über Gewalt gegen eine Transsexuelle in der Clique eines Fußballvereins markant heraus. Nach dem Fußballtraining hängen Cheyenne (Marie Schulte-Werning) und Josh (Mateo Wansing Lorrio) mit ihrer als Ascheplatzgang firmierenden Jugendclique ab. Sie gehen alterstypischen Aktivitäten nach: Rappen, Skaten, Saufen, Kiffen, Dealen, Pöbeln, Prügeln, Fummeln, Ficken, Kicken. Eines Tages stößt Dany (Moritz Reinisch) zur Mädchenmannschaft, ist auch in der Clique schnell integriert, versucht sich durch besonderen Gewalteinsatz zudem zu beweisen. Cheyenne jedoch kommt nach einem Blick durchs Fenster der Umkleidekabine hinter Danys Geheimnis: Dany bindet sich ihre Brüste ab – der Junge ist ein Mädchen. Gegenüber Cheyenne erklärt sich Dany: „Ich bin biologisch ein Mädchen, aber ich war schon immer ein Typ, ich will auch immer einer bleiben! Das muss ein Geheimnis bleiben!" Es hätte ein Geheimnis bleiben können. Als Dany später jedoch besoffen wegkippt, handelt Cheyenne wohl aus Neid über die Beliebtheit des Neulings unüberlegt: „Mal mal sein Schwanz an!" Die Folgen sind extrem. Der Film will zum Nachdenken anregen und friert als letztes Bild die Protagonistin im Moment ihres einsetzenden Nachdenkens ein (*freeze frame*).

Der auf zahlreichen Festivals gelaufene Film, dem von der Deutschen Film- und Medienbewertung Wiesbaden (FBW) das Prädikat *besonders wertvoll* verliehen wurde, kann durchaus negative Reaktionen auslösen. Gleichsam zur eigenen Absicherung verkündet er seine Botschaft am Ende nochmals explizit: „Für mehr Toleranz & gegen Ausgrenzung" (Titeleinblendung). Die Zeichnung der Figuren und Handlungen ist teils drastisch, aber authentisch, der Film auch als Milieustudie gelungen. Jugendliche Rezipienten sollten den Film jedoch nicht ohne medienpädagogische Begleitung sehen, um die intendierte Botschaft richtig einordnen zu können. Dies spricht nicht gegen seine Qualität; mit der gewagten Behandlung des Themas steht er schon an der Schwelle zum Erwachsenenfilm.

4 Fernsehformate

4.1 Fernsehformate für Kinder

In der Episode *Die Fußballwaldmeisterschaft* (BRD/F 2016, Regie: Josselin Ronse) der Animationsfilmfernsehserie *Der kleine Rabe Socke* sieht der titelgebende Protagonist, der kleine Rabe Socke (Stimme: Louis Hofmann), zunächst, wie sein Freund, der kleine Dachs (Stimme: Nellie Thalbach), krank im Bett liegend, von Frau Dachs (Stimme: Anna Thalbach) verwöhnt wird. Also täuscht er schnell vor, auch krank zu sein, um ebenso viel Zuwendung zu bekommen. Doch leider hat Socke vergessen, dass das große Spiel um die Fußballwaldmeisterschaft gegen die Biber ansteht. Frau Dachs lässt ihn nun nämlich nicht mehr aus dem

Bett, bis seine vorgetäuschte Grippe ausgestanden ist. Also schleicht sich der kleine Rabe mit der einzelnen Ringelsocke immer wieder heimlich davon und wechselt sich in das große Spiel ein, bis der ganze Schwindel auffliegt.

Der kleine Rabe Socke verkörpert in gewisser Weise das kindliche Streben nach Erfüllung des Lustprinzips in Reinkultur. Dies gestaltet sich in der Serie, den ihr zugrundeliegenden Kinderbüchern von Nele Moost (Text) und Annet Rudolph (Illustrationen) sowie deren Verfilmungen höchst vergnüglich: „Bitte, danke!" Doch bleibt dies didaktisch durchaus ambivalent. Denn Sockes Egoismus (Lügen und Betrügen) wird nie wirklich abgestraft und führt auch nie zur Einsicht in sein Fehlverhalten: In der Fußballwaldmeisterschaft schießt Socke immer wieder die Ausgleichstreffer, verdrängt dafür aber jeweils einen Mitspieler aus der Mannschaft. Am Ende liegt Socke mit geschwollenem Knöchel unter dem kaputten Torgehäuse verschüttet – der kleine Dachs als Ersatzspieler erzielt das Siegtor. Der didaktische Impetus des klassischen Kinderfilms tritt hier eindeutig hinter das Unterhaltungsinteresse zurück.

Vorbildlich Unterhaltung und Bildung gekonnt miteinander zu verknüpfen, gelingt indes in *Fußball – Das Wunder von Bärstadt* (BRD 2014, Regie: Wolfgang Eißler), einer Folge der im Auftrag von ZDF tivi, des Kinder- und Jugendprogramms des Zweiten Deutschen Fernsehens (ZDF), produzierten Kinderfilmreihe *Löwenzahn*. Vor dem anstehenden Derby der D-Jugend gegen den SV Schifferdorf wird Paul (Amon Wendel), dem Torwart vom FC Bärstadt, eine Schachtel Zigaretten untergeschoben. Trainer Siggi (Mirco Reseg) sieht sich daraufhin gezwungen, Paul für zwei Wochen, also auch für das Derby, zu sperren. Einzig Fritz Fuchs (Guido Hammesfahr) glaubt an Pauls Unschuld. Während er als Detektiv versucht, den Übeltäter zu ermitteln, hilft er ihm auch als Torwarttrainer zusammen mit Nachbar Hermann Paschulke (Helmut Krauss) sowie Hund Keks, sich fit zu halten. Im Garten basteln sie ein Torgehäuse und dribbeln um Gartenzwerge herum.

Während die spannende Geschichte ihren Verlauf nimmt, werden immer wieder kurze filmische Exkurse eingeschnitten, die nicht nur Pauls Wissen um den Fußball bereichern sollen: etwa, worauf es im Fußball ankommt (Ausdauer, Schnelligkeit, Schusstechniken), welche Berufsgruppen in einem Fußballverein anzutreffen sind, sowie zur Frühzeit des Fußballs und zum „Wunder von Bern". Letzterer Exkurs wird bitter nötig. Denn mit Ersatztorwart Max (David Dieckert) läuft es im großen Spiel alles andere als gut: Zur Halbzeit liegt der FC Bärstadt 1:4 zurück. Da wird der Vater von Max (Robert Lohr) als Täter enttarnt, der seinem Sohn den Einsatz im Tor ermöglichen wollte. Es ist Max, der Paul daraufhin eigenhändig einwechselt. In der zweiten Halbzeit startet eine Aufholjagd, die schnell zum 4:4 führt. Für einen verletzten Spieler wird dann ausgerechnet Ersatztorwart Max als Feldspieler eingewechselt und zum Siegtorschützen. Denn nachdem Paul einen Elfmeter gehalten hat, landet sein Abstoß bei Max, der allein vor dem gegnerischen Tor sicher zum 5:4 verwandelt.

Unterhalten nicht ohne eine didaktische Absicht will auch die in zwei Staffeln realisierte Fernsehserie (26 Folgen insgesamt) aus *Fußball Helden Comic I* (BRD 2015, Regie: Andreas Strozyk) und *Fußball Helden Comic II* (BRD 2016, Regie:

Andreas Strozyk). Es handelt sich um eine Animationsfilmserie für Kinder über die oft bescheidenen Anfänge der großen Fußballer. In einer Mischung aus Real- und Animationsfilm im Stil der Graphic-Novels (*MotionWorks*) werden in jeweils 7 Minuten langen Folgen die Kindheitsgeschichten bekannter Fußballer nacherzählt. Jede Folge beginnt in Realfilm mit Kindern in wechselnder Besetzung, die einen Comic finden, der von den Anfängen eines später großen Fußballers wie Manuel Neuer, Uwe Seeler, Lionel Messi oder Jérôme Boateng bzw. einer später großen Fußballerin wie Marta, Nadine Keßler oder Nadine Angerer handelt und filmisch in die Rahmenhandlung eingebettet wird: „Wir wollen von den Anfängen der Großen erzählen und betonen dabei, dass man nicht als Profi geboren wird. Die Kinder sollen sehen, dass auch ein berühmter Fußballer mal klein angefangen hat".[24]

Die in Co-Produktion mit dem Mitteldeutschen Rundfunk (MDR), dem Norddeutschen Rundfunk (NDR) und dem Kinderfernsehsender KiKA entstandene Fernsehserie baut ganz auf die synergetischen Vorlieben von Kindern: „Sport ist ein wichtiges Thema für Kinder und besonders Fußball weckt sofort bei jedem Emotionen. Außerdem lieben Kinder Comics".[25] In der Tat könnten sich Kinder, die Fußball oder Comics (oder Film) lieben, umgehend für dieses Format interessieren lassen, zumal wenn sie Fußball und Comics (und Film) lieben. Für die Rollen der fußball- und comicverrückten Kinder der Rahmenhandlung wurden sechs Laiendarsteller aus Leipzig und Umgebung rekrutiert, die stellvertretend für viele Kinder stehen sollen, die Fußball und Comics lieben. Deren schwankendes Potenzial für schauspielerische Darstellung dient der Fernsehserie nicht immer. Auch wird jede am Ende erlernte Lektion oft recht plakativ aufbereitet, mitunter direkt in die Kamera gesprochen, womit der intendierte Bogen zwischen den Kindern vor der Kamera und jenen vor den Fernsehgeräten allerdings nahezu nahtlos geschlossen wäre.

4.2 Fernsehformate für Jugendliche

Die im Auftrag des Norddeutschen Rundfunks (NDR) produzierte Kriminalfilmfernsehserie *Die Pfefferkörner* steht schon am Übergang von der Kinder- zur Jugendfilmserie. Es wird schon geknutscht, und erste Liebe behindert so manches Mal die Aufklärung der Kriminalfälle durch die über die Jahre in verschiedener Besetzung ermittelnde Gang der Pfefferkörner.[26] In zwei Episoden geht es dabei auch um Fußball.

---

[24] Tony Loeser, Produzent, *Presseportal, KiKa von ARD und ZDF*, 11. November 2015, 10:47, https://www.presseportal.de/pm/6535/3171917.

[25] Astrid Plenk, verantwortliche Redakteurin, *Presseportal, KiKa von ARD und ZDF*, 11. November 2015, 10:47, https://www.presseportal.de/pm/6535/3171917.

[26] Auch *Die Pfefferkörner* wiesen zwischenzeitlich eine angedeutete Tendenz zum Medienverbund auf. So entstanden neben den Episoden der Fernsehserie zu einigen Folgen der ersten Staffeln auch Bücher, die auf der Grundlage der Drehbücher verfasst wurden, ferner Hörspiele größtenteils mit dem Originalton der Serie sowie ein PC-Spiel.

In *Foulspiel* (BRD 2009, Regie: Klaus Wirbitzky) gewinnt dank eines Tors in der letzten Minute ausgerechnet durch Marie (Nina Flynn) der TSV Störtebeker gegen den FC Alster das Pokalendspiel mit 4:3. Doch am selben Abend brennt das Vereinsheim ab und der allseits umschwärmte Trainer Max (Jannik Schümann) wird als Verursacher verhaftet. Gemeinsam ermitteln die Pfefferkörner die wahren Tatumstände. Der Anfangsverdacht gegen die Alster Ultras, die noch immer nicht die Endspielniederlage verkraftet haben, bestätigt sich nicht. Am Ende stellt sich heraus, dass Thorben (Neel Fehler) den Brand aus Liebeskummer gelegt hat. Denn auch seine Tina (Thelma Heintzelmann) ist in den Trainer verliebt.

Auch die Episode *Eigentor* (BRD 2011, Regie: Andrea Katzenberger) handelt von einem Pokalwettbewerb. Die Schulmannschaft von Themba (Coco Nima) und Rasmus (Julian Winterbach) spielt um den 20. Großen Hanse-Cup Hamburger Schulen. Als der Schiedsrichter auf einer Elfmeterentscheidung beharrt, obwohl Themba fair gesteht, nur gestolpert zu sein, verschießt Themba absichtlich und stellt den Schiedsrichter nach dem Spiel zur Rede: „Das war Schiebung!" Als auch noch sein Fahrrad demoliert wird, nehmen die Pfefferkörner die Ermittlungen auf. Der Schaden entpuppt sich schnell als Akt der Eifersucht, der sie auf die richtige Spur führt: Harald Hellmann (Willi Gerk) und Dako Moravec (David Schütter-Wieske) organisieren mithilfe eines spielsüchtigen Schiedsrichters (Florens Huhn) illegale Wetten und manipulieren die Spiele. Der Showdown hat es in sich. Denn in der Halbzeitpause des Finales wird Sophie (Katherina Unger) von den Verbrechern entführt. Themba soll ein Eigentor schießen, sonst wird ihr was Schlimmes passieren. Rasmus täuscht eine Verletzung vor, um mit Lina (Lale H. Mann) Sophie zu befreien, während Emma (Aurelia Stern) den Schiedsrichter zu einem Geständnis bewegt und damit den Fall löst – gerade noch rechtzeitig, bevor das Endspiel nach Thembas Eigentor verloren geht. Der didaktische Impetus zur Wertevermittlung wird in dieser Episode der Kinder- und Jugendfilmserie besonders deutlich, wenn Themba kategorisch auf Fairness besteht: „Dir ist es vielleicht egal, wie wir gewinnen. Mir nicht." Zugleich aber wird deutlich, wie gleichgültig den Drehbuchautoren der Fußballsport ist, an den sie den Kriminalfall heften. Für die Dramaturgie braucht es den Showdown eines zweiten Spiels. Also wird das vom Schiedsrichter dank Themba vergeblich verschobene, damit 0:1 verlorene Halbfinale des fiktiven Pokalwettbewerbs als Hinspiel verkauft. Deshalb braucht Thembas Mannschaft im Finale nun einen Sieg mit zwei Toren Vorsprung, um den Pokal zu gewinnen.

Die im Auftrag von RTL produzierte beständig zwischen *comedy* und *dramedy* oszillierende Fernsehserie *Der Lehrer* richtet sich im Gegensatz zu *Die Pfefferkörner* vornehmlich an die Zielgruppe von Jugendlichen. Durchaus in der Tradition der deutschen Paukerfilme stehend, ist sie ganz auf den stets an allen Fronten mit vollem Einsatz und fern aller Konventionen kämpfenden Vollblutlehrer Stefan Vollmer (Hendrik Duryn) zugeschnitten, der geradezu überlebensgroß keinen

Schützling oder Kollegen jemals verloren gibt.[27] Zwei Episoden erzählen vom Fußball.

In *Nimmt der Prophet halt den Bus!* (BRD 2016, Regie: Sebastian Sorger) wird Lehrer Vollmer vom fußballbegeisterten Lehrer Rose (Ulrich Gebauer) zum Pausenkick gefordert und nahezu im Alleingang von Tayfun Koc (Jascha Baum) 0:10 besiegt. Das Fußballtalent absolviert bereits ein Auswahlprobetraining bei dem Profiverein Colonia. Dafür sind die Schulleistungen weniger gut. Sein Vater Ayhan Koc (Tayfun Bademsoy), der Hausmeister der Schule, fürchtet, dass Tayfun seinen Generalschlüssel benutzt hat, um vorab an Klausuraufgaben zu kommen. Vollmer nimmt sich des Problems an: Tayfun hatte in der Tat vor der Klausur die Aufgaben von Lehrer Rose zugesteckt bekommen, aber nicht genutzt. Er hat ein ganz anderes Problem. Lehrer Vollmer hat hier einen Vater-Sohn-Konflikt zu lösen. Denn Tayfun wird von Colonia nicht übernommen – sein Talent genügt nicht für eine Profikarriere. Dies verschweigt er indes seinem Vater, ist bereit, sich stattdessen absichtlich eine Verletzung zuzufügen: „Lieber brech' ich mir die Beine als meinem Vater das Herz." Vollmer zwingt Tayfun zu einem Geständnis, daraufhin wird der von seinem Vater verstoßen. Vollmer wird eine Aussprache zwischen Vater und Sohn erzwingen müssen, bei der ein Film aus Kindertagen beide an ihre gemeinsame kindliche Freude am Fußball erinnert und die Versöhnung schließlich herbeiführt.

Die Episode *Besser 'n Mädchen, als so'n Hodenkobold!* (BRD 2020, Regie: Peter Gersina) handelt von einem Mädchen in einer Jungenmannschaft. Lehrer Vollmer wird hier als Trainer der Schulfußballmannschaft zwangsverpflichtet. Dort ist zwischen Macho Bastian (Gareth Charles) und der talentierten Elena (Leonie Brill) ein erbitterter Kampf um das Kapitänsamt entbrannt. Elena ist nach Überschreiten der Altersgrenze eigentlich nicht mehr spielberechtigt, aber der inzwischen zum Schuldirektor beförderte Rose möchte das prestigeträchtige Pokalfinale gegen eine verhasste Konkurrenzschule unbedingt gewinnen. Lehrer Vollmer wird sich mit vollem Engagement als Trainer und Pädagoge einbringen müssen, um die wahren Ursachen des Streits zu ergründen und die Konflikte zu beschwichtigen. Dies tut er, indem er an den für den Fußball typischen Mannschaftsgeist appelliert. Denn das Pokalfinale ist durch die berechtigte Disqualifikation bereits vor Anpfiff verloren. Mit einer Ansprache erzwingt Vollmer aber ein Wiederholungsspiel um die Ehre. Das Team solidarisiert sich daraufhin klar mit Elena, die ihr Trikot aus Verzweiflung in der Mülltonne entsorgt, welches Vollmer jedoch sogleich sichert. Macho Bastian bedarf noch der Läuterung. Er hadert mit dem Beruf seines Vaters: Ballettlehrer! Durch Vollmers umsichtige Vermittlung hält Bastian vor dem Wiederholungsspiel als Kapitän nun seinerseits eine flammende Ansprache zugunsten von Elena und händigt den Pokal kurzerhand dem Gegner aus. Doch auch die verhasste Konkurrenzschule erweist sich

---

[27] Wie sehr Lümmel und Pauker voneinander abhängen, zeigt der kurze Zyklus der Lümmelfilme (1967–1972), der gleichfalls unter der Bezeichnung Paukerfilme firmiert. So darf man der Fernsehserie *Der Lehrer* auch unterstellen, neben Jugendlichen besonders Lehrer und angehende Lehrer als Zielgruppe ansprechen zu wollen.

solidarisch: Deren Kapitän übergibt den Pokal wiederum an Elena – am Ende sind irgendwie alle Sieger.

Die Fernsehserie *Der Lehrer* ist durchweg komödiantisch überzeichnet, Unterhaltung steht über allem. Doch haben die Konflikte und Probleme der Jugendlichen durchaus dramatisches Potenzial und sind dem Alltagsleben der Zielgruppe entnommen. Dadurch ist selbst hier ein didaktischer Impetus zu erkennen.

5 Dokumentarfilmformate

5.1 Dokumentarfilmformate für Kinder

Käte spielt Fußball (BRD 2018, Regie: Stephan Liskowsky) ist ein acht Minuten kurzer Dokumentarfilm über eine sehr junge Fußballspielerin. Käte ist erst sechs Jahre alt, geht in die erste Klasse und wohnt in Leipzig. Ihr allerliebstes Hobby ist Fußball. Sie spielt schon seit drei Jahren für Roter Stern Leipzig in einer gemischten Mannschaft aus Jungen und Mädchen. Sie selbst vermag keinen Unterschied zu erkennen, wer besser kicken kann: Jungen oder Mädchen? Und sie hat ein klares Ziel: „Ich möchte später mal Fußballspieler werden." Nach den Sommerferien, Käte ist jetzt sieben Jahre alt und wird in Punktspielen der F-Jugend aufgestellt. Das erste Spiel geht zwar verloren, aber sie hat ihr erstes Tor geschossen. Das eigens für Kinder entwickelte Dokumentarfilmformat lässt die Protagonisten sich selbst vorstellen (*off* eingesprochen), während die Kamera sie filmisch begleitet. Auch fußballfilmtechnisch steckt in dieser charmanten Episode der im Auftrag des öffentlich-rechtlichen Kinderfernsehsenders KiKA entstandenen Sendereihe *Ich bin ich (KiKA)* altersgerechtes Erkenntnispotenzial. Denn Käte kickt auch gern mit ihrem Freund Edward im Hof. Edward möchte, dass Käte mal in Zeitlupe schießt. Käte klärt ihn auf: „Man kann nicht in Zeitlupe schießen. Das kann man am Computer machen." Edward hat was gelernt: „Ach so. OK."

Auch die Lehrfilmserie *Toggo United – Die Fußballschule* (BRD 2006)[28] geht in bewusst kurzen Einheiten vor. Nach dem großen Erfolg, den das sportliche Showformat *Toggo United – Die Fußballshow* (BRD 2004–2006) im deutschen Privatfernsehen (Super RTL) erzielt hatte, legte der verantwortliche Sender mit *Toggo United – Die Fußballschule* eine Lehrfilmfernsehserie nach, die alle Trainingseinheiten aus der Sportshow, angeleitet von Vizeweltmeister Marco Bode und DFB-Chefausbilder Erich Rutemöller, für ein Publikum im Alter von 8 bis 13 Jahren didaktisch aufbereitete. Die jeweils circa sieben Minuten langen Einheiten luden durch Vormachen zum Nachmachen ein, halfen durch Lehrsätze in Schriftform (Titeleinblendungen) auch Merksätze zu generieren, die Automatismen entwi-

---

[28] Dokumentarfilmformate für Kinder finden sich im deutschen Fernsehen ferner in Form einzelner Beiträge zu Sendungen wie *Die Sendung mit der Maus* oder *Wissen macht ah*, sind als Teil dieser Magazinsendungen jedoch selten wirklich als eigenständige narrative Filmwerke zu betrachten. Bezeichnenderweise fehlen dort auch meistens wie schon hier bei *Toggo United* Angaben zum Stab der Mitwirkenden.

ckeln helfen sollten: „Anschauen, lernen, selbst trainieren!" (Werbeslogan). Indem zu jeder einzelnen Übung auch die Sinnhaftigkeit der Trainingseinheit erklärt wurde, wäre die sehr gelungene Lehrfilmserie sogar zur (freilich nur fundamentalsten) Trainerschulung einsetzbar. Wie in *Toggo United – Die Fußballshow* münden die Trainingseinheiten (z.B. Dribbeln) auch in *Toggo United – Die Fußballschule* in abschließende Wettbewerbsspiele (z.B. Dribbel-Duell). Fanden diese in der Fußballshow vor Publikum im Studio statt und wurden sie für den Sieger mit einer Fahrt zu einem Bundesligisten belohnt, findet dies im Lehrfilm nun am Ende jeden Trainings im Stadion statt – gefolgt von Tipps, wie diese Spiele auch ohne großen Aufwand, etwa auf einer Rasenfläche im Park, umzusetzen wären. Dergestalt lädt dieses Fußballfilmformat explizit Kinder dazu ein, das, was sie vor der Kamera unter Anleitung der Trainer selber lernend und übend vormachen, nicht nur vom Fernseher ins heimische Wohnzimmer mitzunehmen, sondern es sogleich nach draußen zu tragen und dort selbst auszuagieren.

5.2 Dokumentarfilmformate für Jugendliche

Eingedenk der bereits geäußerten Bedenken zur Kategorie eines Dokumentarfilmformats für Jugendliche, sei hier einzig der an der Kunsthochschule für Medien Köln (KHM) entstandene Film *Eisenkopf* (BRD 2017, Regie: Tian Dong) genannt, der im Rahmen der Internationalen Filmfestspiele Berlin uraufgeführt wurde. Es handelt sich um einen Dokumentarfilm über eine chinesische Kung-Fu-Fußballschule. Fußballschulen gibt es viele in der Welt. Im chinesischen Deng Feng steht die einzige, die Fußball und Kung-Fu zu verbinden trachtet. Regisseur Tian Dong beobachtet den Schulalltag der zwischen 4 und 20 Jahre alten Schüler. Die Privatschule mit nicht unerheblichem Schulgeld hat ihren Leitsatz an die Wand des Schulhofes geschrieben: „Kinder haben absolute Priorität." Der Alltag indes sieht anders aus: Das Training ist außerordentlich hart, die Trainer sehr streng, das Essen schlecht. Durch Einfühlungsvermögen und seine unaufdringliche Art gelingt es Tian Dong, den charmanten Schülern auch entlarvende, rückhaltlos ehrliche Aussagen zu entlocken: „Ich hätte gern mal hohes Fieber, um ins Krankenhaus zu kommen, aber leider hatte ich das noch nie. Oder 'nen Knochenbruch, aber das hatte ich auch nie. Dann könnte ich endlich mal richtig Pause machen" (Wang Zheng).

Tian Dong präsentiert einen Dokumentarfilm alter Schule: kein Kommentar, keine Musik, lange Einstellungen, die dem Zuschauer die Möglichkeit eröffnen, sich selbst ein Bild zu machen, und die manchmal so aufregend sind wie die Wimmelbilder der Kindheit – bei jeder Filmsichtung entdeckt man Neues. Die anfängliche Frage des fußballinteressierten Zuschauers, wie sinnvoll die Verbindung von Kung-Fu und Fußball sei (Antwort: gar nicht), rückt schnell in den Hintergrund. Die aufgrund der Filmästhetik wie durch ein Schaufenster gestalteten Einblicke in eine fremde Welt lassen unaufhörlich zwischen Bewunderung und Befremden, zwischen Belustigung und Erschrecken schwanken. Auch ohne die zu umgehenden chinesischen Zensurauflagen würde diese Produktion zu den besten dokumentarischen Fußballfilmen der letzten Jahre zählen. Die karge, auf reißerische Effekte verzichtende Ästhetik mag für die heutigen Sehgewohnheiten von Kindern und Jugendlichen eine Herausforderung sein – eine Überforderung ist sie ganz sicher nicht. Die Einblicke aber, die dieser Film Kindern und Jugendlichen der westlichen Welt in die Lebensrealität ihrer chinesischen Altersgenossen ermöglicht, dürften im wahrsten Wortsinn Augen öffnen. Jedem deutschen Schulkind sollte er vorgeführt werden.

6 Resümee

Die hier vorgestellten Formate sollten das bunte Spektrum an Formen, Themen, Gattungen und Genres andeuten, das Fußballfilme im Kinder- und Jugendfilm abzudecken vermögen. Dabei sollte zudem anschaulich geworden sein, wie den Fußballkinder- und Jugendfilmen oftmals ein eindeutiger pädagogischer Auftrag eingeschrieben ist, der durchaus unterlaufen oder gewagt umgesetzt werden kann. Der Fußballfilm nimmt innerhalb der allgemeinen Produktion von Kinder- und Jugendfilmen keine Sonderstellung ein, wenn er als Schule des Lebens oder der Wertevermittlung dient oder als Ort von Diversität und Toleranz auftritt, selbst wenn genau diese beiden Faktoren im Fußballsport selbst schon besonders ausgeprägt sind. Die interkulturelle Integration oder Inklusion von Außenseitern jeder Art ist tägliche Aufgabe in Fußballmannschaften überall auf der Welt – das *teambuilding* naheliegenderweise auch wiederholt Thema in Fußballkinder- und Jugendfilmen. Ebenso ist das Postulat einer sozialverträglichen Selbstverwirklichung als Thema für Fußballkinder- und Jugendfilme in der Mannschaftssportart Fußball selbst bereits angelegt. Die Suche nach dem richtigen Platz in der Mannschaft oder nach einer anderen, dann richtigen Mannschaft oder der eigenen Mannschaft drängt sich gleichfalls als Metapher für die Suche nach dem richtigen Platz im Leben und die Suche nach der eigenen Identität geradezu auf. Zugleich ist der Fußballplatz immer auch ein „Schlachtfeld", ein Ort, den man aufsucht, um Auseinandersetzungen zu führen und Kämpfe auszutragen, die nicht immer fair sein müssen.

Fußball als thematische Grundlage für Kinder- und Jugendfilme erweist sich dergestalt wiederholt als ebenso naheliegend wie fruchtbar, ohne daraus eine einmalige Eignung ableiten zu müssen oder zu wollen. Zumal, wie dieser Beitrag gezeigt hat, wahrlich nicht alle der vorgestellten Produktionen filmkünstlerisch tatsächlich gelungen sind.

Literatur

Ewers, Hans-Heino. *Literatur für Kinder und Jugendliche: Eine Einführung in Grundbegriffe der Kinder- und Jugendliteraturforschung.* Paderborn: Wilhelm Fink Verlag, 2. Auflage, 2012.

Exner, Christian. „Gender und Erotik im Kinderfilm: Ein Spot auf aktuelle Kinoerfolge." In *Kindheit und Film: Geschichte, Themen und Perspektiven des Kinderfilms in Deutschland*, hrsg. von Horst Schäfer und Claudia Wegener, 157–73. Konstanz: UVK Verlagsgesellschaft, 2009.

Grunert, Andrea. „Fußball, Gewalt und Kino: Ultras und Hooligans auf der Leinwand." In *Lexikon des Kinder- und Jugendfilms im Kino, im Fernsehen und auf Video*, hrsg. von Horst Schäfer, 1–21. Meitingen: Corian-Verlag Heinrich Wimmer (41. Ergänzungslieferung: März 2013), 1998–2016.

Kümmerling-Meibauer, Bettina, und Thomas Koebner, Hrsg. *Filmgenres: Kinder- und Jugendfilm*. Stuttgart: Philipp Reclam jun., 2010.

Kurwinkel, Tobias, und Philipp Schmerheim. *Kinder- und Jugendfilmanalyse*. Konstanz und München: UVK Verlagsgesellschaft, 2013.

Presseportal, KiKa von ARD und ZDF, 11. November 2015, 10:47. www.presseportal.de.

Schäfer, Horst, und Claudia Wegener, Hrsg. *Kindheit und Film: Geschichte, Themen und Perspektiven des Kinderfilms in Deutschland*. Konstanz: UVK Verlagsgesellschaft, 2009.

Schwab, Jan Tilman. *Fußball im Film: Lexikon des Fußballfilms*. München: Belleville, 2006.

Völcker, Beate. *Kinderfilm: Stoff- und Projektentwicklung*. Konstanz: UVK Verlagsgesellschaft, 2005.

Webersinke, Katharina. „Dokumentarkino für Kinder." In *Kindheit und Film: Geschichte, Themen und Perspektiven des Kinderfilms in Deutschland*, hrsg. von Horst Schäfer und Claudia Wegener, 243–57. Konstanz: UVK Verlagsgesellschaft, 2009.

Zhang, Tao. „Konservativ, innovativ oder pseudo-innovativ? Gender-Konstruktionen in der Kinderfilmserie *Die Wilden Kerle*." In *Von wilden Kerlen und wilden Hühnern: Perspektiven des modernen Kinderfilms*, hrsg. von Christian Exner und Bettina Kümerling-Meibauer, 216–32. Marburg: Schüren, 2012.

IV.
Freiräume schaffen

Sabine Planka*

Vom Hinterhof zum Stadion: Der Fußballplatz in Kinderromanen des 20. und 21. Jahrhunderts

Abstract. **From the Backyard to the Stadium: The Football Pitch in Children's Novels of the 20th and 21st Century** – Football as a game is a constant and popular topic in fictional and non-fictional children's literature, and it is connected to various discourses, including gender and intercultural discourses. All these aspects are of interest, but it is also worthwhile exploring football from a space-paradigmatic perspective, and situating that discussion in terms of the game's historical development. With this in mind, the analysis in this article focuses on the idea of the football pitch as a space for childlike play, and relates it to several key questions: why do children wish to play football, why do they choose the pitch that they do, and how is the football game itself integrated into the narrative? Further, how is space appropriated to become a pitch, and why is that space chosen? Finally, how are these appropriations connected to social-political developments? With these questions in mind, it becomes possible to examine how changes in the urban landscape have influenced the game of football and its situation.

Keywords. Football Pitch; Football Game; Heterotopia; Urban Landscape; Metropolis; Weimar Republic; Play.

Fußballbücher haben Konjunktur, Buchserien und Einzelbände fluten den Markt. Während das seit der Weimarer Republik populär gewordene Ballspiel zunächst vorwiegend ein Sport für Jungen war, sind Gendergrenzen inzwischen aufgebrochen: Auch Mädchen dürfen Fußball spielen, obwohl immer noch Stereotype anzutreffen sind – nicht nur im Sport, sondern auch in der Gesellschaft und in der Kinder- und Jugendliteratur.[1] Ebenso werden interkulturelle Aspekte in diversen Romanen über das Fußballspiel verhandelt, die mitunter verknüpft werden mit dem Aufstieg zum Fußballprofi.[2] Neben diesen fiktionalen Geschichten finden sich – neben den typischen Sachbüchern über das Spiel und dessen Regeln – immer mehr Werke, in denen Fußballer selbst zu Wort kommen, Tipps geben oder autobiographisch von ihrem Weg zum Fußballsport erzählen. Obgleich diese Entwicklungen an sich näherer Betrachtung bedürfen, erscheint es ebenso relevant, sich dem Thema Fußballspielen raumparadigmatisch zu nähern.

Konkret ist nach dem Ort zu fragen, an dem gebolzt, gekickt, gedribbelt und gefoult wird, der mundartlich viele Bezeichnungen erhalten hat. Denkt man an den Ort, an dem Fußball gespielt wird, werden sofort Bilder eines rechteckigen grünen

---

*   FernUniversität in Hagen, Germany – mail@sabine-planka.de.
[1] Dazu und zu der damit einhergehenden Genderfrage Bräunlein, „Mädchen am Ball."
[2] Beispielsweise Peet, *Keeper*; Dijkzeul, *Ein Traum vom Fußball*.

Rasens mit zwei Toren und weißen Linien, also ein klassischer Fußballplatz, evoziert. Sowohl der Blick auf Spielplätze als auch der Blick in Kinderbücher offenbaren jedoch, dass auch andere private und öffentliche Orte als Spielfelder genutzt werden, die sich damit als Spiegel der Lebenswelt der Leserinnen und Leser erweisen, die Garageninnen- und Hinterhöfe, Straßen, Brachen etc. zu „Fußballplätzen" umfunktionieren und sich somit urbane Flächen aneignen – selbst wenn extra angelegte Spielfelder und ausgewiesene Plätze narrativ als „Spielplätze" implementiert werden, die somit zwar öffentlich zugänglich, jedoch gleichzeitig einer vorbestimmten öffentlichen Ordnung unterworfen sind. Hobby und Profession werden unterscheidbar, sind aber gleichzeitig gegebenenfalls an Kontrollinstanzen gebunden: Das „spontane", mitunter leidenschaftliche Kicken auf Brachen oder Straßen unterscheidet sich vom Fußballspiel auf extra errichteten Bolzplätzen, die der städtischen Aufsicht unterliegen, und erst recht vom reglementierten Fußballspielen im Verein mit geregelten Trainings- und Spielzeiten auf Anlagen, die mit Flutlicht ausgeleuchtet werden und deren Rasen sorgfältig gestutzt wird.

Die vorzunehmende Analyse möchte sich dementsprechend dem Phänomen des Fußballplatzes als (urbanem) Ort des kindlichen Spiels – immerhin ist das Fußballspiel ein Mannschaftssport, der Platz braucht – unter Berücksichtigung zweier Fragestellungen nähern. Befragt werden die zu untersuchenden Bücher nach dem Platz, dem Raum, auf bzw. in dem gespielt wird: Wo spielen die Kinder zu welchem Zweck Fußball, wie ist das Spiel narrativ eingebunden in die Handlung und welche Gründe finden sich für die Platzwahl? Damit ist die Frage verknüpft, wie sich die Protagonisten diese „Fußballräume" „erobert" haben und inwiefern dies mit gesellschaftspolitischen Umständen und Entwicklungen zusammenhängt bzw. inwieweit diese in der Suche und Eroberung der Fußballräume reflektiert werden und ob sich gegebenenfalls ein Moment der gesellschaftlichen Kontrolle finden lässt. Bedenkt man, dass beispielsweise in der Zeit der Weimarer Republik die Industrialisierung einherging mit einer starken Urbanisierung, und Städte wie Berlin zu Metropolen heranwuchsen – gleichwohl auch das Interesse am Fußballsport zunahm[3] –, wird schon im Ansatz deutlich, dass in dieser Zeit womöglich ausgewiesene Plätze zum Fußballspielen nur schwer zu finden waren. Im Gegensatz dazu zeigt der Blick in die Gegenwart, dass Kindern extra errichtete Spielfelder zur Verfügung gestellt werden, die städtebaulich in das urbane Stadtbild integriert sind, gleichzeitig aber auch separierend wirken. Es ist somit insgesamt zu fragen, wie Änderungen im Stadtbild das Fußballspiel beeinflussen bzw. sich auswirken auf die Orte, an denen Fußball gespielt wird.

---

[3] Zur Geschichte des Fußballspiels Eisenberg, „Einführung." Eisenberg beschreibt das zunehmende Interesse am Fußballsport, der sich ausgehend von England in zahlreichen Ländern zu einem „Massenphänomen" (ebd., 15) entwickelte, in denen er sich vor 1914 als Freizeitvergnügen etablierte und schließlich in den Berufsfußball mündete. Das „Massenphänomen" spiegelte sich dementsprechend in der „Kickerei" auf der Straße und in der Kinderliteratur.

Denn es ist unbestritten: Zum Fußballspielen braucht es Platz, der aufgrund von „reduced number of public spaces"[4] nicht immer einfach zu finden war und ist. Obwohl Rissotto und Giuliani die Beobachtung dieser Entwicklungen auf „the last few decades"[5] beziehen, lässt sich diese Entwicklung bereits für den Zeitraum der Industrialisierung konstatieren: „This progressive dehumanization of urban space has affected in particular children, who have seen their freedom of movement compromised."[6]

Und doch gelingt es Kindern immer wieder, sich (urbane) Räume anzueignen und zu Fußball- bzw. Spielplätzen umzufunktionieren:

> „Children play anywhere. They do not restrict their activities to designated play areas and special play equipment. Instead, children are found playing in various spaces within the urban environment which have been designated and designed for other purposes […]. For this reason, and in order to provide alternative play opportunities for children in addition to playgrounds, the entire outdoor environment of children, beginning at the front steps of their homes and extending to sidewalks, streets and open spaces throughout a neighbourhood, should be considered".[7]

Diese Raumaneignung ist nicht neu, sondern wurde bereits in den 1930er Jahren in der von Martha Muchow durchgeführten Studie zum kindlichen Lebensraum untersucht, in deren Vorwort Hans Heinrich Muchow schrieb: „[…] es war zu zeigen, wie das Kind seine Umgebung ‚Großstadt' zu seiner Umwelt umschafft, und wie sich alsdann die vom Kinde ‚gelebte Welt' Großstadt darstellt."[8]

Kinder eignen sich also die Großstadt an, was nicht zuletzt auch an den ihnen zugestandenen Freiheiten liegt. So heben Rissotto und Giuliani insbesondere auf den Weg zur Schule ab: „In general, children who walk to school draw more detailed and correctly oriented maps than those who are driven by car or by bus."[9] Dieser Umstand ermöglicht es ihnen, eine aktive Beziehung zu ihrer Umwelt aufzubauen und diese anhand von Wegmarken oder bestimmten Streckenabschnitten wiederzuerkennen.[10]

> „Greater autonomy and freedom to explore the neighbourhood without adult supervision […] was associated with better performance on a spatial memory task,

---

[4] Rissotto und Giuliani, „Learning neighbourhood environments," 76.
[5] Ebd.
[6] Ebd.
[7] Jansson, *Children's play*, 54.
[8] Muchow und Muchow, *Lebensraum des Großstadtkindes*. Dazu sei angemerkt, dass es bereits seit den 1980er Jahren eine rege Diskussion über die Theoretisierung und die Wahrnehmung des Lebensraums von und durch Kinder(n) gibt. Dazu z.B. Jacob, *Kinder*, 3–9. Abgezielt wird oftmals auf negative Tendenzen, die sich nicht nur aus der zunehmenden Urbanisierung ergeben, sondern auch auf technischen Entwicklungen beruhen, die das Leben in der Stadt und dementsprechend auch das Spielen in der Stadt schlichtweg gefährlich machen.
[9] Rissotto und Giuliani, „Learning neighbourhood environments," 78.
[10] Vgl. ebd., 79.

the correct positioning and orientation of rulers, as well as on a task involving path drawing".[11]

Zudem können sich Kinder besser an urbane Wegmarken erinnern und den urbanen Raum korrekter strukturieren.[12] Im Umkehrschluss bedeutet dies: „[the] restriction of children's mobility seems to have direct and adverse consequences on the child's development of spatial skills."[13]

1 Kein Platz zum Spielen: Lisa Tetzners Erwin und Paul: Die Geschichte einer Freundschaft (1933)

Im Rahmen dieses Prozesses – also der autonomen Erkundung ihrer Nachbarschaft – machen sich Kinder brachliegende Flächen zunutze und funktionieren sie zu Spielplätzen um, werden jedoch auch mit den großstädtischen baulichen Entwicklungen konfrontiert, die die Suche nach geeigneten Spielplätzen deutlich erschwert.[14] Genau dieses Phänomen ist bereits in Lisa Tetzners Geschichte „Der Fußball" auszumachen, Teil des ersten Buches *Erwin und Paul: Die Geschichte einer Freundschaft* ihres neunbändigen Werkes *Erlebnisse und Abenteuer der Kinder aus Nr. 67: Odyssee einer Jugend*, das in ihrem Schweizer Exil entstand und von 1933 bis 1949 in der Zeit des Nationalsozialismus publiziert wurde. Tetzners Werk, das auch kurz als *Die Kinder aus Nr. 67* bezeichnet wird, ist ein Klassiker der Kinder- und Jugendliteratur, der die Freundschaften der unterschiedlichen Protagonisten[15] vor dem Hintergrund der sich vollziehenden gesellschaftspolitischen Umbrüche und Entwicklungen in der Zeit des Nationalsozialismus nachzeichnet. Ihre Suche nach einem geeigneten Platz zum Fußballspielen in der Nachbarschaft und im gesamten Stadtgebiet entspricht der von Rissotto und Giuliani konstatierten Autonomie in der Erkundung des urbanen Raums. Die Gruppe um Erwin und Paul findet eine parkähnliche Anlage, die sie kurzerhand vereinnahmt – „‚Guck mal, det is sicher unser Platz.' Wirklich, der Platz war wie für sie geschaffen"[16] –, von dem sie aber später vertrieben wird mit den Worten, der Platz sei ein Zierplatz, sie sollen auf dem eingezäunten Spielplatz spielen.[17]

Schon allein dieser kurze Vorgang – einen Platz zum Spielen suchen und finden, aber dann von dort vertrieben werden – zeigt den deutlich kritischen Blick auf die Spielmöglichkeiten für Kinder in der sich entwickelnden bzw. sich in der

---

[11] Ebd.
[12] Vgl. ebd., 81.
[13] Ebd., 77.
[14] An diesem Punkt ermöglichen sich Verknüpfungen mit den vor allem jugendlichen Individuen, die sich entweder sicher im (groß)städtischen Raum bewegen und diesen mitsamt Veränderungen annehmen oder „durch diese Veränderungen in ihrer Identität gestört" werden (Planka, „Einleitung," 23).
[15] Hier bietet sich ein erster Querverweis auf Joachim Masanneks Reihe *Die Wilden Fußballkerle* an, deren Protagonisten unterschiedliche Sozialbiografien aufweisen.
[16] Tetzner, „Der Fußball," 83.
[17] Vgl. ebd., 84.

Blüte befindenden Großstadt. Städtebauliche Entwicklungen werden kritisch reflektiert, Kritik wird den Protagonisten in den Mund gelegt. Immer wieder stellen die Protagonisten – sich selbst oder den Erwachsenen – die Frage nach den Orten, an denen sie spielen könnten: „[…] auf der Straße können wir nicht spielen, im Hof dürfen wir nicht spielen. Wo sollen wir denn spielen?"[18]

Schon dieser Satz bezeugt in Tetzners Roman das ganze Dilemma, in dem sich die Akteure befinden,[19] und rekurriert damit auf historische Entwicklungen, in deren Folge Kinderspielplätze zwar eingerichtet, gleichwohl aus wissenschaftlicher Perspektive auch wahrgenommen wurden als Orte, von denen Kinder aus der Gesellschaft ausgesperrt wurden.[20] Der „Befreiung der Kinder" wird „eine gleichzeitige Ghettoisierung" gegenübergestellt, zugleich werden städtebauliche und -planerische Fragen integriert: „Warum wurde zugelassen, daß das Verkehrssystem mit seinem ungeheuren Flächenbedarf Lebensräume auffrißt, zerschneidet und zerstückelt?"[21] Tetzners Roman führt die Problematik deutlich vor Augen: „Am Ausgang des Parkes war ein Grasplatz ohne Einzäunung, ohne Verbot. Dicht neben dem Platz lief eine große Verkehrsstraße, und man sah durch die Bäume die Läden mit ihren Auslagen leuchten."[22] Verbote auf der einen Seite, die Kinder vom Spiel abhalten und sie in eine passive Position drängen, evozieren somit auf der anderen Seite die aktive Suche nach neuen Spielflächen.

Neben dem Umstand, dass hier ein scheinbar perfekter Platz zum Fußballspielen gefunden wurde, werden implizit die städtebaulichen Veränderungen reflektiert, die das kindliche Spiel in der Großstadt nicht nur unmöglich, sondern auch gefährlich machen. Diese Entwicklungen gegen Ende des 19. und zu Beginn des 20. Jahrhunderts entpuppen sich im Zuge der industriellen Revolution nicht nur als positiv, sondern weisen ebenso negative Seiten auf, die sich vor allem in rasantem Bevölkerungsanstieg, zunehmender Bebauung und im Ausbau der Verkehrswege manifestieren, wie anhand von Berlin zu beobachten ist.[23] Damit einhergehend vollzieht sich auch eine Veränderung von Arbeitsformen und Familienstrukturen: Während die Erwachsenen nun den Wohnraum zu ihrem Arbeitsplatz verlassen, bleiben die Kinder zu Hause bzw. gehen zur Schule. Wohnraum und Arbeitsstätte werden separiert, woraus sich ein verändertes Stadtbild ergibt und dies in mehrerlei Hinsicht: Nicht nur entstehen die sogenannten Mietskasernen,

---

[18] Ebd., 79.
[19] Immer wieder ist in der Kinder- und Jugendliteratur zu beobachten, dass Kindern bzw. Jugendlichen der Zugang zu bestimmten Orten, die eigentlich für alle gedacht sind, (ab einem bestimmten Zeitpunkt) verwehrt wird. So wird etwa in Alfred Weidenmanns *Die Glorreichen Sieben*, 1972 erstmalig erschienen, eine Gruppe jugendlicher Schwimmer des Schwimmbades verwiesen: „Bademeister Pohmann […] pfiff zweimal auf seiner Trillerpfeife. Das sollte bedeuten, daß es jetzt amtlich wurde. ‚Ihr wißt genau, daß ihr als Schüler das Bad um zwanzig Uhr zu räumen habt. So steht es in der Hausordnung, und da beißt keine Maus keinen Faden nicht ab.'" (Weidenmann, *Die Glorreichen Sieben*, 8).
[20] Vgl. Thomas, *Bedingungen*, 16.
[21] Alle Zitate ebd.
[22] Tetzner, „Der Fußball," 83.
[23] Dazu Planka, „Einleitung," 12–14.

auch das Straßenbild verändert sich durch Geschäfte, die dem neuen und zunehmenden Konsumverhalten der Bevölkerung Rechnung tragen.[24] Zumindest teilweise, denn auch Armut findet deutlich Einzug in die Großstadt. Armut und Reichtum versammeln sich auf engstem Raum und werden zunehmend auch in der Kinder- und Jugendliteratur reflektiert, wie etwa in Tetzners Buchreihe, die Arbeitslosigkeit ebenso thematisiert wie das Familienasyl, in das arbeitslose Familien ziehen müssen, wenn sie die Miete nicht mehr aufzubringen vermögen.[25]

Gleichwohl reflektieren diese Kinderromane aber auch fußballerische Entwicklungen im Hinblick auf die Spielorte, die anfangs in der Tat hauptsächlich Wiesen waren, wie der Blick auf Entwicklungen im Ruhrgebiet bezeugt. Ralf Piorr zitiert ein Schreiben des Sport-Clubs Westfalia Herne an das Bürgermeisteramt der Stadt aus dem Jahr 1904:

> „Wir bitten hierdurch ergebenst uns gütigst die Erlaubnis zur Abhaltung von Ballspielen auf der an der Schlachthausstraße gelegenen städtischen Wiese erteilen zu wollen. Es ist diese Wiese die einzige, welche sich für unser Spiel eignet."[26]

Zudem führt er an, dass Auseinandersetzungen mit Ordnungskräften und Spaziergängern an der Tagesordnung gewesen seien – ein Umstand, der in zahlreichen Kinderromanen zu finden ist und ergänzt wird durch Auseinandersetzungen mit Anwohnern und Nachbarn, die den „Krach" des Fußballspiels nicht ertragen konnten bzw. wollten. Anders gestaltete sich die Entwicklung in England:

> „Im letzten Viertel des 19. Jahrhunderts, als die Public Schools die Ballspiele in den Lehrplan aufgenommen hatten und geradezu einen Kult darum betrieben, wurden die Sportplätze mit mindestens derselben Sorgfalt gepflegt wie die Bibliotheken. Fußball galt nun aus unverzichtbarer Beitrag zur Persönlichkeitsentwicklung und zur Herausbildung von Führungsqualitäten, wie man sie für die Verwaltung des Empire benötigte."[27]

Derartige Ansprüche an das Fußballspiel sucht man in Deutschland vergebens, auch die schulische Förderung setzt – im Gegensatz zu England, wo Birmingham die Vorreiterrolle im Schuljungen-Fußball"[28] übernahm und Fußball schließlich

---

[24] Dazu ebd., 15–16.
[25] Dabei muss angemerkt werden, dass es auch Fußballbücher gibt, die historische Entwicklungen ausblenden und nicht bzw. nur am Rande thematisieren. So etwa in Drechsel, *Elf Freunde*. Retrospektiv schildert Drechsel die Bestrebungen einer Berliner Schulklasse in den 1930er Jahren, genauer 1935/36, den Meistertitel der Berliner Volksschulen zu erwerben.
[26] „Schreiben des ‚Sport-Club Westfalia Herne' an das Bürgermeisteramt der Stadt, Dezember 1904," zit. nach Piorr, „Platzwahl," 49.
[27] Mason, „Großbritannien," 25.
[28] Ebd., 29. „Die tiefe Verwurzelung des Fußballspiels in der Kultur der Arbeiterklasse geht auch auf seine Förderung durch die Schulen zurück" (ebd.) und sorgte dafür, dass Fußball „lokale Loyalitäten und Identitäten" erzeugte und in organisierter Form zu einem festen „Teil der Nationalkultur" avancierte (ebd., 33).

1906 Teil des schulischen Lehrplans wurde[29] – deutlich später ein, was nicht zuletzt auch dem Umstand geschuldet ist, dass zunächst das Turnen im Fokus stand und Fußball „keine vorindustriellen Traditionen"[30] hatte. Erst Einflüsse aus England machten das Spiel in Deutschland bekannt.

Bevor das Fußballspiel professionalisiert wurde, musste man mit vorhandenen und extra freigegebenen Flächen als Spielfeldern Vorlieb nehmen und es ist interessant, dass Anstöße dazu aus dem schulischen Bereich kamen:

> „Die Aktivisten des ZA [Zentralausschuss für Volks- und Jugendspiele, gegründet 1891], unter ihnen der Gymnasialprofessor Konrad Koch, der am Braunschweiger Martino-Katharineum das Fußballspiel schon 1874 eingeführt hatte (und deshalb als ‚Gründervater' gilt), empfahlen nicht nur das ‚deutsche Turnen', sondern auch ‚English sports', und so kam ihre Werbe- und Lobbytätigkeit auch dem Fußball zugute. Unter anderem wirkten sie auf Militärbehörden und Stadtverwaltungen ein, damit Exerzierplätze, Parks und andere Freiflächen zum Spielen freigegeben wurden."[31]

2 Aneignung urbaner Räume: Erich Kästners Emil und die Detektive (1929) und Hans G. Franciskowskys Ein Fußballplatz muss her! (1998)

Von solchen freigegebenen Plätzen können viele Protagonisten in zeitgenössischen Kinderromanen jedoch nur träumen. Im Rückgriff auf Tetzners Roman lässt sich in dieser Hinsicht zunächst einmal konstatieren, dass kein spezieller aktiv genutzter Fußballplatz in die Narration eingebunden wird – lediglich am Rande wird auf Fußballfelder verwiesen –, sondern dass es normale urbane Räume sind, vor allem Hinterhöfe und Straßen,[32] die für das Spiel umfunktioniert werden, das dementsprechend als „Straßenfußball" deklariert werden kann. Mit der Aneignung des urbanen Raums zeigt sich schon hier ein Phänomen, das sich in vielen Kinderromanen finden lässt, etwa in Erich Kästners Emil und die Detektive (1929),[33] und

---

[29] Vgl. ebd., 30.
[30] Eisenberg, „Deutschland," 95; zur Entwicklung des Fußballsports in Deutschland ebd.
[31] Ebd., 98. – Wobei Kochs anfangs jedoch, auch wenn er über „Fußball" schrieb, Rugby-Football im Sinn hatte, was auch für die von ihm 1875 veröffentlichten *Regeln des Fussball-Vereins der mittleren Classen des Martino-Catharineums zu Braunschweig* gilt. Erst in den 1880er Jahren wandte sich der begeisterte Turner auch dem Association-Football zu; dazu Krüger, Herzog und Reinhart, „German *fußball*," 196.
[32] Vor allem der Straße kommt eine besondere Rolle zu: „Während Kinder unter 6 Jahren sich vor allem auf Spielplätzen oder – soweit vorhanden – in Gärten aufhalten, kommt bei den 6–9jährigen die Straße als bevorzugter Aufenthaltsort hinzu" (Jacob, *Kinder*, 14). Und weiter heißt es: „Kinder erweitern ihren Aktions- und Streifraum mit zunehmendem Alter [...], während sich Jugendliche wiederum stärker im wohnungsnahen Bereich aufhalten" (ebd., 15).
[33] Kästner, *Emil und die Detektive*, 122: „Und als Herr Grundeis, am nächsten Morgen, während er sich die Haare kämmte, hinuntersah, fiel ihm auf, daß sich zahllose Kinder herumtrieben, Mindestens zwei Dutzend Jungen spielten gegenüber, vor den Auslagen, Fußball". Selbst wenn die Straße hier als „Fußballplatz" herhalten muss und die Jungen nur Fußball

das sich bis in die Gegenwart gehalten hat, beispielsweise in Hans G. Franciskowskys *Ein Fußballplatz muss her!* (1998):

> „Während die Jungen aus dem Birkenweg zusammenstanden und leise berieten, wie sie nun vorgehen sollten, rückte Alex die Apfelsinenkiste zurecht. Sie war bei Christians wuchtigem Schuss verrutscht. Gern hätten sie ein anderes Tor gehabt und vor allem mit einem richtigen Fußball gespielt, doch vorläufig hatten sie weder das eine noch das andere. Und da sie auf der Straße wenig Platz hatten, mussten sie sich mit einer kleinen Ecke in einer Sackgasse begnügen, um überhaupt kicken zu können. Sie benutzten einen alten Tennisball, an dem nur noch wenig Filz klebte. Als Tore benutzten sie zwei Apfelsinenkisten."[34]

Nicht nur auf der Straße, sondern auch auf brachliegenden Bauflächen, in Höfen leerstehender Fabriken und Hinterhöfen wird das Dribbeln und Kicken geübt:

> „[Jan] eilte das Treppenhaus hinunter und ging auf den Hinterhof, der eng, düster und verwinkelt war. Zwischen den hoch aufragenden Wänden der Mietshäuser waren nur wenige Meter Platz Zwischenraum. Dieser war weniger ein Hof als ein breiter Gang."[35]

Auch mit diesem Moment der Aneignung städtischer Räume als Fußballplätze zeigen sich Parallelen zu sporthistorischen Entwicklungen, etwa im Ruhrgebiet; denn die

> „[…] ersten Fußball-Plätze der Vorortvereine lagen praktischerweise oftmals zwischen Zeche und Kolonie. […] Die enge Nachbarschaft zwischen Kneipe, Wohnhäusern und Stadion [verweist auf] jenen geschlossenen Lebenszusammenhang einer Arbeitersiedlung […], wo Arbeiten, Wohnen und Freizeit noch eine Einheit bildeten. […] Ein sozialer und kultureller Kosmos für sich."[36]

Während Fußballplätze und -stadien in der Weimarer Republik als Orte verstanden wurden, die der Bildung von Gemeinschaft und milieuspezifischen kulturellen Gepflogenheiten, der Pflege der Volksgesundheit, Jugenderziehung und Wehrertüchtigung dienten, übernahmen sie in der NS-Zeit zudem die Aufgabe, das Regime zu repräsentieren,[37] und dessen propagandistische Ziele zu visualisieren.[38] Nicht selten zeugten vor allem die Planung monumentaler Stadien, der Ausbau bereits

---

    spielen, um das Hotel des Diebes Grundeis beobachten zu können, eignen sie sich den urbanen Raum an, um ihn ihren Zwecken nutzbar zu machen.

[34] Franciskowsky, *Fußballplatz*, 10–11.
[35] Ebd., 36.
[36] Piorr, „Platzwahl," 51. Zur kulturellen Bedeutung des Sports Eisenberg, „Geselligkeit," 101.
[37] Wobei repräsentative Stadien bereits in der Weimarer Republik gebaut wurden; dazu Eisenberg, „Deutschland," 107, 111, 117.
[38] Vgl. Herzog, „Bilder, Symbole und Rituale der Macht," 86–91.

bestehender und der Neubau von Sportstätten vom Größenwahn der nationalsozialistischen Herrscherriege.[39]

Verknüpft werden diese Orte, die sich die Kinder selbst aneignen zum Fußballspiel und in Analogie zur Realität – im Übrigen auch zu finden in Erich Wildbergers Roman *Die große Mannschaft*, in dem sich Schüler einen Platz außerhalb der Stadt als Fußballplatz erobern, der symbolhaft mit einer Eiche aufwartet, um die herum gespielt wird[40] –, mit dem Moment des Verbots; auch hier wird immer wieder thematisiert, dass Kinder in Großstädten keinen richtigen Platz zum Spielen haben: „Denn sie wussten eigentlich nie, wo sie Fußball spielen sollten. Nirgendwo in der Stadt schien Platz für sie zu sein."[41] Selbst Wiesen scheint es nicht mehr zum Kicken zu geben: „‚Wir finden ja noch nicht mal eine vernünftige Wiese für ein kleines Spielchen!' ‚Das genau ist es doch', nickte Georg. ‚Wo du hinguckst Neubausiedlungen, Maisfelder und ›Betreten Verboten‹-Schilder.'"[42] Im Vergleich zu Lisa Tetzners Roman hat sich im ausgehenden 20. und beginnenden 21. Jahrhundert also anscheinend nicht viel geändert: Großstädte sind nicht auf die Bedürfnisse von Kindern hin ausgerichtet, sondern sollen in erster Linie Wohnraum bieten.

Es wundert daher nicht, dass diese literarischen Beschreibungen ihre Entsprechungen in der Realität haben und kritisch reflektieren – zumal sich

„[…] Kinder […] draußen vor allem in multifunktionalen Räumen, wie Straßen, Parkplätze[n], Schulhöfe[n] oder Baulücken [aufhalten] […], sowie in ‚gesellschaftlichen Randbereichen' […]. Unter diesen gesellschaftlichen Randbereichen werden hier Zonen verstanden, die weniger stark durch erwachsene ‚Raumwärter', wie Hausmeister oder Polizisten, kontrolliert werden und die zeitweilig ihrer gesellschaftlichen Funktionsbestimmung entzogen sind, wie dies zum Beispiel bei Baustellen der Fall ist."[43]

Diesen „Flächen" und Räumen, die dem Straßenfußball zugeschrieben werden und die sich Kinder selbst aneignen können, werden in anderen Kinderromanen spezi-

---

[39] Zur Entwicklung des Stadionbaus in der NS-Zeit Skrentny, „Stadionbauten." Dabei lassen sich „zahlreiche Diskrepanzen zwischen der verordneten Ideologie und den Alltagsroutinen des Sports belegen", die „frühere Forschungen korrigieren" (Herzog, „‚Eigenwelt'," 18). Als für die NS-Zeit spezifisch konstatiert Herzog lediglich den „bei Mannschaftsaufstellungen vorgeschriebene[n] Hitlergruß" (ebd., 23). In diesem Sinn resümiert Herzog: „Der Fußballsport gehört zu jenen leichten Themen der Unterhaltungsindustrie, die in allen politischen Kontexten funktionieren" (ebd., 28). Allerdings fiel der an Kinder und Jugendliche gerichtete, vereinsbasierte Fußballsport, der nur selten Eingang gefunden hat in kinder- und jugendliterarische Lektüren, gesellschaftspolitisch schnell in die Hände von NS-Organisationen, namentlich der Hitlerjugend. „Wenn die 14- bis 18jährigen in einem bürgerlichen Sportverein spielen wollten, blieb ihnen nichts anderes übrig, als in die HJ einzutreten" (Bode, „Fußballspiel," 234).
[40] Siehe Wildberger, *Mannschaft*.
[41] Franciskowsky, *Fußballplatz*, 49, 53.
[42] Winkler und Winkler, *Coole Kicker*, 7–8.
[43] Jacob, *Kinder*, 13.

ell ausgewiesene Räume und Flächen gegenübergestellt, die ihnen quasi zugewiesen werden. Die Rede ist von Fußballplätzen und -stadien, die auf die Professionalisierung des Sports verweisen und als „Sonderräume"⁴⁴ bezeichnet werden, die ausschließlich dem Sport gewidmet sind, und somit sowohl einen exklusiven als auch einen separierenden Charakter haben. Als Teil der Gesellschaft sind sie fest im Stadtbild verankert, jedoch ist der Zugang mitunter erschwert, je „hochwertiger" die „Spielplätze" sind: Während der Bolzplatz mehr oder weniger allen frei zur Verfügung steht, kann das Stadion – wohlgemerkt als Spieler – nur betreten, wer z.B. Mitglied im Fußballverein ist, sodass man den Spielstätten durchaus partiell heterotope Züge zusprechen kann, immerhin ist die Heterotopie im Sinne Foucaults gekennzeichnet unter anderem durch „ein System der Öffnung und Abschließung [...], welches sie von der Umgebung isoliert. [...] Entweder wird man dazu gezwungen [...], oder man muss Eingangs- und Reinigungsrituale absolvieren."⁴⁵

3 *Freiräume schaffen: Joachim Masanneks* Leon der Slalomdribbler *(2003)*

Ein Beispiel für den Bolzplatz, der ins Stadtbild integriert und für alle zugänglich ist, findet sich in Joachim Masanneks Buch *Leon der Slalomdribbler*, dem ersten Band der Reihe *Die Wilden Fußballkerle*.⁴⁶ Nicht nur werden hier die Protagonisten und ihre Gegner eingeführt, auch dem Bolzplatz kommt direkt im ersten Band eine tragende Rolle zu, wird er doch von den Gegnern okkupiert, nur um nach zwei Wochen Fußballtraining von den *Wilden Fußballkerlen* zurückerobert zu werden.⁴⁷ Der Bolzplatz als Ort des Spiels, als Ort, der erobert wird – Noyan Dinçkal spricht in diesem Zusammenhang vom „Besitz räumlicher Anordnungen, um die Beherrschung von freien Räumen und die Messung des räumlichen Fortschritts in der Zeit"⁴⁸ –, wird selbst zu einem Raum, den es zurückzuerobern gilt, und zwar ausgerechnet durch ein Fußballspiel. Dadurch werden Bolzplätze, vor allem aber Fußballfelder und Stadien, ihrer in der Weimarer Republik gebräuchlichen Bezeichnung als „Kampfbahn"⁴⁹ durchaus gerecht, geht es doch um den ausgetragenen Wettkampf auf dem Platz und um den dort errungenen Sieg.

---

⁴⁴ Dinçkal, *Sportlandschaften*, 21.
⁴⁵ Foucault, *Heterotopien*, 18.
⁴⁶ Masannek, *Leon*.
⁴⁷ Dies im Übrigen ein interessantes Motiv – zwei Wochen Vorbereitung, um in einem Fußballturnier auf den Erzfeind in der gegnerischen Mannschaft zu treffen –, auch in Winkler und Winkler, *Coole Kicker*, 57, 105, 112, aufgegriffen wird. Der Fußballplatz wird auch hier zum Kampfplatz; dazu Piorr, „Platzwahl," 49.
⁴⁸ Dinçkal, *Sportlandschaften*, 13.
⁴⁹ Piorr, „Platzwahl," 49. Diese Kampfbahnen waren ebenso wie „Stadien und Mehrzweckhallen [...] reine Zweckbauten" (Eisenberg, „Geselligkeit," 105).

Dem Bolzplatz, ausgestattet immerhin mit einer Tribüne aus Stein und umrahmt von Bäumen sowie einem Kiosk[50] und sprachlich hervorgehoben als „‚Teufelstopf' als allzeit umkämpfter Topos'"[51] – was die emotionsäußernde Qualität der vom Autor genutzten Sprache verdeutlicht[52] –, wird zudem noch ein anderer Trainingsplatz zur Seite gestellt, auf den die *Wilden Fußballkerle* ausweichen müssen, so lange „ihr" Bolzplatz von den *Unbesiegbaren Siegern* um den Dicken Michi in Beschlag genommen wird. Die Rede ist von der Wiese am Fluss, die sich als unebenes und von Steinen übersätes Schlammloch entpuppt, auf dem die Fußballkerle von Willi, dem Kioskbesitzer und ehemaligen Fußballspieler, trainiert werden. Er macht aus der Not eine Tugend:

> „Und wenn ihr lauft, stellt ihr euch vor, dass die Steine und Löcher auf dieser Wiese die Beine dieser Mistkerle sind. Die werden euch foulen, ist euch das klar? Deshalb weicht ihnen aus, springt über sie drüber, tanzt zwischen ihnen hindurch!"[53]

Es ist gerade das Training auf diesem schlammigen Platz, das den Fußballkerlen schließlich auf dem Bolzplatz einen entscheidenden Vorteil verschafft, denn

> „[n]ach dem Sieben zu vier begann es zu regnen. Der Boden wurde schwammig und weich und die *Unbesiegbaren Sieger* rutschten wie Enten auf einer Schlittschuhbahn auf ihm herum. Doch wir hatten 12 Tage auf so einem Boden trainiert und tanzten jetzt durch die Reihen des Gegners hindurch."[54]

Die Aneignung eines originär nicht für Fußball bestimmten Platzes hat sich somit ausgezahlt und zum Sieg über die gegnerische Mannschaft verholfen. Dabei ist es aufschlussreich, dass dieser Ersatzspielplatz nicht innerhalb des urbanen Raums anzutreffen ist, sondern vielmehr außerhalb – es so den Fußballkerlen ermöglicht, frei und ungezwungen zu trainieren, um ihre Fähigkeiten auszubauen – und damit einen Gegenpol bietet zum Bolzplatz, der innerhalb der städtischen Infrastruktur liegt und entsprechend ausgestattet ist.

4 Ein Fußballplatz im Wald: Winkler & Winkler: 1:0 für Coole Kicker (2004)

Eine entsprechende Aneignung von Flächen – vor allem von Wiesen –, die außerhalb urbaner Räume liegen, ist keine Seltenheit, sondern findet sich vielfach in Kinderromanen. So auch in *1:0 für Coole Kicker* von Winkler & Winkler, in dem sich die Coolen Kicker Jan, Guido und Frank einen alternativen Platz zum Fußballspielen suchen müssen, da der Bolzplatz aufgrund des Hochwassers unter Wasser steht, sie aber für ein Hallenturnier trainieren wollen. Fündig werden sie

---

[50] Vgl. Masannek, *Leon*, 28.
[51] Büker, „Abenteuer," 21.
[52] Dazu ebd., bes. 18.
[53] Masannek, *Leon*, 91–92.
[54] Ebd., 160.

bei Bauer Thomas Sendler, der ihnen mitten im Wald eine brachliegende Wiese anbietet. Die Aneignung der Wiese als Spiel-Platz erfolgt nachhaltig: Jans Oma stellt ihr altes Gartenhäuschen zur Verfügung, das die Jungen als Clubhaus nutzen wollen, und vom 1. FC Wilnshagen haben sie zwei alte Tore bekommen, die sie ebenfalls auf der Wiese aufstellen. Was in anderen Kinderbüchern also laienhaft praktiziert wird – die Aneignung nicht originär fürs Fußballspielen gedachter Flächen –, wird hier gleichsam professionalisiert: Aus der Wiese im Wald wird ein voll ausgestatteter Fußballplatz, auf dem sogar mit der ganzen Mannschaft, in der die drei Jungen spielen, ein Einweihungsspiel stattfindet – und Begeisterung zum Ausdruck bringt:

> „Die Jugendmannschaft war total begeistert vom Fußballplatz der Coolen Kicker. ‚Wir sollten unser Training immer hierher verlegen', sagte Michael. […] ‚Unser normaler Platz ist schon ganz okay', meinte Frank. ‚Der einzige Nachteil ist, dass man da nicht so einfach zum Trainieren drauf darf. Das war auch der Grund, warum wir uns diese Riesenarbeit hier gemacht haben.' ‚Aber wer hat so was schon?', meinte Michael andächtig. ‚Einen eigenen Fußballplatz können sich doch sonst nur Millionäre leisten.'"[55]

Das neue Spielfeld ist somit nicht nur entstanden aufgrund des Umstandes, dass der alte Bolzplatz unter Wasser steht, sondern auch aufgrund einer restriktiven Nutzung, deren Urheber im Unklaren bleiben. Das Verbot – somit ein Element, das die Kinderromane durchzieht, die sich ums Fußballspielen drehen – der freien Nutzung des Bolzplatzes erzwingt die Suche nach einem eigenen Fußballplatz und mündet in die Aneignung einer anderen, leer stehenden Fläche.

Gesellschaftspolitische Umstände für diese Platzwahl werden nicht angesprochen, es steht schlichtweg das Fußballspiel im Vordergrund – wie in den meisten anderen Kinderromanen, die sich dieses Themas angenommen haben. Und doch wird – wenn auch nicht in diesem Fall – immer wieder auf den Umstand verwiesen, dass städtebauliche Maßnahmen zu einem Mangel an Spielflächen führen und Kinder veranlassen, selbstständig Flächen zu suchen, auf denen sie Fußball spielen können. Das zeugt nicht nur von der Tatsache, dass vor allem ältere Kinder – wohlgemerkt keine Jugendlichen (für sie gelten andere „Regeln"[56]) – ihren „Aktions- oder Streifraum mit zunehmenden Alter"[57] erweitern, sondern auch davon, dass sie selbst aktiv werden: Im Sinn Hurrelmanns und Vogts sind Menschen nicht passiv Umwelteinflüssen ausgesetzt, sondern handeln und reagieren aktiv auf entsprechende Einflüsse:

> „Die moderne Entwicklungs- und Sozialisationstheorie geht von einer dialektischen Beziehung zwischen dem menschlichen Subjekt und der gesellschaftlich vermittelten sozialen und materiellen Umwelt aus. Ein Kind oder Jugendlicher entwickelt sich nach dieser Auffassung in einem sozialen und ökologischen Kontext,

---

[55] Winkler & Winkler, *Coole Kicker*, 43.
[56] Dazu Jacob, *Kinder*, vor allem 14–16.
[57] Ebd., 15.

der subjektiv wahrgenommen, angeeignet und verarbeitet wird, der aber zugleich durch den einzelnen produktiv beeinflußt, verändert und gestaltet wird."[58]

Wie gesehen, argumentieren Rissotto und Giuliani ähnlich und zielen ab auf die Autonomie der Kinder, die sich ihren urbanen Raum selbst erschließen. Während in diesem Zuge der „Selbsterschließung" des Stadtraums die einen noch nach einem Fußballplatz suchen und sich mit Unwägbarkeiten auseinandersetzen müssen, können andere bereits auf einen professionellen Fußballplatz zurückgreifen, den sie dank ihres Talents oder dank schulischer Bemühungen nutzen dürfen – oder sie spielen in Stadien.

5 Spielen im Stadion: Ulli Schuberts Pokalfieber (1997) und Sammy Drechsels Elf Freunde müsst ihr sein (1955)

Diese Fußballplätze sind in den Kinderromanen in der Hand von Vereinen oder Schulen, sie unterliegen Regeln und werden oft dargestellt als „für den Sport definierte Räume",[59] mitunter auch als „einzig auf den Sport spezialisierte, abgegrenzte Territorien."[60] Ein derartiges literarisches Beispiel findet sich in Ulli Schuberts *Pokalfieber*. Bereits der zweite Satz präsentiert einen Platz, von dem alle Hobbykicker träumen: „Der Fußballplatz wurde von den vier Flutlichtmasten in ein grelles Licht getaucht."[61] Damit ist sofort klar, dass es nicht mehr nur um Freizeitkicker geht, sondern professioneller Sport im Fokus steht, der über eine entsprechende Ausstattung verfügt.

Das Stadion, Zeugnis dieser Professionalisierung, ist dabei nicht nur literarisch in das urbane Stadtbild eingebettet, vielmehr bezeugt es auch in der Realität, wie eng die städtische Bevölkerung mit „ihrem" Sport verbunden ist, wie Ralf Piorr anhand der „Ruhrpott-Stadien" aufgezeigt hat.[62] Das Stadion unterliegt historischen Wandlungen und Vereinnahmungen. Besonders ist hier zu verweisen auf die – oftmals nicht realisierten – Stadionbauten der NS-Zeit, die nicht nur Zeichen von Größenwahn und Selbstüberschätzung waren, sondern gemäß dem „Zeitgeist, den die NS-Diktatur bestimmte",[63] auch der Propaganda dienen und das Prestige des Regimes mehren sollten.

Davon ist in Kinderromanen, die das Fußballspiel ins Zentrum stellen oder zumindest auf Fußballstadien und -felder verweisen, glücklicherweise nicht die Rede. Im Fokus steht das Sportereignis als solches, verknüpft mit dem Wettkampfgedanken, der dem Spiel eingeschrieben ist. Ein bekanntes frühes Beispiel ist Sammy Drechsels *Elf Freunde müsst ihr sein*, das 1955 erstmalig erschienen ist, die Fußballbegeisterung des Autors in den 1930er Jahren widerspiegelt, jedoch

---

[58] Hurrelmann und Vogt, „Überblick," 35.
[59] Dinçkal, *Sportlandschaften*, 13.
[60] Ebd., 14.
[61] Schubert, *Pokalfieber*, 5.
[62] Dazu Piorr, „Platzwahl," 49–52.
[63] Skrentny, „Stadionbauten," 145.

keine NS-Spezifik aufweist.⁶⁴ Zunächst lassen sich deutlich die von Rissotto und Giuliani konstatierte „[g]reater autonomy and freedom to explore the neighbourhood without adult supervision" beobachten – vor allem im Hinblick auf Sportplätze –, „[that] was associated with better performance on a spatial memory task, the correct positioning and orientation of rulers, as well as on a task involving path drawing".⁶⁵ So beantwortet Heinrich Erhardt die Frage nach Tennisplätzen in seiner Nachbarschaft wie folgt:

> „Ich finde im Augenblick nur fünf Tennisplätze. Bei mir um die Ecke in der Johannisberger Straße ist ein Privatplatz. Dann sind am Roseneck die Blau-Weiß-Plätze. In der Mecklenburgischen Straße liegen die großen Plätze, auf denen der Bolle Mehlitz immer Unterricht gibt. Und dann gibt's noch einen in der Dillenburger Straße."⁶⁶

Kenntnisse der urbanen Strukturen werden immer wieder verflochten mit sozialen Begebenheiten, sodass auch hier „[s]patial information is coupled to social information."⁶⁷ Gleichzeitig zeigt sich aber auch, dass weiter entfernte Plätze den Schülern weniger bekannt sind, gerade weil sie diese nicht regelmäßig aufsuchen:

> „Das mit dem ‚ausgeprägten Gefühl für die Werte ihrer Heimatstadt' war umso komischer, als die meisten Jungen das Viertel, in dem diese Werte noch erhalten waren, kaum kannten und es höchstens einmal im Jahr anlässlich eines Schulausflugs zu Gesicht bekamen."⁶⁸

Die Spielstätten, an denen Fußballspiele ausgetragen werden, sind ebenso im Stadtbild verankert wie Tennisplätze: Zum einen handelt es sich um die Sportplätze im Seepark, auf denen „sich täglich eine große Anzahl fußballbegeisterter Schuljungen traf",⁶⁹ und die für schulischen Sportunterricht genutzt werden. Zum anderen wird das Poststadion als Arena implementiert, in der nicht nur die großen Vereine trainieren, sondern auch das Endspiel um die Meisterschaft der Berliner Schulen ausgetragen wird.

Die Spielplätze im Seepark sind allgemeinzugänglich, mit Toren ausgestattet, jedoch scheinen Umkleidekabinen zu fehlen.⁷⁰ Während sie zu festgelegten Terminen von unterschiedlichen Gruppen genutzt werden, ist das Poststadion ausschließlich bestimmten Spielen vorbehalten. Der Zugang wird hier restriktiver gehandhabt, sodass ganz im Sinne von Foucaults Heterotopie nicht jeder den Platz betreten darf: „Vor dem Eingang des Poststadions trennten sich die Jungen von

---

[64] Die folgenden Ausführungen zit. in Drechsel, *Elf Freunde*.
[65] Rissotto und Giuliani, „Learning neighbourhood environments," 79.
[66] Drechsel, *Elf Freunde*, 131.
[67] Rissotto und Giuliani, „Learning neighbourhood environments," 84.
[68] Drechsel, *Elf Freunde*, 117.
[69] Ebd., 28.
[70] Die Zuschauer „hoben die elf siegreichen Spieler auf die Schultern und trugen sie von dem Tor, in das Heini den Elfmeter geschossen hatte, quer über den Platz zu der Bank, an der ihre Kleider lagen" (ebd., 66).

ihren Vätern, weil Hoffmann, Matze und Heini einen besonderen Durchgang, der zu den Umkleidekabinen führte, benutzen mussten."[71]

Die Protagonisten in Drechsels Roman spielen hier eine Ausnahme, können sie doch beide Sportstätten nutzen: Im schulischen Rahmen spielen und trainieren sie auf dem Sportplatz im Seepark, das Endspiel um die Meisterschaft tragen sie im Poststadion aus.

In Drechsels Roman müssen sich die Protagonisten diese Räume nicht selbst aneignen, vielmehr werden ihnen die Spielmöglichkeiten sowohl durch die urbane Struktur als auch durch die Wettbewerbsformate vorgegeben. Jedoch ist es erst das eigene Talent und der Erfolg im Wettbewerb, die den Spielern den Zugang zum Stadion ermöglichen; denn nur die vier Mannschaften, die im großen und kleinen Finale um die Plätze 1 bis 3 antreten, dürfen den Platz betreten.

Trotz dieser Hierarchie – der Sportplatz im Seepark als Amateur-, das Poststadion als Profiplatz – erleben die Amateurspieler auch „echte Fußballstimmung auf dem Seepark",[72] sodass Grenzen kurzzeitig zu verwischen scheinen. Eine weitere Unterscheidung findet sich in Schuberts *Pokalfieber* bei der Beschreibung der Profisportplätze:

„Das Sportgelände war ein Schmuckstück! Zwei gepflegte Rasenplätze, einer war sogar eingebettet in ein kleines Stadion mit Stehtribünen. […] Zu Hause hatten sie nur den Grandplatz, auf dem am Wochenende mindestens zwölf Spiele stattfanden und der so hinüber war, dass bei Regen regelmäßig große Pfützen stehen blieben. Bei Auswärtsspielen hatte die Mannschaft zwar schon auf Rasen gespielt, aber noch nie auf einem so schönen, so gepflegten Platz wie diesem."[73]

Den impliziten ökonomischen Gründen wird die Ehrfurcht der Spieler zur Seite gestellt, die sich – wie in den meisten Kinderromanen, in denen professionelle Fußballfelder, namentlich Stadien, eine Rolle spielen – als Außenseiter in einem Wettkampf zu bewähren haben. Die Profifußballstadien fungieren in diesen Fällen als Kulissen, vor denen sich die Wettkämpfe vollziehen. Dabei müssen die Protagonisten den Zugang zu den Stadien nicht erst erobern, sondern haben ihn bereits qua Talent bzw. Vereinszugehörigkeit erworben.

6 Fazit

Insgesamt lässt sich in den Kinderromanen, die im Rahmen dieser Analyse berücksichtigt wurden, die ganze Bandbreite von Spielorten finden: die „einfache" Straße, respektive urbane Flächen, die sich Kinder aneignen und zu Spielplätzen bzw. -feldern umfunktionieren, die Bolz- und Fußballplätze, die eingerichtet wurden, um Kindern und Jugendlichen ein sicheres Spiel zu ermöglichen, und „richtige" Sportstätten, in denen Fußballmannschaften trainieren und zu Turnieren einladen. Damit reflektieren Kinderromane – und vermutlich auch Jugendromane, die

---

[71] Ebd., 103.
[72] Ebd., 55.
[73] Schubert, *Pokalfieber*, 30–31.

hier nicht untersucht wurden – im Querschnitt nicht nur den Status Quo und zeigen eine ganze Breite an Fußballplätzen auf, sondern reflektieren auch im Längsschnitt – wenn man das Erscheinungsdatum der Bücher berücksichtigt – die Integration des Fußballfeldes bzw. des Stadions im Stadtbild und im Alltag der urbanen Bevölkerung.

Somit lässt sich zeigen, dass Kinder- und Jugendliteratur nicht nur allgemein gesellschaftspolitische Entwicklungen reflektiert, sondern auch im Speziellen die Entwicklung von Sportplätzen aufgreift und zeigt, dass der Sportplatz, respektive der Fußballplatz, spätestens in der Zeit der Weimarer Republik in der Mitte der Gesellschaft angekommen ist. Gleichzeitig bedeutet dies, dass sich Kinder mehr Verboten stellen müssen, die ihnen den Straßenfußball verbieten und sie dementsprechend auf Orte verweisen, die als Spielflächen ausgewiesen sind. Infolgedessen sind die kindlichen Protagonisten eigenständig auf der Suche nach Plätzen, die sie als Fußballplätze umfunktionieren können, sodass ein ungestörtes Spiel möglich ist. Kein leichtes Unterfangen in Gesellschaften, die sich kontinuierlich verändern und stadtplanerischen Wandlungen unterworfen sind, die begründet sind im zunehmenden Interesse der Bevölkerung an (groß-)städtischem Leben.

Im Umkehrschluss bedeutet das Anlegen von speziell ausgewiesenen Sportplätzen jedoch auch, dass Kinder dem Alltag ein Stück weit entzogen werden. Die von Noyan Dinçkal als Sonderräume bezeichneten Sportstätten, die sich hier manifestieren, sorgen somit dafür, dass eine Ghettoisierung stattfindet, wie Inge Thomas konstatiert hat. Kinder entziehen sich – zumindest kurzweilig – dem Alltag und tauchen in das Spiel an einem „fremden" Ort ein, der nach Foucault zumindest partiell heterotope Züge trägt.

Kinder- und Jugendbücher

Dijkzeul, Lieneke. *Ein Traum vom Fußball*. Aus dem Niederländischen von Verena Kiefer. Würzburg: Arena, 2014 [2004].

Drechsel, Sammy. *Elf Freunde müsst ihr sein: Ein Fußballroman für die Jugend.* München: OMNIBUS, 2. Auflage, 2004 [1955].

Franciskowsky, Hans G. *Ein Fußballplatz muss her!* München: Schneider, 1998.

Kästner, Erich. *Emil und die Detektive: Ein Roman für Kinder.* Illustriert von Walter Trier. Berlin: Cecilie Dressler Verlag. Lizenzausgabe. Zürich: Atrium, o.J. [1929].

Masannek, Joachim. *Leon der Slalomdribbler.* Mit Illustrationen von Jan Birck. München: dtv, 7. Auflage, 2004.

Peet, Mal. *Keeper*. Aus dem Englischen von Eike Schönfeld. Hamburg: Carlsen, 2008 [2003].

Schubert, Ulli. *Pokalfieber*. Würzburg: Arena, 1997.

Tetzner, Lisa. „Der Fußball." In *Die Kinder aus Nr. 67. Band 1 und 2*, von Lisa Tetzner, 43–93. München: dtv, 10. Auflage, 1994.

Weidenmann, Alfred. *Die Glorreichen Sieben.* Bayreuth: Loewe, 5. Auflage, 1978.

Wildberger, Erich. *Die große Mannschaft: Ein Roman, in dem alle Träume ihre Erfüllung finden.* Stuttgart: Franckh'sche Verlagshandlung, 1937.

Winkler & Winkler. *1:0 für Coole Kicker / Harte Zeiten für Coole Kicker.* Wien: Ueberreuter, [2004]

Literatur

Bode, Andreas. „‚Habt ihr ein Mädel im Arm, zerbricht der Wille.' Das Fußballspiel in Büchern für Kinder und Jugendliche 1933–1945." In *Fußball zur Zeit des Nationalsozialismus: Alltag – Medien – Künste – Stars*, hrsg. von Markwart Herzog, 231–47. Stuttgart: Kohlhammer, 2008.

Bräunlein, Peter. „Mädchen am Ball: Fußballspielerinnen in Romanen und in der Wirklichkeit." *Praxis Deutsch* 177 (2003): 19–25.

Büker, Petra. „Alles ist gut, solange du wild bist! Fußball, Abenteuer und starke Kids in Joachim Masanneks Wilden Fußballkerlen." *Praxis Deutsch* 196 (2006): 16–22.

Dinçkal, Noyan. *Sportlandschaften: Sport, Raum und (Massen-)Kultur in Deutschland 1880–1930*. Göttingen: Vandenhoeck & Ruprecht, 2013.

Eisenberg, Christiane. „Einführung." In *Fußball, soccer, calcio: Ein englischer Sport auf seinem Weg um die Welt*, hrsg. von Christiane Eisenberg, 7–21. München: dtv, 1997.

Eisenberg, Christiane. „Deutschland." In *Fußball, soccer, calcio: Ein englischer Sport auf seinem Weg um die Welt*, hrsg. von Christiane Eisenberg, 94–129. München: dtv, 1997.

Eisenberg, Christiane. „Geselligkeit im Kaiserreich und in der Weimarer Republik: Das Beispiel des Sports." In *Bürgertum und Bürgerlichkeit zwischen Kaiserreich und Nationalsozialismus*, hrsg. von Werner Plumpe und Jörg Lesczenski, 95–106. Mainz: Verlag Philipp von Zabern, 2009.

Foucault, Michel. *Die Heterotopien / Les hétérotopies: Der utopische Körper / Le corps utopique: Zwei Radiovorträge*. Zweisprachige Ausgabe. Übersetzt von Michael Bischoff. Mit einem Nachwort von Daniel Defert. Frankfurt am Main: Suhrkamp, 2005.

Herzog, Markwart. „‚Eigenwelt' Fußball: Unterhaltung für die Massen." In *Fußball zur Zeit des Nationalsozialismus: Alltag – Medien – Künste – Stars*, hrsg. von Markwart Herzog, 11–35. Stuttgart: W. Kohlhammer, 2008.

Herzog, Markwart. „Bilder, Symbole und Rituale der Macht im deutschen Fußball der NS-Zeit." *STADION: Internationale Zeitschrift für Geschichte des Sports* 40 (2014): 73–107.

Hurrelmann, Klaus, und Irmgard Vogt. „Warum Kinder und Jugendliche zu Drogen greifen: Ein Überblick über Untersuchungsergebnisse und Erklärungsversuche." *Deutsche Jugend* 1 (1985): 30–39.

Jacob, Joachim. *Kinder in der Stadt: Freizeitaktivitäten, Mobilität und Raumwahrnehmung*. Pfaffenweiler: Centaurus-Verlagsgesellschaft, 1987.

Jansson, Beate. *Children's play and nature in urban environment*. Frankfurt am Main, Bern, New York u.a.: Lang, 1984.

Krüger, Michael, Markwart Herzog und Kai Reinhart. „German *fußball* – recent developments and origins." *German Journal of Exercise and Sport Research* 48, Nr. 2 (2018): 192–200.

Mason, Tony. „Großbritannien." In *Fußball, soccer, calcio: Ein englischer Sport auf seinem Weg um die Welt*, hrsg. von Christiane Eisenberg, 22–40. München: dtv, 1997.

Muchow, Martha, und Hans Heinrich Muchow. *Der Lebensraum des Großstadtkindes*. Reprint. Hrsg. und eingeleitet von Jürgen Zinnecker. Bensheim: o.V., 1978 [1935].

Piorr, Ralf. „Am Anfang war die Platzwahl: Fußball-Stadien im Ruhrgebiet." *Forum Industriedenkmalpflege und Geschichtskultur* 2 (2005): 49–52.

Planka, Sabine. „Einleitung." In *Berlin: Bilder einer Metropole in erzählenden Medien für Kinder und Jugendliche*, hrsg. von Sabine Planka, 9–34. Würzburg: Königshausen & Neumann, 2018.

Rissotto, Antonella, und Vittoria Giuliani, M. „Learning neighbourhood environments: the loss of experience in a modern world." In *Children and their Environments: Learning, Using and Designing Spaces*, hrsg. von Christopher Spencer und Mark Blades, 75–90. Cambridge: Cambridge University Press, 2006.

Skrentny, Werner. „Die Stadionbauten der NS-Zeit: ‚Es wird schon bezahlt'." In *Hakenkreuz und rundes Leder: Fußball im Nationalsozialismus*, hrsg. von Lorenz Peiffer und Dietrich Schulze-Marmeling, 142–52. Göttingen: Die Werkstatt, 2008.

Thomas, Inge. *Bedingungen des Kinderspiels in der Stadt*. Stuttgart: Metzler, 1979.

Helge Faller*

Von Fußballelfen und Träumerinnen: Bücher für fußballbegeisterte Mädchen

Abstract. **On Football-Elves and Little Dreamers: Books for Girls who Love Football** – Books about girls playing football are a rarity in Germany. Only recently (since 2000) have several books for girls up to thirteen years old been published. Five books are featured in this study, which also looks at the present state of girls' football in Germany and the historic background of women's football in Europe in general. In *Die Fußball-Elfen* (The Football-Elves, 4 vols), Irene Margil tells the story of a U9 girls' football team, from their difficult start, up to the eve of their first match in the local championship. In *1:0 für Greta* (1-0 for Greta), Elke Bannach and Klaus W. Hoffmann not only focus on two girls playing in a mixed U11 football team, but also deal with typical issues children of that age have, in a gentle and age-appropriate way. In *Beste Freundin, blöde Kuh* (Best Friend, Silly Cow), Patricia Schröder presents a classic "coming-of-age" story for teenage girls about the conflict of a girl beginning to play football and her former female friend falling in love with one of her teammates. Martin Klein's book *Jungsspaß und Mädchenpanik* (Boys' Fun and Girls' Panic), tells the story of a holiday, a girls vs boys match, and some teenage problems. Finally, in *Der Himmel über dem Platz* (Heaven Above the Pitch), Martina Wildner tells the story of a teenage girl leaving her all-girls team behind to play football at selection level, including a helpful football god.

Keywords. Women's Football; Girls' Football; Children's Books; Girls; Football History; Youth Books.

Im Jahr 2020 wurde eines besonderen Jubiläums gedacht: 50 Jahre Frauenfußball in Deutschland. Genauer gesagt, ist es seit 1970 den Frauen in Deutschland (und vielen anderen Ländern) nicht mehr offiziell vom DFB verboten, sich dem „Volkssport Nummer 1" zu widmen. Ausgeblendet werden hier fast 90 Jahre Vorgeschichte, welche weltweit dem Plazet durch die männlichen Verbandsfunktionäre vorausgingen.[1] Zwar ist Frauenfußball mittlerweile eine Selbstverständlichkeit, doch zeigt ein Blick auf die Anzahl der Teams, dass es nach wie vor einen erheblichen Unterschied zwischen männlichen und weiblichen Mannschaften gibt. Was besonders auffällt, ist die sehr kleine Zahl an Teams im U11-Juniorinnen-Bereich (von U9-Juniorinnen ganz zu schweigen), welche allmählich ansteigt, um bei der U17 einen relativen Höchststand zu erreichen, zumal hier auch überwiegend auf

---

* Religious educator (Dipl. Rel. Päd.); author of books on the history of women's football, Rosenheim, Germany – eglehrellaf@gmx.de.
[1] Zur Geschichte des Frauenfußballs Faller, „Forgotten Pioneers."

dem Großfeld gespielt wird. Bei den Jungen sinkt hingegen die Anzahl der Teams bis zur A-Jugend kontinuierlich. Man mag an dieser Beobachtung die Vermutung festmachen, dass es offenbar unterschiedliche Motivationen gibt, Fußball zu spielen.[2]

Dies zeigt sich auch bei der Auswertung der speziell an Mädchen bis etwa dreizehn Jahren gerichteten Kinder- und Jugendliteratur zum Thema Fußball. Es überwiegen Titel an eine speziell männliche junge Leserschaft, wobei zu beobachten ist, dass in den letzten Jahren einige Titel auf den Markt kamen, die von einem Mädchen oder einer Mädchenmannschaft handeln. Bekanntestes Beispiel ist *Vanessa, die Unerschrockene* aus der Reihe *Die wilden Fußballkerle*. Auch das Mädchenteam die *Biestigen Biester*, das den wilden Kerlen den Rang der wildesten Mannschaft streitig macht, zählt dazu.[3]

Generell sind Fußballbücher speziell für Mädchen eine verhältnismäßig neue Sparte. Alle in dieser Untersuchung behandelten Titel stammen aus den 2000er Jahren. Allerdings gab es in Belgien bereits 1929 einen Vorläufer, als die Antwerpener Zeitung *De Schelde* der Begeisterung für den neu entstandenen Club Ajax Antwerpen Rechnung trug und allsamstäglich einen Fortsetzungsroman bot, der im Frauenfußballmilieu spielte.[4]

1 Irene Margil: Die Fußball-Elfen

Autorin Irene Margil, die in der SAT.1-ran-Fußballredaktion arbeitete und in ihrer Jugend unter anderem Basketball spielte, siedelt die vierteilige Geschichte ihrer acht Protagonistinnen in der F-Jugend an, einer Altersklasse, die in etwa den ersten drei Jahren der Grundschule entspricht (U9).[5] Hier liegt, vorweggenommen, auch das einzige Problem der Erzählung; denn die Mädchen agieren für Kinder, welche eine der ersten drei Grundschulklassen besuchen, ausgesprochen selbständig und reif. Hätte die Autorin auf eine Altersangabe verzichtet, hätte man eher an zehn- bis zwölfjährige Mädchen gedacht.

Von diesem Manko abgesehen, gelingt es der Autorin, die Problemfelder junger Mädchen, die Fußball spielen wollen, und die Motivation, einer Mannschaft beizutreten, nachvollziehbar anzusprechen. Auch die einzelnen Charaktere haben für junge, fußballspielende Mädchen einen hohen Wiedererkennungswert.

Die Reihe zeichnet den Weg von der Gründung des Teams der *Fußball-Elfen* bis hin zum Vorabend ihres Starts in der Meisterschaft nach. Sie spricht eine ganze Reihe von Hürden an, die fußballbegeisterte Mädchen nehmen müssen, wenn sie

---

[2] BFV Anzahl Mannschaften der Mädchen und Jungen in den einzelnen Altersstufen in Oberbayern in der Saison 2021–22. Zählung des Autors auf www.bfv.de: 29 U11-Juniorinnen gegen 1.099 U11-Junioren, 42 U13-Juniorinnen gegen 760 U13-Junioren, 67 U15-Juniorinnen gegen 660 U15-Junioren, 55 U17-Juniorinnen gegen 280 U17-Junioren. Vgl. Landesfußballverband Mecklenburg-Vorpommern, „Mädchen wollen Fußball spielen."
[3] Masannek, *Die wilden Fußballkerle III*.
[4] Anonym, „Damesvoetbalsport."
[5] Margil, *Fußball-Elfen I–IV*.

etwa in einer Jungenmannschaft spielen wollen. Jana, zusammen mit Nina eine der beiden Hauptfiguren der Geschichte, möchte wie ihr Bruder Anton unbedingt in einem Verein spielen. Sie überredet ihre Freundin Nina, sie zu einem Training im Team ihres Bruders zu begleiten. Nina ist in einer Tanzgruppe und Jana verheimlicht ihren Eltern, dass sie in einem Verein trainiert. Die erste Trainingseinheit endet allerdings in einer Enttäuschung, da die Jungs wenig begeistert sind, dass nun zwei Mädchen mittrainieren wollen.[6]

Hier werden drei Beobachtungen angesprochen, die im Mädchenfußball typisch zu sein scheinen.[7] Zum einen wird der Wunsch, in einer Mannschaft zu spielen, häufig durch ein Geschwisterkind ausgelöst, das selbst bereits spielt, etwa der eigene Bruder, häufiger jedoch die Schwester. Dass ein Vater oder eine Mutter seine bzw. ihre Tochter bewusst ins Fußballtraining schickt, wie man es bei Jungs kennt, hat jedoch Seltenheitswert. Oft braucht es langwierige Überzeugungsarbeit, bis die Eltern endlich einwilligen. Zweitens betreiben Mädchen neben dem Fußball oftmals noch andere Sportarten, von Leichtathletik über Eishockey und Skifahren bis hin zum Ballett. Dieses „Tanzen auf mehreren Hochzeiten" kann sich für manche Spielerin über den gesamten Juniorinnenbereich erstrecken. Drittens nennt die Anfangssequenz jene Schwierigkeiten, die sich Mädchen in gemischten Teams stellen, vor allem, wenn sie in eine bereits gefestigte Gruppe kommen. Hier hängt es tatsächlich (wie auch in der Geschichte dargelegt) vom Verhalten des Trainers ab, wie schnell Mitspielerinnen von den Jungs akzeptiert werden.[8]

Die beiden Mädchen fassen nach dem ersten ernüchternden Versuch, im Jungenteam Fuß zu fassen, den Plan, eine eigene Mädchenmannschaft zu gründen und finden mithilfe einer Plakataktion sechs weitere Gleichgesinnte. Die neu hinzugewonnenen Mädchen wurden von der Autorin treffend charakterisiert und geben die Verschiedenartigkeit der Spielerinnen eines Teams realistisch wieder. So etwa Inken, das Mädchen im geblümten Kleid, das einfach nur spielen möchte, aber zunächst irgendwie fehl am Platze wirkt, und Gigi, das burschikose Mädchen, das außer Fußball nichts im Kopf hat und mit ihrem Ehrgeiz für einige Missstimmung im Team sorgt.

Mit acht Spielerinnen erfüllen die Mädchen nun die Minimalanforderung an eine Kleinfeldmannschaft, für die sieben Spielerinnen notwendig sind; allein ein Trainer fehlt noch. Hier soll Nico, der Übungsleiter von Janas Bruder Anton, Abhilfe schaffen. Dieser willigt jedoch nur ein, übergangsweise die Mädchen (zum Unwillen der Jungen) mittrainieren zu lassen, bis sich eine andere Lösung gefunden hat. Auch hier spricht die Autorin eines der größten Handicaps im Mädchenfußball an – den Mangel an Betreuern. Oftmals gibt es in einem Verein nur eine Person, mit welcher der Bestand der Juniorinnen-Teams steht und fällt. Oder es

---

[6] Margil, *Fußball-Elfen I*.
[7] Öne, „Mädchenfußball," 40–55. Zu einer Umfrage des DFB, die angesichts sinkender Zahlen im Mädchenfußball die Motive von Mädchen für den Beitritt in einen Verein ergründet DFB, „Umfrage."
[8] Dies deckt sich mit Beobachtungen des Autors, der in seiner rund 23-jährigen Trainertätigkeit über tausend Spielerinnen betreut hat.

erbarmt sich ein Vater (in selten Fällen auch eine Mutter) und übernimmt das Training. Qualifizierte Übungsleiter finden sich im Mädchenbereich eher selten.

Ein sich erbarmender Vater wird nun zum Retter des Teams. Buntu, ein aus Ghana stammender Mitarbeiter einer Schokoladenfabrik und Vater der Spielerin Eshe, übernimmt das Training der Mädchen und kann dank seines verständnisvollen Chefs sogar mit einem eigenen Trainingsplatz auf dem Fabrikgelände aufwarten. Seine teilweise recht eigenwilligen Methoden, etwa Salsa tanzen zum Aufwärmen, stoßen auf ein geteiltes Echo, vor allem die ehrgeizige Gigi kann dem nicht viel abgewinnen.[9]

Der zweite Band widmet sich dem ersten Spiel gegen eine bereits länger bestehende Mannschaft und dem Wohlwollen des Leiters der Schokoladenfabrik, der den Mädchen sogar Trikots sponsert. Lebendig wird dieses erste Spiel beschrieben, wobei sich auch hier zeigt, dass der Autorin etwas ältere Mädchen vorschweben, so etwa, wenn von manchen Mädchen die Trainingsmethoden und die Taktik in Frage gestellt werden. Auch wirkt das Spiel selbst nicht wie ein Spiel von Anfängerinnen dieser Altersklasse, sondern eher wie von U11- oder U13-Juniorinnen. Das Spiel geht verloren. Die ruhige und motivierende Art des Trainers Buntu sorgt jedoch dafür, dass die meisten Spielerinnen der hohen Niederlage positive Seiten abgewinnen können.[10]

Der dritte Band enthält mit einem neuen Gegner namens *Fußball-Hexen* gewisse Reminiszenzen an *Die wilden Kerle*. Zudem gibt es Intrigen und eine Detektivgeschichte. Wieder spricht die Autorin zwei wichtige Aspekte des Mädchenfußballs an. Gigis zwischenzeitlicher Mannschaftswechsel zum nächsten Gegner der *Elfen* zeigt eine Herausforderung, vor der viele breitensportlich organisierte Mädchen-Teams stehen, wie sich nämlich ehrgeizige Spielerinnen in einer „normalen" Mannschaft halten lassen, wenn das Niveau ihren eigenen Ansprüchen nicht genügt. Der zweite von der Autorin herausgestrichene Aspekt gilt der Person des Trainers und seinem Einfluss auf die Spielweise der Mannschaft. In diesem Fall dient der Betreuer der *Hexen* vom TuS Bienenbüttel als negative Folie gegenüber dem Fairness und Zusammenhalt vorlebenden Trainer Buntu der *Elfen*. Die *Hexen* versuchen mangelnde fußballerische Qualitäten durch übertriebene Härte zu kompensieren mit dem Ziel, jede Spielerin solle mindestens ein Mal eine Gegnerin gefoult haben. Wiederum fällt es schwer sich eine weibliche F-Jugend vorzustellen, bei der so gut wie nie ein absichtliches Foul vorkommt.

Im vierten Band schließlich gehen die *Elfen* beinahe ihres Firmensportplatzes verlustig, der zu einem Parkplatz umgebaut werden soll. So verfügt es jedenfalls der Stellvertreter des im Urlaub abwesenden Leiters der Schokoladenfabrik. Auf der Suche nach einem vorübergehenden Ausweichquartier können die Mädchen einen für Badegäste gesperrten Teil des Schwimmbadgeländes nutzen. Mit Glück und Unterstützung der Presse gelingt es, die Umbaumaßnahmen nicht nur zu stoppen, sondern den Sportplatz mit einem komplett neuen Rasen auszustatten. Nach Überwindung sämtlicher Schwierigkeiten (u.a. sind die *Elfen* nun ganz offiziell

---

[9] Margil, *Fußball-Elfen I*, 70–80.
[10] Margil, *Fußball-Elfen II*, 86–91.

Teil des Vereins von Janas Bruder) und dem erfolgreich absolvierten Trainerkurs ihres Betreuers Buntu stehen die *Fußball-Elfen* vor dem Meisterschaftsstart.

In jedem Fall können die vier Bände in der avisierten Altersgruppe (Mädchen ab 7 Jahre) Begeisterung für den Fußball wecken. Viele Spielerinnen haben Identifikationspotential. Die lebendige und spannende Erzählweise tut ein Übriges.

Die geschilderten Aspekte und Problemfelder begleiten den Frauenfußball schon von Beginn an. In den Anfängen des organisierten Frauenfußballs, dessen erste Vertreterinnen überwiegend zwischen 16 und 22 Jahre alt waren, gab es viele Geschichten, die man bei den *Fußball-Elfen* wiederfindet. Ein Großteil der ersten Fußballerinnen war auch erfolgreich in der Leichtathletik, im Rugby oder Schwimmen. Eine der bekanntesten Akteurinnen Frankreichs, Carmen Pomiès, war – wie Nina von den *Elfen* – Tänzerin. Die Suche nach einem geeigneten Platz war eines der Hauptprobleme der ersten Frauenfußballclubs. Die wenigen Vereine mit einem eigenen Platz – so etwa Fémina Sport de Paris, Ajax Antwerpen, Celcia Den Haag oder DFC Vindobona Wien – waren privilegiert. In Belgien, England, Österreich und anderen europäischen Ländern war es den Frauen verboten, den Platz eines dem jeweiligen nationalen Fußballverband angeschlossenen Clubs zu benutzen. Deshalb konnten sie nicht wählerisch sein. So spielte der Club La Clodo im Parc Saint-Cloud auf einem Untergrund, der einem Morast glich. In Wien organisierte die Ö.D.U. (Österreichische Damenfußball Union) die Anlage eines Verbandsplatzes im Prater (Olympiaplatz), der zuvor ein Parkplatz war, was an den vierten Band der *Fußball-Elfen* erinnert.[11]

2 Elke Bannach und Klaus W. Hoffmann: 1:0 für Greta

Ebenfalls für eine jüngere Zielgruppe ab 8 Jahre ist das Buch *1:0 für Greta* gedacht.[12] Das Autorenduo Elke Bannach und Klaus W. Hoffmann siedelt die Erzählung in einer gemischten E-Jugend-Mannschaft an. Die beiden Mädchen Greta und Alina sind die Hauptpersonen der Geschichte. Anders als bei den *Fußball-Elfen* passt das Verhalten der Kinder gut zu der angegebenen Altersstufe, Kinder bis elf Jahre, was der Leserschaft ein hohes Identifikationspotential verschaffen dürfte. Im Unterschied zu den anderen, in diesem Beitrag behandelten Büchern spielen die Schwierigkeiten der Mädchen, die Fußball spielen wollen, keine Rolle. Der Konflikt der mangelnden Akzeptanz von fußballspielenden Mädchen durch Jungs wird alleine im Verhältnis zwischen Alina und Oliver thematisiert; ansonsten wirken die Mädchen sehr gut integriert. Eben jenes Konfliktfeld zwischen den beiden ist der Plot für eine Geschichte, die sich um Mobbing, vermeintlichen Diebstahl, Rache und Versöhnung dreht. Relativ wenig erfahren die Leser und Leserinnen über die Motivation, warum Mädchen Fußball spielen wollen. Lediglich zu Beginn des Buches, als die titelgebende Greta eingeführt wird, wird erwähnt, dass es wohl

---

[11] Dazu Faller, „Forgotten Pioneers;" Faller und Marschik, *Wiener Fußballerinnen*, 155–57; Faller, *Footballeuses VI*, 31.
[12] Bannach und Hoffmann, *1:0 für Greta*.

ihr Zwillingsbruder war, durch den sie zum Fußball kam. Auch über die tieferen Gründe für Olivers Aversion gegen Alina wird nicht viel gesagt, außer dass Oliver Mädchen wohl generell nicht mag und seine Freunde beeindrucken will. Eine Stärke des Buches besteht darin, dass es trotz aller Vereinfachung keine Schwarz-Weiß-Malerei betreibt: dort die bösen Jungs, hier die netten Mädchen. Alinas Reaktion auf Olivers ständige Attacken, die sich im altersgemäßen Rahmen bewegen, ein vorgetäuschter Diebstahl, wird zwar als in gewisser Weise verständlich beschrieben, aber nicht gerechtfertigt. Greta klärt mit detektivischem Spürsinn den wahren Sachverhalt auf, der Konflikt wird gelöst, Oliver und Alina versöhnen sich und das abschließend beschriebene Fußballspiel wird gewonnen, weil alle an einem Strang ziehen.[13]

Das Buch transportiert mehrere Botschaften. Das Thema Mobbing wird altersgerecht und ohne erhobenen Zeigefinger thematisiert. Des Weiteren wird in der Selbstverständlichkeit, mit der die beiden Mädchen gemeinsam mit den Jungen Fußball spielen, ein Zustand dargestellt, der in manchen Teams dieser Altersstufe Realität ist, allerdings eher die Ausnahme als die Regel darstellt. Hier wünscht man dem Buch auch eine männliche Leserschaft. Schließlich zeigt das Autorenduo, dass das wahre Geheimnis des Erfolges im Fußball der Zusammenhalt als Mannschaft über die Geschlechtergrenzen hinaus ist.

Unter den fünf untersuchten Büchern ist *1:0 für Greta* insofern eine Ausnahme als wir hier ein „normales" Kinderfußballbuch vor uns haben. Der dargestellte Konflikt könnte sich auch zwischen zwei Jungs abgespielt haben. Eben diese Normalität macht die Geschichte zu einer besonderen, denn diese Selbstverständlichkeit würde man sich ja im Kinderfußball wünschen. Die Zahlen und Erfahrungen zeigen, dass es dazu immer noch ein gutes Stück des Weges ist.

3 Patricia Schröder: Beste Freundin, blöde Kuh

Einen altersmäßigen Sprung in die Pubertät macht die Erzählung *Beste Freundin, blöde Kuh*, die sich an Mädchen ab etwa 12 Jahre wendet und eine „coming of age"-Geschichte mit Fußball im Juniorinnenbereich verbindet.[14]

Die Autorin Patricia Schröder schreibt ausgesprochen humorvoll, nahe an der Lebenswirklichkeit von Jugendlichen dieses Alters. Mit dem Fokus auf die körperlichen Probleme heranwachsender Mädchen ist der Leserkreis auf eine weibliche Leserschaft eingeschränkt, die sich hier sehr gut wiedererkennen dürfte.

Ein Themenkreis, der in den beiden zuvor beschriebenen Werken nur angedeutet wurde, spielt hier eine Hauptrolle – die erste Liebe und das dadurch entstehende Gefühlschaos. Miri, die Hauptfigur, erlebt zahlreiche Veränderungen in ihrer bisher heilen Welt. Ein Körper, der nicht mehr im Lot ist, die beste Freundin, die sich

---

[13] Bannach und Hoffmann, *1:0 für Greta*, 57–66.
[14] Schröder, *Beste Freundin*. Die Reihe wurde fortgesetzt, doch ist der fußballerische Anteil so gering, dass er für die Untersuchung keine Relevanz hat.

auf einmal für Küssen, Jungs und ihren BH interessiert, die Eltern, die eine Ehekrise durchleben und sich schließlich trennen, einschließlich der Midlife-Crisis des Vaters, und nicht zuletzt die Herausforderung, nun vermehrt eigene Entscheidungen treffen zu müssen.

Dass sich die Protagonistin plötzlich in einer gemischten Fußballmannschaft wiederfindet, entsprang keinem langehegten Plan, sondern wie zufällig über eine Klassenkameradin. Eigentlich wollte sich Miri nur einmal umschauen, konkret hatte sie sich nie für Fußball interessiert, doch plötzlich war sie Teil der Mannschaft.

Der hier beschriebene „Karrierebeginn" wäre für einen Jungen eher untypisch, da der Eintritt in einen Fußballverein meist im Kindergarten- oder Grundschulalter erfolgt, während die Zahl fußballspielender Jungs in höheren Altersklassen sinkt. Dagegen kann ein Quereinstieg bei Mädchen häufig beobachtet werden, was durchaus in der Tradition der „Urfußballerinnen" liegt, die den Fokus zunächst auf andere Sportarten legten und teilweise erst mit 15 bis 20 Jahren begannen, Fußball zu spielen. Die Zahl der Mädchen, die Fußball spielen, ohne sich konkret dafür zu interessieren, ist erstaunlich hoch und sicherlich eine wissenschaftliche Untersuchung wert.[15] Hier scheint für Spielerinnen die Faszination des Fußballs weniger in den Kontexten des Sports, also der Fankultur oder dem Starkult etc., zu liegen als in der Ausübung des Spiels selbst: im geregelten Ablauf des Trainings und der Spiele und in dem Erlebnis, Teil einer Gruppe von Gleichgesinnten zu sein. Eine Ursache für den verhältnismäßig späten Einstieg vieler Mädchen in den Fußball sehen Kreiselmeyer und Reinders[16] im Sportangebot der Grundschulen, das Mädchenfußball so gut wie gar nicht vorsieht, was auch in einem Mangel an weiblichen Fachkräften begründet ist. Die in dieser Studie genannte Anzahl von Mädchenmannschaften aus dem Jahr 2011 hat bundesweit mittlerweile einen dramatischen Einbruch von circa 40 bis 45 Prozent bis 2020 erlitten; seit der Corona-Zeit hat sich dieser Trend nochmals verschärft, wobei es überwiegend die jüngeren Altersstufen getroffen hat.[17] Als eine Ursache werden die gemischten Mannschaften gesehen, um die es in drei der fünf in diesem Beitrag vorgestellten Werke geht.[18]

Die Protagonistin wächst im Lauf der Geschichte immer mehr in ihre vermeintliche Zufallssportart hinein, sie wird sogar kurzzeitig zur Diebin eines Paares Fußballschuhe, ein Malheur, welches sie – vom schlechten Gewissen getrieben – jedoch wieder bereinigt. Es zeigt sich, dass das Spiel in der Fußballmannschaft der

---

[15] Die Umfrage des DFB bringt hierzu hoffentlich belastbare Zahlen. Eine Auswertung wurde bisher nicht veröffentlicht. Allerdings machte der DFB anlässlich der Frauenfußball-EM (WEURO 2022) eine weitere Umfrage (im Rahmen des Amateurfußball-Barometers). Hier wird speziell der Einfluss der EM auf die Spielerinnen ausgewertet. Daraus geht hervor, dass 83,3 Prozent die Frage, ob die Nationalspielerinnen als Vorbilder dienen, um Mädchen für den Fußballsport zu motivieren, mit trifft vollkommen zu oder trifft zu bewerten. Auch glauben 45,9 Prozent der Befragten, dass die EM ihren Verein dazu bewegen wird, ein Mädchen- oder Frauenteam zu gründen.
[16] Kreiselmeyer und Reinders, „Bedingungen," 6.
[17] Julius-Maximilians-Universität Würzburg, „Mädchenfußball."
[18] Heeß, „Geschlechtergemischter Fußball."

Heranwachsenden in ihrem ansonsten von Veränderungen und Enttäuschungen phasenweise überbordenden Leben einen roten Faden verleiht. Die Bestätigung, die sie für ihre Fähigkeiten von Seiten der Mannschaftkameraden und Mannschaftskameradinnen erfährt, stärkt ihr Selbstvertrauen in einer durch die Trennung der Eltern und die Lösung von ihrer einst besten Freundin Joey geprägten schwierigen Lebenssituation. Noch dazu ergibt sich über den Verein ihre erste große Liebe.

Natürlich werden die Ereignisse, die über Miri hereinbrechen, etwas gedrängt beschrieben. Jedoch dürfte vieles, was in der Geschichte angesprochen wird, zahlreichen Mädchen bekannt vorkommen. Gerade das Verhältnis zu den Eltern trifft wohl den Nerv so mancher Jugendlichen – etwa zum Vater, der sich dank seiner neuen Freundin vom mannschaftsportverachtenden Ernährungsexperten zum volleyballspielenden Lebemann entwickelt und seine Tochter mit teuren Geschenken abspeist. Es zeigt sich auch in der Praxis, dass gerade eine Mannschaftsportart wie Fußball das Vermögen hat, Mädchen in Krisensituationen aufzufangen, sofern dem kein übermäßiger Leistungsdruck entgegensteht. Die zeitliche Struktur, die ein geregeltes Training und die Spiele vorgeben, wirkt stabilisierend. Es ist kein Wunder, dass die Universität Würzburg in einer Studie herausgefunden hat, dass sich die Zensuren bei Fußballerinnen eher verbessern als bei Mädchen ohne ausgleichende Sportart.[19]

4 Martin Klein: Jungsspaß und Mädchenpanik

Für beide Geschlechter gleichermaßen lesenswert ist ein Buch, das sich mit Fußball nur am Rande befasst.[20] Es beginnt mit einem Schwur zweier Schulfreunde, sich in den anstehenden Ferien nicht mit Mädchen abzugeben. Es sollen Fußballferien werden, doch Arian verletzt sich bei einem gemeinsamen Training so sehr, dass er nicht mitfahren kann. Zu allem Überfluss zerstreiten sich Pablos Mutter und ihr Lebensgefährte derart, dass dieser ebenfalls nicht mitfährt, wodurch alle Hoffnungen auf Fußball in den Ferien beendet zu sein scheinen.

Am Ferienort angekommen wollen Pablos Schwestern unbedingt mit ihm Fußball spielen, was diesen sichtlich irritiert. Als er einige Gleichgesinnte findet und die Bekanntschaft von Wilhelmina (alias „Willi") macht, die er anfänglich für einen Jungen hält, kommt es zu einem fußballerischen Showdown zwischen Pablo, Pablos Freunden und den Schwestern Lara und Clara sowie Zoe, die durch Wilhelmina sichtlich verstärkt wurden. Die Jungs gewinnen das Spiel. Eine Serie von Wettkämpfen auf unterschiedlichsten Feldern wie etwa Kochen oder Insektensammeln schließt sich an. Arian versucht die ganze Zeit, durch mahnende Emails Pablo an den Schwur zu erinnern.

---

[19] Julius-Maximilians-Universität Würzburg, „Bessere Noten."
[20] Klein, *Jungsspaß und Mädchenpanik*. – Das Spiel zwischen den Mädchen (unter dem Namen „Vollgas-Olgas") und den Jungs (mit dem Namen „Sieger-Krieger") wird ebd., 82–97, erzählt.

Abb. 1: Frauen- und Mädchenfußball wird oft als ästhetischere und fairere Variante des Fußballs wahrgenommen. Eine Selbstverständlichkeit ist er trotz seiner über hundertjährigen Geschichte immer noch nicht. Bild: Archiv des Autors.

Soweit eine kurze Zusammenfassung der Erzählung. Im Gegensatz zu den anderen vier Büchern wirkt die Zeichnung der Charaktere deutlich klischeebeladener. Rosa ist die Farbe der Wahl bei den Mädchen, es geht um Frisuren, Shoppen und Kochen. Nach dem Fußballspiel artikulieren die Jungen gegenüber den unterlegenen Mädchen sämtliche Vorurteile hinsichtlich ihrer vermeintlich mangelnden Fähigkeiten, diverse Sportarten auszuüben – neben Fußball auch Eishockey, Rugby, Kickboxen, Karate etc. Schon im Vorfeld wirkt Pablos und Arians Versuch, vor den Ferien mit Ankreuzzetteln und missglückten Anmachsprüchen noch je eine Mitschülerin dazu zu bringen, mit ihnen zu „gehen", reichlich konstruiert. Er endete im Übrigen mit einer Abfuhr.

Über die Motive, warum Mädchen Fußball spielen, erfährt man kaum etwas. Dafür umso mehr über die Meinung von Jungen, wenn sie die Fähigkeiten von Mädchen beurteilen, vermeintlich „männliche" Sportarten vernünftig ausüben zu können. Diese dürfte in Teilen immer noch der Auffassung mancher Jungen entsprechen. Tatsache ist aber, dass sie zum Repertoire der Gegner des Frauenfußballs, ja des Frauensports überhaupt von Beginn an zählte. Frauen wurden die körperlichen Eigenschaften abgesprochen, Sportarten jenseits von Reiten, Tennis oder Golf ausüben zu können. Am lautesten war der Aufschrei, wenn sie es „wagten", in vermeintlich nur den Männern vorbehaltenen sogenannte „Kampfsportarten" vorzudringen. Die Argumente des Belgischen Fußballverbandes gegen den Frauenfußball oder der konservativen französischen Presse gegen Frauenfußball und Rugby geben dafür, pars pro toto, beredtes Zeugnis ab.[21]

5 Martina Wildner: Der Himmel über dem Platz

Das letzte der hier untersuchten Bücher beschäftigt sich am intensivsten mit einem Problemfeld des Mädchenfußballs – ob Mädchen aus Leistungsgründen bei Jungs spielen dürfen bzw. sollen.[22] Das Buch erzählt aus der Ich-Perspektive die Geschichte von Jo, einer hochtalentierten Fußballerin, welche auf Druck ihres Vaters den Wechsel von ihrem reinen Mädchenverein namens FFC zu dem reinen Jungen- bzw. Männerverein Blau Weiß versucht.

Die ersten Trainingseinheiten sind für die Protagonistin ein wahrer Spießrutenlauf, da sie von den Jungs der C2-Mannschaft, also etwa 13-Jährigen, kaum angespielt wird und sich für jeden kleinen Fehler giftige Bemerkungen oder Spott anhören muss. So wird sie zunächst zur Einzelkämpferin, welche vorerst als einzigen echten Rückhalt in der Mannschaft den Trainer hat, der von ihren fußballerischen Fähigkeiten überzeugt zu sein scheint. Der Leser erfährt, dass der Vater die Fähigkeiten seiner Tochter unbedingt fördern will, um selbst nicht Erreichtes zu kompensieren.[23]

Ganz allmählich gelingt es ihr, bei den Jungen Fuß zu fassen. In einem Freundschaftsspiel, bei dem ihr größter Widersacher Niclas fehlt, der nichts unversucht lässt, um sein Missfallen gegenüber Jo zu bekunden, spielt sie urplötzlich befreit auf. Doch die Probleme verschärfen sich nur, als er wieder zum Training erscheint und immer aggressiver versucht, Jo aus der Mannschaft zu drängen. In dieser Situation wird sie von ihren ehemaligen Mitspielerinnen gebeten, bei einem Freundschaftsspiel ihres alten FFC gegen die Erzrivalinnen von Stern 09 mitzuspielen. Das Spiel endet nach einer überragenden Leistung von Jo 7-1, der man sichtlich anmerkt, dass ihr das familiäre, unkomplizierte Umfeld eines reinen Mädchenteams fehlt. Schon am nächsten Tag kommt es in ihrer neuen Mannschaft während eines Turniers allerdings zu einem Eklat, als sie ihren Widersacher nach einer gegen sie gerichteten Tirade unabsichtlich verletzt, was einen Gewaltausbruch unter den Vätern nach sich zieht, bei dem auch ausländerfeindliche Motive gegen einen Mitspieler, dessen Vater Tunesier ist, eine Rolle spielen. Jo läuft weg, während sich die Väter prügeln. Sie trägt sich bereits mit dem Gedanken, sich wieder ihrem alten Verein anzuschließen, als Kubitschek, ein mysteriöser Nachbar ihres Vaters, sie in die Zukunft blicken lässt, von dem wir dank seines Helfers Gabriel erfahren,

---

[21] Faller, *Les Footballeuses V*, 8–9; Faller, *Ihrer Zeit voraus*, 5–9.
[22] Wildner, *Der Himmel über den Platz*.
[23] Das Für und Wider behandeln Heeß, „Geschlechtergemischter Fußball;" DFB, „Mädchen und Jungen."

dass es sich um den leibhaftigen Fußballgott handelt. Letzten Endes, auch dank vieler ihr wohlgesonnener Menschen wie etwa eines Mitspielers, einer Schiedsrichterin und, für Jo völlig überraschend, ihrer sonst desinteressierten Mutter, bleibt sie bei Blau Weiß, erfährt viel Zuspruch von Mitspielerin, während Niclas das Team verlassen hat, und steht am Ende der Geschichte vor ihrem ersten Einsatz für die Juniorinnen-Nationalmannschaft.

Das überraschendste an der Geschichte sind die märchenhaften Züge welche die Erzählung gegen Ende ausgesprochen unerwartet durch die Epiphanie des Fußballgottes Kubitschek annehmen, den Jo zwar kannte und der für sie zumindest seinem Äußeren nach so aussah, wie sie sich Gott vorstellte: alt und mit weißen Bart. In seinem Arbeitszimmer hingen zahlreiche Bildschirme, auf denen Fußballspiele aus aller Welt zu sehen waren, jedoch nicht in der Gegenwart, sondern in der Zukunft, unter anderem eines der Frauen von Olympique Lyon aus dem Jahre 2026. Sobald sie sein Haus verlässt, spielt die Geschichte wieder in der Realität, aus welcher sie nur noch einmal heraustritt, als gegen Ende vom Umzug Kubitscheks berichtet wird und dessen Bevollmächtigter Gabriel – wohl dem gleichnamigen Erzengel nachempfunden – Jo über das wahre Wesen des Fußballgottes aufklärt.[24]

Jenseits dieser religiösen Dimension werden einige Themen angesprochen, die auch im Hinblick auf einbrechende Spielerinnenzahlen wieder vermehrt diskutiert werden. Da ist zum einen die „Glaubensfrage", ob ein Mädchen, um fußballerisch vorwärts kommen zu können, unbedingt in einer Jungenmannschaft spielen sollte. Der Deutsche Fußball-Bund (DFB) antwortet mit einem klaren Ja, das auch in der Geschichte angesprochen wird. Die Gründe sind vielfältig, etwa schnelleres Spiel, größere Härte, mehr Krafteinsatz. Die Probleme, welche sich daraus ergeben, werden in der Erzählung ebenfalls angedeutet – größeres Verletzungsrisiko, Schwierigkeiten sich durchzusetzen, härterer Konkurrenzkampf –, zusätzlich dadurch erschwert, dass Jungs es nicht gerne sehen, wenn der eigene Platz in der Mannschaft von einem Mädchen übernommen wird. Der Zweck ist die nicht garantierte Möglichkeit, später höherklassig im Frauenfußball zu spielen – oder gar in einer DFB-Auswahl. Die damit verbundenen Probleme werden klar benannt: Frauen können nur im absoluten Spitzenbereich mit Fußball Geld verdienen, die Karriere geht auf Kosten der Freizeit, der Familie und der Freunde.

Für eine talentierte Spielerin wie Jo ist eine Mädchenmannschaft eine zwiespältige Perspektive – das angenehmere soziale Umfeld ist ein Aspekt, der für Mädchen eine große Rolle spielt, doch die mangelnde sportliche Herausforderung aufgrund des starken Leistungsgefälles innerhalb eines normalen Juniorinnen-Teams bzw. vieler eher schwächerer Gegner minimiert den Spaß am Spiel. Eine Alternative, welche im Buch nicht berücksichtigt wurde, bietet das Zusatzspielrecht, welches es Mädchen in Jungenmannschaften ermöglicht, zusätzlich in einer Mädchenmannschaft zu spielen. Man hätte sich diese Option bei Jo gut vorstellen können,

---

[24] Wildner, *Der Himmel über den Platz*, 180–89.

da sie den Zeiten in ihrer Mädchenmannschaft offensichtlich nachtrauert, was insbesondere bei ihrem Einsatz im Freundschaftsspiel nach dem Wechsel zu Blau Weiß zu erkennen ist.[25]

Ein letzter Punkt, der immer wieder erwähnt wird, ist die Suche nach passenden sportlichen Vorbildern einer Spielerin. Weit überwiegend sind es nämlich männliche Spieler, an denen sich Fußballerinnen orientieren, was auch der medialen Omnipräsenz der männlichen Kollegen geschuldet ist. Dennoch finden sich mit Marozsán und Renard wenigstens zwei Spitzenspielerinnen, welche die Protagonistin zu ihren Vorbildern zählt.[26]

Insgesamt ist *Der Himmel über dem Platz* das Buch, das sich am intensivsten mit der Sportart selbst beschäftigt. Zwar durchlebt die Protagonistin einige typische Probleme von Jugendlichen, einschließlich der geschiedenen Eltern, doch ist es ihre Fußballbegeisterung, die den Geschehnissen auf und neben dem Platz breite Aufmerksamkeit sichert. Ungewöhnlich ist, dass der Mitspieler Ron als männliche Gegenentwurf eingeführt wird. Der eigentlich gute Fußballer macht seinen Traum wahr, indem er zu der Ballettgruppe stößt, der auch Jos Schwester angehört. Ein weiterer Aspekt, der in den anderen Büchern nur gestreift wird, ist Ausländerfeindlichkeit, die mit zum großen Eklat beim Turnier von Blau Weiß führt.

6 Fazit: Schreiben für die Nische

Allen Büchern, die für fußballbegeisterte Mädchen geschrieben werden, ist gemeinsam, dass die Spitzenclubs, bei denen die Protagonistin später spielen soll, kein Thema der jeweiligen Handlung sind. Das mag darin begründet sein, dass nur ein spärliches Wissen über Frauenfußball vorausgesetzt werden kann. Während die Clubs der Bundesliga der Männer den meisten Fußballinteressierten in Deutschland geläufig sein dürften – mitunter bis in die dritte Liga – ist das bei der Bundesliga der Frauen nicht selbstverständlich. Wer kennt die Sportgemeinschaft (SGS) Essen oder den SC Sand? Mit Ausnahme von *Der Himmel über dem Platz* handeln die Erzählungen vom Spaß am Fußball, von den sehr unterschiedlichen Persönlichkeiten innerhalb der Mannschaften, von Fairness und Sportsgeist und viel zwischenmenschlicher Problematik. Es geht nie um Kampf, selten um Konkurrenz. Immer werden die idealen Trainer für Mädchen vorgestellt: freundlich, fördernd, ungewöhnlich. Ihnen fällt das Potential der Spielerinnen nicht nur auf, sondern durch ihre ermutigende Art wissen sie es auch zu fördern. Grundsätzlich stellen sich die Trainer schützend vor ihre Spielerinnen, vor allem in den Jungenmannschaften. Lediglich eine Trainerin wird genannt, und zwar wiederum in *Der Himmel über dem Platz*. Angenehm fällt zudem auf, dass die Fußballerinen in den

---

[25] Reinders und Hoos, „Bedingungen," widmet sich ausführlich dieser Problematik mit dem Ergebnis, dass in Allem auf die körperlich unterschiedliche Entwicklung der Mädchen gegenüber Jungs Rücksicht genommen werden muss.

[26] Meyer, „Fußballspielen," 84–86.

Geschichten immer ganz normale Mädchen sind, vor allem in *Beste Freundin, blöde Kuh*, manchmal etwas burschikos, aber immer meilenweit entfernt von jenen „Mannweibern", welche die Vorstellungen der Männerwelt nicht nur zu Beginn der 1970er Jahre beherrschten.[27]

Ungeachtet des neuen Medieninteresses für den Fußball der Frauen ist jener der Mädchen seit einem Jahrzehnt im Sinkflug. Es bleibt abzuwarten, ob sich der aktuelle durch die Frauen-EM 2022 ausgelöste Boom verstetigt. Was nach wie vor fehlt, ist die Selbstverständlichkeit, dass Mädchen Fußball spielen. Diese Normalität wird lediglich in *1:0 für Greta* vorausgesetzt, während alle anderen hier untersuchten Bücher diese Praxis als eher ungewöhnlich charakterisieren. Auch der Aversion von Jungen gegen fußballspielende Mädchen wird mit Ausnahme von *1:0 für Greta* relativ breiter Raum gegeben, was auch für das Unverständnis mancher Eltern gegenüber dem Fußballwunsch der Tochter gilt. Die Problematik überehrgeiziger Väter, die in dem Bestreben, ihre Tochter zu fördern, deren eigentlichen Wünsche ignorieren wird nur im *Himmel über dem Platz* angesprochen. Die mit dem Fußball verbundene Steigerung des Selbstwertgefühls – überproportional gegenüber anderen Sportarten – wird ebenfalls immer wieder angedeutet.[28]

Nach wie vor fehlen Bücher, die Mädchenfußball als etwas Selbstverständliches behandeln. Frauen haben schon vor 140 Jahren begonnen, Fußball nach den Regeln der englischen Football Association (The FA) zu spielen, in Deutschland vor mindestens 100 Jahren bzw. aus der Sicht des DFB vor 50 Jahren, schließlich hatte er es ja den Frauen bis dahin verboten. Den Mädchen sollte auch literarisch vermittelt werden, dass es etwas völlig Normales ist, wenn sie sich einem Fußballverein anschließen.

Kinder- und Jugendbücher

Bannach, Elke, und Klaus W. Hoffmann. *1:0 für Greta*. Leipzig: Lychatz-Verlag, 4. Auflage, 2018.
Klein, Martin. *Jungsspaß und Mädchenpanik*. Berlin: Tulipan, 2. Auflage, 2012.
Margil, Irene. *Die Fußball-Elfen I: Wir kicken zusammen*. Berlin: Akademie der Abenteuer, 2021.
Margil, Irene. *Die Fußball-Elfen II: Trau dich wenn du ein Mädchen bist!* Hamburg: Carlsen, 2011.
Margil, Irene. *Die Fußball-Elfen III: Halt durch, wenn du ein Mädchen bist!* Hamburg: Carlsen, 2011.
Margil, Irene. *Die Fußball-Elfen IV: Steh auf, wenn du ein Mädchen bist!* Hamburg: Carlsen, 2011.

---

[27] Zum damaligen Blick der Männer auf den Frauenfußball *Das aktuelle Sportstudio* (ZDF), 29. März 1970 (Ausschnitte): Moderator Wim Thoelke „kommentiert" zunächst ein Spiel der 1950er Jahre, um sodann vier Spielerinnen von Schwarz-Weiß Landau und deren Betreuer mit Blick auf die damals bevorstehende Aufhebung des Frauenfußballverbots durch den DFB im Studio vorzustellen.
[28] Appleton, „The Psychological and Emotional Benefits," 5.

Masannek, Johannes. *Die Wilden Fußballkerle III: Vanessa die Unerschrockene.* München: Baumhaus, 2002.
Schröder, Patricia. *Beste Freundin, blöde Kuh.* Würzburg: Arena, 2. Auflage, 2014.
Wildner, Martina. *Der Himmel über den Platz.* Weinheim und Basel: Beltz, 2021.

Literatur

Anonym. „Hoe de Damesvoetbalsport Antwerpen veroverde." *De Schelde*, 8. Juli 1929, 8.
Appleton, Paul. „The Psychological and Emotional Benefits of Playing Football on Girls and Women in Europe." *UEFA-Report*, April 2017.
Deutscher Fußball-Bund (DFB). „Mädchen und Jungen so lange wie möglich zusammen," 25. Mai 2017. https://www.dfb.de/spieler/artikel/maedchen-und-jungen-so-lange-wie-moeglich-zusammen-253/, aufgerufen am 1. April 2023.
Deutscher Fußball-Bund (DFB). „‚Umfrage, die' zum Frauen- und Mädchenfußball," 10. Juni 2021. https://www.dfb.de/news/detail/umfrage-die-zum-frauen-und-maedchenfussball-228627/, aufgerufen am 1. Dezember 2021.
Deutscher Fußball-Bund (DFB). „Report (DFB Gesamt) ‚Frauen- und Mädchenfußball & WEURO 2022'," August 2022. https://assets.dfb.de/uploads/000/266/578/original_VIS_DFB_Frauenfussball_DFB-Gesamt_Aug22.pdf?1660130041.
Faller, Helge. „Forgotten Pioneers – International Women's Football in the Interwar Period," aufgerufen am 1. Dezember 2021. https://www.playingpasts.co.uk/author/h-faller/ (2021).
Faller, Helge. *Les Footballeuses V: la Saison 1922–23.* Nußdorf am Inn: Dussmann, 2019.
Faller, Helge. *Les Footballeuses VI: la Saison 1923–24.* Nußdorf am Inn: Dussmann, 2020.
Faller, Helge. *Ihrer Zeit voraus: Frauenfußball in Belgien 1921–25.* Nußdorf am Inn: Dussmann, 2018
Faller, Helge, und Matthias Marschik. *Eine Klasse für sich: Als Wiener Fußballerinnen einzig in der Welt waren.* Wien: Hernals, 2020.
Heeß, Jutta. „Geschlechtergemischter Fußball: Mädchen sind keine Jungs," aktualisiert am 26. Juni 2015. https://www.faz.net/aktuell/sport/frauenfussball-wm/maedchen-fussball-verhindern-gemischte-teams-den-erfolg-13668240.html.
Julius-Maximilians-Universität Würzburg, Lehrstuhl für Empirische Bildungsforschung. „Bessere Noten durch Fußball," 2. Dezember 2019. https://www.paedagogik.uni-wuerzburg.de/en/nfz-juniorinnen/aktuelles/single/news/bessere-noten-durch-fussball/.
Julius-Maximilians-Universität Würzburg, Lehrstuhl für Empirische Bildungsforschung. „In Bayern stirbt der Mädchenfußball besonders schnell," 1. Oktober 2019. https://www.paedagogik.uni-wuerzburg.de/nfz-juniorinnen/aktuelles/single/news/in-bayern-stirbt-der-maedchenfussball-besonders-schnell/.
Kreiselmeyer, Kristina, und Heinz Reinders. „Bedingungen der Beteiligung von Mädchen im Jugendfußball: Eine empirische Studie bei bayerischen Fußballvereinen." Würzburg: Julius-Maximilians-Universität, 2012.
Landesfußballverband Mecklenburg-Vorpommern. „Mädchen wollen Fußball spielen, doch es fehlen die Möglichkeiten," 15. September 2020. https://www.lfvm-v.de/news/article/maedchen-wollen-fussball-spielen-doch-es-fehlen-die-moeglichkeiten/.
Meyer, Catharina Tamara. „Was hindert Mädchen am Fußballspielen? Chancen und Barrieren für Mädchen im Sportverein." Diss. phil., Wuppertal: Bergische Universität, 2005.
Öne, Christian. „Mädchenfußball: Motive für Mädchen, in Sportvereinen Fußball zu spielen." Bachelorarbeit, München: Ludwig-Maximilians-Universität, 2012.
Reinders, Heinz, Olaf Hoos und Gernot Haubenthal. „Bedingungen erfolgreicher Förderung von Mädchen im Breiten- und Leistungsfußball." Würzburg: Julius-Maximilians-Universität, 2015.

Fernsehen

Das aktuelle Sportstudio (ZDF), 29. März 1970 (Ausschnitte eines Frauenfußballspiels und Interviews mit Spielerinnen von Schwarz-Weiß Landau). https://www.youtube.com/watch?v=0e0eUJYkHQA / https://www.youtube.com/watch?v=YyBJuIOkU0k / https://www.youtube.com/watch?v=tR02y7pxIDE.

Iris Schäfer*

Auf dem Platz sind alle gleich?
Inklusionsversuche auf einem exklusiven Feld

Abstract. **Everyone is Equal on the Pitch? Attempts at Inclusion on an Exclusive Field** – Soccer narratives for young readers predominantly emphasise a sense of community, as the collective of the soccer team marginalizes categories of difference. In the context of didactically oriented children's and young adult literature, soccer narratives thus prove to be useful instruments for raising awareness of and reflecting on the structures of social interaction in a polyvalent society. However, our society features social groups that do not have access to this exclusive field due to physical or mental impairments. Narratives in children's and youth literature that take this aspect into account are rare. This article will first shed light on the characteristics, as well as the literary-historical development, of the representation of physical and mental impairment in children's and young adult literature. Subsequently, the spatial-theoretical characteristics as well as the semantics of the narrated soccer field, will be examined, in order to theoretically frame the analysis of the picture book *Hipp, Hopp & Hoppla* (2007) by Corina Christen, the first reading story *Fußballgeschichten* (2006) by Volkmar Röhrig, and the children's book *Kein Beinbruch* (1999) by Heidi Hassenmüller. Finally, the above-mentioned potential of this text type will be critically reflected upon, and the question answered of whether the narrated soccer field in the texts considered actually appears as an inclusive place or as an exclusive field reserved only for certain social groups.

Keywords. Soccer; Exclusion; Inclusion; Disability; Children's Literature.

Literarische Figuren werden „durch die Räume identifiziert, in denen sie sich aufhalten, und durch die Art und Weise charakterisiert, in der sie in einem Raum handeln, Grenzen überschreiten, mobil werden oder immobil bleiben."[1] Der erzählte Fußballplatz erweist sich in diesem Sinn als ergiebiges Untersuchungsfeld. Demonstriert werden hier körperliche Stärke und taktisches Geschick. Je nach Intention kann er als Ort der Gefahr und Angst, als Bewährungsraum oder als Ort der Geborgenheit erscheinen, der soziale, ethnische und religiöse Differenzen neutralisiert und ein Gemeinschaftsgefühl im Kollektiv der Fußballmannschaft stiftet. Auch die auf diesem Feld agierenden Figuren erzeugen und reproduzieren Rollenideale, die meist dem Prinzip verhaftet sind, dass auf dem Platz nicht das Individuum, sondern das Kollektiv im Zentrum steht, nicht die einzelne Spielerin bzw. der einzelne Spieler, sondern die Mannschaft gewinnt oder verliert. Fußball-

---

* Goethe-Universität Frankfurt am Main, Germany – i.schaefer@em.uni-frankfurt.de.
[1] Neumann und Hallet, „Raum und Bewegung," 25.

erzählungen erweisen sich somit im Kontext einer didaktisch orientierten Kinder- und Jugendliteratur als sinnvolle Instrumente zur Sensibilisierung für bzw. Reflexion der Strukturen des sozialen Miteinanders einer polyvalenten Gesellschaft. Zu einer solchen gehören jedoch auch gesellschaftliche Gruppen, die aufgrund von körperlichen oder geistigen Beeinträchtigungen keinen Zugang zu diesem exklusiven Feld erhalten. Kinder- und jugendliterarische Erzählungen, die diesen Aspekt berücksichtigen, sind rar. Dem Fokus auf körperliche Geschicklichkeit und Stärke mag es geschuldet sein, dass körperliche Beeinträchtigung in kinder- und jugendliterarischen Fußballerzählungen kaum thematisiert wird.

Erstaunlicherweise wird kindlichen Figuren mit geistiger Beeinträchtigung eher ein Zugang zu diesem exklusiven Feld eingeräumt, was im Folgenden anhand von drei Beispielen demonstriert wird. Zunächst werden Schlaglichter auf die Spezifik sowie die literaturhistorische Entwicklung der Darstellung körperlicher und geistiger Beeinträchtigung in der Kinder- und Jugendliteratur geworfen. Anschließend wird der Fokus auf die raumtheoretische Charakteristik sowie die Semantik des erzählten Fußballplatzes gerichtet, um die Analyse des Bilderbuchs *Hipp, Hopp & Hoppla* (2007), der Erstlesegeschichte *Fußballgeschichten* (2006) und der Kindererzählung *Kein Beinbruch* (1999) theoretisch zu rahmen. Abschließend wird das oben genannte Potenzial dieser Textsorte kritisch reflektiert und die Frage beantwortet, ob der erzählte Fußballplatz in den berücksichtigten Texten tatsächlich als inklusiver Ort in Erscheinung tritt oder als exklusives Feld, das nur bestimmten sozialen Gruppen vorbehalten ist.

1 Zur Funktion erzählter Differenzkategorien

In der erzählenden Literatur werden körperliche und geistige Beeinträchtigungen primär als Differenzkategorien inszeniert, die als das Fremde und Andere einer unversehrten Mehrheitsgesellschaft erscheinen.[2] Schon im Jahr 2007 hat Ingeborg Reese in einer Analyse von deutschsprachigen Texten, die zwischen 1997 und 2000 erschienen sind, demonstriert, dass die beeinträchtigte Figur häufig nicht um ihrer selbst willen in die unversehrte Mehrheitsgesellschaft integriert wird, sondern zunächst etwas leisten muss, um sich als brauchbares Mitglied des Kollektivs zu erweisen.[3] Dieses Muster findet sich sowohl in Bilderbüchern für sehr junge Lesende wie etwa *Die Geschichte von Prinz Seltsam: Wie gut, dass jeder anders ist!* (2018)[4] und *Florian lässt sich Zeit: Eine Geschichte zum Down-Syndrom*

---

[2] Von Glasenapp, „Simple Stories?," 14–15.
[3] Reese, *Behinderung*.
[4] In dem von Heike Sistig illustrierten Bilderbuch geht es um einen Prinzen mit Down-Syndrom, der mit seiner neugierigen und freundlichen Art den Angriff eines Ritters auf das Königreich abwehrt und erst durch die Rettung seines Landes die Sympathien des Volks gewinnt (Schnee, *Prinz Seltsam*). Auch in Adele Sansones Bilderbuch *Florian lässt sich Zeit* wird die bedingungslose Freundlichkeit und die Fähigkeit, andere Kinder zu trösten, als Hauptcharakteristikum der kindlichen Figur ausgewiesen. Da Florian andere Kinder gut trösten kann, erweist er sich als wertvolles Mitglied der Kindergartengemeinschaft.

(2012) als auch in Kinder- und Jugenderzählungen wie Max von der Grüns *Vorstadt-Krokodile: Eine Geschichte vom Aufpassen* (1976) und Andreas Steinhöfels *Rico, Oskar und die Tieferschatten* (2008).[5] So verwundert es kaum, dass auch einige der hier berücksichtigten Fußballerzählungen diesem Prinzip entsprechen.

Ein weiteres Charakteristikum dieser Darstellungen besteht darin, dass „die Veränderungspotentiale von Menschen mit Behinderungen kaum aufgegriffen und thematisiert"[6] werden, weshalb die beeinträchtigten Figuren nicht als Individuen, sondern viel eher als „Typen" in Erscheinung treten, denen bestimmte Eigenschaften zugeschrieben werden; ein Umstand, den schon Hans-Jörg Uther in seiner Studie aus dem Jahr 1981 kritisiert.[7] In den hier ausgewählten Fußballerzählungen wird ebenfalls lediglich eine körperlich oder geistig beeinträchtigte Figur fokussiert, wobei auch hier der Blick von außen – aus der Perspektive einer unversehrten Mehrheitsgesellschaft – dominiert.[8]

Was die literaturgeschichtliche Entwicklung dieser Darstellungen betrifft, formulieren Büker und Kammler, dass sich in den frühen Texten hinsichtlich der gesellschaftlichen Strukturen ein „geschlossenes gesellschaftliches Wertesystem" abbildet, das noch bis in die 1960er Jahre zur „Grundlage für die Bewertung von Differenz"[9] genommen wurde. In den Texten, die seit den frühen 1970er Jahren entstanden, werde hingegen überwiegend ein „offenes Modell einer sich selbst fremd werdenden Gesellschaft"[10] entworfen, in der Grenzen verschwimmen und die Differenz zum Normalfall wird, sodass es zunehmend zu einer Herausforderung wird, sich dem Anderen gegenüber zu positionieren.[11] Ob auch die im Folgenden berücksichtigten Fußballerzählungen diesem Modell entsprechen, wird sich erweisen.

Mit Blick auf die Ebene der Histoire wird deutlich, dass vorwiegend Integrationsprozesse beschrieben werden, die allerdings meist einen einseitigen Charakter

---

Die anderen Kinder der unversehrten Mehrheitsgesellschaft des Kindergartens müssen keine besonderen Fähigkeiten aufweisen, um als „wertvolle" Mitglieder dieser Miniaturgesellschaft anerkannt zu werden (Sansone, *Florian lässt sich Zeit*).

[5] In von der Grüns Erzählung gelingt es einer Kinderbande nur mit der Hilfe des im Rollstuhl sitzenden Kurt, eine Diebesbande dingfest zu machen (von der Grün, *Vorstadt-Krokodile*). Auch in Steinhöfels Geschichte bedarf es der Hilfe des „tiefbegabten" Rico, um den intelligenten Oskar aus den Fängen eines Kindesentführers zu befreien (Steinhöfel, *Rico*); vgl. von Glasenapp, „Simple Stories?"

[6] Reese, *Behinderung*, 267.

[7] Vgl. Uther, *Behinderte in populären Erzählungen*, 41.

[8] Nur in seltenen Fällen wird aus der Perspektive einer versehrten Figur erzählt. Ein Beispiel für ein solches innovatives Erzählverfahren ist *Tomaten mögen keinen Regen*. Dieser Text, der aus der Perspektive einer stummen kindlichen Figur erzählt wird, widerspricht auch dem Muster der beispielhaften Demonstration einer bestimmten körperlichen oder geistigen Beeinträchtigung inmitten einer unversehrten Mehrheitsgesellschaft, da die Erzählung in einem Heim für geistig und bzw. oder körperlich beeinträchtigte Kinder spielt, sodass die unversehrten und erwachsenen Figuren in der Minderheit sind (Orlovsky, *Tomaten*).

[9] Büker und Kammler, *Das Fremde und das Andere*, 18.

[10] Ebd.

[11] Vgl. ebd., 7.

aufweisen, da überwiegend aus der Perspektive einer unversehrten Mehrheitsgesellschaft erzählt wird, die durch eine Figur mit Behinderung zur Reflexion angeregt wird und dementsprechend eine Veränderung erfährt.[12] Die Integration der als „Typ" in Erscheinung tretenden beeinträchtigten Figur wird somit als Bereicherung für das Kollektiv propagiert. Dass es sich bei Integrations- bzw. Inklusionsprozessen[13] prinzipiell um wechselseitige Austauschprozesse handelt, in deren „Verlauf das Andere in Beziehung zum Eigenen gesetzt wird",[14] wodurch ein Erkenntnisprozess in Gang gesetzt wird, findet in den literarischen Darstellungen kaum eine Entsprechung. Offensichtlich ist, dass diese Erzählungen überwiegend nicht darum bemüht sind, außerliterarische Strukturen möglichst detailgetreu darzustellen, auch wenn sie stets innerhalb von gesamtgesellschaftlichen Diskursen existieren und mit diesen in einem facettenreichen und komplexen Wechselverhältnis[15] stehen, sondern vielmehr, einem didaktischen Impetus folgend, an einem Beispiel demonstrieren, warum sich die Integration einer Figur mit einer körperlichen oder geistigen Beeinträchtigung für die unversehrte Mehrheitsgesellschaft als bereichernd erweist.

2 Zur Topologie des Fußballplatzes als sozialer Mikrokosmos

Die Semantik des Fußballplatzes weist zahlreiche bemerkenswerte Eigenschaften auf. Abgesehen von dem einleitend bereits genannten Regelwerk und dem Potenzial, Individuen im Kollektiv einer Mannschaft zu vereinen und soziale Differenzkategorien wie nationale, religiöse oder soziale Zugehörigkeiten zu neutralisieren, erweist er sich als heteronormativ markierter Raum,[16] in dem Geschlechtergrenzen enger gezogen werden „als in der umgebenden Gesellschaft."[17] Während der Bolzplatz diese Exklusivität im negativen Sinn nicht aufweist, da er all jenen zur Verfügung steht, die Spaß am Spiel haben, ist der Fußballplatz eines Vereins nur solchen Personen zugänglich, die über das notwendige Talent verfügen und dem betreffenden Verein als Mitglieder angehören. Für jene, die diesem Prinzip nicht

---

[12] Vgl. von Glasenapp, „Simple Stories?," 14.
[13] Während der Begriff Integration gemäß Reese voraussetzt, dass zwei völlig gegensätzliche Gruppen existieren, wobei sich die Gruppe der körperlich Behinderten an jene der körperlich Unversehrten anpassen müsse, beinhaltet der englische Begriff inclusion die Vorstellung, „dass ohnehin alle Kinder verschieden sind," weshalb sie diese Wortwahl für geeigneter hält, um den Strukturen der pluralistischen Gesellschaft des 21. Jahrhunderts gerecht zu werden (Reese, „Strickmuster," 4).
[14] Büker und Kammler, *Das Fremde und das Andere*, 8.
[15] Vgl. Benner und Ullmann, „Doing Age," 154.
[16] Nach Matthias Marschik ist Maskulinität „keineswegs ein Konstituens von Fußball, aber sie steht im Zentrum der Konstruktions- und Rezeptionsmuster dieses populären – und populären – Massensportes." Marschik, „It's a Male Ball," 63.
[17] Eva Kreisky und Georg Spitaler belegen dies am Beispiel der offensichtlichen Scheu professioneller Fußballspieler, sich öffentlich zu outen (Kreisky und Spitaler, „Einführung," 9).

entsprechen, sind seine Grenzen undurchlässig. Diesem Prinzip folgt der Fußballplatz nicht nur in der außerliterarischen Realität, sondern auch in den rar gesäten realistischen Fußballgeschichten, die auch Behinderung thematisieren. Dies mag dem Umstand geschuldet sein, dass in realistischen Erzähltexten, in welchen körperliche und/oder geistige Beeinträchtigung behandelt wird, nicht von medizinischen Fakten, d.h. „den Realphänomenen der Behinderung abgewichen" wird,[18] sodass die Figuren aufgrund von eingeschränkten motorischen oder kognitiven Fähigkeiten nicht an regulären Fußballspielen teilnehmen können. Nach Erzählungen, die auf bestimmte Einschränkungen angepasste Spielweisen thematisieren, wie etwa den Blindenfußball, sucht man bisher vergeblich. So erscheint der erzählte Fußballplatz in den berücksichtigten Texten als ein Ort, der sich durch eine Exklusivität im negativen Sinn auszeichnet; denn die Inszenierung körperlicher Stärke und taktischer Geschicklichkeit, die klare Determinierung durch ein Regelwerk und die zeitlichen Vorgaben für Spielbegegnungen, die den Fußballplatz als Chronotopos im Bachtin'schen Sinn erscheinen lassen,[19] erzeugen und veranschaulichen unüberwindbare Grenzen zwischen als diametral erscheinenden gesellschaftlichen Gruppen. Der literarische Fußballplatz erweist sich dementsprechend als einer jener homosozialen Räume, in welchen Männlichkeit mit dem Ziel der Abgrenzung zu bzw. Degradierung von Weiblichkeit und anderen als „schwach" empfundenen gesellschaftlichen Gruppen inszeniert wird. Kerstin Böhm geht in diesem Zusammenhang darauf ein, dass die primär männlichen literarischen Ballkünstler Merkmale einer strategischen Archaisierung aufweisen.[20] Durch die Inszenierung eines Wettbewerbs und die Zurschaustellung von männlicher Solidarität, mit dem Ziel der Stabilisierung durch männliche Genealogie und Traditionsstiftung gehe eine Abgrenzung zu sowie Degradierung von Weiblichkeit und marginalisierten respektive untergeordneten Männlichkeiten einher.[21] Diese Charakteristik des Fußballplatzes sowie des professionellen Fußballsports, die von den Cultural Studies aus macht- und hegemonietheoretischer Perspektive analysiert wird,[22] könnte in der erzählenden Literatur durchaus unterlaufen, dekonstruiert oder zumindest kritisch reflektiert werden. Ob dieses Potenzial in den hier berücksichtigten Erstlese- und Kindergeschichten ausgeschöpft wird, beantwortet das am Ende gezogene Fazit.

---

[18] Von Glasenapp, „Simple Stories?," 4.
[19] „Im künstlerisch-literarischen Chronotopos verschmelzen räumliche und zeitliche Merkmale zu einem sinnvollen und konkreten Ganzen. Die Zeit verdichtet sich hierbei, sie zieht sich zusammen und wird auf künstlerische Weise sichtbar; der Raum gewinnt Intensität, er wird in die Bewegung der Zeit, des Sujets, der Geschichte hineingezogen. Die Merkmale der Zeit offenbaren sich im Raum, und der Raum wird von der Zeit mit Sinn erfüllt und dimensioniert." (Bachtin, *Cronotopos*, 7–8).
[20] Vgl. Böhm, *Archaisierung und Pinkifizierung*, 145–48.
[21] Böhm, *Archaisierung und Pinkifizierung*, 153–55.
[22] Kreisky und Spitaler, „Einführung," 14.

3 Illustrationen des Defizitären: Corina Christens Bilderbuch Hipp, Hopp & Hoppla

Das von Hans Marti illustrierte Bilderbuch *Hipp, Hopp & Hoppla* (2007) ist mit ausführlichem Vorwort und Register im Anhang versehen, in welchen die didaktisch-pädagogische Absicht der Aufklärung über das Down-Syndrom sowie der entsprechenden Sensibilisierung der Leserschaft klar formuliert sind. Der Text erweist sich als geeigneter Ausgangspunkt der Analyse, da er mehrere der bereits erwähnten charakteristischen Eigenschaften der Textsorte aufweist. Zunächst der didaktische Impetus, der literarischen Darstellungen von körperlicher oder geistiger Beeinträchtigung nach wie vor anhaftet. Auch wenn das Vorwort den Anspruch erhebt, das Bilderbuch sollte „aufklärend und gleichzeitig unterhaltend sein",[23] dominiert das didaktische Anliegen. Denn mit außergewöhnlich großem Textanteil ausgestattet, erzählt es die Geschichte eines Arztbesuchs bei „Doktor Down", der ein Schulkind namens Philipp darüber aufklärt, was ihn von anderen Kindern unterscheidet. Unter dem Mikroskop sieht er drei Chromosomen, die als „Hipp, Hopp und Hoppla" personifiziert werden und deren Alltag er in einer Binnengeschichte, die den größten Teil der Erzählung einnimmt, verfolgt. Im Zusammenspiel der drei Figuren werden als typisch markierte Verhaltensweisen von Menschen mit Down-Syndrom aufgezeigt; gleichzeitig wird demonstriert, wie man mit diesen Eigenschaften umgehen sollte. Die Drei, die sich nur anhand ihrer Frisur voneinander unterscheiden lassen, werden als eingespieltes Team inszeniert, das selbstverständlich auch zu dritt Fußball spielt. Das Chromosomen-Trio ist somit nicht mit der Herausforderung konfrontiert, sich Zugang zu einer Fußballmannschaft zu verschaffen. Es übt sich in einem nicht professionellen Rahmen im Elfmeterschießen; das dritte Chromosom, mit dem nicht gerade euphemistischen Namen „Hoppla", wird dazu motiviert, mit einem herkömmlichen Fußball und nicht mit einem größeren Ball zu spielen, der ihm das Spiel erleichtern würde. Geschildert wird ein verständnisvoller und ermächtigender Umgang mit dem personifizierten dritten Chromosom, der zu einem Erfolgserlebnis führt: „Es war sein erstes Tor mit einem richtigen Fussball!"[24]

Nach dem Arztbesuch beantworten Philipp und seine Mutter sämtliche das Down-Syndrom betreffende Fragen eines Freundes, bevor ein gemeinsames Spiel die Erzählung beendet.

Evident wird anhand dieses Beispiels ein weiteres Charakteristikum literarischer Darstellungen von kindlichen Figuren mit Behinderung, da die Beeinträchtigung als unveränderlicher, statischer Zustand geschildert wird und die Figur nicht als Individuum, sondern viel eher als „Typ" in Erscheinung tritt. Zu den als typisch gekennzeichneten Eigenschaften von Kindern mit Down-Syndrom zählen nicht nur ein eingeschränktes Verständnis von Zahlen, sondern auch beeinträchtigte motorische Fähigkeiten, die der Figur das Dosieren der Zahncreme, aber eben

---

[23] Christen, *Hipp, Hopp & Hoppla*, 7.
[24] Christen, *Hipp, Hopp & Hoppla*, 21.

auch das Fußballspielen erschweren. Dieses ist ihr allenfalls in einem freundschaftlichen Rahmen möglich – wenn nicht sogar primär in der Fantasie.

4 Geistige Beeinträchtigung und Weiblichkeit als defizitäre Kategorien

Die Exklusivität des erzählten Fußballplatzes ist auch in Volkmar Röhrigs *Fußballgeschichten* (2006) ein zentrales Element. In kurzen Geschichten werden kindliche Figuren vorgestellt, die unterschiedlichen Differenzkategorien angehören und vergebens versuchen, Anschluss an eine Fußballmannschaft zu finden oder sich auch nur einen Raum zum Fußballspielen zu erschließen.

Der Fußballplatz dient primär der Figurencharakterisierung.[25] Erzählt wird zunächst die Geschichte des mäßig talentierten, aber an Fußball überaus interessierten, introvertierten Max, der von seiner Großmutter im Park dazu angeleitet wird, seine Technik beim Dribbeln um die Bäume zu verbessern. Die nächste Geschichte fokussiert einen Jungen, der bereits Mitglied einer Fußballmannschaft ist, sich dort aber nicht als Teil der Gemeinschaft fühlt, da ihm signalisiert wird, er müsse abnehmen. Die folgende Geschichte kreist um zwei Mädchen, die besser spielen können als die Jungen einer Fußballmannschaft, in die sie jedoch nicht aufgenommen werden, da es sich um eine reine Jungenmannschaft handelt. Schließlich wird ein geistig beeinträchtigter Junge fokussiert, der mit seinem kleinen Bruder auf einem Kinderspielplatz Fußball spielt. In der finalen Erzählung werden die einzelnen Erzählstränge insofern zusammengeführt, als die Hauptfiguren der vorausgehenden Kurzgeschichten aufeinandertreffen und beschließen, im Garten eines älteren Mannes, dem sie und ihre Eltern beim Rasenmähen helfen, regelmäßig gemeinsam Fußball zu spielen. Die Erzählinstanz resümiert: „Jeder darf mitspielen." Und der geistig beeinträchtigte Bobby jubelt: „Wir sind eine große Mannschaft!"[26]

Auch hier wird deutlich, dass der exklusive Raum des Fußballplatzes nur bestimmten Gruppen vorbehalten ist. Die Angehörigen beispielhaft dargestellter unterschiedlicher Differenzkategorien haben lediglich die Option, sich einen alternativen Raum zu erschließen. Insbesondere am Beispiel des gescheiterten Versuchs der Integration der in den Illustrationen androgyn anmutenden beiden Mädchenfiguren werden die Vorbehalte gegenüber den in diesem Umfeld als anders und fremd wahrgenommenen weiblichen Figuren deutlich. So kommentiert der Trainer ihr Anliegen, in die Mannschaft aufgenommen zu werden, mit der Frage: „Wollt ihr nicht lieber skaten oder Pony reiten?",[27] womit er auf traditionelle Geschlechterklischees rekurriert.[28] Nachdem die beiden Mädchen ihr Können demonstriert haben, gibt der Trainer zu, dass sie über das nötige Talent verfügen; mitspielen dürfen sie dennoch nicht, da es sich um eine Jungenmannschaft handelt.

---

[25] Siehe auch Neumann und Hallet, „Raum und Bewegung."
[26] Röhrig, *Fußballgeschichten*, 42.
[27] Röhrig, *Fußballgeschichten*, 27.
[28] Siehe auch Hartmann-Tews und Rulofs, „Sport," 689.

Die Mädchen müssen sich also – ebenso wie die mäßig talentierte, übergewichtige und geistig beeinträchtigte kindliche Figur – anderweitig umsehen. Während es den Mitgliedern der Fußballmannschaft möglich ist, den exklusiven Raum des Fußballplatzes einzunehmen, ist die Bewegungsfreiheit der hier fokussierten Figuren eingeschränkt. Bemerkenswert erscheint in diesem Zusammenhang die Gleichsetzung der Kategorien Gender und Disability, die auch im dritten Primärtextbeispiel deutlich wird. Die Ähnlichkeiten zwischen der Frauen- und Behindertenrechtsbewegung sind offensichtlich, geht es doch in beiden Fällen um Teilhabe respektive Inklusion.[29] Der erzählte Fußballplatz demonstriert idealtypisch, dass barrierefreier Zugang und Teilhabe im hier geschilderten sozialen Gefüge nicht an allen Orten möglich sind.[30] Die Prämisse, dass auf dem Fußballplatz Differenzen neutralisiert werden, da allein das Talent zähle, lässt sich demnach in diesem Beispiel nicht aufrechterhalten.

Die um den geistig beeinträchtigten Bobby kreisende Episode ist mit „Der Beste im Tor"[31] betitelt. Der als „geistig behindert"[32] beschriebenen 12-jährigen Figur werden verschiedene negative Eigenschaften attestiert: „Manches versteht er nicht. […] Aber im Tor hält er fast jeden Ball".[33]

Diese Episode kreist nicht um das Bemühen, Zugang zu einer Vereinsmannschaft zu erlangen. Demonstriert und problematisiert wird hier viel eher der eingeschränkte Bewegungsraum von Kindern mit geistiger Behinderung. Bobby spielt mit seinem kleinen Bruder auf einem Kinderspielplatz Fußball, und als der Ball versehentlich die Sandburg eines Kindes trifft, wird der Ball von dessen Vater einbehalten und nur unter der Bedingung wieder herausgegeben, dass sie das Feld räumen. So wird der Fokus darauf gerichtet, dass auch der öffentliche Raum, der Kindern mit geistiger Beeinträchtigung zur Verfügung steht, vergleichsweise eingeschränkt ist. Auch ein rein dem Vergnügen dienendes Fußballspiel ist kaum möglich. Die Ansichten des als Vertreter der Erwachsenen fungierenden Vaters erscheinen ebenso statisch und reaktionär wie jene des Trainers der Jungenfußballmannschaft in der Episode mit den beiden talentierten Mädchen. Eine den Prinzipien der Inklusion entsprechende gegenseitige Annäherung und Akzeptanz erweist sich unter den hier geschilderten Voraussetzungen als unmöglich.

Wie schon im ersten Beispiel wird auch hier ein pädagogisch-didaktischer Impetus deutlich. Zwar verfolgt die sich an jedes Kapitel anschließende Frage lediglich die Intension, die inhaltserfassende Lektürekompetenz der Leserschaft zu stärken, doch scheint die Darstellung der Interaktion der Figuren mit ihren

---

[29] Auch lassen sich die von Butler formulierten Merkmale der kulturellen Zuschreibung bzw. Internalisierung von gesellschaftlichen Vorstellungen auf beide Kategorien anwenden (Butler, *Unbehagen*, 205).

[30] Eine andere Dimension wird freilich in der um den übergewichtigen Jungen kreisenden Episode deutlich. Dieser kann die Grenzen dieses exklusiven Feldes zwar passieren, fühlt sich jedoch nicht in die Mannschaft integriert, da er aufgrund seiner Statur vom Kollektiv ausgegrenzt wird.

[31] Röhrig, *Fußballgeschichten*, 29.

[32] Ebd.

[33] Ebd.

Bezugspersonen mit der Absicht einer Handlungsaufforderung verbunden. Der introvertierte Protagonist aus der ersten Episode wird durch seine Großmutter motiviert, der von seinem Trainer als übergewichtig markierte Junge wird von seinem Vater bestärkt, die beiden Mädchen trösten sich gegenseitig und der geistig beeinträchtigte Bobby wird von seinem jüngeren Bruder ermutigt. Geschildert werden enge familiäre und freundschaftliche Beziehungen, die allerdings nur bedingt dazu beitragen, Hürden zu überwinden, es den Betroffenen jedoch erleichtern, in einer Welt mit unverrückbar erscheinenden Grenzen glücklich(er) zu leben. Der didaktische Impetus zielt dementsprechend darauf ab, die kindliche Leserschaft für ein umsichtiges, integratives Miteinander zu sensibilisieren und die gesellschaftliche Produktion von Grenzen zu hinterfragen.

Durch den Beispielcharakter der als Typen in Erscheinung tretenden kindlichen Vertreter verschiedener sozialer Differenzkategorien wird der Blick zudem darauf gerichtet, dass auch die mit fußballspielenden Mädchen, übergewichtigen oder nur mäßig begabten Jungen sowie geistig beeinträchtigten Kindern verbundenen Stereotype diskursiv erzeugt werden.[34] Den Darstellungskonventionen einer Beispielgeschichte folgend, erscheinen die kindlichen Figuren nicht als Individuen mit facettenreichen Charakteren, sondern als ebenso eindimensional und statisch wie die Prinzipien der geschilderten Erwachsenengesellschaft, in der es den hier fokussierten kindlichen Figuren nicht erlaubt ist, sämtliche soziale Räume einzunehmen. Beobachten lässt sich anhand dieses Beispiels demnach eine weitere Charakteristik von literarischen Inszenierungen kindlicher Figuren mit Beeinträchtigungen, nämlich die „Neigung zur Schwarz-Weiß-Malerei, zu starken Kontrasten und zu Polarisierung",[35] die Uther schon den frühen Darstellungen behinderter Figuren in der Kinder- und Jugendliteratur attestiert. In dieser Erstlesegeschichte fungiert der Fußballplatz als Metapher für eine reaktionäre, in soziale Gruppen differenzierte Gesellschaft, in welcher Zugangsbeschränkungen zu sozialen Räumen dominieren.

5 Der exklusive Raum im Raum: das Fußballtor

Im finalen Beispiel wandelt sich die Perspektive. Während *Hipp, Hopp & Hoppla* einen geistig beeinträchtigten Jungen fokussiert und auch die *Fußballgeschichten* zumindest ein Mitfühlen mit den vorgestellten Figuren ermöglichen, ist Heidi Hassenmüllers Kinderbuch *Kein Beinbruch* (1999) aus der Perspektive des mental und

---

[34] Schon 2002 verweist Flürenbrock darauf, dass es keine „allgemein anerkannte Definition von Behinderung gibt." (Flürenbrock, *Geschwisterbeziehungen*, 3). Überdies divergieren die bestehenden Definitionsansätze je nach Fachbereich, weshalb der Begriff beispielsweise in der Pädagogik, Medizin, Soziologie und der Sozialpolitik unterschiedlich akzentuiert wird (Schäfer, „Körperliche Behinderung," 25). Zudem gibt Dagmar Grenz zu bedenken, dass Behinderung „keine absolute, sondern eine relative Größe" sei, „die jeweils abhängig ist von den kulturellen Erwartungen und der sozialen Reaktion." (Grenz, „Umgang," 102).

[35] Uther, *Behinderte in populären Erzählungen*, 41.

körperlich unversehrten achtjährigen Gerhard geschildert, dessen Zwillingsschwester Jeanette geistig beeinträchtigt ist. Gleich zu Beginn wird Gerhard ins Zentrum eines besonders exklusiven Raumes gesetzt. Im Fußballtor fühlt er sich wohl und sicher. Hier kann er sein Talent demonstrieren und erfährt die Anerkennung sowie Aufmerksamkeit, die ihm im familiären Umfeld mitunter fehlen.[36] Wenn ihn Freunde zuhause besuchen, manövriert er sie an seiner im Rollstuhl sitzenden Schwester vorbei, und als ein Freund auf die große Ähnlichkeit der Zwillinge hinweist, schneidet er seine Locken ab, um sich optisch von seiner Schwester zu distanzieren, die er verleugnet und deren Nähe er meidet. Gemäß der literarischen Tradition der Doppelgänger- bzw. Zwillingsmotivik wird die ungeliebte Zwillingsschwester als „Wiederkehr des Verdrängten im Verdrängenden"[37] lesbar, repräsentiert die an den Rollstuhl gefesselte Schwester doch motorische und kognitive Schwäche sowie Hilfsbedürftigkeit – Kategorien die in Gerhards Fußballkosmos ausgeblendet werden. Wie in anderen um dieses Motiv kreisenden Erzählungen, scheitert auch hier der Versuch, die ungeliebten Anteile der eigenen Existenz sowie deren figurativer Manifestation im Zwilling zu leugnen und zu verdrängen.[38] Gerhards auf Vereinzelung und subjektive Vervollkommnung ausgerichtetes Bestreben, die Existenz seiner Schwester zu verdrängen, wird durch die Analogie zweier exklusiver Räume im Raum zum Ausdruck gebracht, dem Fußballtor und dem mütterlichen Uterus. Da er keine kranke Zwillingsschwester haben möchte „[u]nd schon gar nicht eine, mit der er zusammen in Mamis Bauch gewachsen war",[39] genießt er es umso mehr, den exklusiven Raum des Fußballtors ganz für sich allein zu haben. Insbesondere im Umfeld der auf Leistung und Erfolg ausgerichteten Fußballmannschaft, deren Ideale Gerhard internalisiert hat, empfindet er die enge Verbundenheit mit seiner geistig und körperlich behinderten Zwillingsschwester als Störfaktor und Belastung. Der Fußballplatz erscheint daher als Fluchtort, aber auch als Ort der Geborgenheit. Deutlich wird dies beispielsweise, als ihm seine Großmutter von ihrem vor einigen Jahren verstorbenen Zwillingsbruder erzählt, der immer für sie da war und sie auch in Zeiten der Krankheit umsorgte: „Er war ein Teil von mir. Wie mein Arm. Oder mein Bein. Oder mein Herz."[40] Ihre Ausführungen regen ihn zum Nachdenken an und führen dazu, dass

---

[36] Die Schilderung des sich vernachlässigt fühlenden, nicht beeinträchtigten Geschwisterkindes folgt den Darstellungskonventionen der Textsorte, was deutlich wird, wenn Gerhard etwa bemerkt: „Wenn er etwas nicht kapierte, war jeder sauer. Und dann wurde gemeckert. Bei Jeanette meckerte nie einer. Und sie bekam einen Super-Rollstuhl, obwohl sie ihn nicht einmal bedienen konnte. Er wollte schon lange ein neues Fahrrad. [...] Aber das bekam er nicht. Obwohl er ganz bestimmt darauf fahren konnte." (Hassenmüller, *Kein Beinbruch*, 18); siehe auch Flürenbrock, *Geschwisterbeziehungen*.
[37] Rank, „Der Doppelgänger," 175.
[38] Vgl. Peez, *Die Macht der Spiegel*, 57: Die Exterritorialisierung des Zwillings wird häufig als Symbol für den Versuch lesbar, „dem Gewissen zu entkommen, dem Über(wachenden) Ich, das – nach psychoanalytischer Interpretation – aus dem im Spiegel gesehenen Doppelgänger sich entwickelt."
[39] Hassenmüller, *Kein Beinbruch*, 10.
[40] Ebd., 21.

er sich mehr mit seiner Schwester beschäftigt. Sobald sie jedoch seinen Vorstellungen von herkömmlichem bzw. regelkonformem Verhalten widerspricht, was hier anschaulich am Beispiel eines Brettspiels demonstriert wird, dessen Regeln sie nicht erfasst, flüchtet er umgehend auf den Fußballplatz: „‚Ich geh spielen‘, rief er seiner Mutter zu. ‚Fußball spielen mit Jörg und Olli.'"[41] Abseits der offiziellen Mannschaftsbegegnungen ist er jedoch auch hier mit unvorhergesehenen Ereignissen konfrontiert; denn Jörg muss auf seinen vierjährigen Bruder aufpassen, der von Gerhard vor allem deshalb als lästiger Störfaktor wahrgenommen wird, weil er unbedingt mitspielen will. Bei dem Versuch, schneller als der kleine Störenfried am Ball zu sein, rutscht Gerhard aus und bricht sich den Knöchel. Infolgedessen findet er sich in einem ganz anderen exklusiven Raum wieder, der einer Gruppe vorbehalten ist, mit der Gerhardt ebenfalls nichts zu tun haben möchte: Invaliden und Rekonvaleszenten. Erstaunlicherweise wird auch die Heterotopie des Krankenhauses (wie jene des Fußballplatzes)[42] mit Weiblichkeit verknüpft. Nicht nur, dass die Krankenschwester, der Gerhard beim Erwachen in die Augen blickt, als überaus abstoßend geschildert wird, reagiert er zutiefst enttäuscht, als er feststellt, dass er sich sein Krankenhauszimmer mit zwei Mädchen teilen muss: „mit zwei Mädchen im Zimmer! Er schloss die Augen. Sie brannten noch mehr."[43] Weder die zierliche, an einem Blinddarmdurchbruch leidende Claudia, noch die 10-jährige, stark übergewichtige Melanie haben in Gerhards Fußballkosmos eine Existenzberechtigung. Als besonderes Privileg empfindet er es deshalb, dass die Krankenschwester es ihm erlaubt, einen Abend auf der „Männerabteilung" zu verbringen, damit er die Begegnung zwischen Borussia Dortmund und Bayern München verfolgen kann, während in der Kinderstation ein Kinderfilm gezeigt wird. Auch wenn diese vorübergehende Aufnahme ins Territorium der männlichen Erwachsenen mit Privilegien verbunden ist, die er gerne annimmt, regt ihn die Frage des Verlobten seiner Großmutter „Du willst doch ein richtiger Kerl werden, oder?"[44] zum Nachdenken an, da ihn dieser Vertreter seines Geschlechts durchaus abstößt.

Die sechswöchige Ruhephase, die sein Knöchel zum Ausheilen benötigt, weist das von Novalis 1799/1800 in *Fragmente und Studien* formulierte Potenzial von Krankheiten auf, zu „Lehrjahren der Gemütsbildung und Lebenskunst"[45] zu werden. In Gerhards Fall besteht der aus der Krankheit resultierende Gewinn in der

---

[41] Ebd., 24.
[42] So reflektiert er: „Wenn er einen ganz normalen Zwillings*bruder* hätte, wäre auch alles ganz anders. Einen, mit dem er Fußball spielen könnte." (Hassenmüller, *Kein Beinbruch*, 22, ohne Hervorhebung). An dieser Stelle, wie auch im Dialog mit seinen Mannschaftskameraden, werden Mädchen und geistige Behinderung gleichgesetzt und als defizitäre Kategorien ausgewiesen: „Einmal hatte Olli gesagt: ‚Die hat doch einen Schatten!' [...] Gerhard hatte nur mit den Schultern gezuckt und ihn in die Küche gezogen. ‚Ein Mädchen', hatte er dann gemurmelt, aber das war es natürlich nicht. Das wusste er. Das wusste Jörg und das wusste auch Olli. Aber sie sprachen nicht wieder darüber." (Ebd., 9).
[43] Ebd., 31.
[44] Ebd., 68.
[45] Zit. nach von Engelhardt, „Gesundheit und Krankheit," 300.

Aneignung neuer Perspektiven. Das Fußballspiel wird in diesem Zusammenhang immer wieder zu einer Metapher seiner eigenen Entwicklung.[46] Die plötzlich eingeschränkte Mobilität, die bisher ein selbstverständlicher Bestandteil seines Alltags und seiner sportlichen Aktivitäten war, lässt ihn sein Umfeld und insbesondere die Situation seiner Zwillingsschwester neu bewerten. Als er sich ihren Rollstuhl ausleiht, um einen Freund zu besuchen, wird er von Kindern auf der Straße ausgelacht und gehänselt. Transparent wird hier der von Büker und Kammler angesprochene Umstand, dass Behinderung erst dann zu einer Eigenschaft wird, wenn sie für andere sichtbar ist.[47] Den Umstand, dass gesellschaftliche Differenzkategorien wie etwa Behinderung diskursiv erzeugt werden, verdeutlicht das Fußballspiel als Mannschaftskampfsport umso mehr. Die auf dem Platz geforderte Stärke bzw. das Ignorieren von Schwäche oder Schmerz erweist sich als Strategie in Gerhards Alltag als unbrauchbar. Nun selbst in seiner Mobilität eingeschränkt, kann er all jene, die er als „schwach" erachtet, nicht mehr übersehen. Dieser Umstand wird in einer Traumsequenz veranschaulicht, als er von dem leeren, mit bedrohlichen Augen ausgestatteten Rollstuhl seiner Schwester verfolgt wird und aufgrund seines Gipsbeins nur mühsam entkommen kann.

Auch der kleine Bruder seines Freundes, den er bisher lediglich als lästiges Anhängsel empfunden hat, bewirkt eine Veränderung in seiner Haltung, da er Interesse an Gerhards Zwillingsschwester zeigt und demonstriert, dass sie durchaus lernfähig ist. Dass auch er lernfähig ist, wird erst im letzten Satz der Erzählung formuliert, wenngleich lediglich in der Gedankenrede: „Jeanette würde nie wie er sprechen können. Aber sie konnte noch viel lernen. So wie er."[48]

Der didaktisch-pädagogische Impetus dieser Erzählung besteht in der Perspektivierung individueller Privilegien und der von Gerhards Großmutter formulierten Prämisse: „in unserer Gesellschaft muss man auch Verständnis für Schwache haben."[49] Der Fußballplatz sowie die von Gerhard internalisierten Verhaltensweisen eines idealtypischen Fußballspielers werden als Metaphern für eine an Stärke und Erfolg orientierten Leistungsgesellschaft lesbar, deren Prinzipien Gerhard erst dann zu hinterfragen beginnt, als er dazu gezwungen ist, sich in alternativen exklusiven sozialen Räumen wie jenem des Krankenhauses aufzuhalten, deren Gesetzmäßigkeiten sich diametral zu jenen des Fußballplatzes verhalten. Deutlich wird, dass es sich bei dem hier geschilderten Integrations- bzw. Inklusionsprozess um einen durch individuelle Ängste und Unsicherheiten geprägten Austauschprozess handelt, in dessen „Verlauf das Andere in Beziehung zum Eigenen gesetzt

---

[46] Etwa wenn er reflektiert: „Wenn man über etwas redete, wurde es größer, wirklicher. Wie beim Fußball spielen. Wenn er sich das Knie aufgeschlagen hatte, tat es weh. Aber wenn man so tat, als sei der Schmerz nicht da, schien das auch schon etwas zu helfen. Aber bei Jeanette half es nicht mehr. Sie war da. [...] Vor seinem Beinbruch hatte er ihr aus dem Weg gehen können, hatte er vor ihr weglaufen können. Jetzt konnte er nicht mehr weglaufen." (Hassenmüller, *Kein Beinbruch*, 83).
[47] Vgl. Büker und Kammler, *Das Fremde und das Andere*, 110.
[48] Hassenmüller, *Kein Beinbruch*, 115.
[49] Ebd., 103.

wird."⁵⁰ Der aus der Perspektive des unversehrten Torschützen betrachteten beeinträchtigten Figur wird kein Zugang zum erzählten Fußballplatz gewährt, sie erhält jedoch Zutritt zu einem ideellen Raum – zum alltäglichen Erfahrens- und Lebensraum ihres Bruders, der es lernt, seine eigenen Schwächen anzuerkennen und sie schließlich als Teil seiner Familie annimmt, was er durch eine Zeichnung künstlerisch zum Ausdruck bringt und somit anderen gegenüber sichtbar macht. Bestätigt wird anhand dieses Beispiels jedoch auch die Beobachtung von Gabriele von Glasenapp, dass es in diesen Erzählungen meist nicht um die beeinträchtigte Figur selbst geht, sondern viel mehr um das unversehrte Kollektiv, das eine Veränderung erfährt.⁵¹

6 Fazit

In den ausgewählten Beispielen wird der Fußballplatz als Ort inszeniert, der nur ausgewählten Figuren respektive sozialen Gruppen zugänglich ist. Etabliert wird somit ein fiktiver Ort, der klar von dem der Allgemeinheit zugänglichen öffentlichem Raum geschieden ist. Dieses exklusive Feld ist all jenen verwehrt, die den Prinzipien einer heteronormativen, körperlich und geistig gesunden, auf Leistung und Erfolg fokussierten Gesellschaft widersprechen. In den *Fußballgeschichten* werden diese Prinzipien anhand von Beispielen offengelegt und unterschwellig kritisiert. In *Kein Beinbruch* wird durch das vorübergehende Heraustreten oder Herausfallen aus der hier geschilderten, elitären Gesellschaft ein Entwicklungs- und Erkenntnisprozess in Gang gesetzt, der die Leserschaft zur Perspektivierung dieses exklusiven Feldes und der hier herrschenden Regeln auffordert. Deutlich wurde, dass keine der in den Blick genommenen Erzählungen ein zeitgemäßes Bild dieses Mikrokosmos' entwirft, da weder die Existenz von gemischten Nachwuchsmannschaften, noch auf spezifische Beeinträchtigungen abgestimmte Spielweisen, wie etwa jene des Blindenfußballs thematisiert werden. Dies mag auch dem Alter der Erzählungen geschuldet sein. Texte jüngeren Datums zu diesem Thema sind jedoch kaum vorhanden. Gerade weil Erzählungen, die um körperliche und bzw. oder geistige Beeinträchtigung kreisen, ein didaktischer Impetus anhaftet, böte die Kombination mit einer Fußballgeschichte das Potenzial, den Fußballplatz als Ort zu inszenieren, der beispielhaft für eine pluralistische, heterogene und integrative Gesellschaft ist – als jenen Ort also, als der er innerhalb der außerliterarischen Gesellschaft mittlerweile wahrgenommen wird.⁵² Die im Kontext der Erzählsorte angeprangerte Neigung zur Schwarz-Weiß-Malerei ist demnach auch auf den Ort der Erzählung übertragbar. Die berücksichtigten Darstellungen ver-

---

⁵⁰ Büker und Kammler, *Das Fremde und das Andere*, 8.
⁵¹ Vgl. von Glasenapp, „Simple Stories?," 14.
⁵² Auch wenn dieses Bemühen in den Kulturwissenschaften mitunter als reine Werbemaßnahme dekonstruiert wird, wie etwa von Degele, *Fußball verbindet*.

mitteln somit kein aktuelles Bild der dynamischen gesellschaftlichen Vorstellungen von Norm und Abweichung,[53] sondern viel eher der subjektiven Perspektive der Autorin oder des Autors entsprechende Szenarien, die aus den genannten Gründen nicht zeitgemäß sind. Zudem versäumen es diese Beispiele, die metaphorische Dimension der fokussierten Kategorien und Zustände literarästhetisch auszuschöpfen, um auf die Parallelen zwischen Behinderung im Sinn der Disability Studies, also als soziale Konstruktion,[54] und den ebenfalls durch kulturelle Zuschreibungen geprägten idealtypischen Fußballspielenden aufmerksam zu machen, diese zu hinterfragen oder zu dekonstruieren. Nur in *Kein Beinbruch* wird durch das Motiv der Zwillingsgeschwister eine metaphorische Dimension der geschilderten Zustände sichtbar, schließlich verweist das Motiv des Zwillings schon seit der Romantik auf die Gefahren des Identitätsverlusts und die Polarität des Charakters sowie die Grenzen des Selbst.[55] Diese Metapher bezieht sich jedoch nicht auf die beeinträchtigte Figur, sondern viel eher auf den Repräsentanten einer unversehrten Mehrheitsgesellschaft.

Resümieren lässt sich, dass in den berücksichtigten Beispielen weder die literarische Inszenierung des Fußballplatzes respektive Fußballspiels, noch jene von Kindern mit Beeinträchtigung(en) als besonders innovativ erscheint. Der erzählte Fußballplatz wird als Metapher für die soziale Exklusion der verschiedensten Differenzkategorien angehörenden Figuren lesbar und erweist sich dementsprechend als Referenzpunkt für soziale Differenz und Legitimierung von Exklusion.[56] Die Darstellung der beeinträchtigten kindlichen Figuren folgt den eingangs dargelegten starren Mustern und Stereotypen. Mit dieser eindimensionalen und mitunter negativ besetzten Inszenierung wird eine weitere Gemeinsamkeit der literarischen Darstellung von Behinderung und Fußballplatz bzw. Fußballspiel transparent, nämlich jene der begrenzten sprachlichen Mittel, um beide Phänomene adäquat abzubilden. Die von Kerstin Böhm den Figuren des *Wilde Fußballkerle*-Kosmos attestierte Tendenz zur Typisierung,[57] lässt sich auch am Beispiel der Darstellung von kindlichen Figuren mit körperlichen oder geistigen Beeinträchtigungen beobachten. Zu bedauern ist, dass die aus kulturwissenschaftlicher Perspektive kritisierte begrenzte Möglichkeit der Literatur, die weder der Komplexität eines individuellen Krankheitszustandes[58] noch der Dramaturgie eines Fußballspiels gerecht werde,[59] nicht durch innovative Erzählverfahren kompensiert wird. So wird in den berücksichtigten Beispielen weder dem Fußballspiel noch der Behinderung in ihrer Komplexität Rechnung getragen; beide Phänomene erscheinen eindimensional und orientieren sich an tradierten Stereotypen, weshalb sich diese

---

[53] Wie es etwa Curwood sämtlichen um Behinderung kreisenden literarischen Darstellungen attestiert (Curwood, „Redefining Normal," 26).
[54] Vgl. Schäfer, Blümer und Ullmann, „Aktuelle Tendenzen," 61.
[55] Vgl. Herget, *Spiegelbilder*, 87.
[56] Vgl. Hartmann-Tews und Rulofs, *Sport*, 688.
[57] Böhm, *Archaisierung und Pinkifizierung*, 151.
[58] Ein Umstand, den Virginia Woolf schon 1883 bemängelte (Woolf, *On Being Ill*, 6–7).
[59] Leis, „Fußball gegen Literatur," 140–41.

Texte auch nicht für eine intersektionale Analyse eignen, in der das Zusammenspiel verschiedener Differenzkategorien fokussiert wird.[60] Es bleibt zu hoffen, dass in künftigen Publikationen die vielfältigen Möglichkeiten einer literarästhetischen Akzentuierung und Inszenierung der Phänomene ausgeschöpft, und die etablierten Stereotype der Darstellung von geistig oder körperlich beeinträchtigten kindlichen Figuren durchbrochen werden.

Kinder- und Jugendbücher

Christen, Corina. *Hipp, Hopp & Hoppla*. Zirndorf: Edition 21 (im G&S-Verlag), 2007.
Hassenmüller, Heidi. *Kein Beinbruch*. Hamburg: Ellermann, 1999.
Masannek, Joachim. *Die Wilden Fußballkerle*. München: dtv, 2003.
Orlovsky, Sarah M. *Tomaten mögen keinen Regen*. Innsbruck und Wien: Tyrolia, 2013.
Röhrig, Volkmar. *Fußballgeschichten*. Würzburg: Edition Bücherbär (im Arena-Verlag), 2006.
Sansone, Adele. *Florian lässt sich Zeit: Eine Geschichte zum Down-Syndrom*. Innsbruck und Wien: Tyrolia, 2012.
Schnee, Silke. *Die Geschichte von Prinz Seltsam: Wie gut, dass jeder anders ist!* Schwarzenfeld: Neufeld, 2018.
Steinhöfel, Andreas. *Rico, Oskar und die Tieferschatten*. Hamburg: Carlsen, 2008.
Von der Grün, Max. *Vorstadt-Krokodile: Eine Geschichte vom Aufpassen*. Reinbek: Rowohlt, 1998.

Literatur

Bachtin, Michail M. *Chronotopos*. Übersetzt aus dem Russischen von Michael Dewey. Frankfurt am Main: Suhrkamp, 2008 [1973].
Benner, Julia. „Intersektionalität und Kinder- und Jugendliteraturforschung." In *kjl&m: Immer Trouble mit Gender? Genderperspektiven in Kinder- und Jugendliteratur und -medien(forschung)*, hrsg. von Petra Josting, Ute Dettmar und Caroline Roeder, 29–42. München: kopaed, 2016.
Benner, Julia, und Anika Ullmann. „Doing Age und die Relevanz der Age Studies für die Kinder- und Jugendliteraturforschung." In *Jahrbuch der Gesellschaft für Kinder- und Jugendliteraturforschung*, hrsg. von der Gesellschaft für Kinder- und Jugendliteraturforschung, 145–59. Online unter: http://www.gkjf.de/wp-content/uploads/2019/12/Jahrbuch_GKJF_2019_145-159_B11d_BennerUllmann.pdf (letzter Zugriff 11.08.2021).
Butler, Judith. *Das Unbehagen der Geschlechter*. Übersetzt aus dem Amerikanischen von Katharina Menke. Frankfurt am Main: Suhrkamp, 1991 [1990].
Böhm, Kerstin. *Archaisierung und Pinkifizierung: Mythen von Männlichkeit und Weiblichkeit in der Kinder- und Jugendliteratur*. Bielefeld: transcript, 2017.
Büker, Petra, und Clemens Kammler. *Das Fremde und das Andere: Interpretationen und didaktische Analysen zeitgenössischer Kinder- und Jugendbücher*. Weinheim und München: Juventa, 2003.
Curwood, Jen Scott. „Redefining Normal: A Critical Analysis of (Dis)ability in Young Adult Literature." *Children's Literature in Education*, Nr. 44 (2014): 15–28.
Degele, Nina. *Fußball verbindet – durch Ausgrenzung*. Wiesbaden: Springer VS, 2013.

---

[60] Vgl. Benner, „Intersektionalität."

Flürenbrock, Meike. *Geschwisterbeziehungen in Kinderbüchern zum Thema Behinderung.* Frankfurt am Main: Peter Lang, 2002.

Grenz, Dagmar: „Über den Umgang von Nichtbehinderten mit Behinderten. Kirsten Boie: *Eine wunderbare Liebe*." In *Das Fremde und das Andere: Interpretationen und didaktische Analysen zeitgenössischer Kinder- und Jugendbücher,* hrsg. von Petra Büker und Clemens Kammler, 101–14. Weinheim und München: Juventa, 2003.

Hartmann-Tews, Ilse, und Bettina Rulofs. „Sport: Analyse der Mikro- und Makrostrukturen sozialer Ungleichheit." In *Handbuch Frauen- und Geschlechterforschung: Theorie, Methoden, Empirie,* hrsg. von Ruth Becker und Beate Kortendiek, 686–91. Wiesbaden: Springer VS, 2010.

Herget, Sven. *Spiegelbilder: Das Doppelgängermotiv im Film.* Marburg: Schüren, 2009.

Kreisky, Eva, und Georg Spitaler. „Einführung: Geschlecht als fußballanalytische Kategorie." In *Arena der Männlichkeit: Über das Verhältnis von Fußball und Geschlecht,* hrsg. von Eva Kreisky und Georg Spitaler, 8–20. Frankfurt am Main und New York: Campus, 2006.

Leis, Mario. „Fußball gegen Literatur – Halbzeitstand 0:0 – Tip X: Fußball in der schöngeistigen Literatur." In *Fußball als Kulturphänomen: Kunst – Kult – Kommerz,* hrsg. von Markwart Herzog, 139–52. Stuttgart: W. Kohlhammer, 2002.

Marschik, Matthias. „*It's a Male Ball*: Über Fußball und Maskulinität, Cultural Studies und Kulturwissenschaften." In *Arena der Männlichkeiten: Über das Verhältnis von Fußball und Geschlecht,* hrsg. von Eva Kreisky und Georg Spitaler, 53–65. Frankfurt am Main und New York: Campus, 2006.

Neumann, Birgit, und Wolfgang Hallet. „Raum und Bewegung in der Literatur: Zur Einführung." In *Raum und Bewegung in der Literatur: Die Literaturwissenschaften und der Spatial Turn,* hrsg. von Birgit Neumann und Wolfgang Hallet, 11–32. Bielefeld: transcript, 2009.

Peez, Erik. *Die Macht der Spiegel: Das Spiegelmotiv in Literatur und Ästhetik des Zeitalters von Klassik und Romantik.* Frankfurt am Main u.a.: Peter Lang, 1990.

Rank, Otto. „Der Doppelgänger." In *Psychoanalytische Literaturinterpretation: Aufsätze aus Imago. Zeitschrift für Anwendung der Psychoanalyse auf die Geisteswissenschaften (1912–1937),* hrsg. von Jens Malte Fischer, 104–87. München: dtv, 1980.

Reese, Ingeborg. *Behinderung als Thema in der Kinder- und Jugendliteratur."* Hamburg: Kovač, 2007.

Reese, Ingeborg. „Strickmuster und Stereotypen: Die Darstellung von Behindert-Werden und Behindert-Sein, von Integration und Inklusion im Kinder- und Jugendbuch – ein Spiegelbild der Zeitepochen?" *JuLit,* Nr. 1 (2010): 3–8.

Schäfer, Iris. „Körperliche Behinderung im aktuellen (deutschsprachigen) Jugendroman." In *kjl&m: Hirbel, Kurt und die Tiefbegabten. Behinderung in Kinder- und Jugendliteratur und Medien,* hrsg. von Caroline Roeder, 25–33. München: kopaed, Heft 3, 2014.

Schäfer, Iris, Agnes Blümer und Anika Ullmann. „Aktuelle Tendenzen zu Krankheit und Behinderung in Kinder- und Jugendliteratur und -medien." In *kjl&m: Hirbel, Kurt und die Tiefbegabten. Behinderung in Kinder- und Jugendliteratur und Medien,* hrsg. von Caroline Roeder, 58–62. München: kopaed, Heft 3, 2014.

Uther, Hans-Jörg. *Behinderte in populären Erzählungen: Studien zur historischen und vergleichenden Erzählforschung.* Berlin: De Gruyter, 1981.

Von Engelhardt, Dietrich. „Gesundheit und Krankheit." In *Literatur und Medizin: Ein Lexikon,* hrsg. von Bettina von Jagow und Florian Steger, 298–304. Göttingen: Vandenhoeck & Ruprecht, 2005.

Von Glasenapp, Gabriele. „Simple Stories? Die Darstellung von Behinderung in der Kinder- und Jugendliteratur." In *kjl&m: Hirbel, Kurt und die Tiefbegabten. Behinderung in Kinder- und Jugendliteratur und Medien*, hrsg. von Caroline Roeder, 3–15. München: kopaed, Heft 3, 2014.

Woolf, Virginia. *On Being Ill*. Ashfield, Mass.: Paris Press, 2012 [1883].

V.
Selbsttranszendenz und Religion

*Andreas Seidler**

Fußball und Coming-of-Age im Jugendroman

Abstract. **Football and Coming-of-Age in Youth Novels** – Many children and young people identify with the stars of the game of football (soccer). Authors of youth literature also seize on this popularity by writing stories that revolve around the topic of soccer. However, they also address common desires and problems experienced by many adolescents. The article examines common narrative structures and motifs in such youth novels. Six different works from different countries are examined.

What these have in common is not only that the dramaturgy of soccer is used to shape narrative tension, but also that coming-of-age stories are told against the backdrop of sports. Like coming-of-age narratives in general, soccer stories often take place in threshold situations.

They can exist in temporal transitions from one phase of life to another, or spatially as the crossing of boundaries and moving to new places. Personal maturation and emancipation from one's origins is regularly associated with spatial movement. In this context, soccer becomes a vehicle that allows the protagonists to expand their radius of movement, to explore the world, and to further develop themselves as humans through the resulting experiences.

Keywords. Soccer; Youth; Coming-of-Age; Personal Development; Threshold Situations; Narrative Structures; Youth Literature.

Fußball hat sich in den letzten Jahrzehnten zu einem beliebten Motiv der Kinder- und Jugendliteratur entwickelt. Dafür gibt es mehrere Gründe. Seine alle gesellschaftliche Schichten übergreifende Popularität und mediale Präsenz haben sich im selben Zeitraum auch in der Realität noch einmal deutlich gesteigert. Für viele Kinder, Jungen und Mädchen ist Fußball eine attraktive Freizeitbeschäftigung, und die Stars des Sports gehören zu den beliebtesten und bekanntesten Idolen. Nicht wenige hegen in der Kindheit den (oft unrealistischen) Traum, selbst Profifußballer zu werden. Vor diesem Hintergrund ist auch die Attraktivität von Büchern zu erklären, die sich dem Thema Fußball widmen. Hinzu kommt, dass der Sport selbst in Siegen und Niederlagen, Glanzleistungen und Versagen, Rivalität und Teamwork Strukturen bietet, die sich hervorragend nutzen lassen, um erzählerische Spannungsbögen und Heldengeschichten damit zu verknüpfen.

---

* Universität zu Köln, Germany – andreas.seidler@uni-koeln.de.

1 Geschichten vom Erwachsenwerden

In der folgenden Betrachtung einiger jugendliterarischer Fußballromane soll jedoch ein anderer Aspekt im Zentrum stehen. Nämlich die Frage, wie die Beschäftigung mit dem Fußballsport auch mit der persönlichen Entwicklung und Reifung des Helden oder der Heldin in Verbindung gebracht werden; denn die Fußballgeschichten sind häufig auch Adoleszenzgeschichten. Als typische Themen des Genres lassen sich „Ablösung von den Eltern", „Ausbildung eigener Wertvorstellungen", „erleben erster sexueller Kontakte", „Entwickeln eigener Sozialbeziehungen" und „das Hineinwachsen oder das Ablehnen der eigenen sozialen Rolle"[1] identifizieren.

Eine andere Genrebezeichnung für Bücher und Filme, die sich den Stationen und Herausforderungen des Erwachsenwerdens widmen, ist die des Coming-of-Age. Frank Münschke hat die typischen Motive solcher Erzählungen im Hinblick auf den Film differenzierter beschrieben. Diese lassen sich auch auf literarische Werke übertragen. Als die beiden Hauptaspekte des Genres erscheinen

„1. Die Verhandlung des Übergangs von einer Lebensphase in eine andere, die mit der Identitätssuche der Protagonisten und Protagonistinnen und verschiedenen Schwellensituationen einhergeht, und 2. Die Verhandlung adoleszenter Themen."

Solche Themen können sein

„Abgrenzung (in jeglicher Form, also etwa von bekannten Lebensmustern), Außenseitertum, Drogenerfahrungen, Freundschaft, Geschlechterrollen, Gewalt, Identitätsfindung, (individuelle und soziale) Konflikte, Kriminalität, Liebe, Scheitern, Sexualität, Tod, Verlust."[2]

Diese Motive scheinen zunächst nicht auf das Thema Fußball zu verweisen. Betrachtet man vorliegende Fußballromane jedoch gezielt daraufhin, zeigt sich, in welcher Häufigkeit und Vielfalt diese mit dem Prozess des Erwachsenwerdens tatsächlich verknüpft sind.

Zahlreiche dieser Motive des Coming-of-Age hat bereits Nick Hornby in *Fever Pitch* (1992), der autobiografischen Schilderung seines Lebens als Fußballfan, verarbeitet. So reflektiert er sein Verhältnis zu den geschiedenen Eltern und zu Frauen im Kontext und mit Bezug zum Fußballsport und Fan-Sein. Aber auch weitere wichtige Stationen des Coming-of-Age werden im Zusammenhang mit dem Fußball erlebt. So wird im Kapitel „Reifeprüfung" der Platzwechsel im Stadion vom Schülerblock zum Stehplatzblock der Hardcore-Fans des Arsenal FC, den der Ich-Erzähler als Fünfzehnjähriger vollzieht, explizit als Initiationsritus dargestellt.[3] Aber auch die erste Begegnung mit dem Tod hat er im Anschluss an ein Fußballspiel: „Und beim ersten Besuch im Selhurst Park […] sah ich einen

---

[1] Gansel, „Der Adoleszenzroman," 371.
[2] Münschke, „Coming-of-Age-Film."
[3] Hornby, *Fever Pitch*, 102–103.

Toten, meinen ersten überhaupt, und lernte ein wenig über, na ja, über das Leben an sich."[4]

Dieser Aspekt des Fußballs als Schule des Lebens, die Anstoß und Auslöser für individuelle Weiterentwicklung ist, findet sich in einigen Jugendbüchern. Im Folgenden werden solche Werke betrachtet, bei denen nicht wie bei Hornby das Fan-Sein dargestellt wird, sondern die Protagonisten sich selbst dem Sport widmen.

2 Narinder Dhami: Kick it like Beckham

Narinder Dhamis *Kick it like Beckham* (in deutscher Übersetzung 2005) ist als Buch zum gleichnamigen Jugendfilm (Großbritannien 2002) entstanden. Obwohl es sich also um ein literarisches Sekundärprodukt handelt, lohnt im vorliegenden Kontext ein Blick darauf; denn Fußballleidenschaft wird hier exemplarisch mit dem Prozess des Coming-of-Age in Verbindung gebracht.

Das erzählte Geschehen ist zeitlich angesiedelt am Ende der Schulzeit der fußballbegeisterten Protagonistin Jesminder, die auf ihre Abschlussnoten wartet, um über ihren weiteren Lebensweg an die Universität Klarheit zu erlangen. Sie befindet sich also in einer typischen Schwellensituation, einer Übergangszeit. Ihre Fußballleidenschaft wird in dieser Situation zu einem Katalysator im Ablösungsprozess von ihrem zwar liebevollen, aber konservativen britisch-indischen Elternhaus. Zu dieser Lösung, die gleichzeitig eine Selbstfindung ist, gehört vor allem, dass Jesminder lernen muss, zu ihren eigenen Wünschen zu stehen und diese zu verwirklichen; denn in die Moral- und Geschlechterrollenvorstellung ihrer Eltern passt ein fußballspielendes Mädchen nicht.

Explizit ist im Roman von der Frau-Werdung[5] die Rede – allerdings in Zusammenhang mit dem ersten indischen Sari, den Jesminder als Kleidung für die Hochzeitsfeier ihrer Schwester Pinky bekommen soll. Die ganze Erzählung ist geprägt von der Parallelisierung der Fußballgeschichte der Protagonistin mit den sich verzögernden Hochzeitsvorbereitungen ihrer Schwester. Diese Verbindung zwischen Fußball und Hochzeit, die einerseits einen Gegensatz bilden, andererseits im Leben der beiden jungen Frauen aber eine äquivalente Rolle einnehmen, wird im Roman von Beginn an angelegt, wenn die Ich-Erzählerin sich am Ende des 1. Kapitels rhetorisch fragt: „Und schließlich gab es im Leben noch andere Dinge als Heiraten, oder? Fußball, zum Beispiel."[6] Mit dieser substituierenden Verbindung zum Heiraten wird aber auch ein erotisches Moment des Fußballs angedeutet. Die Leidenschaft für Fußball und die Leidenschaft für Jungs nehmen in Jesminders Leben bzw. in dem ihrer Schwester eine ähnliche Position ein. Dies wird immer wieder angedeutet. So wie sich die eine heimlich mit ihrem Freund trifft, geht die andere heimlich zum Fußballtraining.[7] Jesminder relativiert ihr Handeln mit dem

---

[4] Ebd., 99.
[5] Dhami, *Kick it like Beckham*, 58.
[6] Ebd., 22.
[7] Ebd., 43.

Vergleich, dass sie eben nur heimlich Fußball spielt und sich nicht etwa „schwängern ließ".[8] Erotische Aufladung erfährt Jesminders Fußballleidenschaft aber auch dadurch, dass sie sich in ihren Trainer verliebt, und durch den Vergleich der aus ihrer geheimen Fußballleidenschaft resultierenden Schwierigkeiten mit den Problemen der verheimlichten Homosexualität ihres besten Freundes.

Die Analogie zwischen Heirat und Fußball wird auch dadurch unterstrichen, dass das indische Hochzeitsritual, auf das sich die Schwester vorbereitet, den Abschied der Braut von der eigenen Familie bedeutet,[9] so wie sich Jesminder in ähnlicher Weise durch Fußball von ihren Eltern löst. Diese Parallele wird bis zum Happy End des Romans durchgehalten. Denn schließlich finden beide Schwestern am selben Tag ihr Glück. Die eine in der Hochzeitsfeier, die andere im gewonnen Saisonfinale und dem Angebot, mit einem Stipendium als Spielerin zu einem amerikanischen Uni-Fußballteam zu wechseln.[10] Mit diesem Ende ist nicht nur die Selbstfindung der Protagonistin angedeutet, sondern die den Roman abschließende Abschiedsszene auf dem Flughafen verweist auch auf die räumliche Entfernung von ihrer Herkunft, die mit der Fußballaufbahn verbunden ist. Das ist bemerkenswert; denn das Motiv der Flugreise, die für Aufbruch, das Überwinden großer Distanzen und die Erkundung von Neuem steht, taucht in mehreren der hier untersuchten Werke auf. Es lohnt sich, bei der Interpretation der Texte daher auch, auf die dort beschriebenen Orte und Raumstrukturen zu achten. Wie der russische Literaturwissenschaftler Jurij M. Lotmann herausgearbeitet hat, sind Repräsentationen räumlicher Verhältnisse in literarischen Texten immer auch mit über sie selbst hinausweisenden Bedeutungen verknüpft.[11] Die beschriebenen Räume erhalten eine Semantik, die mit der Handlung und den Figuren verknüpft ist. So sind Ortswechsel und Grenzüberschreitungen zwischen verschiedenen Räumen und Orten als Ereignisse zu deuten, die auch mit inneren Entwicklungsschritten der Figuren verbunden sind. Die Geschlossenheit oder Offenheit beschriebener Räume kann ebenfalls symbolischen Wert im Hinblick auf die Deutung der Situationen und Handlungen von Figuren haben. Daher lohnt es sich bei den hier untersuchten Romanen, neben und in Verbindung mit den Motiven des Coming-of-Age auch die in den Texten beschriebenen räumlichen Verhältnisse mit in den Blick zu nehmen.

3 Mal Peet: Keeper

Auch Mal Peets Jugendroman *Keeper* (englisch 2003, deutsch 2006) ist eine Coming-of-Age-Geschichte. Bei der Figur des Keepers handelt es sich um einen imaginären Mentor, der der Hauptfigur El Gato in einer entlegenen brasilianischen

---

[8] Ebd., 48.
[9] Ebd., 143.
[10] Ebd., 162.
[11] Lotman, *Struktur*, 311–29.

Holzfällersiedlung nicht nur hilft, sich zu einem Weltklassetormann zu entwickeln, sondern dabei auch sich selbst zu finden. „Er, der Keeper, bereitete mich auf das Leben vor, das mir, wie er wusste, bestimmt war."[12] Seine Rolle wird ausdrücklich mit dem verglichen, „was ein Vater für seinen Sohn tun sollte."[13] Sein realer Vater steht El Gatos Fußballkarriere hingegen zunächst aus Sorge und Liebe im Weg; er will den Jugendlichen nicht in die Ferne ziehen lassen, als er ein Angebot von einem Proficlub erhält. „Die Tür zu meinem wahren Leben stand offen, und mein Vater stand davor und blockierte sie."[14]

Das Kernthema des Romans ist die Entwicklung der persönlichen Anlagen und Fähigkeiten im und durch Fußball. Dieser Prozess wird bei Peet nicht nur auf der psychischen und sozialen Ebene dargestellt, sondern auch als sichtbare und spürbare körperliche Entwicklung des Protagonisten El Gato beschrieben. Seine persönliche Reifung korrespondiert mit der zunehmenden Kraft seines Körpers, die er sich durch den Sport aneignet.

Ein zentrales und immer wieder variiertes Motiv des Romans ist das Überschreiten von Schwellen und das Verschieben von innerlich-mentalen sowie körperlichen und räumlichen Grenzen. Zum auslösenden Moment der Handlung und der Entwicklungsgeschichte des Helden wird das Überschreiten der Grenze zwischen dem Dorf und dem umgebenden Urwald und, damit verbunden, zwischen realer und imaginärer Welt, in der er seinen Mentor, den Keeper, findet. Die Fußballkarriere wird vom Protagonisten als Erweiterung des eigenen Bewegungsraums erlebt, vom „Rande der Welt" im Dschungel in die Metropolen der Welt. Diese räumliche Bewegung wird aber auch in ihrer Bedeutung für den Ablösungsprozess von den Eltern und der Heimat reflektiert.

Das Motiv von Abschied und Tod nimmt in *Keeper* ebenfalls eine zentrale Stellung ein. Denn der Vater des Helden stirbt während seines größten sportlichen Triumphes, des Gewinns des Europacups. Der sportliche und persönliche Reifeprozess vollzieht sich parallel zur Konfrontation mit dem Tod und mit der endgültigen Ablösung vom Vater. Aber auch der Weg zu seinem imaginären Mentor ist für den Helden von diesem Zeitpunkt an nicht mehr zu finden. Er steht nun eigenständig in der Welt.

4 Lienneke Dijkzeul: Ein Traum vom Fußball

Ebenso wie in *Keeper* bewegt sich auch in Lienneke Dijkzeuls *Ein Traum vom Fußball* (niederländisch 2004, deutsch 2006) der Protagonist von einem aus europäischer Sicht exotischen Ort in die Zentren des europäischen Fußballs. Rahmane wächst unter sehr einfachen Bedingungen in einem afrikanischen Dorf auf. Fußball erschließt dem Jungen wichtige persönliche Entwicklungsschritte: auch hier die Lösung vom Elternhaus, gleichzeitig die Übernahme von Verantwortung für

---

[12] Peet, *Keeper*, 54.
[13] Ebd., 54.
[14] Ebd., 144.

sich und die Familie. Als eine weitere Funktion wird dem Fußballsport und dem Training eine disziplinierende Wirkung zugeschrieben, und das im Sinn sportlicher Verbesserung und persönlicher Entwicklung.

Die Erfahrung und der Umgang mit zerbrechenden Freundschaften wird in viele Fußballgeschichten eingewoben und zumeist als negative Verlusterfahrung beschrieben. Dijkzeul gibt diesem Motiv jedoch eine positive Wendung. Bewusst bricht Rahmane mit einem Freund aus Kinderzeiten, der ebenfalls versucht, Profifußballer zu werden. Jedoch gefährdet er durch seinen Egoismus und seine Undiszipliniertheit mehrfach Rahmanes Weiterkommen. Daher stellt die Erzählung den Bruch mit dem Freund positiv als persönliche Emanzipation und legitime Verteidigung der Interessen des Protagonisten dar. Der Abschied vom Freund wird ausdrücklich als Schritt auf dem Weg zum Erwachsenwerden beschrieben:

> „Da gingen seine Kinderjahre und für einen kurzen Moment wollte er Tigani nachrennen, mit ihm gehen, zurück in die sichere Abgeschlossenheit des Dorfes, damit alles wieder so würde, wie es gewesen war. Aber er konnte es nicht und wusste, dass er es auch nicht wollte, nicht wirklich. Nicht nur Tigani musste seinen eigenen Weg gehen, er selbst musste das auch."[15]

Die räumliche Bewegung des Helden und seine damit verbundene Entwicklung spielt auch in *Ein Traum vom Fußball* eine wichtige Rolle. Die für den Fußball unternommenen Reisen führen ihn zunächst aus dem Dorf in eine afrikanische Großstadt und von dort nach Europa. Der Protagonist erfährt sie als bewusste Erweiterung seines Blicks auf die Welt und auf seine eigenen Chancen und Möglichkeiten.

Der Werdegang zum Profifußballer wird aber auch mit weiteren Aspekten des Erwachsenwerdens in Verbindung gebracht. So erfährt Rahmane die für ihn wichtige Anerkennung und den Respekt von den älteren Mitgliedern seiner Dorfgemeinschaft eben aufgrund seiner sportlichen Fähigkeiten. Auch das erwachende Interesse von Frauen an ihm erlebt er als Folge seines sportlichen Erfolges.

Weitere in die Erzählung eingearbeitete Momente des Coming-of-Age sind die Konfrontation mit dem Tod von Bekannten[16] und die Auseinandersetzung mit eigenen Zweifeln des Protagonisten über den eingeschlagenen Lebensweg.

5 Michael Horeni: Asphaltfieber

Auch die Geschichte in Michael Horenis *Asphaltfieber* (2013) bewegt sich zwischen gegensätzlichen Orten – allerdings nicht zwischen Kontinenten, sondern zwischen zwei Stadtteilen Berlins, dem sozialen Brennpunkt in Neukölln und dem bürgerlich-wohlhabenden Dahlem. Wenn die jugendlichen Protagonisten sich zwischen den Fußballplätzen und Stadtteilen bewegen, bedeutet das für sie gleichzeitig eine Erweiterung ihres sozialen Erfahrungshorizonts über das eigene Milieu

---

[15] Dijkzeul, *Ein Traum vom Fußball*, 153.
[16] Ebd., 251.

hinaus und eine Perspektive auf den Fußball als Aufstiegsmöglichkeit, als Chance, der eigenen Herkunft zu entkommen. „Denn nur mit Fußball konnte man reich und berühmt werden und den ganzen Mist hinter sich lassen."[17] Angelehnt hat Horeni seine Geschichte an die von ihm verfasste Fußballbiografie der Berliner Brüder Boateng, in der er die besondere Bedeutung des Fußballkäfigs im Kiez ausformuliert hat, ein auch in *Asphaltfieber* wichtiger Handlungsort. Im Käfig treffen Jugendliche unterschiedlicher Herkunft als Gleiche aufeinander, spielen frei nach ihren eigenen Regeln und entwickeln dabei ihre Talente und ihr Durchsetzungsvermögen. Daher steht der Fußballkäfig für das genaue Gegenteil dessen, was ein Käfig sonst bedeutet:

> „Normalerweise lässt ein Käfig die Entfaltung seiner Bewohner nicht zu, und wenn man nicht aus diesen Zwängen ausbricht, dann wird der Käfig zur Falle, zum Gefängnis, weil die eigenen Fähigkeiten eingesperrt bleiben. Ein Fußballkäfig bringt jedoch genau die verborgenen Kräfte zum Vorschein, die in einem Fußballer ansonsten oft unentdeckt bleiben. Im Fußball bedeutet der Käfig Freiheit."[18]

Neben der gesellschaftlichen Thematik steht in *Asphaltfieber* die familiäre im Zentrum. Auch hier geht es um die Emanzipation der Protagonisten von ihren Eltern, die Vorstellungen vom Leben ihrer Kinder haben, die mit dem Ausleben der Fußballleidenschaft in Konflikt geraten. In diesem familiären Kontext sind wiederum die Vaterfiguren von besonderer Bedeutung; sie beeinflussen die Protagonisten in unterschiedlicher Weise. Für einen der jungen Fußballhelden bedeutet die Suche nach seinem unbekannten biologischen Vater auch die Suche nach der eigenen Identität. Gleichzeitig bietet der Fußball aber auch Ersatzvaterfiguren, etwa in der Person von Trainern und Betreuern.

Ein weiteres wichtiges Coming-of-Age-Motiv, das *Asphaltfieber* mit dem Fußball verknüpft, ist das erwachende Interesse der heranwachsenden Jungen am anderen Geschlecht.

6 Julien Wolff: Traumtreffer

Ähnliche Motive greift Julien Wolffs *Traumtreffer* (2019) auf. Die Verbindung von Fußball und Liebesgeschichte wird hier allerdings noch enger geknüpft. Der sportliche Erfolg und die Eroberung seiner ersten Liebe gehen für den Protagonisten Leon Hand in Hand. Deutlich wird dabei, dass es eben der Erfolg im Fußball ist, der das Interesse der Mädchen weckt.

Auch in *Traumtreffer* spielt der Vater eine wichtige, zudem konfliktreiche Rolle. Er lehnt die Fußballlaufbahn seines Sohnes zunächst ab, weil er sich für ihn stattdessen höhere Bildung wünscht. Aber auch in dieser Beziehung ist es schließlich der sportliche Erfolg, der dem Protagonisten die Anerkennung auch des Vaters bringt.

---

[17] Horeni, *Asphaltfieber*, 179.
[18] Horeni, *Die Brüder*, 39.

Zunächst geht es in *Traumtreffer* jedoch um Abschied und Emanzipation. Die Fußballkarriere bedeutet das Verlassen von Familie und Heimat. Die erste Zugfahrt des Helden vom Heimatort ins Fußballinternat des FC Bayern München wird als Schwellenerfahrung, als Übergang in einen neuen Lebensabschnitt inszeniert, der auch den Verlust alter Freunde, die sich von ihm abwenden, nach sich zieht. Neue Freundschaften im Fußballinternat werden im weiteren Lauf der Handlung auf die Probe gestellt. Die betreuenden Mitarbeiter des Vereins werden zu neuen Bezugspersonen und erscheinen für den Helden auch in Krisensituationen als vorbildlich handelnde Menschen, die ihn in seinem sportlichen und menschlichen Werdegang unterstützen.

Hervorgehoben wird aber auch die Bedeutung des Sports selbst als Einübung von Disziplin in allen Lebensbereichen bis hin zur Ernährung. Der Fußball wird insgesamt als eine Schule des Lebens präsentiert: Disziplin, Durchsetzungsvermögen, Willensstärke, Teamgeist, der Umgang mit erlittenem Unrecht (Intrige eines bösen Mannschaftskollegen), Opferbereitschaft, Überwinden von Selbstzweifeln usw. Diese umfassende Bedeutung des Sports wird mehrfach explizit gemacht, etwa durch das Zitat des brasilianischen Fußballstars Neymar, das Leon an der Wand seines Zimmers aufgehängt hat: „I learned all about life with a ball on my feet."[19] Oder prägnant in der Gleichsetzung „Fußball ist Leben."[20]

7 Martina Wildner: Der Himmel über dem Platz

In Martina Wildners *Der Himmel über dem Platz* (2021) ist es wiederum eine Heldin, die zu einer Fußballkarriere aufbricht und ganz ähnliche Erfahrungen macht wie die männlichen Protagonisten in den anderen Erzählungen. Jo ist ein Mädchen von geringem Selbstvertrauen, das sich selbst als körperlich hässlich empfindet. Erst durch den Sport findet sie ihren zunächst steinigen Weg zu einer erfolgreichen Fußballerin, auf dem sie sich vom bisherigen Freundeskreis lösen muss. Die besondere Konstellation ist hier, dass sie die Geschlechtergruppe wechselt, indem sie ihre Mädchenmannschaft verlässt, um ihr großes Talent in einer Jungenmannschaft weiterzuentwickeln. Als einziges Mädchen in dieser Mannschaft wird die Protagonistin und Ich-Erzählerin in die Rolle der Außenseiterin gedrängt. Die entstehenden Konflikte mit den Jungen und die Beobachtung ihres andersartigen Verhaltens fördern aber auch die Entwicklung und Selbstreflexion der Heldin.

In Konflikte ist sie auch mit ihren geschiedenen Eltern verstrickt. Hier steht insbesondere der Vater im Mittelpunkt, der als verschrobene und gesellschaftsuntaugliche Figur gezeichnet wird, die sich stark auf den sportlichen Erfolg der Tochter konzentriert, wohl auch um den Misserfolg in seinem eigenen Leben zu kompensieren. Gerade daraus ergeben sich aber für die Heldin der Anlass und die Notwendigkeit, sich bewusst zu emanzipieren und über die eigenen Wünsche klar zu werden. Unterstützt und ermutigt wird sie von einem (imaginären) Mentor in

---

[19] Wolff, *Traumtreffer*, 177.
[20] Ebd., 186.

Gestalt eines geheimnisvollen Nachbarn, der sich schließlich als Fußballgott entpuppt.

Fußball erscheint auch in *Der Himmel über dem Platz* als Lebens- und Weltmodell. Zunächst in der Figurenrede des Vaters an seine Tochter: „Der Fußball unterscheidet sich kaum vom Leben. Tore muss man wollen. Dann schießt man sie auch."[21] Oder in den Gedanken der Protagonistin:

> „Da fiel mir ein, dass die Erde eine Kugel war, die hatte gar kein Ende. Auch das Universum dehnte sich kugelförmig aus. Die Welt war eine Kugel wie ein Fußball, und ich war von den wenigen Schritten, die ich gegangen war, auf einmal sehr erschöpft."[22]

8 Resümee

Zusammenfassend lässt sich sagen, dass die betrachteten jugendliterarischen Fußballromane stets auch von einem Konflikt mit und einem Ablösungsprozess von den Eltern der Jugendlichen handeln. Häufig wird der Verlust von Freunden thematisiert, der mit dem Weg der Protagonisten zum erfolgreichen Fußballer einhergeht. Dem gegenüber stehen jedoch stets auch Anerkennung und Akzeptanz, die sich durch den Erfolg im Sport einstellen. Hieraus resultieren nicht zuletzt auch eine Steigerung des Selbstwertgefühls und der Attraktivität für das jeweils andere Geschlecht.

Wie die Coming-of-Age-Erzählungen im Allgemeinen spielen auch Fußballgeschichten häufig in Schwellensituationen. Sie können in zeitlichen Übergängen von einer Lebensphase zu einer anderen bestehen oder räumlich als das Überschreiten von Grenzen und als Wechsel an neue Orte. Die persönliche Reifung und Emanzipation von der eigenen Herkunft ist regelmäßig verbunden mit räumlicher Bewegung. Ganz im Sinn des Titels von Klaus Theweleits autobiographischer Essaysammlung *Tor zur Welt* wird der Fußball zu einem Vehikel, das es den Protagonisten und Protagonistinnen tatsächlich erlaubt, ihren Bewegungsradius zu erweitern, die Welt zu erkunden und sich durch die dabei ergebenden Erfahrungen auch selbst als Menschen weiterzuentwickeln.

Kinder- und Jugendbücher

Dhami, Narinder. *Kick it like Beckham*. Ravensburg: Ravensburger Verlag, 2005 (englisches Original 2002).

Dijkzeul, Lieneke. *Ein Traum vom Fußball*. Würzburg: Arena, 2006 (niederländisches Original 2004).

Horeni, Michael. *Asphaltfieber*. Köln: Baumhausverlag, 2016.

Horeni, Michael. *Die Brüder Boateng: Drei deutsche Leben zwischen Wedding und Weltfußball*. Köln: Bastei Lübbe, durchgesehene und aktualisierte Auflage, 2014.

---

[21] Wildner, *Der Himmel über dem Platz*, 135.
[22] Ebd., 180.

Hornby, Nick. *Fever Pitch. Ballfieber: Die Geschichte eines Fans*. Köln: Kiepenheuer & Witsch, 2013 (englisches Original 1992).
Peet, Mal. *Keeper*. Hamburg: Carlsen, 2006 (englisches Original 2003).
Wildner, Martina. *Der Himmel über dem Platz*. Weinheim und Basel: Beltz, 2021.
Wolff, Julien. *Traumtreffer: Leon kickt sich durch*. Hamburg: Carlsen, 2019.

Literatur

Gansel, Carsten. „Der Adoleszenzroman: Zwischen Moderne und Postmoderne." In *Taschenbuch der Kinder- und Jugendliteratur I: Grundlagen – Gattungen*, hrsg. von Günter Lange, 359–98. Baltmannsweiler: Schneider Hohengehren, 2., korrigierte Auflage, 2000.
Lotman, Jurij M. *Die Struktur literarischer Texte*. München: Fink, 4. Auflage, 1993.
Münschke, Frank. „Coming-of-Age-Film." *KinderundJugendmedien.de: Wissenschaftliches Portal für Kindermedien und Jugendmedien*, 13. August 2018. https://www.kinderundjugendmedien.de/index.php/begriffe-und-termini/2482-coming-of-age-film.
Theweleit, Klaus. *Tor zur Welt: Fußball als Realitätsmodell*. Köln: Kiepenheuer & Witsch, 2017.

*Michael Stierstorfer**

Fußball als Ersatzreligion? Entstehungsmythen rund um den Fußball in der aktuellen Kinder- und Jugendliteratur und im Film

Abstract. **Football as a Substitute Religion? Myths about the Origins of Football in Current Children's and Youth Literature and Film** – This paper addresses the central question of whether soccer has emerged as a kind of substitute religion in popular cultural media in times of dwindling religiosity. It assumes real-life worship of professional footballers as soccer gods and the transfer of religious miracles to soccer. This connection between faith and soccer is then transferred to current children's and young adults' media: Thus, non-fiction books show that the origins of soccer can be linked to divine sacrificial cult and worship of gods. On the basis of a current picture book, four novels and a film, it becomes apparent that soccer in the books is exaggerated by a divine aitiology as a game, so that soccer trumps religion. The heroic schema according to Campbell also flows into the soccer books in order to create soccer heroes who develop from outsiders to the center of the (sports) community and thus often help or even redeem several people through the commandment of charity: In the picture book *Auch die Götter lieben Fußball* by Heinz Janisch and Artem (2008), new kinds of deities create the cosmological order through the game of soccer and also man as *homo pila ludens*. In the (so far) three-part novel series *Storm* by Jan Birck (since 2018), soccer turns out to be the advancement of an archaic shaman cult. And in the novel *Hat Jesus Fußball gespielt?* (Antje Damm and Katja Gehrmann 2016), soccer proves to be a vehicle for implementing a parable from the Bible and for overcoming disagreements between neighbors. In the film *Der ganz große Traum* (Grobler 2011), on the other hand, the underdog sport of soccer rises as a freedom-promoting substitute religion. Another interesting finding is that in the novels and in the film the separation of women's and men's soccer is (partially) broken down, which leads to a latent revaluation of women's soccer.

Keywords. Substitute Religion; Cosmogony; Aitiology; Football (Soccer); Football Gods; Football Cult; Popular Cultural Media; Children and Youth Literature.

---

* Reviewer, juror and editor for current children's and youth media, Schäftlarn, Germany – michael.stierstorfer@web.de.

1 Fußball als Ersatzreligion

Fußball ist in globaler Sicht eine der beliebtesten, wenn nicht sogar die beliebteste Sportart – mit Ausnahme der USA: „Fußball hat sich [...] zu einem das Leben prägenden gesamtkulturellen Phänomen entwickelt, das die verschiedensten Kultur- und Kunstsektoren bereichert und entsprechende Rückkopplungseffekte aufweist."[1] Doch wie ist dieses Massenphänomen, das Länder, Menschen und Generationen miteinander verbindet und auch die Kinder- und Jugendliteratur vielseitig bereichert, überhaupt entstanden? Um diese Ursprungsfrage ranken sich diverse Mythen, die im Folgenden anhand einer Buchserie, eines Bilderbuchs, eines Erstlesebuchs und eines Spielfilms näher zu beleuchten ist. Der Beitrag wird auch unter die Lupe nehmen, welche Funktionen die scheinbar mythische Überhöhung, die sich um die Entstehung des Fußballs rankt, übernimmt. Hierbei stellt sich die Frage, ob Fußball in Zeiten des schwindenden Einflusses der Kirchen in der westlichen Welt zu einer Art Ersatzreligion geworden ist.

> „Aber nicht nur auf semantischer Ebene, sondern auch der Sache nach gibt es enge Beziehungen und Entsprechungen, Analogien und Parallelen zwischen Fußball und Religion: vor allem in den Verhaltensweisen und Einstellungen der Fans. Den christlichen Heiligen im Himmel entsprechen die Fußballstars auf dem Spielfeld, die Jagd nach Reliquien und deren Zurschaustellung findet sich in Religion (Kirche und Diözesanmuseum) und Sport (Stadion und Fußballvereinsmuseum) gleichermaßen."[2]

Aufgrund derartig evidenter Parallelen ist es nur konsequent, dass auch Werke der Kinder- und Jugendliteratur und des Films für Heranwachsende Fußball in einen religiösen Kontext rücken. Somit fokussiert dieser Beitrag Fußballgötter, göttliche Fußballer, Fußball als praktische Umsetzung eines Gleichnisses und Fußball als Priesterschreck.

2 Fußballgötter auf dem Spielfeld

Grundsätzlich sind Fußball und Glaube in populären Kulturen teilweise so eng miteinander verbunden, dass Christentum und Religiosität bisweilen Hand in Hand gehen. Ein prominentes Beispiel dafür bietet die katholisch-religiös geprägte Stadt Neapel. Jährlich pilgern Tausende in den Dom, um das „Wunder" der Verflüssigung des Blutes des Stadtpatrons San Gennaro mitzuerleben. Im 17. Jahrhundert habe der Märtyrer den Lavafluss nach einem Ausbruch des Vesuvs gestoppt, sodass die Stadt vor Zerstörung verschont geblieben sei und Menschenleben gerettet worden seien. Wenn sich das Blut nicht verflüssige, breche laut dem Volksglauben entweder der Vesuv bald aus oder der SSC Neapel müsse eine schlechte Saison und viele Niederlagen befürchten.[3] Auch vollziehen Spieler und

---

[1] Herzog, „Fußlümmelei," 12.
[2] Ebd., 23.
[3] Vgl. Müller-Meiningen, „Blutwunder."

Fans religiöse Handlungen wie „Bekreuzigen, Loben Gottes, Beten, Segnen usw.",[4] was laut Manfred Pirner kritisch zu hinterfragen ist, weil Gott damit zu einem „Gebetserfüllungs- und Sieghelfer-Automaten"[5] reduziert werde. Darüber hinaus lässt sich auch eine religiöse Verehrung von (weltweit erfolgreichen) Fußballspielern feststellen: So beten manche Neapolitaner zu einer Locke des 2020 verstorbenen Diego Maradona, der immer wieder *expressis verbis* als „Fußball-Gott" bezeichnet wird.[6] Der Journalist Anton Schwankhart unterstreicht den religiösen Status Maradonas: „Diego Maradona war ein Fußball-Gott. Er halte sich für Gott, hieß es irgendwann. Fußballgott war er schon vorher gewesen."[7] Die Verehrung von Diego Maradona und anderen Weltfußballern als personifizierte Götter erreicht einen aus theologischer Perspektive blasphemischen Höhepunkt in ihrer Ikonisierung mit Heiligenschein. Derartige Darstellungen finden sich in Zeiten des boomenden Internethandels nicht nur in den Touristen-Souvenirgeschäften von Neapel und anderen Städten mit Fußballnationalhelden weltweit, sondern auch in Online-Shops: Die Bilder-Serie „Football Icon" des bekannten Posterversandunternehmens „Juniqe" bietet Portraits von Weltfußballern wie Maradona, Ronaldo oder Messi mit Heiligenschein aus Blattgold an, wie er in christlichen Ikonen üblich ist.[8]

> „Mediensport erzeugt eine Art Hyperrealität, die von hochtalentierten ausgezeichneten Einzelpersonen – von Sportstars oder Sporthelden, wie Zidane einer ist – bespielt wird. In der Personalisierung, das heißt im Herausheben einer Einzelperson aus dem Sportgeschehen, wird die Identifikation der ZuseherInnen mit dem Sportler besser möglich. Hochgradige affektive Bindungen mit Medienfiguren entstehen. Der Held wird zu einer Projektionsfläche für Empathie."[9]

In Bangkok wird in einem buddhistischen Tempel eine goldene Statue des englischen Fußballstars David Beckham verehrt.[10] Die Parallelen zu religiösen Praktiken der Verehrung liegen auf der Hand.[11] Darüber hinaus ranken sich um die Entstehung des Fußballsports Erzählungen, die mythischen Charakter aufweisen.

---

[4] Pirner, „Fußballfan," 6.
[5] Ebd.
[6] Herzog, „Fußlümmelei," 21, konstatiert treffend den Eingang der religiös motivierten Sprache in den Bereich des Fußballs: „Auch die Sprache der Religion läßt sich auf den Fußballsport anwenden. Spätestens seit der Radioübertragung des ‚Wunders von Bern' am 4. Juli 1954 in der Kommentierung durch Herbert Zimmermann ist in Deutschland die Species ‚Fußballgott' geboren (‚Turek, du bist ein Teufelskerl!' Turek, du bist ein Fußballgott!'), ein substantivisches Kompositum, das auf herausragende Spieler angewendet wird."
[7] Schwankhart, „Fußball-Gott."
[8] Diehl, „Football Icon."
[9] Müllner, „Zinédine Zidane," 40.
[10] Vgl. Niklas, „Fußballserien," 49.
[11] Vgl. Herzog, „Fußlümmelei," 31–32.

3 Der „Monomythos" in Fußballbüchern und dessen leseförderndes Potenzial

Die Kinder- und Jugendliteraturforschung hat herausgearbeitet, dass an ein jüngeres Publikum adressierte Fußballbücher mit ihren bisweilen sehr vorhersehbar-schematischen Narrativen sich an den „Monomythos" von Joseph Campbell (1904–1987) anlehnen: Ein Held wandelt sich vom versagenden Außenseiter über diverse Bewährungsproben, die in einen ultimativen Test münden, zu einem die Gemeinschaft rettenden Heros, der zum Mittelpunkt der Gesellschaft wird.[12] Dass Fußballbücher mythische Schemata implementieren, betont etwa Nüse-Lorenz:

> „Die [Fußball-Erstlesebücher] erzählen seit Anbeginn ihrer Zeiten lebensnah von den Träumen vieler Jungs, endlich zu einem Fußballteam zu gehören und gemeinsam mit Freunden Erfolgserlebnisse zu genießen, zu feiern, dabei selbst zum Helden zu werden und, ob auf oder auch neben dem Fußballplatz, über sich hinauszuwachsen. Freundschaft, Respekt und Integration waren dabei von jeher begleitende Themen, die dem Sport auch schon im Erstleser-Segment eine gesellschaftliche Dimension verleihen."[13]

Dieses Zitat belegt, wie sehr die Kinderliteratur über das Thema Fußball mythische Strukturen aufgreift, welche die Sehnsucht junger Rezipienten bedienen, sich von einem gewöhnlichen (Freizeit-)Kicker zu einem (Profi-)Fußballer von Weltrang hochzuarbeiten. Auch Annemarie Niklas verweist darauf, dass die von ihr untersuchten mehrbändigen Fußballreihen für Jungen (und Mädchen) dieses Moment in den Fokus stellen, das die zumeist männlichen Fußballhelden über sich hinauswachsen lässt: „In allen vorgestellten Kinderbüchern steht die Bewährung des Einzelnen innerhalb und mit seinem Fußballteam im Zentrum."[14]

Dass diese Perspektive, selbst ein Fußballheld zu werden, leseförderndes Potenzial zu entfalten vermag, lässt sich zum Einen am Beispiel des langjährigen Projekts „Lese-Kick in Bayern"[15] festmachen, bei dem Heranwachsende nach einer Lesung aus einem Buch zum Thema Fußball mit Trainern des Bayerischen Fußball-Verbandes auf dem Sportplatz ihrer Schule kicken dürfen. Auf der anderen Seite konstatiert Nüse-Lorenz anlässlich der WM 2014 eine Steigerung der intrinsischen Lesemotivation, gerade auch bei wenig lesenden Jungen:

---

[12] Vgl. Campbell, *Heros*, 40–228.
[13] Nüse-Lorenz, „Startelf," 7. – Siehe dazu auch die Beiträge Christensen, Heiser und Wolf in diesem Band.
[14] Niklas, „Fußballserien," 51.
[15] Vgl. „Lese-Kick in Bayern 2021."

> „Leseförderung im Sinne eines hedonistischen Leseansatzes basiert immer auf einem echten Interesse des Kindes – und eine Fußball-WM, bei der all die Fußballhelden live in Aktion treten, kann auch dafür sorgen, dass Kinder zu thematisch passenden Zeitschriften und Büchern greifen."[16]

Auch Annemarie Niklas erkennt, dass der zum Großteil einfache Satzbau in den von ihr untersuchten prominenten Fußballreihen, allen voran in den *Wilden Fußballkerlen*,[17] gerade leseschwache Jungen anspricht:

> „Der Schreibstil Masanneks mit seiner Vielzahl kurzer Ausrufe kommt den schwächeren Lesern und damit laut den Ergebnissen der PISA-Kommission vor allem den Jungen entgegen, ist aber aus pädagogischer Sicht gewöhnungsbedürftig."[18]

Diese Reihe untersucht auch Karl-Wilhelm Schmidt, der sie als „Glücksfall" bezeichnet und ihr vielseitiges Potenzial zur Lesemotivation[19] und -förderung attestiert: „Es handelt sich um Abenteuerromane mit fantastischen Elementen, die spannend und lehrreich sind, der Leseförderung dienen und unterschiedliche Lesarten und Leseangebote ermöglichen."[20] Dieses Potenzial sollten gerade auch die Schulen stärker als bisher nutzen, indem Lesekisten und Schülerbibliotheken mit derartigen Fußballbüchern, trotz ihrer teils umstrittenen Qualität, bestückt werden.

4 Mythos und Fußball: Zum Begriff der Fußballmythen

Der Begriff des Mythos wird in den Massenmedien, wie etwa in Zeitschriften oder im Netz, immer wieder mit dem des Fußballs verbunden. Dieser in der (Post-)Moderne sehr vielseitig verwendete Begriff sollte gemäß dem Ansatz von Peter Tepe in erster Linie auf Erzählungen von Göttern und Heroen beschränkt bleiben.[21] Im Sinne einer Ursprungserzählung (Aitiologie), die Helden und deren große Taten fokussiert, verwendet auch dieser Beitrag den Mythenbegriff. Damit stellt sich die

---

[16] Nüse-Lorenz, „Startelf," 6. In diesem Kontext stellt Eva Maus fest, dass auch aktuellste Fußballlektüren vielschichtiges Potenzial für eine Lesebegeisterung gerade von (männlichen) Lesemuffeln aufweisen: „Bücher zum Thema Fußball! Die vertreiben Langeweile, stillen Fußball-Sehnsucht und machen (Lese-)Spaß. Das motiviert vielleicht sogar den ein oder anderen Lesemuffel." Maus, „Trost," 24.

[17] Auch Büker hält die Reihe für lesemotivierend und ordnet dieser eine „Rezeptur aus charismatischen Helden, abenteuerlichen Kulissen, starker Emotionalität und knisternder Spannung" (Büker, „Abenteuer," 16) zu, welche viele Epigonen dieser prominenten Fußball-Reihe von Masannek übernommen und immer wieder variiert haben.

[18] Niklas, „Fußballserien," 53.

[19] Kammler beweist am Beispiel des Romans *Elf Freunde müsst ihr sein* von Sammy Drechsel (1955) anhand einer unterhaltungsorientierten Lesart, dass diese Lektüre eine spannende Dramaturgie aufweist und auf Techniken der Spannungssteigerung setzt; Kammler, „Mythen," 19–20.

[20] Schmidt, „Fußball," 85–86.

[21] Vgl. Tepe, *Mythos & Literatur*, 14–75. – Ein knapper Überblick über diese pragmatische Eingrenzung des Mythenbegriffs findet sich bei Stierstorfer, *Antike Mythologie*, 66–68.

Frage nach einem metaphorischen bzw. rein pleonastischen Gebrauch des Mythosbegriffs in seiner Anwendung auf das Massenphänomen des Fußballs:

> „Ist die Geschichte des Fußballs doch gesäumt von einer Fülle von ‚epischen Erzählungen' mit mythischem Charakter, die ‚immer wieder von neuem überarbeitet', in einem ‚Kreislauf des Erzählens' tradiert und erinnert werden, um ‚sie gegenüber der Vergänglichkeit zu schützen'."[22]

Fußballmythen zielen auf

> „[...] die *Verklärung und Überhöhung* der zentralen Akteure zu ruhmreichen Helden, mithin [...] die Glorifizierung und Heroisierung ihrer Taten, die *Ruhm, Berühmtheit und Verehrung* begründen. Diesen Helden, die kollektiv bedeutsame Identifikationsfunktionen erfüllen, können Schurken gegenüberstehen, die zusammen mit den Heroen eine agonale Welt konstituieren."[23]

Auch die in diesem Beitrag untersuchten Werke glorifizieren Verfechter des Fußballsports als Helden in einer Welt, die vorwiegend aus Fußballfreunden und Fußballfeinden besteht, wie im Folgenden zu zeigen sein wird.

5 Ursprung des (deutschen) Fußballspiels in Sachbüchern

Vor der Untersuchung der mythisierten Ursprünge des Fußballs in der narrativen Kinder- und Jugendliteratur gilt unsere Aufmerksamkeit der Frage, welche historischen Ursprünge weit verbreitete und bekannte Sachbuchreihen für Heranwachsende anführen. Wie Jonas Kozinowski in dem Band *Was ist was: Fussball* schreibt, ist es nicht einfach, Antworten zu finden:

> „Mit dem Anfang des Fußballs ist das so eine Sache – es gibt ihn nicht. Niemand kann nämlich genau den Ort oder Zeitpunkt nennen, an dem das Spiel Fußball erfunden wurde. Sicher ist nur: Seit 2000 bis 3000 Jahren treten Menschen überall auf der Welt gegen runde Gegenstände und Bälle."[24]

Weil es angeblich keine allgemein akzeptierte Entstehungstheorie gibt, ist es nicht verwunderlich, dass sich viele Legenden um die Erfindung des Ballsportes ranken, denen auch die Kinder- und Jugendliteratur Raum gibt. Laut Kozinowski kickten Menschen mutmaßlich zum ersten Mal in China vor circa 2.500 Jahren mit dem Ball, wie Bilddarstellungen auf Gemälden und Vasen dieser Zeit bezeugen, auf denen eine Gruppe von zwei oder mehr Männern zu sehen seien, die einen weißen Ball in die Luft kicken. Dieses Spiel habe ursprünglich Cuju geheißen, was „einen Ball mit dem Fuß treten" bedeute, und zum Ziel gehabt, Tore durch ein Loch im Netz zu erzielen. Auch in Japan seien Ursprünge des Fußballs zu finden: Bei dem Sportspiel Kemari aus der Heian-Zeit sei es vor circa 1.500 Jahren darum gegangen, sich den Ball durch Jonglage möglichst lang gegenseitig zuzuschießen. Dabei

---

[22] Im Anschluss an Gunter Gebauer, Herzog, „Mythenmaschine," 18.
[23] Ebd.
[24] Kozinowski, *Was ist was*, 8.

stünden sich vier bis acht Spieler gegenüber. Ursprünge des Fußballs könnten auch in Mittelamerika zu orten sein, wo Azteken, Mayas und Zapoteken angeblich einen Ball aus Kautschuk durch einen Steinring mit der Hand geworfen oder mit dem Fuß gekickt haben. Angeblich endeten die Verlierer bisweilen als Menschenopfer für die Götter. Vor diesem Hintergrund könnte das Fußballspiel in seinem Ursprung ein archaisch-göttlicher (Opfer-)Kult gewesen sein.

Auch in Europa habe es eine brutale Variante dieser Ballsportart gegeben, bei der ganze Dörfer gegeneinander gespielt und Stadttore als Ziele genutzt hätten. In England sei diese Spielart, die zu vielen Verletzungen geführt habe, 1314 von König Edward II. verboten worden. 1618 habe König James I. das Verbot wieder aufgehoben; erst circa 1863 habe man allgemeine Regeln[25] für die Größe des Tores, für Abseits, Foul- und Handspiel aufgestellt. Noch sei es jedoch erlaubt gewesen, den Torwart samt Ball ins Tor zu tragen,[26] was – wie kritisch angemerkt werden muss – nach den Regeln, die im Zuge der Gründung der englischen Football Association (FA) beschlossen worden waren, ganz gewiss nicht der Fall war.[27]

Für diese Studie ist die Erkenntnis wichtig, dass England – so jedenfalls in Kozinowskis Darstellung – hinsichtlich des kodifizierten Fußballs zwar eine Vorreiterrolle gespielt hat, die Sportart offensichtlich jedoch nicht dort entstanden ist. Denn 2004 habe die FIFA das vorher erwähnte Cuju als „älteste bekannte Variante des Fußballspiels" anerkannt[28] – eine These Joseph „Sepp" Blatters, über die sich zweifellos trefflich debattieren lässt. Sehr viel zurückhaltender als der ehemalige FIFA-Präsident formuliert der Internetauftritt des FIFA-Museums zur Bedeutung des alten chinesischen Ballspiels in der Sportgeschichte: Es gebe „keinen Nachweis, dass Cuju die modernen Ballsportarten, deren Regeln im 19. Jahrhundert definiert wurden, massgeblich beeinflusst" hätte.[29]

Die meisten der in England vor über 120 Jahren aufgestellten Fußballregeln sind bis heute gültig.[30] Aus diesem Grund ranken sich auch in der Kinder- und Jugendliteratur mythische Erzählungen rund um die Entstehung des Fußballs, die einige der untersuchten Werke in England ansiedeln. Die ersten Fußbälle glichen eher Basketbällen, welche aus Lederlappen zusammengenäht worden und deutlich schwerer als die heutigen Fußbälle gewesen seien.[31] Insgesamt gibt Kozinowski einen vielschichtigen Einblick in die mutmaßlichen Ursprünge des Fußballs. Er verweist dabei vor allem auf die Länder China, Japan und England und hebt hervor, dass die Ur-Formen des Spiels wesentlich brutaler gewesen seien, bis England das Ballspiel, angeblich unter königlicher Aufsicht, kultiviert habe. Sodann erwähnt

---

[25] Laut Maase seien diese aus England stammenden Regeln, die zu „fair play" führen sollen, ein Modell für soziales Verhalten: „Darin kann man ein Ergebnis der Erziehungsstrategie sehen." Maase, *Vergnügen*, 84.
[26] Vgl. Kozinowski, *Was ist was*, 8–11.
[27] Zu den „Laws of the Game" von 1863 Eisenberg, Lanfranchi, Mason und Wahl, *Weltfußball*, 19–21.
[28] Kozinowski, *Was ist was*, 9.
[29] Anonym, „Cuju."
[30] Vgl. Kozinowski, *Was ist was*, 10.
[31] Vgl. ebd., 11.

er mit Blick auf Deutschland kurz, dass der Braunschweiger Gymnasiallehrer Konrad Koch das Fußballspiel in Deutschland im Jahr 1874 eingeführt habe.[32]

Auf ähnliche, im Detail doch abweichende Ursprungsentwicklungen des Fußballs verweist auch das Sachbuch *Wieso? Weshalb? Warum? Profiwissen. Fußball*, das unter Beratung von Lutz Hangartner, dem Präsidenten des Bundes Deutscher Fußball-Lehrer, entstand. Als Autorin wird Andrea Schwendemann genannt, als Illustrator Hauke Kock. Schwendemann siedelt den Entstehungszeitraum des Fußballs vor circa 5.000 Jahren an, als man sich in China das Bolzspiel „Ts'uh küh" (ebenso wie „Ts'u-Chü" eine andere Schreibweise für das oben behandelte „Cuju") ausgedacht habe. Auch die Maja, Japaner oder Italiener nennt sie als Vorreiter des Fußballspiels. Die Festlegung des Fußballs nach modernen Regeln setzt sie viel später an, nämlich auf circa 1863, als die Football Association in England gegründet wurde, die für einheitliche und faire Regeln verantwortlich sei. Erfunden habe man den modernen Fußball angeblich in einer Londoner Kneipe. Hierzu macht Schwendemann keine näheren Angaben.[33] Dabei ist der Gründungsort der FA bekannt: Es ist die Freemasons' Tavern in der Londoner City.[34] Genauer führt Schwendemann jedoch die Legende um den chinesischen Kaiser Huáng Dí aus, der angeblich das Fußballspiel als Training für seine Soldaten vor etwa 5.000 Jahren mit dem bereits erwähnten Namen „Ts'uh küh" erfunden haben soll. Als Ball habe „eine mit Federn ausgestopfte Kugel aus Tierhaut"[35] Verwendung gefunden, die in ein 40 Zentimeter breites und viereckiges Tor zu schießen war, das – der Abbildung nach zu urteilen – offensichtlich aus Bambusstäben mit roten Fahnen bestanden hat. Das „Tor" war gemäß dieser Darstellung in circa zwei Metern Höhe platziert, offenbar um den Schwierigkeitsgrad zu erhöhen.[36]

Für alle von Kozinowski und Schwendemann genannten archaischen oder außereuropäischen Ballspiele gilt, dass sie keine Entwicklung angestoßen haben, die kontinuierlich zur Gründung des Fußballspiels im heutigen Wortsinn geführt hätte. Diese lässt sich sporthistorisch genau beschreiben, datieren und lokalisieren, und zwar in England in der zweiten Hälfte des 19. Jahrhunderts. Mit Blick auf die vormodernen Ballspiele unter anderem der Eskimos, Japaner, Chinesen, Azteken, Ägypter und Römer, in Russland und Europa stellt die von Christiane Eisenberg und anderen Historikern verfasste Weltgeschichte des Fußballs lapidar fest: „Jeder kann vor seiner eigenen Haustür Vorformen des Fußballspiels entdecken." Die Frage indes, ob es „konkrete Verbindungen zwischen diesen traditionellen Ballspielen und dem modernen Fußball" gebe, müsse gleichwohl „negativ beantwortet" werden.[37]

---

[32] Vgl. ebd., 12.
[33] Schwendemann, *Wieso? Weshalb? Warum?*, 8–9.
[34] Historische Abbildung des Gasthauses in Eisenberg, Lanfranchi, Mason und Wahl, *Weltfußball*, 19.
[35] Schwendemann, *Wieso? Weshalb? Warum?*, 8.
[36] Vgl. ebd. 8.
[37] Über „Vorläufer des modernen Spiels" und „Ballspiele rund um die Erde" Eisenberg, Lanfranchi, Mason und Wahl, *Weltfußball*, 11–15, Zitat 14.

Ebenso wie Kozinowski erwähnt auch Schwendemann den Braunschweiger Gymnasiallehrer Konrad Koch, der angeblich am 29. September 1874 zum ersten Mal auf deutschem Boden ein Match durch seine Schüler austragen ließ.[38] Das Spiel habe jedoch einen schweren Start gehabt, da konservative Kräfte diese Sportart stark abwerteten und als „Fußlümmelei" oder „englische Krankheit" bezeichneten.[39] Schwendemann geht auch auf die Perspektive von Frauen ein und konstatiert, dass diese schon seit vielen Jahrhunderten mit einem Fußball spielten, was jedoch von Seiten der Männer nicht erwünscht gewesen sei. Im Rahmen des DFB war Frauenfußball bis 1970 verboten.[40] Auch Schwendemann zählt die möglichen Ursprünge des Fußballs auf und gibt Einblicke in die Situation der Frauen, die bei Kozinowski fehlen. Insgesamt ist ihr Überblick jedoch oberflächlicher, da sie nur eine Doppelseite für das Thema verwendet. Beide Bücher stimmen jedoch darin überein, dass China und die Ureinwohner Mittelamerikas eine Vorreiterrolle in Sachen Fußball spielten. Zudem sind sie sich auch darin einig, dass England die bis in die Gegenwart geltenden Fußballregeln stark geprägt und der Lehrer Konrad Koch das Fußballspiel in Deutschland miteingeführt habe.

In einem nächsten Schritt stellt sich nun die Frage, ob und wie diese Ursprungslegenden und -fakten in die aktuelle Kinder- und Jugendliteratur einfließen und der Ursprung des Fußballs mit Krieg und Soldatentraining wie in China oder mit einem göttlichen Kult wie in Mittelamerika in Verbindung gebracht wird.

6 Kosmogonie

Das Bilderbuch *Auch die Götter lieben Fußball* von Heinz Janisch und Artem (2008) überträgt die Kosmogonie auf den Fußball und damit spielende Götter. Dabei spielt die runde, als vollendet geltende Form eine wichtige Rolle. Das Vor- und Nachsatzpapier ist mit Fußbällen aus unterschiedlichen Epochen bzw. für unterschiedliche Sportevents wie die Europameisterschaft oder die Champions League und teilweise von unterschiedlichen Herstellern verziert. Auf der ersten Doppelseite begegnet sodann ein Fußball mit einer Sonne, der ein Gesicht einge-

---

[38] Auch Maja Nielsen führt Koch als Wegbereiter des Fußballs in Deutschland an und stellt fest, dass der Gymnasiallehrer die englischsprachigen Regeln erstmals ins Deutsche übersetzt hat. Zudem habe er an seiner Schule in Braunschweig den ersten Fußballverein ins Leben gerufen. Zu dieser Zeit wird Fußball zudem stark abgewertet und von konservativen Sportlehrern als „Fusslümmelei" geschmäht (Nielsen, *Fußballhelden*, 16–17). Interessant in diesem Kontext ist zudem die Materialität des Fußballs: „Der Ball bestand damals zumeist aus Lumpen, in die eine der Mütter Sägespäne eingenäht hatte. Er war Lichtjahre von einem richtigen Fußball entfernt. Bolzen machte damit aber genauso viel Spaß" (ebd., 16). Auf den schweren Stand des Fußballsports in seiner Anfangsphase und auf eine Polemik gegen den Fußball mit dem Titel *Fußlümmelei* verweist auch Herzog, „Fußlümmelei," 12–19. – Dabei ist jedoch zu bedenken, dass Koch mit „Fußball" zunächst Rugby-Football meinte; erst in den 1880er Jahren wandte er sich dem Association-Football zu; dazu Krüger, Herzog und Reinhart, „German *fußball*," 196.
[39] Vgl. Schwendemann, *Wieso? Weshalb? Warum?*, 9.
[40] Vgl. ebd.

schrieben ist, das am Architrav eines tempelartigen Tors angebracht ist. Als Torwart steht davor eine vierfach geflügelte, mit einer weißen Tunika bekleidete Gottheit. Den Sonnenfußball treibt ein römisch anmutender Gott der Winde durch starkes Pusten nach vorn. Abgewehrt wird er von einer Wassergottheit mit langem Bart und Schwimmhäuten auf dem Kopf. Der Windgott ist wie Merkur, der römische Götterbote und Gott der Händler, mit Flügeln am Kopf und dem roten Umhang eines Centurios geschmückt. Seine Beinschienen sind wie bei römischen Befehlshabern mit Löwenköpfen verziert. Auf einer Tribüne mit Stufen, die einem antiken Theater ähnelt, sitzen exotische Tiere – wie eine Giraffe, ein Gürteltier und ein Löwe –, „die noch ohne Namen waren".[41] Sodann erzielt der Gott des richtigen Augenblicks – mit einer ablaufenden Sanduhr auf der Tunika und Satyrhörnern auf dem Kopf – ein Tor. Dem Gott des Fluges gelingt es nicht, den in die rechte obere Ecke fliegenden Ball abzuwehren. Daraufhin beendet der Gott der Entscheidung, ein Hase mit Brille, durch Pfeifen das Spiel, woraufhin der Windgott, die Göttin der Ungeduld, der Gott der Umwege und der Gott des richtigen Augenblicks sich jubelnd umarmen. Aus Zorn über die Niederlage schießt sodann der oberste aller Götter den Ball aus dem Stadion „ins unendliche Blau hinein".[42] Der Ball fliegt Nacht und Tag durchs Weltall und beginnt sich offensichtlich durch die Wärme der Sonne in eine energiespendende Quelle zu verwandeln. Neben der Sonne als Element des Feuers entstehen Wasser sowie die Erde, die sich aus Gräsern, Blumen, Mooren und Bergen zusammensetzt. Die anderen Götter zeigen sich begeistert von der Kosmogonie, wobei der Gott der Umwege die nachdenkliche Position von Rodins berühmter Denkerstatue einnimmt. Diese Darstellung der Erschaffung der Erde, die wie „ein blühender Ball […] im Weltall [schwebte]",[43] erinnert an die biblische Schöpfungsgeschichte im Buch *Genesis* von Tag und Nacht bzw. der Erde.[44] Die darauffolgende Doppelseite zeigt neu erschaffene wilde Tiere aus der Vogelperspektive, welche die Erde erkunden. Auf dem rechten Teil der Doppelseite finden sich die nach den Tieren geschaffenen menschlichen Wesen, die aus Steinen das mosaikartiges Gebilde einer anthropomorphen Gottheit auf die Wiese legen. Die Menschen sind mit Fellen bekleidet, ein Mammut komplettiert die Wimmelszene, die offensichtlich in der Steinzeit spielen soll. Auf der nächsten Doppelseite bahnt sich ein Fußballspiel an, in dem ein Mädchen einen Apfel über den Boden kickt, was süffisant kommentiert wird: „Das Spiel gefiel ihr und noch besser gefiel es den Burschen".[45] Auf Bäume gekletterte oder einen Handstand vorführende Jungen winken dem Mädchen begeistert zu. Daraufhin machen sich die Steinzeitkinder einen Ball aus Fetzen, werfen ihn vor sich her und schießen ihn sodann auf ein Tor, das an die kultischen Steintore von Stonehenge in der Nähe von Amesbury in England erinnert. Dies deutet eine mögliche Aitiologie für diese Steinformationen an. Waren es gar Fußballtore? Die nächste

---

[41] Janisch und Artem, *Götter*, unpaginiert.
[42] Ebd.
[43] Ebd.
[44] Vgl. Die Bibel, AT, *Genesis*, 1,1–2,4a.
[45] Janisch und Artem, *Götter*, unpaginiert.

Doppelseite vollzieht einen Zeitsprung in die Moderne: Ein Mann bejubelt mit seinem Sohn vor dem Fernseher mit blauen Fanschals bekleidet Fußballer eines offenbar gerade übertragenen Spiels. Ein kleiner Junge in hellblauer Hose krabbelt im Hintergrund zu einem Fußball, während die wenig glücklich wirkende Mutter und Partnerin des Mannes mit einem Wischmob den Boden putzt. Die Szene spiegelt die traditionellen Geschlechterrollen mit dem Ausschluss der Frauen aus dem Fußball wider. Im Hintergrund hängen fünf Poster mit Fußballspielern und einem Pokal, die fast die gesamte Wand bedecken. Hinter der Frau hängen Fanwimpel. Diese Utensilien weisen auf den Fußballfanatismus des Vaters hin, den die Partnerin womöglich zu ignorieren versucht, indem sie putzt. Der darüberstehende Text vermerkt, dass die Menschen das Fußballspiel nun als internationalen Wettbewerb austragen, wobei Freundschaftsspiele seltener würden. Die vorletzte Doppelseite zeigt ein Foul an einem Spieler der Mannschaft in blauweißen Trikots, das der Schiedsrichter pfeift. Auf der letzten Doppelseite bejubeln die Fußballgötter, allen voran der Göttervater, der Gott der Umwege, der Torhüter-Gott und die Göttin der Ungeduld mit dem Gott der Entscheidung in Hasengestalt im Arm das Spiel. Auch der Wind- und der Wassergott sind zu sehen. Alle Götter tragen moderne Kleidung und kaschieren ihre übernatürlichen Attribute, damit sie in der Masse nicht auffallen.

Dieser Ursprungsmythos schreibt dem Fußball ein transzendentes Moment zu, da Götter das Spiel geschaffen haben. Somit können die Menschen als Schöpfung der Fußballgötter gar nicht anders und spielen selbst Fußball. Im Publikum applaudieren die Götter.[46] Damit erzählt das Buch die Entstehung des Fußballs mythisch überhöht als Teil einer Schöpfungsgeschichte und versetzt sie in die Steinzeit. Fußball und Religion gehen eine enge Symbiose ein.

Subtil kritisiert das Bilderbuch den Ausschluss der Frauen aus dem Sport der Moderne, indem es die Partnerin eines Fans putzen, jedoch ein Mädchen der Steinzeit das Fußballspiel erfinden lässt. Dies könnte als Plädoyer für gemischte Mannschaften gelesen werden, die es bereits im Mittelalter gegeben haben soll, als ganze Dörfer am Herumkicken eines Balls beteiligt waren, wie oben bereits erwähnt.

7 Schamanenkult

Auch in der bislang dreiteiligen Romanserie *Storm* von Jan Birck (seit 2018) um die Erfindung des Fußballs durch einen Engländer mit dem sprechenden Namen Storm, der in diesem Kontext vermutlich Fußballstürmer bedeutet, ist die Erfindung des Ballsports gewissermaßen göttlichen Ursprungs. Die extradiegetische, allwissende und kommentierende Erzählinstanz eines fiktiven Autors, der Storms Tagebuch in Form eines antiken und aufwändig verzierten Codex in einem Antiquariat entdeckt hat, hat sich an die Arbeit gemacht, den Inhalt zu entziffern und

---

[46] Vgl. ebd.

in ein Kinderbuch zu transformieren. In Band 1 *Storm oder die Erfindung des Fußballs* (2018) flieht der gleichnamige Junge aus einer Klosterschule in Schottland, die offensichtlich bei Edinburgh an der Grenze zu England hin liegt, wenn man die Karte im Vor- und Nachsatzpapier genauer betrachtet. Auf folgende Weise erklärt Storm die programmatische Bedeutung seines Namens:

> „[...] für Storm stand längst fest, dass er Seefahrer und Krieger werden würde! Schon weil ‚Storm' ein Name für ein stürmisches Leben in Freiheit und nicht in einem Klostergefängnis ist. Er hatte ja keine Ahnung davon, dass man mit so einem Namen auch noch was ganz anderes werden könnte: Fußballstürmer!"[47]

Nach seiner Flucht über ein Plumpsklo stürzt er mit einem Rettungsreifen an das Ufer der Nordsee und begibt sich mit seinem Ruderboot auf die Flucht, weil er offensichtlich den schulischen Drill nicht mehr aushält. Auch der teuflisch aussehende Klosterhund mit rotem Fell, dem sprechenden Namen Luzifer und hornförmigen, abstehenden Ohren ist ihm gefolgt. Mitten im Meer greifen ihn und Luzifer Wikinger aus Norwegen auf, die ihn als Sklaven in das Dorf Reydarfjordurthoft verschleppen, das auf einer modernen Karte ungefähr am Trondheimer Fjord anzusiedeln wäre. Dort soll er Osrun, der Frau des Stammeshäuptlings Ansgars des Haarigen, dienen. Bereits auf der Fahrt freundet er sich mit Julius, einem anderen versklavten Jungen, an. Bei der Ankunft im Dorf bemerkt er, dass dieses aus zwei verfeindeten Hälften besteht: Reydarfjordurthofthier und Reydarfjordurthoftdort. Interessant ist in diesem Kontext, dass beide Dorfteile durch einen großen viereckigen Bereich, der einem Fußballfeld gleicht, voneinander getrennt sind. Entlang der jeweils letzten Häuser sind Zäune errichtet, in deren Mitte jeweils ein Tor steht. Die Häuser der sogenannten Südkurve, eine offensichtliche Anspielung auf die konkurrierenden Fanbasen des Fußballs, sind mit rot-weißen Fahnen geschmückt, die anderen Häuser mit gelb-schwarzen Flaggen. Somit bietet das Dorf als subtiles Setting für eine Fußball-Arena mit Nord- und Südkurve den passenden Ort für eine Aitiologie des Fußballspiels. Auch die Kontrastfarben erinnern an konkurrierende Vereine wie Bayern München (rot-weiß) und Borussia Dortmund (schwarz-gelb).[48] In der Mitte der Dorfwiese steht die Hütte des Schamanen, wie die Erzählinstanz berichtet:

> „Der Fjord [eine schmale und langgestreckte Bucht] und die Ankunft in Reydarfjordurthoft, das in ein *Hier* in der Südkurve und ein *Dort* in der Nordkurve des Tales aufgeteilt ist. Dazwischen, im Zentrum einer rechteckigen Wiese, wohnt ein Schamane, den alle im Meer ertränken wollen."[49]

Sodann muss Storm auf ihren Befehl hin Osrun beim Aufräumen der Küche helfen. Später freundet er sich mit einem angeblichen Tanzbären an, der sprechen kann und ihm mit einem runden Zapfen das Jonglieren mit den Füßen beibringt, was als erstes Balltraining anzusehen ist. Dieser auf Seite 61 abgebildete Zapfen

---

[47] Birck, *Erfindung*, 13.
[48] Vgl. ebd., 50–51.
[49] Ebd., 63.

ist wie ein Fußball geformt, was als Prolepse zu lesen ist.[50] Um über die Mauern der Dorfteile blicken zu können, gibt es – offensichtlich erneut in Anlehnung an ein Fußballstadion – eine Nord- und eine Südtribüne. Von diesen Plateaus aus betrachten die Dorfbewohner die regelmäßig stattfindenden Kämpfe zwischen den beiden Dorfhälften,[51] die unter anderem deshalb stattfinden, weil sich Ansgar und Holgar, die beiden Häuptlinge der Dorfhälften, um ein großes und zu Angriffszwecken geeignetes Wikingerschiff streiten. Denn das Dorf verfügt nicht über die Mittel für zwei Schiffe. Diese Rauferei beobachten die nordischen Götter, wie Odin, Freya und Loki, zu ihrer Belustigung. Am Ende versuchen sie, einen Sieger zu bestimmen, was nicht immer ganz eindeutig zu entscheiden ist.[52] Im weiteren Verlauf sucht Storm nicht nur nach seinem Hund Luzifer und dem Schamanen, sondern trainiert auch das Trippeln. In der leeren Behausung des Schamanen entdeckt Storm zufällig einen runden weißen Fellstöpsel, der einen Vulkan bedeckt. Aus Wut über den Verlust seines geliebtes Hündchens kickt Storm den Fellstöpsel aus dem Vulkan, sodass er im Tor der Dorfhälfte der schwarz-gelben Fraktion im Norden landet. Mithilfe dieser „Stinkbombe"[53] hat Storm das erste Tor überhaupt geschossen. Diese Idee mit einem fliegenden Fellknäuel als Ur-Fußball begeisterte auch die Kritik: Birgit Franz lobt diesen kuriosen Einfall: „Hier geht ein stinkender Fellball, wie auch die Handlung, ab wie eine Kanonenkugel."[54] Sodann schießt Vigdis, die Tochter des Nordhäuptlings, den Ball wutentbrannt zurück in die Südhälfte des Dorfes. Daraufhin stellt sich Elmar, der Sohn des Südhäuptlings, ihr und ihrem inzwischen eingetroffenen „Damenteam"[55] mutig entgegen; die Mädchenmannschaft besteht mittlerweile aus elf Spielerinnen, bildet also eine komplette Frauenfußballmannschaft ab. Auch die Jungen, bislang sind es nur deren drei, holen sich Verstärkung, sodass aus dem Spiel um den Ballbesitz und das Kicken der Stinkbombe in die Dorfhälfte der Feinde ein Sportereignis für Jungen und Mädchen wird, wie die anonyme Erzählinstanz kommentiert: „Elf gegen elf, das nennt man einen fairen Kampf!"[56] Und schon ist das Fußballspiel mithilfe dieser sehr konstruiert wirkenden Aitiologie erfunden. Doch gerade Rezipienten im Kindesalter mag dieser kuriose Mythos ein Lachen in den Mund zaubern. Gelungen freilich ist der Einfall, dass hier auch ein Mädchen dem Jungen ebenbürtig und an der Erfindung der Fußballtechnik beteiligt ist. Damit eröffnet der Roman die Lesart, dass Mädchen ebenso gut Fußball wie Jungen und beide gegen- und miteinander spielen sollten, Geschlechtertrennung aufgehoben und, wie an Schulen üblich, zur Koedukation in der Ausbildung von Fußballspielerinnen und Fußballspielern übergegangen werden sollte.

---

[50] Vgl. ebd., 61.
[51] Vgl. ebd., 71.
[52] Vgl. ebd., 70–76.
[53] Ebd., 119.
[54] Franz, „Anfänge," 22.
[55] Birck, *Erfindung*, 124.
[56] Ebd., 128.

In Band 2 *Storm und die Fußballgötter* (2019) sucht Storm die Gottheiten persönlich auf, indem er in einem hohlen Baum in einen magischen weißen Riesenkorb klettert, um wie von magischer Hand zur Baumkrone gezogen zu werden.[57] Von dort befördern ihn und seinen Hund Luzifer zwei Riesenraben des Odin zur Tribüne bzw. Plattform der Götter, die auf einem Berggipfel montiert ist, von wo aus sie die Fußballspiele in Storms Dorf beobachten. Diese Plattform liegt kurz vor Walhall, wo sich das Pantheon der nordischen Götter aufhält. Wie im Trojanischen Krieg, den Homers *Ilias* und *Odyssee* erzählen, liegen die Götter miteinander im Streit, welche Krieger bzw. Parteien sie unterstützen, und greifen wie in der griechisch-römischen Antike bisweilen etwa mit einer Nebelwand selbst in die Kämpfe ein, um größere Verletzungen unter den Kriegern zu vermeiden. Meistens beobachten und kommentieren sie freilich vom Olymp aus die Welt wie eine Art Schauspiel. Darüber hinaus findet sich als Modell der Welt ein Kickertisch, an dem männliche Gottheiten gegen weibliche spielen.

In Band 3 *Storm und der große Fußballsturm* (2020) schafft es Storm zusammen mit seinen Freunden Julius und Vigdis, die Fußball-Begeisterung auch in seinem ehemaligen Schulkloster in Britannien zu entfachen. Sie ernennen den „Sport-Mönch" zu einem Häuptling und führen ihm das Spiel im Schulhof vor: Ein Lehrerteam tritt gegen ein Schülerteam an. Am Ende von Band 3 wird also aitiologisch erklärt, weshalb sich Fußball von England in die Welt ausgebreitet hat. Leider behält Band 3 die gemischte Fußballmannschaft aus Band 1 und 2 nicht bei, da die Trennung der Geschlechter nach dem Vorbild kirchlicher Klosterschulen im 19. und 20. Jahrhundert eingeführt wurde. Diese Asymmetrie zwischen den Geschlechtern ist laut Gebauer nicht zuletzt auch das Resultat der unterschwelligen Geringschätzung des Frauenfußballs aus unreflektiert männlicher Perspektive.[58]

8 Bibelgleichnis

Der Roman *Hat Jesus Fußball gespielt?* von Antje Damm und Katja Gehrmann (2016) formuliert zwar keine Aitiologie des Fußballs, nutzt ihn jedoch, um ein prominentes Gleichnis zur Nächstenliebe aus dem Neuen Testament aufzugreifen. Darin spielen der Junge Fred und seine Freunde Emil, Ebru und Hawa im Garten regelmäßig Fußball. Als der Ball eines Tages über die Mauer fliegt und bei dem bösartig und nationalistisch denkend vorgestellten Nachbarn Herrn Kruzinna landet, klingeln Emil und Fred bei diesem vergebens, um den wertvollen Fußball aus echtem Leder aus dem von einer riesigen Mauer umgebenen Grundstück zurück zu erlangen. Emil erzählt seinen Freunden einmal nach dem Religionsunterricht von einem Gleichnis aus dem Neuen Testament. Der geldgierige Zöllner bzw.

---

[57] Birck, *Fußballgötter*, 86–87.
[58] Vgl. Gebauer, *Poetik*, 24.

Steuereintreiber (*publicanus*) Zachäus[59] habe den Menschen, die seine Stadt betreten wollten, stets hohe Gebühren abverlangt, durch die er reich geworden sei. Eines Tages habe ihn Jesus aufgesucht. Zachäus habe ihm zu essen und zu trinken gegeben, er sei froh gewesen, nun nicht mehr einsam zu sein, – mit der Folge, dass er mit den übervorteilten Menschen Mitleid empfunden und ihnen das Geld vierfach zurückgegeben habe. Zudem habe er versprochen, die Hälfte seines Vermögens den Armen zu geben.

Diese Bibelstelle illustriert Gehrmann wie folgt: Jesus, der an seinem Bart und weißen Gewand zu erkennen ist, steht vor einem Baum und bittet den verwundert dreinblickenden Zöllner, als Geste der Zuneigung, mit offenen Armen herunterzukommen. Die Lesart dieses Gleichnisses, dass man durch Freundlichkeit auch bösartige Menschen erreichen kann, nehmen sich die beiden Jungen und die Mädchen zu Herzen. Sie bitten den Nachbarn auf einem billigen gelben Plastikball für ihren Lärm um Verzeihung und um Rückgabe ihres Fußballs.[60] Erst nach Monaten meldet sich die Frau des Nachbarn und gibt Fred tatsächlich die zwei über die Mauer geschossenen Bälle zurück. Dabei entschuldigt sie sich für die späte Rückgabe, die sie damit erklärt, dass ihr Mann, der keine Kinder mochte, kürzlich verstorben sei.[61] Da Frau Kruzinna nicht mehr gut zu Fuß ist, bietet sie Fred an, mit ihrem kleinen Mischlingshund Adi regelmäßig spazieren zu gehen, was er dankend annimmt. In dieser Adaption des neutestamentlichen Gleichnisses eröffnet Fußball eine praxisorientierte Perspektive zum Umsetzen von Nächstenliebe.

9 Fußball als preußischer Priesterschreck

In dem Spielfilm *Der ganz große Traum* (Regie: Sebastian Grobler, 2011), den auch das oben erwähnte Fußballsachbuch von Nielsen empfiehlt,[62] wird Religion gewissermaßen von Fußballbegeisterung verdrängt.[63] Die Handlung, die „sich nur vage an den realen Ereignissen" orientiert,[64] kreist um die oben beschriebene Einführung des Fußballsports in Deutschland durch Konrad Koch um 1874.[65] Dieser kehrt eines Tages von einem Auslandsaufenthalt in Großbritannien, der von einem Förderverein finanziert wurde, nach Braunschweig zurück, wo er an einem altehrwürdigen humanistischen Gymnasium unterrichtet. Als Abschiedsgeschenk

---

[59] Vgl. dazu Neues Testament, *Lk* 19,1–10. Anders als in der originalen Bibelstelle entfallen in diesem Kinderbuch die Beschwerden darüber, dass Jesus bei einem Sünder einkehre. Da der Protagonist Emil dieses Gleichnis von seiner Religionslehrerin im Unterricht gehört hat, scheint er diesen Aspekt vergessen zu haben. Für die Handlung ist er nicht wichtig und wird möglicherweise absichtlich von der Autorin weggelassen.
[60] Vgl. Damm und Gehrmann, *Jesus*, 48.
[61] Vgl. ebd., 55–56.
[62] Vgl. Nielsen, *Fußballhelden*, 61.
[63] Für einen knappen und zugleich gelungenen Überblick über das Subgenre des Fußballfilms im Kino Berg, „Kino-Kicks."
[64] So mit Recht der *Wikipedia*-Eintrag: Anonym, „Traum."
[65] Zu den Anfängen des Fußballs in Deutschland und dessen Popularisierung trotz harscher Kritik von konservativer Seite Eggers, „Anfänge," 71; Hock, *Dresden Football Club*.

hatte Koch von seinen englischen Schülern einen Lederfußball mit der Aufschrift „Never forget!" erhalten.[66] Der junge Gymnasiallehrer möchte die Untertertia für die englische Sprache begeistern, was ihm jedoch nur auf dem Umweg über das bislang unbekannte Fußballspiel gelingt. So führt er die Thematik auch auf Englisch ein: „This is a ball. A football. I kick the ball into the goal."[67]

Als die durch die Prügelpädagogik der Kaiserzeit unterdrückten Schüler zu mehr Selbstbewusstsein gelangen, wird der autoritäre Fördervereinsvorsitzende Herr Hartung misstrauisch. Gemeinsam mit dem Direktor und einem Priester, der an der Schule offensichtlich Religion unterrichtet, besucht er Koch in der Turnhalle beim sportbezogenen Englischunterricht. Dabei wird der Priester von einem Ball getroffen und muss trotz der geringen Aufprallstärke notärztlich versorgt werden.[68] Herr Hartung wertet das Spiel als für Jungen unwürdig ab: „Dieses weibische Getrete hat an unserer Schule keinen Platz!"[69] Koch wird das Fußballspiel während des Unterrichts untersagt, trainiert die Jungen deshalb heimlich im Stadtpark, wird jedoch verraten und scheint kündigen zu müssen. Doch die Jungen begehren auf und erreichen, dass eine kaiserliche Delegation die Eignung von Fußball als Schulsport überprüft. Höhepunkt des Films ist ein Spiel der Untertertianer gegen Schüler von Kochs ehemaliger englischer Schule. Hierfür verlassen sie eine Messe während der Predigt des gegen Fußball wetternden Priesters.[70] Obwohl sich die Delegation am Anfang wenig begeistert zeigt, lässt sie sich mitreißen und fiebert am Ende des Spiels mit, sodass Fußball schließlich Schulfach wird und 1875 der erste deutsche Fußballverein gegründet werden kann.

In diesem Film setzt sich die Fußballbegeisterung gegen einen konservativ ausgelegten Glauben durch und wird für die Schüler zu einer Ersatzreligion. Sie untergräbt die Autorität des Priesters und ersetzt den Gottesdienst.

10 Fazit

Summa summarum lässt sich konstatieren, dass die hier untersuchten Werke die religiöse Dimension in einer Weise mit dem Fußball verbinden, die sich mit der Massenkultur der Gegenwart vergleichen lässt, etwa mit den zu Beginn angeführten Beispielen der Verehrung von Fußballstars oder der fußballbezogenen Kirchenwunder. So schreiben Janisch und Artem in ihrem zuerst besprochenen Bilderbuch dem Fußball eine Welt erschaffende, also quasi kosmogonische Kraft zu, der ein göttliches Moment innewohnt. Bircks Roman-Trilogie inszeniert Fußball als eine Art Gottesdienst, dem die nordischen Götter stets passiv, aber miteifernd beiwohnen. Der sportliche Wettkampf beendet einen Krieg zwischen den beiden Dorfhälften, indem Fußball die Funktion eines spielerischen Ersatzkrieges übernimmt – womit Birk sich auf das Feld einer nicht unumstrittenen Ursprungstheorie

---

[66] Vgl. Grobler, *Traum*, 12:34–12:36.
[67] Ebd., 26:00–26:06.
[68] Vgl. ebd., 39:30–40:03.
[69] Ebd., 41:01–41:49.
[70] Vgl. ebd., 1:34:45–1:34:57.

des Fußballspiels begibt.[71] Im Roman von Damm und Gehrmann dient der Fußball der praktischen Umsetzung eines Gleichnisses aus dem Neuen Testament und ermöglicht im Geist der Nächstenliebe eine Beziehung zwischen bislang distanzierten Nachbarn. Schließlich ersetzt in Groblers Film die Begeisterung für Fußball das Mitfeiern von Gottesdiensten und siegt letztlich über eine konservative Auslegung des kirchlichen Glaubens durch einen hierarchisch-autoritär orientierten Priester.

Alle hier behandelten literarischen Werke sprengen zudem die Grenze zwischen Männer- und Frauenfußball, indem sie gemischtgeschlechtlichen Teams Raum geben. Die literarischen Fußballmythen um die Entstehung oder Einführung des Fußballs in Deutschland weichen teilweise weit von den historischen Gegebenheiten ab. Das Bilderbuch von Janisch und Artem und die Reihe von Birck entrücken seine Genese ins Fantastische. Bei letzterer finden sich Anklänge an die Entstehung des Fußballs im Mittelalter, über die der Anglist Heiner Gillmeister geforscht und publiziert hat.[72] Der Roman von Damm und Gehrmann geht auf die Entstehung nicht ein, während im Film von Grobler bei der Einführung in Deutschland zumindest der chinesische Ursprung des Fußballs knapp angerissen wird.

Mit Ausnahme des Films *Der ganz große Traum*, der Christentum und Fußball strikt trennt, vermischen sich in den literarischen Werken Fußball und Glaube ganz im Sinn postmoderner Hybridisierung. Durch die Verknüpfung von Kirche und Fußball erscheint der Massensport im Transzendenten verankert und dadurch als eine Art Super-Sport nobilitiert. Ob diese Kinder- und Jugendbücher mit ihren teils konstruiert wirkenden Handlungsentwürfen auch für eine Super-Leseförderung geeignet sind, sei dahingestellt.

Kinder- und Jugendbücher

Birck, Jan. *Storm oder Die Erfindung des Fußballs*. Carlsen: Hamburg, 2018.
Birck, Jan. *Storm und die Fußballgötter*. Carlsen: Hamburg, 2019.
Birck, Jan. *Storm und der große Fußballsturm*. Carlsen: Hamburg, 2020.
Damm, Antje, und Katja Gehrmann. *Hat Jesus Fußball gespielt?* Frankfurt am Main: Moritz, 2016.
Janisch, Heinz, und Artem. *Auch die Götter lieben Fußball*. Zürich: Bajazzo, 2008.
Kozinowski, Jonas. *Was ist Was. Fussball*. Nürnberg: Tessloff, 2020.
Nielsen, Maja. *Fußballhelden: Der Weg zur Meisterschaft*. Hildesheim: Gerstenberg, 2014.
Schwendemann, Andrea. *Wieso? Weshalb? Warum? Fußball. Profiwissen*. Ravensburg: Ravensburger Verlag, 2016.

---

[71] Morris, *Spiel*, 17–20.
[72] Gillmeister, „Ursprung;" Gillmeister, „Chaucer's Monk."

Literatur

Anonym. „Cuju." *FIFA Museum*. https://www.fifamuseum.com/de/blog-stories/editorial/origins-cuju-in-china-2/.

Anonym. „Der ganz große Traum." *Wikipedia: Die freie Enzyklopädie*. https://de.wikipedia.org/wiki/Der_ganz_große_Traum.

Berg, Ulrich von. „Ein Streifzug durch die Welt des Fußballfilms." In *Fußball als Kulturphänomen: Kunst – Kult – Kommerz*, hrsg. von Markwart Herzog, 197–231. Stuttgart: W. Kohlhammer, 2002.

Büker, Petra: „Alles ist gut, solange du wild bist! Fußball, Abenteuer und starke Kids in Joachim Masanneks *Wilden Fußballkerlen*." *Praxis Deutsch* 33, Nr. 196 (2006): 16–22.

Campbell, Joseph. *Der Heros in tausend Gestalten*. Frankfurt am Main: Fischer, 1953.

Diehl, David. „Football Icon." *Juniqe*, 2. November 2021. https://www.juniqe.de/football-icon-diego-maradona-premium-poster-portrait-2328211.html?gclid=Cj0KCQjw7MGJBhDARIsAMZ0eeuf7wiB3q1rIIq65LFAaeXYHGyEVrr2k-_bpPD5EHKBW-SulRWBGPMkaAucREALw_wcB#step=design&productId=3462875&frameId=349.

Eggers, Erik. „Die Anfänge des Fußballsports in Deutschland: Zur Genese eines Massenphänomens." In *Fußball als Kulturphänomen: Kunst – Kult – Kommerz*, hrsg. von Markwart Herzog, 67–91. Stuttgart: W. Kohlhammer, 2002.

Eisenberg, Christiane, Pierre Lanfranchi, Tony Mason und Alfred Wahl. *FIFA 1904–2004: 100 Jahre Weltfußball*. Göttingen: Die Werkstatt, 2004.

Franz, Birgit. „Anfänge des Fußballs." *Eselsohr* 37, Nr. 10 (2028): 22.

Gebauer, Gunter. *Poetik des Fußballs*. Frankfurt am Main: Campus, 2006.

Gillmeister, Heiner. „Chaucer's Monk and Sports and Games in Medieval Monasteries and Cathedral Churches." In *Religiosus Ludens: Das Spiel als kulturelles Phänomen in mittelalterlichen Klöstern und Orden*, hrsg. von Jörg Sonntag, 149–69. Berlin und Boston: Walter de Gruyter & Co., 2013.

Gillmeister, Heiner. „Das Runde muss ins Eckige: Ursprung der Ballspiele im Mittelalter." *Damals: Das Magazin für Geschichte* 46, Nr. 12 (2014): 72–76.

Herzog, Markwart. „Von der ‚Fußlümmelei' zur ‚Kunst am Ball': Über die kulturgeschichtliche Karriere des Fußballsports," In *Fußball als Kulturphänomen: Kunst – Kult – Kommerz*, hrsg. von Markwart Herzog, 11–43. Stuttgart: W. Kohlhammer, 2002.

Herzog, Markwart. „Fußball als Mythenmaschine: Zweiter Weltkrieg – Nationalsozialismus – Antifaschismus." In *Europäischer Fußball im Zweiten Weltkrieg*, hrsg. von Markwart Herzog und Fabian Brändle, 15–43. Stuttgart: W. Kohlhammer, 2015.

Hock, Hans-Peter. *Der Dresden Football Club und die Anfänge des Fußballs in Europa*. Hildesheim: Arete, 2016.

Kammler, Clemens. „Mythen des Fußballs: Über einige Lesarten des Jugendbuchklassikers *Elf Freunde müsst ihr sein*." *Der Deutschunterricht* 14, Nr. 2 (1998): 18–25.

Kozinowski, Jonas. *Was ist was. Fußball: Alles Wichtige über den Fußball in Deutschland, Europa und weltweit*. Nürnberg: Tessloff, 2016.

Krüger, Michael, Markwart Herzog und Kai Reinhart. „German *fußball* – recent developments and origins." *German Journal of Exercise and Sport Research* 48, Nr. 2 (2018): 192–200.

„Lese-Kick in Bayern 2021." *Deutsche Akademie für Kinder- und Jugendliteratur*, Internetseite. https://www.akademie-kjl.de/veranstaltungen-projekte/lese-kick/lese-kick-in-bayern-2021/.

Maus, Eva. „Fußball-Trost-Lektüre." *Eselsohr* 39, Nr. 5 (2020): 24.

Maase, Kaspar. *Grenzenloses Vergnügen: Der Aufstieg der Massenkultur 1850–1970*. Frankfurt am Main: Fischer 1997.

Morris, Desmond. *Das Spiel: Faszination und Ritual des Fußballs*, München und Zürich: Droemer Knaur, 1981 (Originalausgabe *The Soccer Tribe*. London: Jonathan Cape, 1981).

Müller-Meiningen, Julius. „Neapel hofft vergebens auf das Blutwunder von San Gennaro." *Augsburger Allgemeine*, 17. Dezember 2020. https://www.augsburger-allgemeine.de/panorama/Glaube-Neapel-hofft-vergebens-auf-das-Blutwunder-von-San-Gennaro-id58754061.html.

Müllner, Rudolf. „Zinédine Zidane: Kultfigur – Bedeutungen – Medienkonstrukt." *ide* 31, Nr. 4 (2007): 39–47.

Niklas, Annemarie. „Fußballserien als Jungenlektüre? Männlichkeitskonzepte im geschlechtersensiblen Literaturunterricht." *ide: Informationen zur Deutschdidaktik. Zeitschrift für den Deutschunterricht in Wissenschaft und Schule* 31, Nr. 4 (2007): 48–59.

Nüse-Lorenz, Dominik. „Die Startelf der deutschen Erstlesemannschaft." *Eselsohr* 33, Nr. 5 (2014): 6–7.

Pirner, Manfred. „Ist Gott Fußballfan? Theologische und religionspädagogische Perspektiven zur Fußballweltmeisterschaft 2006." *Entwurf* 3, Nr. 1 (2006): 3–7.

Schmidt, Karl-Wilhelm. „Fußball als Thema der Kinder- und Jugendliteratur: Unterrichtsanregungen für die Sekundarstufe I." *ide: Informationen zur Deutschdidaktik. Zeitschrift für den Deutschunterricht in Wissenschaft und Schule* 31, Nr. 4 (2007): 85–99.

Schwankhart, Anton. „Zum Tod von Diego Maradona: Die Last des Lebens als Fußball-Gott." *Augsburger Allgemeine*, 25. November 2020. https://www.augsburger-allgemeine.de/sport/Nachruf-Zum-Tod-von-Diego-Maradona-Die-Last-des-Lebens-als-Fussball-Gott-id58611486.html.

Stierstorfer, Michael. *Antike Mythologie in der Kinder- und Jugendliteratur der Gegenwart: Unsterbliche Götter- und Heldengeschichten?* Frankfurt am Main: Peter Lang, 2017.

Tepe, Peter. *Mythos & Literatur: Aufbau einer literaturwissenschaftlichen Mythenforschung.* Würzburg: Königshausen & Neumann, 2001.

Film

Grobler, Sebastian. *Der ganz große Traum*. Berlin: Senator, 2011.

Klaus Wolf*

Lauf, Ludwig, lauf! Zum Fußballroman von Rafael Seligmann

Abstract. ***Lauf, Ludwig, lauf!* On the Football Novel by Rafael Seligmann** – Rafael Seligmann's novels make him one of the leading contemporary Jewish authors in the Federal Republic of Germany. For decades he has illuminated the conditions of Jewish existence in Germany after World War I, and in recent years he has caused a sensation with an autobiographical trilogy of novels. The first volume, titled *Lauf, Ludwig, lauf! Eine Jugend zwischen Synagoge und Fußball* can be read as a coming-of-age novel on the subject of football. The focus is on Ludwig Seligmann, the author's father. The first volume about the Jewish "Buddenbrooks" of Ichenhausen is based on his autobiographical notes. Like other co-religionists, the family lived in a region in Bavarian Swabia with Jewish settlement continuity of over half a millennium. The life of the novel's protagonist Ludwig from 1914 to 1933 in the Swabian province is not insignificantly shaped by football. For example, a decisive football match between Ichenhausen SC and the district town of Günzburg, in which Ludwig scores the winning goal, is described like a reportage. This triumphant episode is contrasted with the seizure of power by the National Socialists in 1933 and the forced emigration. In sum, football and contemporary history in the Swabian province are woven into a dense literary tapestry. Young people as well as adults, not only in Swabia, are addressed as readers.

Keywords. Football (Soccer); Coming-of-Age; Contemporary History; Jewish Existence; Bavaria; Swabia; National Socialism.

Der historische Roman[1] des bekannten Journalisten und Romanautors Rafael Seligmann (Jahrgang 1947) krönt ein umfängliches publizistisches Werk. Hatte sich Seligmann in seinen wissenschaftlichen und journalistischen Arbeiten nicht zuletzt mit dem deutsch-israelischen Verhältnis auseinandergesetzt, so thematisiert sein Romanwerk das Leben von jüdischen Menschen in der Bundesrepublik Deutschland. Wie Michael Wolffsohn[2] greift er dabei auf eine spannende Autobiographie zwischen Israel und der Bundesrepublik Deutschland zurück. Während der autobiographische Charakter der Romane Rafael Seligmanns bislang eher mittelbar zum Ausdruck kam, ist die jüngste Romantrilogie über das Leben seines Vaters Ludwig Seligmann deutlich näher an der eigenen Familiengeschichte.[3]

---

* Universität Augsburg, Germany – klaus.wolf@philhist.uni-augsburg.de.
[1] Seligmann, *Lauf, Ludwig, lauf!*
[2] Wolffsohn, *Wir waren Glückskinder*.
[3] Seligmann, *Lauf, Ludwig, lauf!*; Seligmann, *Hannah und Ludwig*; Seligmann, *Rafi, Judenbub*.

Abb. 1: Klassizistische Synagoge Ichenhausen von außen. © Stiftung ehem. Synagoge Ichenhausen e.V.

1 Ichenhausen – das „schwäbische Jerusalem"

Der Erstling[4] dieser Trilogie führt mitten hinein in die jüngere Geschichte Schwabens. Schauplätze sind Stuttgart, Ulm, Augsburg, vor allem aber Ichenhausen im Landkreis Günzburg, das vor 1933 als das „schwäbische Jerusalem" galt. Dort ist bis heute das Haus der Familie Seligmann zu sehen.[5] Die Seligmanns bildeten eine schwäbische Dynastie von Textilkaufleuten, die nach 1933 zunehmend entrechtet, letztlich enteignet und zur Flucht und Emigration gezwungen wurde. Wie den Seligmanns erging es allen Juden in Ichenhausen, wobei die meisten deportiert und ermordet wurden. Das war das Ende einer jahrhundertelangen Symbiose zwischen Juden und Katholiken in dem kleinen schwäbischen Landstädtchen.

Die dortige Synagoge wird vom Erzähler Ludwig Seligmann (1907–1975), dem tatsächlich in Ichenhausen aufgewachsenen und auf Photographien vorgestellten Vater des Autors, wiederholt besonders wegen ihres prächtigen Sternenhimmels beschworen:

„Himmel! Die Decke der Synagoge war als blaues Firmament voller gelber Sterne gestaltet. Das Himmelszelt und die Sterne leuchteten zu jeder Tageszeit in anderen Farben. Im Sommer schimmerte der Synagogenhimmel am Schabbatvormittag so hell, dass die Sterne verblassten – wie im Freien. An regnerischen Tagen nahm er die grünliche Farbe unserer Günz an. Jetzt am Abend war die Decke ins Zwielicht

---

[4] In Ermangelung grundlegender Forschungsliteratur Wolf, „Buchbesprechung."
[5] In meinem Forschungsprojekt zum schwäbischen Landjudentum wird dieses Haus künftig über die Plattform Bavarikon digital zu sehen sein.

Abb. 2: Das Innere der Synagoge Ichenhausen mit dem Sternenhimmel. © Stiftung ehem. Synagoge Ichenhausen e.V.

getaucht. Die Helle der Kerzen und des elektrischen Lichts ließen das blaue Zelt dunkel erscheinen, während die Deckensterne blinkten. Der Zauber unseres Synagogenhimmels blieb mein Leben lang ungebrochen."[6]

Darüber hinaus beschreibt der Erzähler Ludwig ebenso anschaulich wie eindringlich die Synagogengottesdienste im Jahreslauf, wobei diesbezügliche Begriffe wie „Bima" oder „Chasan" im Glossar[7] erklärt werden. So weiß der Leser nach der Lektüre des historischen Romans eine Menge über den Alltag der Ichenhauser Bürger jüdischen Glaubens im frühen 20. Jahrhundert – bis zur Vertreibung und Vernichtung der Gemeinde ab 1933. Diese bis in die Begrifflichkeit reichende Authentizität ist aus der Tatsache gespeist, dass der Roman auf einem Typoskript mit den Lebenserinnerungen Ludwig Seligmanns beruht. Darüber hinaus konnte Rafael Seligmann auch auf die mündlichen Erzählungen von Ludwigs Bruder Heinrich zurückgreifen.

2 Geschichte einer jüdischen Kaufmannsfamilie in Schwaben

Aber der glänzend erzählte Roman bietet weit mehr als ebenso zuverlässige wie packend vermittelte Geschichtsschreibung. Er ist eine auch als Jugendbuch und

---

[6] Seligmann, *Lauf, Ludwig, lauf!*, 15.
[7] Ebd., 332–33.

Schullektüre geeignete, überaus empfehlenswerte und mitreißend erzählte Coming-of-age-Geschichte. Denn der Erzähler Ludwig Seligmann (also der Vater des Autors), der im Roman wie in der dortigen Gegend damals üblich mundartlich „Wiggerl" oder „Ludl" gerufen wurde, entwickelt sich vom Knaben zum jungen Erwachsenen, der sich in der Schule, als Lehrling und auf dem Fußballplatz nicht zuletzt bei seinen christlichen Freunden und Vereinskameraden Respekt verschafft. Der begabte Schüler wird vom strengen jüdischen Volksschullehrer für das Ulmer Gymnasium empfohlen. Die schwierigen wirtschaftlichen Verhältnisse zwingen ihn aber, das Gymnasium zu verlassen und eine Lehre aufzunehmen. Parallel dazu entwickelt er sich zum Stürmer-Star des SC Ichenhausen.

Ludwigs erste Verliebtheiten und spätere mitunter verwickelte Beziehungen werden sensibel geschildert. Der fußballerisch talentierte wie intellektuell begabte Ludwig – schon der wittelsbachische Name Ludwig bezeugt die selbstverständliche Beheimatung der Ichenhausener jüdischen Glaubens im Königreich Bayern noch im frühen 20. Jahrhundert – muss bereits als Jugendlicher die Familie miternähren. Der Vater kam nämlich traumatisiert aus dem Ersten Weltkrieg zurück und hat all seine frühere Tatkraft als selbständiger Geschäftsmann eingebüßt. Daher müssen Ludwig und sein älterer Bruder Heinrich das Familiengeschäft übernehmen und sich als Vertreter für Textilien verdingen. Während dies in den sogenannten Goldenen Zwanzigern gut gelingt, wird die Lage für die Familie in der Weltwirtschaftskrise immer schwieriger, wobei die Seligmanns mit wechselndem Erfolg sich der konjunkturellen Großwetterlage anpassen. Insofern stellt *Lauf, Ludwig, lauf!* auch einen Kaufmannsroman dar, nicht unähnlich den *Buddenbrooks* von Thomas Mann. Der dort porträtierte „Verfall einer Familie" korrespondiert mit der kontinuierlichen wirtschaftlichen Verschlechterung der Lebensumstände bei den Seligmanns. Während Ludwigs Vater im Dezember 1914 noch durchaus stolz als Feldwebelleutnant zum Fronturlaub am Günzburger Bahnhof anlangt, von wo er, auch als angesehener Bürger von Ichenhausen und Vertreter der Geschäftsleute der Stadt, von Frau und Kindern samt Hausdiener in seine Heimatstadt zurück kutschiert wird, verdüstert sich schon während des Großen Krieges die Lage, als eine Zählung der jüdischen Kriegsteilnehmer an allen Fronten einsetzt, um die vermeintlichen jüdischen Drückeberger zu entlarven, wobei sie im Gegenteil beim Ergebnis der Zählung glänzend rehabilitiert wurden.

Nach 1918 nehmen die Anfeindungen gegen die jüdische Bevölkerung sodann erheblich zu und ab 1933 brechen alle Schleusen, sodass der katholische Ichenhauser Prälat Sinsheimer die eindringliche Mahnung ausspricht: „Lauf, Ludwig! Lauf weg, so schnell und weit, wie du kannst! Wer das Kreuz verachtet und die Juden hasst, ist des Teufels."[8]

---

[8] Ebd., 322.

3 Der Ichenhausener Sportclub: Juden und Katholiken spielen zusammen

Wie ein roter Faden durchzieht der Titel „Lauf, Ludwig, lauf!" in wörtlichen Reden den ganzen Roman, in dem wiederholt die Zuschauer den herausragenden Stürmer des Sportclubs Ichenhausen anfeuern: „Lauf, Ludwig, lauf!" – oder mehr in der Mundart: „Lauf, Wiggerl, lauf!" Nicht von ungefähr klingt hier das in den USA durchaus sprichwörtlich gewordene „Run, Forrest, run!" an. Denn auch *Forrest Gump* durchläuft die Geschichte seines Landes. Und während Forrest Gump im Wesentlichen die Präsidentschaften von John F. Kennedy, Lyndon B. Johnson und Richard M. Nixon im wahrsten Sinne des Wortes laufend erlebt, tut dies Ludwig Seligmann für das schwäbische Ichenhausen von der Monarchie über die Räterepublik zur Weimarer Republik bis hin zur „Machtergreifung" 1933, nicht zuletzt als pfeilschneller, laufstarker sowie treffsicherer Fußballer und Torschütze. Er erwirbt sich den Respekt der Vereinskameraden und der Zuschauer. Der Sport vermag den religiösen Gegensatz zwischen Katholiken und Juden in Ichenhausen weitestgehend zu überbrücken. Erstaunlich ist das nicht. Denn grundsätzlich gehörte politische und religiöse Neutralität vor 1933 zu den Fundamenten des „bürgerlichen" Sports. „Die Integration sporttreibender deutscher Juden in das ‚allgemeine' Vereinsleben von Turnen und Sport war der Normalfall", vor allem der Sport war, so der Potsdamer Sporthistoriker Hans Joachim Teichler, „weitgehend frei von den völkisch-antisemitischen Tendenzen des Jahn'schen Turnens",[9] was insbesondere für den Fußball gilt.

Und so kicken auch im Ichenhausener Sportclub Juden und Katholiken einträchtig miteinander, und der Lokalpatriotismus in Turnieren mit Mannschaften des Landkreises, wie etwa Günzburg, überwog die im Alltag sicher spürbaren religiösen Gegensätze. Wenn es etwa gegen die größere Stadt Günzburg ging, hielten alle Ichenhausener auf dem Fußballplatz und bei den Zuschauern fest zusammen, ohne dass die Religion irgendeine Rolle spielte. Dies zeigen die folgenden Zitate:

> „Endlich hatte die Fußballsaison wieder begonnen. Siegl und ich nutzten die Zugfahrt, um Französisch Vokabeln zu pauken. Zu Hause sah ich mir die richtige Schreibweise kurz an. Dann packte ich meine Fußballschuhe und eilte zum Spielplatz, wo Heiner, der Karli und die anderen Kameraden schon kickten. Ich machte sogleich mit im Spiel acht gegen acht.
> Mit zwölf war ich der schnellste Jugendspieler. Es war eine Freude, mit dem Ball allen davonlaufen zu können, und auch meine Schusstechnik verbesserte sich.
> Dafür sorgte vor allem Herr Sauter. Unser Trainer erschien meist gegen sechs Uhr abends nach seiner Arbeit auf dem Platz. Zunächst ließ er uns laufen, bis wir keine Luft mehr bekamen. Nach einer Verschnaufpause machten wir fünfzig Kniebeugen und dreißig Liegestütze. Dann durften wir Stürmer von der Mittellinie mit dem

---

[9] Teichler, „Vorwort," 10–11; zur Unterwerfung des Sports unter die parteipolitischen Ziele der NSDAP und zu den Grenzen, die dieser Vereinnahmung in den Jahren 1933 bis 1945 gesetzt waren, Herzog, *Die „Gleichschaltung"*.

Ball aufs Tor zulaufen und vom Strafraum auf den Kasten schießen. ‚Ballert nicht einfach los wie die Deppen! Konzentriert's euch, während ihr zum Tor stürmt, schaut genau auf den Keeper. Da merkt ihr, was er tun und wohin er springen wird. Vor dem Schuss kurz innehalten. Dann die Kugel in eure Ecke knallen.' Fortan behielt ich den Torwart im Auge. So merkte ich, wie ich ihn anspielen konnte. Herr Sauter bestimmte zwei Mannschaften, und wir durften zwanzig Minuten gegeneinander kicken. Wobei der Trainer uns bei Fehlern unterbrach und die Spielzüge neu ausführen ließ. Nach einem Match gab es Kritik. Am Ende ließ Herr Sauter mich gegen Siegl Torschüsse aus allen Positionen üben. ‚Du hast keinen harten Schuss, Ludwig. Aber ein gutes Ballgefühl und einen gescheiten Kopf. Den musst du nutzen. Also lieber überleg exakt, was du mit dem Ball machen kannst. Lauf lieber noch zwei, drei Schritte länger oder gib ab, wenn ein Mannschaftskamerad besser steht. Aber wenn du's selber machen willst, pass' genau auf, such' dir die beste Schussposition. Und dann ansatzlos aus dem Fußgelenk in die richtige Ecke reinhauen.'

Dem Siegl erklärte der Trainer, dass er seinen kräftigen Körper einsetzen solle, um durch Herauslaufen die Stürmer einzuschüchtern und den Schusswinkel abzukürzen.

Wir kickten bis gegen acht Uhr. Am liebsten hätte ich so lange gespielt, bis man nichts mehr sah.[10]

[...] Dabei klangen mir die Rufe der Zuschauer in den Ohren: ‚Lauf, Ludwig, lauf!' Das verlieh mir noch mehr Kraft.

Die beiden Verteidiger standen vor dem Strafraum, ich zog in die Mitte und überlief sie spielend. Nun baute sich nur noch der Torwart vor mir auf. Mir fielen Sauters Worte ein: ‚Lass dir Zeit, Wiggerl!'

Ich bremste meinen Lauf. Sah zum Keeper, der mir entgegenrennen wollte, um meinen Schusswinkel zu verkürzen. Dabei wurde die rechte Torecke frei. Ich umspielte ihn und schob den Ball in den leeren Kasten.

‚Ludwig! Ludwig! Wiggerl!', jubelten die Zuschauer. Die Mannschaftskameraden kamen auf mich zu. Ihre anerkennenden Schläge peitschten auf meine Schultern und auf meinen Rücken.

Während ich mit den anderen zum Mittelkreis lief, erkannte ich Heinrich am linken Spielfeldrand. Mein Bruder brüllte aus Leibeskräften: ‚Ludwig! Ludwig! Ludwig Seligmann!' und reckte dabei beide Fäuste hoch.

Mein Ausgleichstor beflügelte unsere Elf. Wir steigerten uns in einen Spielrausch hinein. Fast alles gelang uns. Immer wieder wurde mir der Ball zugespielt, mehrmals sprintete ich los und ließ unter dem Jubel unserer Zuschauer die Gegenspieler stehen. Am Ende gewannen wir 2:1. Durch das Match gegen die Günzburger hatte ich mich ins Herz meiner Mitbürger gespielt. Die Jubelchöre ‚Lauf, Ludwig, lauf!' begleiteten mich während der Jahre, die ich für den FC Ichenhausen kickte, ja mein gesamtes Leben. Sie spendeten mir selbst in den dunkelsten Tagen Kraft."[11]

---

[10] Seligmann, *Lauf, Ludwig, lauf!*, 59–60.
[11] Ebd., 175.

Darüber hinaus trifft der vielseitig begabte Ludwig nicht nur die Tore, sondern auch die Töne im eindrücklich geschilderten Synagogengesang wie im eher geselligen Gesangsverein mit profanem Repertoire.

4 „Buddenbrooks" von Ichenhausen

Es zeigt sich im Romanganzen ein sehr differenziertes Bild vom Alltag der Ichenhausener mit jüdischer Religion, und auch das Judentum vor 1933 wird sehr differenziert in breitem Spektrum zwischen Orthodoxie und Zionismus vorgestellt. Da der Romanautor Rafael Seligmann in zwei weiteren Bänden die Familiengeschichte fortschreibt, stellt sie sich als *Buddenbrooks* von Ichenhausen dar. Die Protagonisten werden dabei wie bei Thomas Mann zu Repräsentanten ihrer jeweiligen Epoche. Während bei Thomas Mann die ungleichen Brüder Christian und Thomas einen Spannungsbogen im Roman schaffen, fungieren Heinrich und Ludwig Seligmann im wirklichen Leben wie in der Fiktion als ungleiche Brüder. Und wie Lübeck bei Thomas Mann doch für mehr steht als nur die Hansestadt, so steht Ichenhausen bei Rafael Seligmann für mehr als die kleine Stadt im bayerischen Schwaben, zumindest für das blühende Judentum im Medinat Schwaben (der Raum zwischen Augsburg und Ulm), das seit der Frühen Neuzeit vor allem in Vorderösterreich erblühen konnte, darüber hinaus aber für eine um 1900 gefestigte christlich-jüdische Mitbürgerschaft, welche jedoch schon ab 1914 zunehmend in die Ausgrenzung der Juden mündete. Und in der Tat hat der Roman ganz Bayern im Blick, wenn etwa episodisch geschildert wird, wie die Drangsalierungen gegen Juden in protestantischen Gegenden (Frankens) früher und brutaler einsetzten als in katholischen Gebieten (Schwabens), was sich bekanntlich in den Wahlergebnissen für die NSDAP bis 1933 spiegelt.[12] Und so wird Ludwig als junger Kaufmann im fränkischen Ansbach von der SA brutal misshandelt. Bei all den zutreffend geschilderten historischen Sachverhalten hört man keineswegs das trockene Papier der Quellen rascheln, sondern der Leser folgt nur allzu gebannt Ludwigs Lebenslauf.

Der rote Faden oder das Leitmotiv ist dabei von zweifacher Art: Einerseits beschwört der Erzähler immer wieder den Sternenhimmel der Ichenhausener Synagoge, andererseits ist die Fußballbegeisterung des Protagonisten eine wichtige Motivation für sein Weiterleben.

Literatur

Herzog, Markwart, Hrsg. *Die „Gleichschaltung" des Fußballsports im nationalsozialistischen Deutschland.* Stuttgart: W. Kohlhammer, 2016.
Hoser, Paul. „Nationalsozialistische Deutsche Arbeiterpartei (NSDAP), 1920–1923/1925–1945." – „Die Wahlen von 1930 bis 1933," 30. Juni 2023. https://www.historisches-lexi

---

[12] Hoser, „NSDAP."

kon-bayerns.de/Lexikon/Nationalsozialistische_Deutsche_Arbeiterpartei_(NSDAP),_1920-1923/1925-1945#Die_Wahlen_von_1930_bis_1933.

Seligmann, Rafael. *Lauf, Ludwig, lauf! Eine Jugend zwischen Fußball und Synagoge.* Stuttgart: LangenMüller, 2019.

Seligmann, Rafael. *Hannah und Ludwig: Heimatlos in Tel Aviv.* Stuttgart: LangenMüller, 2020.

Seligmann, Rafael. *Rafi, Judenbub: Der Wiederaufstieg der Seligmanns.* Stuttgart: Langen Müller, 2022.

Teichler, Hans Joachim. „Vorwort." In *Vergessene Rekorde: Jüdische Leichtathletinnen vor und nach 1933*, hrsg. von Berno Bahro, Jutta Braun und Hans Joachim Teichler, 10–13. Berlin: vbb Verlag für Berlin Brandenburg, 2009; Bonn: Bundeszentrale für politische Bildung, 2. Auflage, 2010.

Wolf, Klaus. Buchbesprechung von Seligmann, *Lauf, Ludwig, lauf!* In *Zeitschrift des Historischen Vereins für Schwaben* 113 (2021): 401–403.

Wolffsohn, Michael. *Wir waren Glückskinder – trotz allem: Eine deutschjüdische Familiengeschichte.* München: dtv, 2021.